中国近代博士教育史
——以震旦大学法学博士教育为中心

The History of Doctoral Education of Modern China
Producing Doctors of Law by Aurora University

王 伟 著

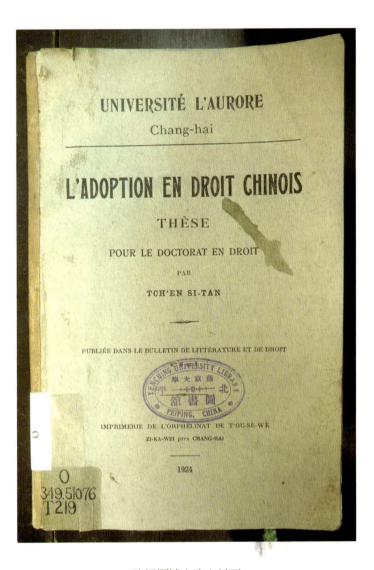

陈锡潭博士论文封面

UNIVERSITÉ L'AURORE
Chang-hai

De la Succession et de l'Adoption
en
Droit Chinois

(THÈSE POUR LE DOCTORAT EN DROIT)

PAR

SIAO T'ONG (蕭 桐)

IMPRIMERIE DE L'ORPHELINAT DE T'OU-SÈ-WÈ
ZI-KA-WEI — CHANG-HAI

1927

萧桐博士论文封面

THÈSES DE L'UNIVERSITÉ L'AURORE

ESSAI DE DROIT CONSTITUTIONNEL CHINOIS

LES CINQ POUVOIRS

TCH·EN HIONG-FEI

Docteur en Droit

Université L'AURORE
223 Avenue Dubail Shanghai

HAUTES ETUDES
Race Course Road Tientsin

Librairie du
RECUEIL SIREY
22 Rue Soufflot
Paris Ve

1933

陈雄飞博士论文封面

THÈSES DE L'UNIVERSITÉ L'AURORE

LA PEINE D'APRÈS LE CODE DES T'ANG

ETUDE DE DROIT PÉNAL CHINOIS ANCIEN

OU KOEI-HING
Docteur en Droit

Université L'Aurore
223 Avenue Dubail, Shanghai

Hautes études
Race Course Road, Tientsin

Librairie
du
Recueil Sirey
22 Rue Soufflot
Paris Ve

1935

吴桂馨博士论文封面

UNIVERSITÉ L'AURORE
Chang-hai

L'ŒUVRE DE T'ANG T'AI=TSONG

THÈSE

POUR LE DOCTORAT EN DROIT

PAR

SIU SIANG-TCH'OU

徐象樞

IMPRIMERIE DE L'ORPHELINAT DE T'OU-SÈ-WÈ
ZI-KA-WEI près CHANG-HAI

1924

徐象枢博士论文封面

Les Doctrines
Juridique et Economique
de
KOAN-TSE

(THÈSE POUR LE DOCTORAT EN DROIT)

PAR

CHEN KIA-I (沈家詒)

IMPRIMERIE DE L'ORPHELINAT DE T'OU-SÈ-WÈ
ZI-KA-WEI—CHANG-HAI

1928

沈家诒博士论文封面

THÈSES DE L'UNIVERSITÉ L'AURORE

DE L'INDIVISION
SOUS SES DEUX PRINCIPALES FORMES EN DROIT CHINOIS COMPARÉ AVEC LE DROIT ÉTRANGER

TCHOU KAO-YONG

Docteur en Droit

Université L'Aurore
223 Avenue Dubail Shanghai

Hautes Etudes
Race Course Road Tientsin

Librairie
du
Recueil Sirey
22 Rue Soufflot
Paris Vᵉ

1934

朱高融博士论文封面

贴在震旦大学博士论文上的燕京大学图书馆藏书票
（天津工商学院赠送字样）

献给我的女儿王婉清

国家社科基金后期资助项目
出版说明

　　后期资助项目是国家社科基金设立的一类重要项目,旨在鼓励广大社科研究者潜心治学,扶持基础研究的优秀成果。它是经过严格评审,从接近完成的科研成果中遴选立项的。为扩大后期资助项目的影响,更好地推动学术发展,促进成果转化,全国哲学社会科学规划办公室按照"统一标识、统一版式、符合主题、封面各异"的总体要求,组织出版国家社科基金后期资助项目成果。

全国哲学社会科学规划办公室

序：博士教育和学术市场

王志强

近来对国内博士教育的负面声音不绝于耳①。中国博士的产量与年俱增，号称已超过美国，而对其质量的非议也不断升级。同时，各种与博士教育相关的权学交易丑闻也层出不穷。不断有落马高官被爆不合规地获得博士学位，或有名无实地兼任博导。于是，程序上加强管理的措施也层出不穷，中期考核、开题报告、预答辩、论文重复率检测、强制盲审、答辩中导师回避、论文发表数量和刊物等级要求，等等，不一而足。然而，这些措施，是否有助于从根本上解决目前国内博士教育的质量问题？

不能否认以上各种措施的积极意义。不过，博士教育的质量，至少与三方面因素更密切有关：导师水平、学生素质和研究条件。研究条件对理工科的影响较为显著，如果仅就文科而言，研究的硬件条件对成果质量的影响，相对而言恐怕并不突出，而师、生这两项人的因素则更为关键。20世纪初，中国学子曾"群趋东邻受国史"（陈寅恪语）；文史如此，其余可知。除缺乏文化自信、崇洋镀金的思想影响外，当时乃至今日，在不少领域，中国学者的研究水平与发达国家相比仍有相当差距，显然成为影响博士培养质量的关键因素，甚至间接使优质生源流失，因为除非完全闭关锁国或经济极度匮乏，否则学生自然会选择在条件允许的情况下出国求学、投报名师。这是中国的整体社会发展水平包括教育水平所决定的。从学生素质的角度看，由于学生的智力水平和研究基础客观上存在差序，如果招考制度相对公平，那么在特定时期最直接影响学生平均素质的因素，就是招生数量，即招生越多，平均素质越低。在博士点海量放大、博士数量几何级增长的情况下，导师水平显然并无相应程度的增长，那么相对于此前特别是80~90年代前期的博士群体而言，国内博士平均

---

① 本文所论博士教育，如无特别说明，专指研究型博士，区别于职业型博士；后者的培养以特定职业能力训练为目标，如一些国家和地区医科、法科及工科领域相当部分的博士项目。

学术质量的下降,也并非意料之外。而各种的程序性措施,恐怕都只是治标之法。

不过,这种背景下的平均质量下降,是否就必为千夫所指呢?这涉及如何定位博士学位本身。博士教育和学位制度的基本目的是什么?由于社会历史条件和发展阶段不同,在各国的不同时期,可能有不同的理解和设计。如本书中所论,民国时期的争论中,戴季陶就主张:"盖任官稍滥,尚有方法救济,学术则天下之公器,而一国文野系之。若稍不认真,或涉及入主出奴之见,则其影响太大。各位要十分注意。"(本书第二章第三节)当时所采取的立场,实际上赋予了博士学位极高的地位和内涵。东邻日本早年也采取这一立场,博士学位具有极高的荣誉性。不过,近年来受欧美影响,并相当程度上在国际留学市场的竞争压力下,至少对授予留学生博士学位的态度已明显有所松动和改变。

德、英、美等国近代的博士教育则奉行不同的理念。19~20世纪,以柏林大学为首的欧美研究型大学兴起和自由主义思潮的推动,博士项目的目标,在相当程度上是通过这一层次的教育过程,确认某批人士具有知识和智力上的突出能力,特别是对于专门领域的创新性研究能力,因此更适合一定的职业,特别是学术职业。除了高等教育机构和专门研究院所,很少有某个固定的职业群体,会普遍要求入职者具有研究型博士程度的教育背景。而欧美博士毕业生也有相当高比例入职学术机构。所以,学术职业是欧美国家博士教育的主要目标市场。

在近代以前并不存在这种状况,一个重要原因恐怕就是缺乏这种市场需求,即缺乏大规模的高等教育和专业研究机构。当时博士的头衔,与近现代的状况则名同而实异。而前述近现代日本不同的博士教育理念,其前提是日本具有一套不同的学术市场进入机制。时至今日,日本一些著名高校的任职机制仍部分保留了传统的方式,即选拔最优秀的本科生留校,在导师指导下,以研究助手的身份进行学习和深造,而博士学位并非任教之必需。这样的背景下,也就完全可以将博士学位作为一种荣誉而吝于授予,因为其并不具有学术市场准入和竞争的功能。

以学术职业为博士教育最重要的目标市场,学术市场的准入也以博士学位为前提,这相当程度上降低了学术职位的遴选成本,因为博士学位这一门槛以及博士项目的招录和培养过程,发挥了初步遴选的功能。当年陈寅恪没有任何学位而受聘清华导师,至今传为佳话,但反映出的这一聘任过程的机制,实际上是推荐制和学术机构领导人负责制的结合,是遴选成本较高、风险较大的制度安排。对此,季羡林曾写道:

>   我为什么非要取得一个博士学位不行呢？……中国近代许多大学者，比如王国维、梁启超、陈寅恪、郭沫若、鲁迅等等，都没有什么博士头衔，但都会在学术史上有地位的。这一点我是知道的。可这些人都是不平凡的天才，博士头衔对他们毫无用处。但我扪心自问，自己并不是这种人，我从不把自己估计过高，我甘愿当一个平凡的人，而一个平凡的人，如果没有金光闪闪的博士头衔，则在抢夺饭碗的搏斗中必然是个失败者。(季羡林：《留德十年》"回到祖国的怀抱")

在制度初创时，季羡林所称的这些"天才"可以通过宽松的机制和出众的声誉顺利进入学术市场，但对于大多数人，特别是在市场不断扩大、学术民主不断加强的情况下，"抢夺饭碗的搏斗"就必须有更多的刚性标准，比如以博士学位、名校博士学位，乃至世界名校博士学位为基本条件。这不直接关乎学术上长远的青史留名，而是学术人才初次判别的成本和机制问题。

如果接受欧美模式——实际上也已是目前我国学术机构的普遍做法——承认学术市场准入与博士教育的直接密切关系，那么一方面，就自然不必在博士学位上附加其他的荣耀，除了思想者本身应具有的被尊重；另一方面，学术市场也会需要博士培养具有一定的数量以供遴选。当然，当可选数量急剧膨胀、质量大幅度下滑时，市场主体的一方即各学术机构自然会做出反应：或者投入更多的遴选成本进行大批量筛选，或者进一步提高对国内博士的准入门槛（如论文发表、博士后经历），有些名牌高校甚至选择只接受海外著名高校博士的申请，或只聘任已在其他机构任职历练、业绩显著的人士，以避免海量遴选、降低成本。而市场的另一方主体即有意或正在攻读博士学位的学生们，也会根据市场状况调整自己的决策，未必会盲目地追捧没有市场需求的博士虚名。当然，实现市场良性运作的前提，是信息的充分和透明，特别是对于学生方面。

随着国内博士数量的大幅度增长，使博士已渐渐走下神坛，回归与其学术市场主体身份相适应的地位，并将弱化博士头衔具有的其他附加值，也将可能逐渐使其与仕途升迁等本来并不相伴的意义脱钩；从这个意义上说，博士数量的增长以及相应的平均质量下降并非完全是坏事，因为博士教育本身不必、也承载不起如许的尊荣。

在这种背景下，从制度设计和管理的角度而言，当然并非可以完全放任市场供应恶性膨胀、学位过度缩水贬值，那样也势必根本动摇对于中国教育的信心。长远而言，治本之法，是通过人才战略，全面提高导师水平，留住本国才俊，甚至吸引海外优质生源。短期而论，根据学术市场状况合理控制、调整和配置招生数量,并加强各种程序规制和信息公开,或许是可行之道。

王伟兄精研法律教育史特别是博士教育史有年,此前大作《中国近代留洋法学博士考(1905—1950)》已为学界同行所瞩目。本书另辟蹊径,在中国近代学位教育制度发展的大背景下,以震旦大学的法学博士教育、博士群体及其学位论文为中心,广泛搜求相关档案、时人论著,尤其是作为主要研究对象的早期博士论文等各种文献,其积累之深厚、用力之细致、论述之详赡、思考之深入,读者自有体会。

略需赘言者:王伟兄敬业尽职、乐观坚韧,斯疾之厄中不为所困、不堕其志,为人为师之风范,堪为同仁楷模。我对教育史,特别是本书所论的近代中国法律教育和博士培养本无涉猎,当然也所知寥寥,本无可置喙于此。但与王伟兄共事论学多年,引为同道。蒙其垂示,勉力承命。康复珍重之祈愿,尽在不言。

二〇一五年仲夏 于复旦江湾

自　序

　　学校办法愈能活动自由,则教育愈有进步;教育愈有进步,则国家愈受其利。

——《中华基督教教育界宣言》(1925)

　　中国近代博士教育鲜为人知,这并非因为中国是一个善于遗忘的国家,也并非因为中国近代博士教育一事无成、微不足道、乏善可陈,而是主要由以下两个原因造成:

　　第一,中国近代博士教育法律法规并未实施,这很容易让人想当然地以为:中国近代既然连博士教育法律法规都没有实施,当然也就没有博士教育;

　　第二,中国近代唯一开展过法学博士教育的机构——震旦大学已经消失了60多年。作为一所在1952年被撤销的教会大学,它被大卸八块,没有自己的正式继承人。上海号称是中国高校最为集中的地区之一,是震旦大学的发源地和终结地,但是今天没有任何一所高校公开宣称自己是震旦大学之子。

　　自从震旦大学被肢解之后,震旦作为一所独立的大学已经不复存在。震旦大学校园的主人已经改为新成立的上海第二医学院(1952年由圣约翰大学医学院、震旦大学医学院、同德医学院合并而成,1985年改名为上海第二医科大学,2005年与上海交通大学合并,改名上海交通大学医学院)。震旦大学的部分档案安安静静地躺在上海市档案馆,很少有人前去翻阅。偶尔有几位对震旦大学历史颇感兴趣的学者前去探寻,他们的视线往往集中在震旦大学的通史之上,几乎无人关注震旦大学的博士教育,更无人注意到震旦大学法学院曾经培养了中国近代唯一的法学博士群体。名义上,震旦大学法学院在1952年被并入当时新组建的华东政法学院,实际上,华东政法学院并未真正继承震旦大学法学教育的衣钵。震旦大学法学院原有的教师普遍没有得到重执教鞭的机会,震旦大学原有的法学藏书也去向不明。

假如某位读者有兴趣到现在的华东政法大学图书馆查找震旦大学的博士论文,他一定会空手而归。

要不是一个偶然的原因,我也不会注意到震旦大学,不会注意到震旦大学的博士教育,不会注意到震旦大学二十多位法学博士及其博士论文。在2005年至2011年间,我考证了442名中国近代留洋法学博士,包括他们在留学期间撰写的博士论文,我的研究结果就是《中国近代留洋法学博士考(1905—1950)》(上海人民出版社2011年12月版)。在研究中国近代留洋法学博士的过程中,我发现一个极为特殊的现象:有5位留洋法学博士于留洋之前就已经在国内的震旦大学取得过法学博士头衔!难道当时的中国大学已经展开了博士教育?这一问题引起了我极大的好奇心。在我原本的印象中,中国近代缺乏学术性博士教育,无论是本土的北京大学还是西化的清华大学,无论是国立的中央大学还是私立的复旦大学,都未曾培养过博士生,难道震旦大学是一个特例?

通过进一步研究,更让人意外的结果出现了:这5个人不但从震旦大学取得了博士学位,而且都曾经在震旦大学撰写了博士论文。这一发现激起了我一个大胆的学术假设:莫非他们的博士论文就是中国最早的博士论文?由此引发出一连串问题:除了这5位博士之外,震旦大学有没有培养出其他的博士?震旦大学有没有其他的博士论文?这些中国早期的博士和博士论文现在何处?除了震旦大学之外,其他中国近代大学是否培养出中国本土博士并有博士论文?……

带着这些问题,我在撰写《中国近代留洋法学博士考(1905—1950)》一书的同时,就已经开始了这项研究的准备工作——在茫茫史海中搜寻有关中国近代博士教育的资料。

中国近代博士教育史的问题让我花费了很长时间。与我最初的印象一样,绝大多数学者也认为中国近代没有博士教育。极少数学者提到震旦大学的法学博士,但是缺乏直接证据,几乎全都转引自美国人亨勃尼的一篇文章,而亨勃尼的文章又转引自早期震旦大学出版的《震旦杂志》。于是我就从《震旦杂志》入手,进而梳理了震旦大学的档案。幸运的是,我所工作的城市——上海,就是震旦大学当年所在地。震旦大学从建立到结束一直位于上海,从未迁移,甚至在抗日战争期间也未曾西迁,其档案资料现存放在上海市档案馆,除了个别涉密档案暂未公开之外,其余全部制作成缩微胶片,可以公开查阅,这为我的研究提供了极大的方便,我也的确在上海市档案馆查找到有关震旦大学博士教育的重要史料。遗憾的是,上海市档案馆并没有保存震旦大学的博士论文。为了收集到震旦大学的博士论文,我使尽浑身解数,到各个图书馆以及各大电子数据库中大海捞针,到国外旧书网站进行地毯式搜索,功夫不负有心人,最终我收集到十多篇震旦大学法学博士论文,其中最远的来自南美阿根廷的一家旧书店——书籍的流传充满了奇迹。在北京大学图书馆,我找到 7 篇震旦大学博士论文。北大图书馆所藏的 7 篇博士论文全部继承自燕京大学图书馆。这 7 篇博士论文的封底借阅记录显示,他们多数从来没有被借阅过,或者仅仅被借阅过一两次,唯独一篇徐象枢的博士论文被借阅过 10 次,分别是 1938 年 11 月 22 日、1940 年 8 月 20 日、1947 年 9 月 5 日、1952 年 5 月 19 日、1952 年 7 月 12 日、1955 年 10 月 8 日、1956 年 9 月 18 日、1956 年 10 月 12 日、1959 年 11 月 13 日、1962 年 8 月 6 日。相比其他博士论文无人问津的情况,这本博士论文的借阅率算是很高了,其主要原因也许是因为这篇论文采用法汉双语形式以及其内容事关唐太宗。让我奇怪的是,这本出版于 1924 年的书,在 1949 年前仅被借阅过 3 次,而在 1949 年后的十多年里居然被借阅了 7 次。也就是说,在 1949 年以后,这些博士论文并没有被彻底封存,而是继续供人们阅览,也的确有一些人曾经阅读过,也许借阅者关注的是唐太宗的有关历史等,而没有意识到这些博士论文在中国教育学、法学上的历史价值。

在找到震旦大学博士教育的确切史实之后,我将研究重点转向如下问题:

中国近代博士教育为何出现在教会大学而不在中国本土大学?

中国近代博士教育为何产生于震旦大学而不在其他教会大学?

震旦大学博士教育兴起于何时?盛行于何时?衰落于何时?

震旦大学博士教育因何而起?因何而盛?因何而衰?

中国近代博士教育法律制度与中国近代博士教育实践之间的关系如何?

中国近代博士教育与中国当代博士教育有没有传承关系?假如二者之间没有关系,那么这种断层是因为中国近代博士教育本身的缺陷还是因为中国当代博士教育的缺陷?谁应当为这一断层负责?

本书就是对于以震旦大学为核心的中国近代博士教育史进行研究的初步结果。在《中国近代留洋法学博士考(1905—1950)》出版之后,我立即投入中国近代博士教育史的研究,可以说,本书是《中国近代留洋法学博士考(1905—1950)》的孪生兄弟,一中一外,一东一西,相互渗透,相辅相成。

震旦大学第一批博士毕业于 1920 年,1935 年《学位授予法》出台后,震旦大学进行了十多年的博士教育实践逐渐停止。这时抗日战争尚未全面爆发,所以说,震旦大学博士教育的衰落与战争无直接关系。事实证明,一部教育法对教育的影响可能远远超过一场战争的影响。孔子曰:苛政猛于虎也。后世从事教育立法者,尤其是从事高等教育立法者,在阅读震旦大学博士教育的兴衰成败历史之后,是否可以深深体会夫子当年的忧虑之情?

王 伟

2015年1月10日

目录
<<< Contents

绪 论 ··· 1
 一、中国近代博士之谜 ··· 1
 二、相关概念的界定 ·· 2
 三、中国近代博士教育史的意义 ··································· 4
 四、研究现状 ··· 6
 五、研究方法 ··· 9
 六、全书结构 ··· 10

第一章 中国近代博士教育的起源与早期实践 ················ 12
 第一节 博士在中国的辞源 ·· 12
  一、古代中国的博士概念 ······································· 12
  二、明代利玛窦将进士等同于博士 ··························· 14
  三、清末引入西方博士概念 ···································· 15
 第二节 中国博士教育的萌芽——教会大学的医学博士 ······ 18
  一、上海圣约翰大学 ·· 18
  二、北京协和医学院 ·· 19
  三、华西协合大学 ·· 19
  四、齐鲁大学 ··· 19
 第三节 中国近代名誉博士 ·· 19
  一、圣约翰大学名誉博士 ······································· 20
  二、北京大学名誉博士 ··· 22
  三、中央大学名誉博士 ··· 23
  四、复旦大学名誉博士 ··· 23
  五、东吴大学名誉博士 ··· 23
 本章小结 ·· 25

第二章 中国近代博士教育法律制度 ····························· 27
 第一节 清末有关博士学位制度的探索 ·························· 27

第二节　北洋政府有关博士学位的法律制度 ……………………… 29
　　一、1912年教育部拟议《学校系统草案》………………………… 29
　　二、1912年《大学令》……………………………………………… 30
　　三、1914年教育部官制 …………………………………………… 30
　　四、1914年法制局拟议《学校考试奖励法》…………………… 30
　　五、1915年《特定教育纲要》……………………………………… 31
　　六、1915年北洋大学博士学位授予权的申请及教育部回复 …… 31
　　七、1918年北京大学博士学位提案 ……………………………… 32
　　八、1919年教育部博士学位提案 ………………………………… 33
第三节　南京政府有关博士学位的法律制度 ……………………… 33
　　一、《学位授予法》的起草背景 …………………………………… 34
　　二、1935年《学位授予法》………………………………………… 38
　　三、1935年《学位分级细则》……………………………………… 40
　　四、《博士学位评定会组织法草案》和《博士学位考试细则草案》… 42
第四节　中国近代博士教育法律制度的特征 ……………………… 57
　　一、框架性 ………………………………………………………… 57
　　二、消极保守性 …………………………………………………… 58
　　三、与既有的学士制度、硕士制度相脱节 ……………………… 62
本章小结 ………………………………………………………………… 62

第三章　中国近代学术性博士教育实践——震旦大学法学博士教育 …… 65
第一节　震旦大学法学博士教育机构 ……………………………… 65
　　一、震旦大学法学院的组织结构——两系两所 ………………… 65
　　二、震旦大学法学博士培养机构的演变 ………………………… 66
第二节　震旦大学法学博士教育制度 ……………………………… 67
　　一、法学士和法学博士的二级学位体系 ………………………… 67
　　二、法学博士与政治学、经济学专业博士的混同制 …………… 69
　　三、本科入学考试制度与博士入学免试制度 …………………… 69
　　四、本科四年制与博士两年制 …………………………………… 70
　　五、宽松的导师制 ………………………………………………… 72
　　六、课程加论文的混合教育模式 ………………………………… 74
　　七、博士论文答辩制 ……………………………………………… 75
第三节　震旦大学博士教育的中国性 ……………………………… 76
　　一、震旦大学在清末的立案问题 ………………………………… 76

二、北洋政府时期暂予立案 …………………………………… 78
　　三、南京政府时期正式立案 …………………………………… 78
　　四、抗战时期拒绝汪伪的立案要求 …………………………… 79
　　五、法国人眼中的震旦大学 …………………………………… 79
第四节　震旦大学博士教育的独立性 ……………………………… 82
　　一、震旦大学不依附法国政府或者法国高校 ………………… 82
　　二、震旦大学博士答辩的独立性 ……………………………… 83
第五节　震旦大学博士学位证书的法律效力 ……………………… 84
　　一、震旦大学立案前博士学位证书的法律效力：从法律真空到
　　　　法律追认 …………………………………………………… 84
　　二、震旦大学立案后博士学位证书的法律效力：验印程序 … 86
　　三、震旦大学博士学位证书的四个疑问 ……………………… 88
本章小结 ……………………………………………………………… 92

第四章　中国近代学术性博士：震旦大学法学博士群 ………… 93
第一节　震旦大学法学博士名录 …………………………………… 93
第二节　未取得震旦大学法学博士学位的博士生 ……………… 107
第三节　博士身份存疑者 ………………………………………… 120
第四节　震旦大学法学博士统计分析 …………………………… 125
　　一、震旦大学法学博士籍贯分布 …………………………… 126
　　二、震旦大学法学博士年龄分布 …………………………… 126
　　三、震旦大学法学博士毕业年代分布 ……………………… 127
　　四、震旦大学法学博士职业分布 …………………………… 128
　　五、近代中外双料法学博士 ………………………………… 129
第五节　震旦大学法学博士的特征 ……………………………… 130
　　一、来源的单一性和封闭性 ………………………………… 130
　　二、时期的短暂性和集中性 ………………………………… 132
　　三、专业的多样性 …………………………………………… 132
　　四、性别的单一性 …………………………………………… 132
　　五、籍贯的集中性 …………………………………………… 133
　　六、留学国别的单一性 ……………………………………… 133
　　七、教育的学术性 …………………………………………… 133
本章小结 …………………………………………………………… 134

第五章　中国近代学术性博士论文——震旦大学法学博士论文 ……… 135

第一节　震旦大学法学博士论文概况 …………………………………… 135
一、震旦大学法学博士论文目录 ………………………………… 135
二、近代中外双料法学博士论文 ………………………………… 139

第二节　震旦大学法学博士论文的出版 ………………………………… 140
一、出版要求和出版标准 ………………………………………… 140
二、出版时间 ……………………………………………………… 142
三、出版印刷机构 ………………………………………………… 142

第三节　震旦大学法学博士论文的馆藏 ………………………………… 143
一、国内馆藏 ……………………………………………………… 144
二、国外馆藏 ……………………………………………………… 145

第四节　震旦大学法学博士论文的性质 ………………………………… 152
一、中国性 ………………………………………………………… 152
二、单一的外语性或者双语性 …………………………………… 153
三、博士论文的语种规范 ………………………………………… 154

第五节　震旦大学法学博士论文的外在特征 …………………………… 156
一、博士论文字数由少变多 ……………………………………… 156
二、博士论文注释和参考文献由少变多 ………………………… 159
三、博士论文表达形式由法汉双语转化为单一的法语 ………… 161
四、重视历史研究以及历史研究方法 …………………………… 163
五、逐渐尝试比较研究方法 ……………………………………… 163

第六节　震旦大学法学博士论文的内在特征 …………………………… 165
一、以中国问题为导向 …………………………………………… 165
二、以法学研究为主流 …………………………………………… 167
三、以国内法为重点 ……………………………………………… 167
四、以法律史研究为主线 ………………………………………… 168

第七节　震旦大学法学博士论文的价值 ………………………………… 171
一、博士论文的普遍性学术价值 ………………………………… 171
二、震旦大学法学博士论文的独到之处和影响 ………………… 172
三、震旦大学法学博士论文的缺陷 ……………………………… 174
四、震旦大学法学博士论文总体评估 …………………………… 177

本章小结 …………………………………………………………………… 179

第六章 中日近代博士教育比较 ………………………………… 180
第一节 日本近代博士制度沿革 ………………………………… 180
一、早期阶段(1872~1886) ……………………………………… 181
二、博士和大博士阶段(1887~1897) …………………………… 181
三、废除大博士阶段(1898~1919) ……………………………… 182
四、大学博士阶段(1920 年之后) ………………………………… 184
第二节 日本近代法学博士名录 ………………………………… 186
一、日本近代留洋法学博士 ……………………………………… 186
二、日本近代法学博士举例 ……………………………………… 188
第三节 中日近代博士教育异同比较 …………………………… 190
一、中日近代博士教育的相似之处 ……………………………… 191
二、中日近代博士教育的差异 …………………………………… 192
第四节 中国近代博士教育落后于日本的原因 ………………… 192
一、纸上谈兵,有法不行 ………………………………………… 193
二、缺乏以学术为目的的高等教育 ……………………………… 193
三、缺乏适格的学者 ……………………………………………… 194
四、博士学位制度过于严格 ……………………………………… 195
五、缺乏稳定的学术研究环境和物质保障 ……………………… 197
本章小结 …………………………………………………………… 198

第七章 中国近代博士教育与当代博士教育的比较 ……………… 199
第一节 中国当代博士教育法律沿革 …………………………… 199
一、1956 年《学位条例草案》…………………………………… 199
二、1963 年 10 月《学位条例草案》……………………………… 202
三、1963 年 12 月《学位条例草案》……………………………… 203
四、1964 年《学位授予条例草案》……………………………… 204
五、1966 年《关于授予外国留学生学位试行办法》…………… 204
六、1980 年《学位条例》………………………………………… 205
七、2004 年修订 1980 年《学位条例》………………………… 208
八、2015 年《学位证书和学位授予信息管理办法》…………… 208
第二节 1935 年《学位授予法》与 1980 年《学位条例》的比较 ……… 209
一、学位级别 ……………………………………………………… 209
二、政治条件 ……………………………………………………… 209
三、普通博士候选人条件 ………………………………………… 211

四、博士学位性质 ……………………………………………… 211
　　五、推荐制博士的异同 …………………………………………… 213
第三节　中国当代博士教育实践 ………………………………………… 214
　　一、改革开放后中国博士教育情况 ……………………………… 214
　　二、21世纪初期中国博士教育统计 …………………………… 216
第四节　1935年《学位授予法》在台湾的发展演变 ………………… 217
　　一、1954年《学位授予法》——延续"国家博士" …………… 217
　　二、1959年《学位授予法》——从"国家博士"到"部颁博士" … 218
　　三、1960年《博士学位评定会组织条例》 …………………… 218
　　四、1960年《名誉博士学位授予条例》 ……………………… 219
　　五、1960年《博士学位考试审查及评定细则》 ……………… 219
　　六、1977年《学位授予法》——继续"部颁博士" …………… 221
　　七、1983年《学位授予法》——从"部颁博士"到大学博士 … 221
　　八、1994年《学位授予法》——大学博士的进一步扩张 …… 222
　　九、2004年《学位授予法》——从学位核备到学位备查 …… 222
第五节　台湾博士教育实践 ……………………………………………… 223
　　一、1949年以后第一位博士——周道济 …………………… 223
　　二、第一位文学博士——罗锦堂 ……………………………… 223
　　三、台湾地区早期博士一览 …………………………………… 225
　　四、台湾地区的博士过剩现象 ………………………………… 227
本章小结 ……………………………………………………………………… 227

结论 ……………………………………………………………………………… 229
　　一、中国近代博士教育的历史演变轨迹 ………………………… 230
　　二、中国近代博士教育的经验和教训 …………………………… 237
　　三、中国近代博士教育的历史地位和历史意义 ………………… 252

中国近代博士教育年表 ……………………………………………………… 260
参考文献 ……………………………………………………………………… 265
索引 …………………………………………………………………………… 296

后记 …………………………………………………………………………… 306

图片目录

图 2-1　国防最高委员会关于博士学位细则的决议 …………… 53

图 4-1　顾守熙照片(《震旦大学法学院第卅一届毕业纪念刊》) ……… 95

图 4-2　王自新照片(《震旦大学法学院第卅一届毕业纪念刊》) ………… 101

图 5-1　胡文柄博士论文中文封面 ………………………… 156

图 5-2　胡文柄博士论文法文封面 ………………………… 156

表格目录

表 1-1	中国近代人士对西方学位的翻译与理解	18
表 1-2	圣约翰大学名誉博士一览表	20
表 2-1	《学位授予法》与各种草案对照表	40
表 3-1	1935年震旦大学法学院教师一览表	72
表 3-2	震旦大学法律门高等考试科目一览表	74
表 4-1	震旦大学法学博士(广义)一览表	106
表 4-2	震旦大学法学博士籍贯分布表	126
表 4-3	震旦大学法学博士年龄分布表	126
表 4-4	震旦大学法学博士毕业年代分布表	127
表 4-5	震旦大学法学博士职业分布一览表	128
表 4-6	近代中外双料法学博士一览表	129
表 5-1	震旦大学法学博士论文一览表	136
表 5-2	近代中外双料法学博士论文对照表	139
表 5-3	震旦大学法学博士论文国内馆藏情况一览表	144
表 5-4	震旦大学法学博士论文国外馆藏情况一览表	146
表 5-5	震旦大学法学博士论文页数变化表	158
表 5-6	震旦大学法学博士论文分类一览表	170
表 6-1	日本近代留洋法学博士一览表	187
表 6-2	日本法政大学教师中的法学博士一览表(1903)	188
表 7-1	"文化大革命"前学位条例草案与1980年《学位条例》比较表	207
表 7-2	全国1982年3月至1983年5月授予的18名博士一览表	215
表 7-3	2000年至2014年间全国博士招生及毕业的人数一览表	217
表 7-4	台湾地区1960年至1969年培养的18名博士一览表	225

绪　论

　　博士学位不过是一种名誉，名誉之中却含着无限的力量，建设新文化，建设新国家，这是我们的希冀。
　　　　　　——庆云：《博士学位》（载《新时代》复刊一卷第五期）

一、中国近代博士之谜

　　学位意义上的博士称号来源于西方。根据《简明不列颠百科全书》，学位（degree）指学院和大学为了表示学者学术成就的水平所授予的头衔①。在12世纪之前，硕士、博士"仅仅是一个普通用语，而不是正式头衔。如果某人管理一所学校，他就会称自己为硕士。更为普遍的是，任何一个学习了一定时间的人和那些离开学校时带着教师发给的表明学业成绩的正式或非正式证明的人，都可以使用这个头衔"②。有学者认为，中世纪时期的硕士、博士、教授三种称号可以互用，"完全是同义语"③。"学位称号为其持有者提供了知识教育的保证，为其以后完全不同于教学的职业生涯提供了方便。"④作为学位意义的硕士和博士头衔最早出现于12世纪，伴随着大学的出现而出现。从时间顺序上说，先有大学，后有学位。1158年，意大利的波伦亚大学（University of Bologna，又译博洛尼亚大学、保龙拿大学）获得罗马教皇颁发的"世界上第一张有权授予博士学位的许可证"⑤。之后波伦亚

---

　　① 《简明不列颠百科全书》（第15版），第8卷，北京，中国大百科全书出版社，1986年，1版1次，第728页。
　　② ［比］希尔德·德·里德-西蒙斯主编：《欧洲大学史》第一卷（中世纪大学），张贤斌等译，保定，河北大学出版社，2008年，1版1次，第159页。
　　③ 马骥雄：《略论学位制》，载瞿葆奎主编，黄荣昌等选编：《教育制度》，教育学文集第14卷，北京，人民教育出版社，1990年，1版1次，第393页，注释1。
　　④ ［法］雅克·韦尔热：《中世纪大学》，王晓辉译，上海，上海人民出版社，2007年，1版1次，第51页。
　　⑤ 郭玉贵：《美国和苏联学位制度比较研究——兼论中国学位制度》，第4页。

大学授予第一批法学博士和医学博士①。这是博士学位制度的开始。

长期以来,学术界的主流观点认为:中国近代研究生教育的最高学位是硕士学位,中国近代教育没有培养出任何一名真正的博士,中国近代博士制度并未实施,只是一纸空文。例如,刘少雪称:"直到中华人民共和国成立,硕士学位是中国大学授予的最高学位,博士学位一直未曾授予过。"②持类似观点的还有成有信③、程悦云④、徐希元⑤、张英丽⑥、周绪红⑦、王战军⑧、余伟良⑨、潘山⑩等人。教育部官方编写的出版物也持相同观点⑪。

中国近代究竟有没有培养出自己的博士?中国近代究竟有没有中国人在中国土地上撰写的博士论文?中国近代究竟有没有博士教育制度?如果中国近代存在博士教育,则中国近代博士教育法律与实践的关系如何?中国近代博士教育的演变规律如何?中国近代博士教育兴衰的原因如何?这些问题正是本书研究的重点。

二、相关概念的界定

(一)中国近代博士

本书所称的中国近代博士专指近代时期在中国接受博士教育并取得博士学位的人,不包括在外国接受博士教育的留洋博士。从种类上看,中国近代博士有职业性博士、名誉性博士和学术性博士(或称为"研究性博士")三

---

① 郭玉贵:《美国和苏联学位制度比较研究——兼论中国学位制度》,第4页。
② 刘少雪:《中国大学教育史》,太原,山西教育出版社,2007年,1版1次,第125页。
③ 成有信编著:《比较教育教程》,北京,北京师范大学出版社,1987年,1版1次,第224页。
④ 程悦云:《学位制度的由来及发展》,《辽宁大学学报》1994年第1期,第68页。
⑤ 徐希元:《当代中国博士生教育研究》,北京,知识产权出版社,2006年,1版1次,第49~50页。
⑥ 张英丽:《学术职业与博士生教育》,武汉,华中科技大学出版社,2009年,1版1次,第148页。
⑦ 周绪红主编:《湖南大学研究生教育发展史(1943~1999)》,长沙,湖南大学出版社,1999年,1版1次,第9页。
⑧ 王战军编著:《学位与研究生教育评估技术与实践》,北京,高等教育出版社,2000年,1版1次,第2页;《中国学位与研究生教育信息分析报告》,北京,中国人民大学出版社,2009年,1版1次,第1页;何东昌主编:《当代中国教育》(上),北京,当代中国出版社,1996年,1版1次,第9页。
⑨ 余伟良:《二十世纪的中国学位制度研究》,湖南师范大学博士学位论文,2008年5月,第122页(声称"博士学位在近代中国一直是一个空白")。
⑩ 潘山:《中国博士学位授予制度的历史考察》,云南大学硕士学位论文,2013年5月,第1页("民国时期没有建立起正式的博士学位授予制度,也没有授予过任何博士学位","如果不把殖民地时代的香港和日据时代的台湾包括在内的话,那么20世纪50年代中期台湾开始的博士学位教育及学位授予是中国最早的")。
⑪ 《我国学位与研究生教育制度的创立与发展》,中华人民共和国教育部编:《共和国教育50年(1949—1999)》,北京,北京师范大学出版社,1999年,1版1次,第376页("到1949年新中国成立以前,仅有232人获得硕士学位")。

种。中国近代学术性博士又包括两种博士：法学博士、经济学博士。严格地说，职业性博士不属于传统意义上的学术性博士，名誉博士本身并非博士教育的产物（因为他们只有博士学位而无博士教育），因此这两者均非本书重点，本书重点在于学术性博士。

从地域上看，中国近代博士也不包括当时沦为外国殖民地的香港、台湾地区培养的博士。香港大学在1913～1914年度设置医学博士学位课程①。台湾大学的前身——台北帝国大学曾经开展博士教育。台北帝国大学的大学院专门招收研究生，研究两年之后可以提交博士论文，由相关学部教授会审查，合格后准予通过②。1945年，台籍学生徐永泉、徐庆钟获得农学博士学位，刘盛烈获得理学博士学位③。据汪知亭《台湾教育史料新编》记载，台北帝国大学从昭和十三年起至十八年止，共授予博士学位32人，其中理学博士4人，农学博士3人，其余都是医学博士④。严格地说，由于当时香港和台湾已被迫割让给英国和日本，此两地的高等教育也分别构成英国和日本高等教育的组成部分，不宜归类为中国近代高等教育，近代时期在那里取得博士学位的人不宜称之为中国近代博士。

从学位上看，在学士、硕士、博士三级学位教育中，本书专门研究博士教育。

从时间上看，本书研究的时间范围定于近代。在整个近代时期，只有极少数医学毕业生在清末取得职业性医学博士学位，其余均在民国时期取得博士学位，因此本书主要内容是有关民国时期的博士教育史。

（二）中国近代博士论文

中国近代博士论文专指中国近代博士在中国撰写并完成的学术性博士论文，不包括非博士论文性质的学术著作，也不包括留洋博士撰写的博士论文。这里强调撰写地和完成地在中国，而不强调出版地或者印刷地。部分

---

① 《明德百献：香港大学档案文物》，"附录Ⅳ：学位、文凭及证书"，香港，香港大学出版社，2013年，1版1次，第252页。
② 台北帝国大学博士学位论文审查程序如下：首先，教授会推选部内教授2人负责审查，必要时可以请部外人员审查；其次，论文审查结束后，交教授会讨论，出席会议的教授人数必须达到教授总人数的3/4以上，并经过出席人2/3以上同意。见汪知亭：《台湾教育史料新编》，台北，商务印书馆，1978年，1版1次，第151页。
③ 《"国立"台湾大学校史稿（1928—2004）》，台北，"国立"台湾大学出版社，2005年，1版1次，第630页。有资料称徐永泉为徐水泉，见黄新宪：《台湾教育：从日据到光复》，上海，上海人民出版社，2012年，1版1次，第124页。
④ 汪知亭：《台湾教育史料新编》，第151页。然而根据吴文星统计，共有95位台籍学生取得台湾帝国大学授予的医学博士学位，1位台籍学生取得台湾总督府中央研究所医学博士学位。吴文星：《日治时期台湾的教育》，注释1，http://asp2005.fy.edu.tw/LiteracyClass/upload/plain1/%E6%AD%B7%E5%8F%B2/%E6%97%A5%E6%B2%BB%E6%99%82%E6%9C%9F%E5%8F%B0%E7%81%A3%E7%9A%84%E6%95%99%E8%82%B2%EF%BC%88%E4%BE%9D%E8%AC%9B%E7%A8%BF%E6%A0%BC%E5%BC%8F%EF%BC%89.doc。

中国近代博士论文是在中国撰写并且完成答辩，之后寄送外国的出版机构印刷发行，这批博士论文在定性上仍然属于中国近代博士论文。从博士论文种类上看，中国近代博士论文包括两种：法学博士论文、经济学博士论文。中国近代职业性医学博士学位虽然也有一些论文要求，但该类论文不属于传统意义上的学术性博士论文，而名誉博士则既无须上课，也无须提交博士论文，所以本书的中国近代博士论文专指中国近代学术性博士论文。

三、中国近代博士教育史的意义

（一）填补中国教育史的空白

中国近代教育史是中国教育史的重要组成部分。目前中国近代教育史在博士教育的论述和研究方面尚处于空白。由于中国古代并没有学位意义上的博士教育，倘若中国近代也没有博士教育，则在整个中国古代和近代教育史中均没有博士教育。本书研究结果表明：中国近代开展过博士教育，既有职业性医学博士，也有学术性法学博士、经济学博士，他们是中国教育史上最早的博士，他们撰写的博士论文，是中国教育史上第一批博士论文。

长期以来，中国教育史忽视了中国历史上最早的博士及其博士论文，至今仍然有很多教育史学者认为中国近代没有博士教育，没有学术性博士，更没有博士论文。在中国现有的各类博士名录中，均没有记载1949年以前的博士。例如，《中国博士人名辞典》认为自20世纪80年代起"开始有了自己培养并授予学位的中国博士"[①]，而《学位与研究生教育大辞典》更是直截了当地记载民国期间"一直没有授予过博士学位"[②]。

迄今为止，学界尚没有中国近代博士教育史方面的论著，也没有一份中国近代博士名录以及中国近代博士论文目录。中国国家图书馆（原北京图书馆）作为国务院学位委员会指定的博士论文全面入藏单位，其收录重点是20世纪80年代以后的博士论文[③]，并没有专门收录中国近代博士论文。中

---

① 梁桂芝等主编：《中国博士人名辞典》"编者说明"，南昌，江西高校出版社，1992年，1版1次。

② 秦惠民主编：《学位与研究生教育大辞典》，北京，北京理工大学出版社，1994年，1版1次，第563页。

③ 中国国家图书馆收藏的中国博士论文参见北京图书馆学位论文收藏中心编：《1981—1990中国博士学位论文提要》（社会科学部分），北京，书目文献出版社，1992年，1版1次；《中国博士学位论文提要：1981—1990》（自然科学部分，理学分册），沈阳，辽宁大学出版社，1995年，1版1次。还可参见《中国博士学位论文提要：2005》（人文社会科学部分），北京，北京图书馆出版社，2007年，1版1次；《中国博士学位论文提要：2006》（人文社会科学部分），北京，国家图书馆出版社，2009年，1版1次；《中国博士学位论文提要：2007》（人文社会科学部分），北京，国家图书馆出版社，2011年，1版1次；《中国博士学位论文提要：2008》（人文社会科学部分），北京，国家图书馆出版社，2012年，1版1次。

国近代博士教育史理应在中国近代教育史中占据一席之地,这是对历史的客观反映和尊重,是完善充实中国近代教育史的现实需求,也是承认和继承中国近代博士教育成果的前提条件。

(二)对于中国当代博士教育制度的改革具有历史借鉴意义

中国当代博士教育制度的建立并没有吸取中国近代博士教育的历史经验和教训。毫无疑问,缺乏深厚的历史底蕴和历史积淀,是中国当代博士教育制度存在某些问题的历史根源之一。中国近代博士教育史对于完善中国当代博士教育可以起到积极的作用。事实上,中国当代学位制度曾经在某些问题上借鉴和考虑过中国近代学位制度,例如,1980年《学位条例》中三级学位制度的历史渊源正是1935年《学位授予法》①。博士教育史的现实影响不容小觑。研究中国近代博士教育史对于中国博士教育的未来发展也有积极的参考作用。

(三)开拓中国学术史的新领域

中国学术史的研究范围不应当局限于中文学术成果,而应该拓展到在中国完成的西文学术成果,尤其应该关注近代在中国领域内完成的博士论文。本书研究成果显示,中国近代博士论文的拥有者之一——震旦大学已经在中国消失多年,震旦大学的博士论文并没有被集中收藏,而是零散分布在中外图书馆的各个角落②,长期以来被中国学术界所忽视。将这一批中国近代博士论文纳入中国学术史的研究范畴,可以大大拓宽中国学术史的语境范围和空间范围,这一批中国最早的博士论文,可以成为今后学术研究新的增长点。中国近代博士教育史的作用之一就是挖掘被长期遗忘的学术资源,为全面了解和继承中国近代学术的优秀成果打下基础。

(四)揭示中西学术交流史的另外一面——从西学东渐到东学西渐

由于共同的教育制度背景和语言因素,中国近代博士及其博士论文构成中西学术交流的天然桥梁。最能代表中国学生学术水平的博士论文,对于西方了解、研究中国学术作出了一定的贡献。事实上,一部分中国近代博士后来又出国留学,有些还同时取得了西方国家的博士学位,他们本身就在中西学术交流史中扮演了特殊的角色,具有特殊的地位。

更加值得注意的是,部分中国近代博士论文的印刷出版地点就在西方,这也是为什么西方的一些图书馆仍然保留部分中国近代博士论文的主要原

---

① 教育部部长蒋南翔关于《中华人民共和国学位条例(草案)的说明》,载《光明日报》1980年2月14日第1版。
② 震旦大学博士学位论文的馆藏情况详见本书第五章表5-3"震旦大学法学博士论文国内馆藏情况一览表"以及表5-4"震旦大学法学博士论文国外馆藏情况一览表"。

因。中国近代博士教育的产物——中国近代博士及其博士论文,打破了中西地域上和语言上的屏障,是连接中西学术的天然纽带。

目前学术界对于中西学术交流史的研究,偏重于西学东渐,重视西方学术在中国的翻译与传播,而忽视了中国近代学术论著在西方的传播。中西学术交流的过程,不仅仅是单方向的西学东渐,也包括了东学西渐,而中国近代博士及其以西文撰写的博士论文是东学西渐之路上至关重要的桥梁。

(五)对于中国当代学术本身的积极意义

中国近代博士论文对于中国当代学术的研究和建设仍然具有一定的参考价值,在某些方面甚至有重要的参考作用。中国当代学术研究,尤其是法学和经济学研究,可以从中国近代博士论文中吸取精华,挖掘有价值的材料。从这个角度看,中国近代博士教育史本身也渗透到中国近代法学史、中国近代经济学史之中。

四、研究现状

(一)国内研究状况

迄今为止,在中国教育史的研究中,尚无人注意到中国近代博士教育、博士群体及其博士论文,在这方面的系统研究尚属空白,没有任何以"中国近代博士教育史"为主题的论著。

不仅在中国教育通史[1]及研究生教育史[2]中没有近代博士及其博士论文的记载,在专门的教会大学史以及各学科教育史中也找寻不到近代博士及其博士论文的踪影。例如,研究高等法学教育的学者认为:"直到新中国成立的时候,上述博士的培养和学位的授予也没有真正得以实施。""由于历史的原因,在新中国成立之前,尽管学位与研究生教育制度到民国政府晚期已经初步形成,但我国实际上一直没有真正地开展法学博士教育。"[3]尤其值得注意的是,迄今为止,专门研究中国近代法律教育史的论著均未提及中国近代法学博士教育[4]。此外,已经出版的各种近现代教育史资料集中也

---

[1] 毛礼锐、沈灌群主编:《中国教育通史》(1~6卷),济南,山东教育出版社,1985~1989年出版。

[2] 例如,谢桂华主编:《20世纪的中国高等教育:学位制度与研究生教育卷》,北京,高等教育出版社,2003年,1版1次;吴芬:《中国早期研究生教育研究(1902—1949)》,华南师范大学硕士学位论文,2002年6月;郑浩:《我国研究生教育的发展历史研究(1902—1998)》,湖南师范大学硕士学位论文,2005年4月。

[3] 朱立恒:《法治进程中的高等法学教育改革》,北京,法律出版社,2009年,1版1次,第255页。

[4] 例如,王健:《中国近代的法律教育》,北京,中国政法大学出版社,2001年,1版1次;侯强:《中国近代法律教育转型与社会变迁研究》,北京,中国社会科学出版社,2008年,1版1次;何勤华:《中国近代法律教育与中国近代法学》,《法学》2003年第12期,第3~14页;赵国斌:《中国近现代法学教育盛衰论》,黑龙江大学硕士学位论文,2007年;杨振山:《中国法学教育沿革之研究》,《政法论坛》2000年第4期;贺卫方编:《中国法律教育之路》,北京,中国政法大学出版社,1997年,1版1次。

均未收录任何近代博士教育实践方面的档案史料①。

台湾地区出版的教育史论著也没有包括近代博士教育②。台湾地区教育界普遍认为,台湾1960年授予中国第一位博士,即毕业于国立政治大学(政治研究所)的周道济③,其博士论文是《汉唐的宰相制度》④,导师是王云五、浦薛凤、萨孟武⑤。台湾地区紧随其后的是文学博士罗锦堂,台湾师范大学(教育研究所)毕业,博士论文《现存元人杂剧本事考》,导师是郑骞⑥。

其实,早在民国时期就已经有人研究中国高等教育学位制度,但只注意到学士学位和硕士学位,"至于博士,那是谈不到的"⑦。这都给人以中国近代缺乏博士教育的印象。民国时期出版的教育史论著普遍没有记载中国近代博士教育史⑧。

目前已经有学者注意到近代教会大学的研究生教育,但是主要集中在东吴大学、圣约翰大学等校,并且总是将教会大学的研究生教育等同于硕士教育。有关震旦大学培养的中国近代法学博士及其博士论文,尚无人进行专门研究。王薇佳在2003年撰写了一篇博士论文——《独辟蹊径:一所与众不同的大学——上海震旦大学研究(1903～1952)》(华中师范大学博士学位论文),对震旦大学的校史进行了较为细致的研究,但是并没有触及震旦大学培养的中国近代博士,也没有提及中国近代博士论文。蒋晓伟《上海法

---

① 例如,舒新城编:《近代中国教育史资料》,北京,人民教育出版社,1961年,1版1次;朱有瓛主编:《中国近代学制史料》各辑,上海,华东师范大学出版社,1983年、1989年、1990年等;李楚材编著:《帝国主义侵华教育史料——教会教育》,北京,教育科学出版社,1987年,1版1次。

② 例如,吴俊升等:《"中华民国"教育志》(一)(二),台北,中华文化出版社事业委员会出版发行,1955年,1版1次;陈启天:《近代中国教育史》,台湾,中华书局,1969年,1版1次;孙邦正编著:《六十年来的中国教育》,台湾,"国立"编译馆出版,正中书局印行,1971年,1版1次;陈能治:《战前十年中国的大学教育(1927—1937)》,台北,商务印书馆,1990年,1版1次。

③ 周道济(1927～1994),安徽当涂人,早年在芜湖读中学,1946年考入"中央"大学法律系司法组,1949年尚未毕业即去往台湾,毕业于台湾大学法律系,政治大学政治研究所硕士,法学博士。历任台湾"国防研究院"专门委员、政治大学副教授、文化大学教授(教务长,政治系主任,政治研究所所长)、台湾商务印书馆总经理兼总编辑、台湾大学三民主义研究所教授等。http://www.ndcnc.gov.cn/datalib/2003/Character/DL/DL-20031213190601;周道济:《大学生活的回忆》,http://www.chinaxq.com/html/2005-3/19/content_1841.shtml。

④ "国立中央"图书馆主编:《"中华民国"博士硕士论文目录》,中华丛书编审委员会印行,1970年,第2页;电视报道"'政府'颁授第一位博士学位",数位典藏联合目录,http://catalog.digitalarchives.tw/dacs5/System/Exhibition/Detail.jsp?OID=3251123(2011年8月10日访问)。

⑤ 王云五:《王云五文集·5:商务印书馆与新教育年谱》(下册),南昌,江西教育出版社,2008年,1版1次,第961页。

⑥ "国立中央"图书馆主编:《"中华民国"博士硕士论文目录》,第1页。

⑦ 明耀五:《谈大学学位》,《现代学生》1930年第3期,第10页。

⑧ 例如,王凤喈:《中国教育史大纲》,北京,商务印书馆,1928年,1版1次,1930年再版;陈东原:《中国教育史》,北京,商务印书馆,1936年,1版1次;黄建中:《十年来的中国高等教育》,载中国文化建设协会编集:《抗战前十年之中国》,中国文化建设协会出版,1937年,台湾龙门书局影印,1965年,第503～529页。

学教育史研究》一书虽然专门研究了上海地区的法学教育,但是并未提及上海地区曾经有过中国最早的法学博士教育①。专门研究上海地区近代教育的《上海近代教育史》一书也未提及上海震旦大学的博士教育②。葛夫平《中法教育合作事业研究(1912~1949)》深入研究了民国时期各项中法教育合作事业,包括留法勤工俭学运动、里昂中法大学、北京中法大学、上海中法工学院、巴黎中国学院、北京中法汉学研究所、中法教育基金委员会③。然而该书并不包括震旦大学这所与近代中法教育密切相关的教会大学。

(二)国外研究状况

西方学界对于这个问题的研究基本属于空白。法国汉学虽然较为发达,但在法国汉学界,很少有人研究中国法律和中国法学④。白乐日(Etienne Balazs,1905~1963)曾著有《隋书·刑法志》等,但是他与荷兰汉学家何四维(Anthony Frangois Paulus Hulsewé,1910~1993)等人研究的重点是中国古代法律史⑤,他们的参考资料并没有普遍涵盖中国近代博士论文。在专门研究教育史的汉学学者中,也未见有专门研究中国近代博士论文者⑥。美国学者德克·布迪仅仅在《中国法的范围和意义》一文中的一个注释里提到震旦大学法学博士吴桂馨的那篇关于唐律的论文⑦。

值得注意的是,美国人乔恩·W·亨勃尼(Jon W. Huebner)在《上海震旦大学(1903~1952)》一文中有一处提到:"(震旦大学)1920年起授予法学博士学位",可惜该文没有展开下去,没有进一步指明具体的博士人名及博士论文,更没有介绍震旦大学的法学博士制度。从乔恩·W·亨勃尼论文的注释中可以看出这一句话引自1929年《震旦杂志》⑧。这篇文章对于后人研究震旦大学博士教育提供了宝贵的线索。吴静在其硕士论文中就根据乔恩·W·亨勃尼的文章制作了一张震旦大学学位课程年表,显示震旦

---

① 参见蒋晓伟:《上海法学教育史研究》,北京,法律出版社,2008年。
② 陈科美主编,金林祥副主编:《上海近代教育史(1843—1949)》,上海,上海教育出版社,2003年,1版1次。
③ 葛夫平:《中法教育合作事业研究(1912—1949)》,上海,上海书店出版社,2011年,1版1次。
④ [法]戴密薇:《法国汉学研究史概述》,载阎纯德主编:《汉学研究》第1集,北京,中国和平出版社,1996年,1版1次,第15~54页。
⑤ [法]戴仁编:《法国中国学的历史与现状》,耿昇译,上海,上海辞书出版社,2010年,1版1次,第301~302页。
⑥ 参见《法国汉学》第八辑"教育史专号",北京,中华书局,2003年,1版1次。
⑦ [美]德克·布迪、克拉伦斯·莫里斯:《中华帝国的法律》,朱勇译,南京,江苏人民出版社,2008年,1版1次,第8页,注释①。该书的译者根据读音将Ou Koei-Hing翻译为"欧凯新"。
⑧ [美]乔恩·W·亨勃尼:《上海震旦大学(1903—1952)》,郭太风译,载章开沅、马敏主编:《社会转型与教会大学》,武汉,湖北教育出版社,1998年,1版1次,第295页(该文的译者将《震旦杂志》翻译为《震旦大学文献》)。

大学在1920年开始授予法学博士学位[①]。可惜也没有在此基础上深入下去。总之,为数不多的提及震旦大学博士的文章均没有认识到震旦大学博士教育在中国近代教育史中的价值,这些文章最终与中国近代博士教育史擦肩而过。

五、研究方法

本书以中国近代博士教育的史实为中心,探究中国近代博士教育的起源和发展,讨论中国近代博士教育的历史价值和现实意义,研究中国近代博士教育在中国教育史和中西教育交流史中的地位和影响,比较中日两国在近代博士教育制度上的异同并探索造成这种异同的原因,从整体上探索近代博士教育在中国教育史、中西学术交流史、中国法学史中的历史地位和现实意义。

本文采用了以下研究方法:

（一）文献调查研究法

中国近代博士教育的文献资料散见于国内外各图书馆、档案馆等处,迄今为止,尚没有一个完整保存这类文献的处所。鉴于此,必须进行细致全面的调查,采用各种形式联系国内外有关机构,尽可能多地收集资料。在系统掌握文献的基础上,考证和探索中国近代博士教育在中国教育史和学术史中的地位,以及其在中西教育交流史中的意义。

（二）统计分析法

本书的重点之一是对于中国近代博士和博士论文进行各项统计分析,具体论证中国近代博士教育的成果和价值。

（三）比较研究法

本书第六章是中日近代博士教育比较。除了国别之间的比较之外,根据年代不同,本书对各个阶段的博士教育法律进行了比较,例如,本书第七章比较了中国内地"文化大革命"前后的学位条例,也比较了1935年《学位授予法》与1980年《学位条例》。本书作者深信,如果只考虑中国近代博士教育,就无法真正理解中国近代博士教育。将中国近代博士教育法律与现当代博士教育法律进行比较,不是锦上添花,而是必不可少。

（四）矛盾分析法

中国近代博士教育史的起源、发展和消亡均有内在原因,而内在原因就是各种内部矛盾。例如博士教育立法与博士教育实践之间的矛盾、中国本

---

① 吴静:《民国时期学位制度探析》,浙江大学硕士学位论文,2001年12月,第16页。

土大学教育与教会大学教育之间的矛盾、国家博士学位与大学博士学位之间的矛盾、中央教育集权与大学教育自主权之间的矛盾、中国政府的教育主权与教会大学的治外法权之间的矛盾、博士论文的中文表达形式与外文表达形式之间的矛盾……只有找到这些矛盾,并以矛盾为研究方法和研究线索,才能深入探索中国近代博士教育史的本质及其演变规律。

从创新角度上看,本书是第一部系统研究中国近代博士教育史的著作。本书展示了中国近代博士教育的全貌,不仅包括近代博士教育的法律制度,也包括近代博士教育的实际成果——博士学位获得者及其博士论文。本书详细探究了中国近代博士论文的出版及馆藏情况,分析了这批博士论文的范围、类别、特点与学术价值。在大量档案文献的基础上,论证了中国近代博士教育在教育史、学术史和中西交流史中的地位和影响,总结了中国近代博士教育的经验与教训。

毋庸讳言,本书作者在研究过程中遇到很多困难。首当其冲的就是研究资料的匮乏,有关中国近代博士教育的档案资料并不完整,个别中国近代博士的身份难以考证,部分中国近代博士论文难以收集。本书作者通过调查发现,国内保存震旦大学档案文献最为丰富的上海市档案馆并没有收藏该校任何一篇博士论文,《中国教会大学文献目录》也未收录震旦大学的博士论文[①]。震旦大学的博士论文已经分散到世界各地的图书馆。在已知的震旦大学 25 篇博士论文中,只有约一半正式出版,另一半没有正式出版。对于那些没有正式出版的中国近代博士论文,研究起来更为困难,因为那些博士论文的原件或者抄本几乎无法查找。

中国近代博士论文采用的语言主要是法文,部分采用中法双语形式,而其研究对象则是法律、经济,要想将有些以法语表述的概念和思想还原成中文,并非轻而易举之事,必须具备较高的外语水平、专业知识和丰富的历史知识,三者缺一不可。

六、全书结构

全书分为七章。

第一章研究中国近代博士教育的起源与早期实践。

第二章探寻中国近代博士教育的法律制度,全面研究北洋政府和南京国民政府有关博士教育的法律法规及各种草案,总结中国近代博士教育法

[①] 吴梓明、梁元生主编:《中国教会大学文献目录》(1~5 辑),香港,香港中文大学崇基学院,"崇基学院宗教研究丛书",1996~1998 年。

律制度的特征。

第三章的重点是中国近代学术性博士教育,即震旦大学的法学博士教育,包括博士教育机构、博士教育制度、博士教育的国别属性等。

第四章是震旦大学法学博士名录,以及震旦大学法学博士的分布特点和规律,总结震旦大学法学博士的特征。

第五章系统研究震旦大学法学博士论文,详述其来源、出版、馆藏、选题、特点、性质等。

第六章比较中国近代与日本近代博士教育制度,分析中日近代博士教育差异的深层次原因。

第七章比较中国近代与中国当代博士教育,重点是博士教育法律制度及博士法律性质的比较。

最后是结论,归纳中国近代博士教育的演变轨迹,总结中国近代博士教育的经验教训,探寻中国近代博士教育的历史地位和历史意义。

本书在文字描述之余,还辅之以图片、表格,每一图表、表格均注明来源。书末附有作者编制的中国近代博士教育年表、参考文献、索引。

第一章　中国近代博士教育的起源与早期实践

> 将来一篇论文,几种口试,便定了终生,这与科举取士,分别在哪里?老实说,我们需要的是埋头苦干的研究家,努力不息的学者,我们用不着这些徒有空名的"新秀才""新举人"!
> ——白萍:《"医学博士"在中国》①

欲解决中国近代博士之谜,必须首先从博士一词的起源入手。万物皆有起源,自有人类以来,即有人类教育。作为高等教育最高阶段的博士教育,亦有其起源。

第一节　博士在中国的辞源

一、古代中国的博士概念

在汉语中,"博士"一词始于春秋战国时期,代表一种官位。应劭《汉官仪》称:"博者,通博古今;士者,辨于然否。"《史记·循吏列传》:"公仪休者,鲁博士也。以高第为鲁相。"《说苑·尊贤》记载:"诸侯举兵以伐齐,齐王闻之,惕然而恐,召其群臣大夫,告曰:'有智为寡人用之'。于是博士淳于髡仰天大笑而不应。"秦汉初期,博士的职务是"掌管图书,通古今,以备顾问"②。《史记·秦始皇本纪》记载:"始皇置酒咸阳宫,博士七十人前为寿。"秦始皇虽然焚书坑儒,但是允许博士收藏诗书百家语。汉武帝时,博士成为传授儒家学说的学官。"汉时有《五经》博士。凡解说《五经》自成一家之学的,都可

---

① 载《民众医药汇刊》1935年第2期,第19页。
② 《辞海》(教育、心理分册),上海,上海辞书出版社,1980年,1版1次,第22页。

立为博士。立了博士，便是官学，那派经师便可作官受禄。"①

中国古代博士在传承官学方面功不可没。《新唐书·儒学列传》记载：

> 贞观六年，尽召天下惇师老德以为学官。数临幸观释菜，命祭酒博士讲论经义，赐以束帛，生能通一经者得署吏。广学舍千二百区，三学益生员，并置书、算二学，皆有博士，大抵诸生员至三千二百。

五代十国继承了唐代的博士制度。"后唐平蜀，明宗命太学博士李锷书《五经》，仿其制作，刊板于国子监，为监中刻书之始。"②《五代会要》记载："后唐长兴三年二月，中书门下奏请依石经文字，刻《九经》印板。敕令国子监集博士儒徒，将西京石经本各以所业本经，广为抄写注出，仔细看读。"

宋元明清延续了汉唐五代的博士制度。《宋史·选举志》记载："医学初隶太常寺……崇宁间，改隶国子监，置博士、正录各四员，分科教导。""建炎初，即行在置国子监。立博士二员，以随幸之士三十六人为监生……十三年，兵事稍宁，始建太学、置祭酒、司业各一员，博士三员，养士七百人。"程颐《伊川先生文选》卷三《学制·论改学制事目》称："旧来博士，只是讲说考校，不治学事，所以别置正录十员。今已立法，博士分治学事，及增置职事人，其正录并合减罢。"

《新元史·选举志》记载："至元二十四年，立国子学于大都，设博士通掌学事，分教三斋生员，讲授经旨，是正音训。"《明史·选举志》记载："初，改应天府为国子学，后改建于鸡鸣山下。而改学为监，设祭酒、司业纪监丞、博士、助教、学正、学录、典籍、掌馔、典簿等官。"③《清史稿·选举志(一)·学校(上)》记载："顺治元年，置祭酒、司业及监丞、博士、助教、学正、学录、典簿等官……一仍明旧。"④

在法律方面，也有"律博士"一职，最早在西晋时期设立⑤。"律博士"与现代意义上的法学博士完全不同，"律博士"也是一种官位，而非学位⑥。

《新唐书·百官志》提到律博士以及其他种类的博士：

---

① 朱自清：《经典常谈》，北京，生活·读书·新知三联书店，1980 年，1 版 1 次，第 46 页。
② 王明清：《挥尘录》，转引自孟宪成、陈学恂等编：《中国古代教育史资料》，北京，人民教育出版社，1961 年，1 版 1 次，第 200 页。
③ 孟宪成、陈学恂等编：《中国古代教育史资料》，第 244 页。
④ 同上书，第 269 页。
⑤ 参见《辞海》(教育、心理分册)，第 22 页。
⑥ 关于"律博士"的由来和发展，参见沈家本：《设律博士议》，载沈家本撰，邓经元、骈宇骞点校：《中国历代刑法考》，北京，中华书局，1985 年，1 版 1 次，第 2058~2060 页。

> 国子监祭酒一人,司业二人,掌儒学训导之政。国子监博士五人,助教五人,掌佐博士分经教授。直讲四人,掌佐博士助教以经术讲授。太学、四门学,各博士六人,助教六人。律学,博士三人,助教一人。书学、算学,各博士二人,助教一人。

王云五将中国古代博士总结为如下15类:

(1) 五经博士(又称太学博士);
(2) 国子博士;
(3) 四门博士;
(4) 律学博士;
(5) 书学博士;
(6) 算学博士;
(7) 广文馆博士;
(8) 武学博士;
(9) 宗学博士;
(10) 太常博士;
(11) 钦天监博士;
(12) 翰林院五经博士;
(13) 圣裔太常博士;
(14) 州郡经学博士;
(15) 州郡医博士[①]。

二、明代利玛窦将进士等同于博士

早在四百多年前就有人认为中国古代的官位相当于西方的学位。提出这一观点的是当时到中国传教的耶稣会士利玛窦(1552~1610)。利玛窦声称中国有三种学位:秀才、举人、进士,分别相当于西方的学士、硕士、博士:

> 第一种学位与我们的学士学位相当,叫做秀才……
> 中国士大夫的第二种学位是举人,可以和我们的硕士相比。这种学位在各大省份以很庄重的仪式授予,但只是每三年在8月举行一次……硕士学位要比学士学位高出很多,随之也就更加尊贵而且有更

---

① 王云五:《博士考》,1957年8月为《中国学术史论集》作,载王云五:《岫庐论学》(增订再版),台北,商务印书馆,1966年,2版1次,第309~318页。

引人注目的特权。取得硕士学位的人,一般认为还要继续学习,进一步取得博士学位……

中国人的第三种学位叫做进士,相当于我们的博士学位,这个学位也是每三年授予一次,但只是在北京地区。授予博士学位总是在硕士学位之后的第二年。①

三、清末引入西方博士概念

清末对于毕业证书、学位证书等等也没有清晰的概念和区分。例如,光绪三十四年 7 月 30 日《拟发给各学堂毕业学生执照章程》规定:"凡各学堂毕业请奖得有进士、举人出身者,执照应由学部发给。"②清末教育法中的"文凭""出身""执照"究竟哪一个属于学位,并不清楚。学位概念是从外国引进的。

光绪三年(1877),驻英公使郭嵩焘将英国大学中的"博秩洛尔"(Bachelor)、"玛斯达"(Master)、"多克多尔"(Doctor)分别视为科举考试中的"秀才""举人""翰林"③。同年,留学法国的马建忠将法国大学的学位考试制度翻译为"秀才""举人"④,并将其视为"功名"⑤。

黎庶昌将西方的博士译为"刀克特尔","犹如中国之进士"⑥。洪勋将博士译为"铎克瑞",也理解为进士⑦。张德彝将博士译为"铎德",等同于中国的进士⑧。

康有为游历英国牛津、剑桥大学的时候接触到英国的学位制度,他将英国的学位分别翻译为啤噫、呎噫、博士。在康有为的大学制度设计中,"考科第"的级别分别是秀才、茂才、博士。获取博士的条件除了已经取得秀才、茂才(或者选士)之外,还必须"博学著书名业大著",由校长呈明学政,再上到学部,由学部大臣会同京师大学考试合格,最后授予博士学位,"比今进士焉"⑨。

---

① [意]利玛窦、[比]金尼阁:《利玛窦中国札记》,何高济等译,桂林,广西师范大学出版社,2001 年,1 版 1 次,第 27、29、30 页。
② 载《学部奏咨辑要》,宣统元年春印,第 403 页。
③ 《郭嵩焘日记》第三卷(光绪时期上),长沙,湖南人民出版社,1982 年,1 版 1 次,第 351 页。
④ 马建忠:《上李相伯言出洋工课书》(丁丑夏),载《马建忠集》,王梦珂点校,北京,中华书局,2013 年,1 版 1 次,第 35 页。
⑤ 同上书,第 34 页。
⑥ 黎庶昌:《西洋杂志》,喻岳衡、朱心远校点,长沙,湖南人民出版社,1981 年,1 版 1 次,第 58 页。
⑦ 洪勋:《游历闻见录》,上海仁记,光绪庚寅年。
⑧ 张德彝:《使英杂记》,小方壶斋舆地丛钞第十一帙。
⑨ 《康有为牛津剑桥大学游记手稿》(释文),程道德点校,北京,北京图书馆出版社,2004 年,1 版 1 次,第 16~18 页。

郑观应《时事急务管见二十五条》中的第 6 条,"凡阅历已深、才识俱优、为国人敬重者,始由该省督抚或学部奏给进士、翰林,如欧洲之博士","考生学机器者亦拘于旧例,给予知县出身,名不称实,用非所学,贻讥中外,故宜给与相当之名号,或学士、或博士名目,不必沿袭旧例也"①。

光绪二十八年(1902)《钦定大学堂章程》(又名《京师大学堂章程》)第 4 章("学生出身")第 1 节规定,各省高等学堂毕业生送京师大学堂覆考合格后,"候旨赏给举人"文凭;京师大学堂分科毕业生在考试合格后,"候旨赏给进士"文凭。该章第 8 节规定,附生、贡生、举人及进士文凭,一律由京师大学堂"刊板印造,盖用关防,略如部照之式"。这里的"举人""进士"二词,实际上是指大学本科毕业文凭,既非博士学位,也非科举考试制度下的"举人""进士"。之所以在京师大学堂章程中继续沿用"举人""进士"之类的旧称,而没有采用学士之类的称号,一方面是因为当时国人对于大学教育制度尚不熟悉,另一方面是因为中国在引入西方近代高等教育过程中,对于学位的含义理解不清,没有找到准确的中文词汇加以描述。

中国较早准确使用学位意义上的"博士"一词多与日本有关。王云五称,将西方的 Doctor、Bachelor 等学位准确翻译为博士、学士,应当是日本人在翻译上的贡献②。1898 年出版的《湘报》第 121 号(第 481 页)载丹徒姚锡光《东瀛学校举概(公牍)》,详细介绍了日本教育,其中专门提到从事研究生教育的"大学院":

> 大学院无专署,仍即寓于大学之中,凡六科中已得学士者,仍得入学三年,俾之优游餍饫其中,以求深理。其能得毕业凭证者,名曰博士,为其国人学校出身之至荣。

光绪二十七年六月七日(1901 年 7 月 22 日)《申报》消息:"日文部省考取法学博士十六人,医学博士九人,工学博士四人,文学博士一人,理学博士二人,各给凭照,准各地方铨选补用。"③《大陆报》1903 年第 11 期刊登了一篇署名"日本法学博士户水宽人"的文章《论日俄战争之先声》④。同年《湖北学报》刊登《日本法学博士田尻稻次郎氏谈片》及《日本文学博士建部遯吾

---

① 夏东元编:《郑观应集》(下册),上海,上海人民出版社,1988 年,1 版 1 次,第 184 页。
② 王云五:《博士考》,1957 年 8 月为《中国学术史论集》作,载王云五:《岫庐论学》(增订再版),第 317 页。
③ 《申报》1901 年 7 月 22 日。
④ 日本法学博士户水宽人:《论日俄战争之先声》,载《大陆报》1903 年第 11 期,第 39~42 页。

氏谈片》①。梁启超主编的《新民丛报》则经常刊登日本博士的消息。

1902年,《教育世界》刊登罗振玉《学制私议》一文,罗氏的第9条建议是设立"名位"制度,即学位制度,其中专门提到应当模仿外国授予博士学位:

> 小学、中学、高等及师范各学校卒业者,依东西各国例,无授以名位者,但称某学校卒业者。至大学校卒业者,始授学士。(农科称农学士,法科称法学士,其他工、理、医、文各科仿此。)卒大学院业者,或于学务有功者授博士,今宜仿行。(在东西洋各国,小学卒业生,其阶级视中国之秀才;卒中学业者,视举人;卒高等师范及高等学校业者,视进士;卒大学业者,视翰林。今宜示天下以阶级,不必袭用秀才、举人之名,以别于科举之制。)②

张之洞对博士的理解与罗振玉的理解非常类似。光绪二十九年八月十六日(1903年10月6日)张之洞奏请约束鼓励出洋游学办法章程折的附录——《鼓励毕业生章程》规定如下:

> 在普通中学堂,五年毕业,得有优等文凭者,给以拔贡出身,分别录用;
>
> 在文部省直辖高等各学堂暨程度相等之各项实业学堂,三年毕业,得有优等文凭者,给以举人出身,分别录用;
>
> 在大学堂专学某一科或数科,毕业后得有选科及变通选科毕业文凭者,给以进士出身,分别录用;
>
> 在日本国家大学堂暨程度相当之官设学堂,三年毕业,得有学士文凭者,给以翰林出身;
>
> 在日本国家大学院五年毕业,得有博士文凭者,除给以翰林出身外,并予以翰林进阶。

中国较早在中国人身上使用博士一词见于光绪三十三年二月二十日(1907年3月25日)《申报》一则有趣的消息:"法学博士李楠芳向在汉口充

---

① 《湖北学报》1903年第1卷第6期,第83~86页。
② 载璩鑫圭、唐良炎编:《中国近代教育史资料汇编:学制演变》,上海,上海教育出版社,2007年,1版1次,第165页。

当律师,现经大理院电调赴京。李即电复该院：须有月薪六百金方可就聘。"①这位博士显然是在待价而沽。

表1-1 中国近代人士对西方学位的翻译与理解

学位/学人	Bachelor	Master	Doctor
郭嵩焘	秀才	举人	多克多尔(翰林)
黎庶昌	无	无	刀克特尔(进士)
洪勋	无	无	铎克瑞(进士)
张德彝	无	无	铎德(进士)
郑观应	学士	无	博士(视进士、翰林)
张之洞	学士(视翰林出身)	无	博士(视翰林出身、翰林进阶)
康有为	秀才	茂才	博士(视进士)
姚锡光	学士	无	博士
罗振玉	学士(视进士)	无	博士(视翰林)

资料来源：本章前述内容。

第二节　中国博士教育的萌芽——教会大学的医学博士

中国博士教育萌芽于教会大学本科层面的医学博士教育,中国最早以博士命名的学位也是教会大学颁发的职业性医学博士学位(M. D.)。上海圣约翰大学、北京协和医学院、四川华西协合大学、山东齐鲁大学等曾经授予相当于本科水平的医学博士学位。

一、上海圣约翰大学

上海圣约翰大学是一所著名的教会大学,1879年创建②。1905年11月9日,圣约翰大学在美国哥伦比亚特区注册,从此以后可以颁发学位③。刁信德、俞庆恩等于1908年取得医学博士学位,王福星1911年获得医学博士学位。此后随着圣约翰大学医科的发展,更多的医科毕业生获得了医学

---

① 《大理院调律师》,载《申报》1907年3月25日。
② 郑朝强:《我所知道的上海圣约翰大学》,载《文史资料选辑》第91辑,北京,中国文史出版社,1983年,1版1次,第80~105页。
③ 熊月之、周武主编:《圣约翰大学史》,上海,上海人民出版社,2007年,1版1次,第19页。

博士学位①。

二、北京协和医学院

北京协和医学院起源于 1906 年成立的协和医学堂。1916 年,北京协和医学院取得纽约州大学(USNY)的临时特许,1936 年取得纽约州大学的绝对特许。1924 年,侯祥川、梁宝平、刘绍光三人取得医学博士学位。著名医学家林巧稚 1929 年取得医学博士学位②。

三、华西协合大学

与北京协和医学院的情况类似,华西协合大学也曾经得到纽约州大学的授权,其医科毕业生可以取得医学博士学位③。

四、齐鲁大学

1917 年,齐鲁大学正式成立,1924 年,加拿大政府准予齐鲁大学立案,批准其具有学位授予权,其医科毕业生可以取得医学博士学位④。

第三节　中国近代名誉博士

中国最早获得名誉博士学位的人是容闳。容闳(1828~1912),原名光照,族名达萌,号纯甫,英文名 Yung Wing,广东香山县人。1847 年(道光二十七年),容闳随美国教师布朗赴美留学,1850 年考入耶鲁大学,1854 年毕业,获文学士学位(B. A.),旋即回国。1876 年(光绪二年),容闳被母校耶鲁大学授予名誉法学博士学位(LL. D.),时译"德大阿佛罗",即 Doctor of Laws 的音译⑤。容闳当时在

---

① 参见《圣约翰大学历届毕业生、肄业生名录》,载熊月之、周武主编:《圣约翰大学史》,第 454 页。
② Peiping Union Medical College, *Annual Announcement 1936-1937*, Peiping, China, 1936, pp. 28, 93, 98.
③ 张超伦:《我是怎样在华西协合大学医科毕业的》,载《贵州少数民族文史资料专辑》,北京,中国文史出版社,1991 年,1 版 1 次,第 177 页。
④ 段慧灵:《齐鲁大学医学院的片断回忆》,载《文史资料存稿选编》第 24 辑,北京,中国文史出版社,2002 年,1 版 1 次,第 323 页。
⑤ 李鸿章:《复陈荔秋星使》(光绪二年 9 月 12 日),载李鸿章:《朋僚函稿》卷 16,第 28~29 页("纯甫函宗:美国议院公举品学兼优,即'德大阿佛罗'名号三人:一美国将军沙满,一英国伯爵儿烈,一即纯甫")。容闳在被授予名誉法学博士学位后,曾给耶鲁大学去过一封感谢信,此信的影印件及中文翻译件亦载于珠海市纪念容闳先生诞辰 155 周年报告会筹备委员会编:《纪念容闳专刊》,珠海,1983 年,第 23 页。

美国负责留美幼童事务,担任"幼童出洋肄业局"的洋局副委员,同时担任驻美国、西班牙、秘鲁三国副公使(公使为陈兰彬)①。

1903年至1904年在日本东京出版的革命刊物《浙江潮》上已经出现"名誉法学博士"这一中文词汇②。1916年7月20日《大中华杂志》的一篇文章提到诺贝尔(时译"罗伯儿")曾被瑞典大学赠以"名誉博士衔"③。

本节收录的中国近代名誉博士,是指中国领域内的大学所授予的名誉博士,不包括容闳那样被外国大学授予的名誉博士。

一、圣约翰大学名誉博士

圣约翰大学在中国最早授予名誉博士学位。从1915年至1934年,圣约翰大学总共授予32人名誉博士学位,其中包括2位外国人。具体参见下表1-2:

表1-2 圣约翰大学名誉博士一览表

序号	人 名	博士年份	名誉博士学位种类
1	周诒春	1915	名誉文学博士
2	吴健(任之)	1916	名誉理学博士
3	亚诺尔(Julean Arnold)	1919	名誉法学博士
4	张伯苓(寿春)	1919	名誉文学博士
5	黄炎培	1919	名誉文学博士
6	顾维钧	1919	名誉法学博士
7	李登辉	1919	名誉文学博士
8	沈载琛(再生)	1919	名誉神学博士
9	施肇基	1919	名誉法学博士
10	颜惠庆	1919	名誉法学博士

---

① 参见 Yung Shang Him(容尚谦),"The Chinese Educational Mission and Its Influence"(《创办出洋肄业局及官学生历史》),T'en Hsia Monthly(《天下月刊》),Vol. 9, No. 2,载《容闳传记资料》(一),台北,天一出版社,1979年,1版1次,第47页;高宗鲁:《有关容闳的史料问题》,载台湾《传记文学》第36卷第3期;戴学稷、徐如编著:《容闳年谱简编初稿》(未刊稿),广州,1982年,1版1次。关于容闳先生的生平及获得名誉博士学位一事,还可参见曾德锋:《容闳先生生平大事年表》,载珠海市纪念容闳先生诞辰155周年报告会筹备委员会编:《纪念容闳专刊》,第8页。刘集林称容闳1876年取得耶鲁大学法学士学位,见刘集林:《近代留美生与西方人文科学的东渐(1847~1949)》,南开大学硕士学位论文,1997年5月,第1页。权威的档案记载见耶鲁大学官方网站的记载:1876年,Yung Wing 被授予 Doctor of Laws。见 Yale Honorary Degree Recipients, http://ris-systech2.its.yale.edu/hondegrees/hondegrees.asp.

② 《浙江潮》第7期,第108页。

③ 马君武:《罗伯儿传》,载《大中华杂志》第2卷第7期。

续 表

序号	人名	博士年份	名誉博士学位种类
11	王正廷	1920	名誉法学博士
12	麦克劳（又译麦克乐）(Robert McNutt McElroy)	1921	名誉法学博士
13	王景春	1921	名誉法学博士
14	余日章	1921	名誉文学博士
15	严鹤龄	1922	名誉法学博士
16	王宠惠	1922	名誉法学博士
17	伍连德	1922	名誉理学博士
18	郭秉文	1923	名誉法学博士
19	朱葆元	1923	名誉神学博士
20	陈光甫	1929	名誉法学博士
21	钟荣光	1929	名誉法学博士
22	刘鸿生	1929	名誉法学博士
23	宋子文	1929	名誉法学博士
24	薛敏老	1929	名誉法学博士
25	陶行知	1929	名誉理学博士
26	吴贻芳	1929	名誉理学博士
27	晏阳初	1929	名誉理学博士
28	诚静怡	1929	名誉神学博士
29	陈永恩	1929	名誉神学博士
30	郑和甫	1929	名誉神学博士
31	汤忠谟	1929	名誉神道学博士
32	沈志高	1934	名誉神道学博士

资料来源：《圣约翰大学名誉学位名单》，上海市档案馆档案编号 Q243-1-825。

从上表中可以看出，圣约翰大学在 1915 年至 1934 年间，曾经授予过 5 种名誉博士学位：名誉理学博士（又称名誉科学博士，英文简称 D. Sc.）、名誉法学博士（英文简称 LL. D.）、名誉文学博士（英文简称 Litt. D.）、名誉神学博士（又称道学博士，Doctor of Divinity，英文简称 D. D.）、名誉神道学博士（Doctor of Sacred Theology，英文简称 S. T. D.）。获得名誉法学博士学位的人最多，共计 15 人，其次是名誉理学博士、名誉文学博士和名誉神学博士,各 5 人;最少的是名誉神道学博士,只有 2 人。

二、北京大学名誉博士

北京大学在近代没有授予过学术性或职业性博士学位,然而在 1920 年 8 月 28 日,北京大学授予法国人班乐卫名誉理学博士学位,授予儒班名誉文学博士学位①,同年 10 月 17 日,北京大学授予杜威名誉哲学博士学位,授予芮恩施名誉法学博士学位②。《申报》记载了 1920 年北京大学第二次授予名誉博士学位的盛况:

> 昨日(17)为北京大学第二次授予名誉学位之期。上午九时,在该校第三院大讲堂举行。院门前悬国旗两面,大讲堂门前以鲜花缀成"礼堂"两字,左悬国旗,右悬校旗。内设特别来宾席、来宾席、职教员席、学生席。讲坛后面左悬国旗,右悬美国旗,坛上中为校长席,左为教育长席,右为受学位人席。到者除该校教职员学生外,来宾颇多。就中有专门学校代表、旅京美国各界、女高师及其他女校学生计共有千余人之多。③

校长蔡元培在授予名誉博士学位的典礼上解释了时隔两个月再次授予名誉博士学位的原因:

> 今日本校第二次授予名誉学位之期,承中外人士惠临,不胜荣幸之至。本校教务会议议决现在应授与名誉学位者为班乐卫、芮恩施、儒班、杜威四先生。因前芮恩施离京,杜威在北戴河,而班乐卫适在北京,故于八月三十一日在第二院举行第一次授予名誉学位典礼。现在杜威先生回京,乃定今日授予杜威先生以哲学博士,芮恩施先生以法学博士……④

在中国本土大学之中,北京大学是第一所授予名誉博士学位的高校。

---

① 《中国教育史中之创举》,载《申报》1920 年 8 月 30 日。理学博士又称科学博士。班乐卫曾任法国总理;儒班又译为"卓平""岳班",为法国里昂大学校长。
② 有些资料记载北京大学第一次和第二次授予名誉博士学位的日期是 1919 年 8 月和 1919 年 10 月,且称授予杜威的是名誉法学博士学位。见北京大学研究生院编:《继往开来:北京大学研究生教育 90 年》,北京,北京大学出版社,2008 年,1 版 1 次,第 19 页;张少利:《北洋政府时期学位制度述评》,载《中国高教研究》2007 年第 2 期,第 23 页,脚注 2。芮恩施曾任美国驻华公使。
③ 《记北大第二次授与学位典礼》,载《申报》1920 年 10 月 20 日。
④ 同上。

三、中央大学名誉博士

1930年10月9日,国立中央大学授予比利时人樊迪文、美国人林百克名誉博士学位,这是中央大学历史上首次授予名誉博士学位①。国立中央大学的前身——东南大学曾经于1923年决定授予德国哲学家杜里舒"名誉学位":"该校以杜氏于学术界极有贡献,拟赠予名誉学位,以示尊崇学术的意思。这问题经校长郭秉文提出教授会评议会联席会议,业经通过。"②

四、复旦大学名誉博士

复旦大学是中国人自主创办的第一所私立大学,成立于1905年,最初的名称是复旦公学,1917年改为复旦大学③。复旦大学在近代没有授予任何人学术性或职业性博士学位,然而曾在1930年授予于右任、邵力子、钱新之名誉法学博士学位④。1935年,在复旦大学建校30周年之际,又授予孙科、程天放、郭云观、金问泗、郭任远、江一平6人名誉法学博士学位⑤。

五、东吴大学名誉博士

东吴大学于20世纪初在苏州成立,其法学院于1915年成立于上海。1923年,美国法官(东吴法科兼职教授)罗炳吉被授予名誉法学博士学位,1924年,王宠惠和董康被授予名誉法学博士学位⑥。1927年1月1日,东吴大学授予马寅初名誉法学博士学位,授予张元济、赵紫宸名誉文学博士学位⑦。

此外,有资料记载,同济大学于1935年赠予德国热带病学专家诺哈脱

---

① 《中大赠樊林等博士学位》,载《时事月报》1930年第3卷第5期,第191页。
② 《学生杂志》1923年第10卷第3期,第114页。
③ 《复旦大学志》第一卷1905~1949,上海,复旦大学出版社,1985年,1版1次,第340页。
④ 《国内各大学授予名誉博士之调查》,载《黄埔月刊》1930年第1卷第5期,第12页。
⑤ 钱成:《复旦何时开始授予荣誉学衔?》,http://edu.sina.com.cn/y/news/2005-09-20/204944276.html (2005年9月20日);值得注意的是,曾担任复旦大学校董的朱仲华称复旦大学1935年授予了4人名誉法学博士学位,不仅人数不同,人物也有所不同,见朱仲华、陈于德:《复旦校长李登辉事迹述要》,载中国人民政治协商会议全国委员会文史资料研究委员会编:《文史资料选辑》第97辑,北京,中国文史资料出版社,1985年,1版1次,第143页。("又在1935年复旦三十周年纪念典礼时,仿效欧美大学举行重大典礼时赠送名流学者'荣誉学位'的办法,授予孙科、于右任、钱新之、江一平等四人'名誉法学博士'学位。")
⑥ 《私立东吴大学法学院一览》,1936年,第66、67页;康雅信:《培养中国的近代法律家:东吴大学法学院》,王健译,载贺卫方编:《中国法律教育之路》,北京,中国政法大学出版社,1997年,1版1次,第271页,脚注第100;谢颂三:《回忆东吴法学院》,载上海市政协文史资料委员会编:《上海文史资料存稿汇编》(科教文卫),上海,上海古籍出版社,2001年,1版1次,第63页。
⑦ 《东吴大学二十五周纪念盛典纪》,载《申报》1927年1月3日。

教授(Prof. Nocht)名誉博士学位①,沪江大学曾于 1947 年授予荣尔仁名誉博士学位②。

中国近代授予过名誉博士学位的高校既有教会大学(如圣约翰大学、东吴大学),也有本土大学(如北京大学、复旦大学);既有公立大学(如中央大学、北京大学),也有私立大学(如 1941 年前的复旦大学)。在名誉博士学位的种类上,主要是名誉法学博士,兼有名誉理学博士、名誉文学博士、名誉哲学博士、名誉神学博士及名誉神道学博士等。

国民政府曾遇到一起授予外国人名誉博士学位的事件。1933 年 5 月 24 日,《国民政府文官处函学位条例一案奉批交立法院函达查照由》全文如下③:

> 迳启者奉
> 国民政府交下行政考试两院呈为奉交柏委员文蔚提议赠给德国哲学博士派斯克以文学博士学位案,以教育部十八年拟定学位条例草案经行政院决议修正送立法院嗣准咨复,俟考试法审定后再行讨论。现在考试法业经公布施行,拟请转饬立法院将学位条例从速核定以资依据一案,奉批交立法院从速核定等。因查此案前由柏委员文蔚提出,国民政府委员会第六次会议请给予派斯克以文学博士学位,当经决议交行政院、考试院核覆,至考试法前已奉令公布施行,本年二月由贵院议决修正,呈送到府后,经奉令公布并通饬施行,各在案兹奉前因,相应抄同,原呈函达,查照办理。
> 此致
> 立法院

柏文蔚提议授予德国人派斯克文学博士学位,其实就是名誉性质的博士学位。从上面这份官方文件可以看出,国民政府各院对于名誉博士学位一事非常慎重,宁可互相推诿,也不敢轻举妄动。

民国初期的教育法既没有明文授权也没有明文禁止各大学授予名誉博士学位。1930 年,教育部呈送行政院一份文件,规定各校不得擅自授予名誉博士学位:

---

① 《国立同济大学旬刊》1935 年第 52 期,第 9 页。
② 《艺文画报》1947 年第 2 卷第 1 期,第 14 页。
③ 《立法院公报》第 69 期。

> 教育部顷呈行政院拟定公私立大学,在学位授予法未制定以前,不得擅授名誉学位……学位之设,所以崇奖学术,激励后进,欧美日本诸国之授予学位,异常隆重,诚以名器不可假人,稍或滥施必损尊严,我国学位授予法正在立法院慎重拟定,在尚未制定公布以前,拟令公私立大学,均不得擅授名誉学位以重名器。①

由于教育部的负面态度,1935 年以后,中国各公私立大学基本上停止了授予名誉博士学位的活动,这一年,也正是《学位授予法》颁布之年。

本 章 小 结

将学士、硕士、博士分别理解为秀才、举人、进士(或翰林),这显然无法准确表达西文原意,反而容易引起误解,将源自西方的博士学位误以为是秦汉时期流行的博士官位的复兴。不过有一点值得注意,中国古代博士官位的职能之一就是传授各种学术。实际上,中国古代往往官师不分,政教合一②。《广雅·释诂》:"师,官也。"相应地,中国古代博士是官学项下的一种教师职务,既是官,也是师,中国古代博士成为官师一体的混合物,这也是"以吏为师"政治教育理念的现实反映。这一官师一体的博士制度自秦汉开始,一直延续到唐宋元明清历朝历代,直到晚清时期新学制从西方引入中国之后才告结束。

中国近代教会大学颁发的医学博士学位(M. D.)并不侧重医学高等学术研究,而侧重医学实践,属于医学基础学位,而非医学研究的高级学位,与单纯学术意义的博士学位尚有一定差距。更重要的是,中国近代教会大学颁发医学博士学位,多数挂靠外国大学或者外国政府,而非独立授予,所以,以圣约翰大学为代表的教会大学所颁发的医学博士学位只能视为中国近代博士教育的萌芽,而不能代表中国近代博士教育的正式开展。

名誉博士学位本身并非学术性博士学位,不能代表实际攻读博士学位的经历,虽然是"博士",却并非通过艰辛的学习考试而取得。严格地说,名誉博士并非博士教育的产物,他们只有博士学位之名而无博士教育

---

① 《教部呈行政院拟令不得擅授名誉学位》,载《东省特别区教育行政周报》1930 年第 1 卷第 20 期,第 51 页;另可参见《国民政府指令》第 1944 号(1930 年 10 月 28 日),载《国民政府公报》第 611 号(1930 年 10 月 31 日),"指令"栏目第 4 页;《法令周刊》1930 年第 20 期,第 1 页。
② 高时良:《中国教育史论丛》,福州,福建教育出版社,2009 年,1 版 1 次,第 18 页。

之实。但既然借用了博士之名,则至少说明博士作为一项值得尊敬的学位已经逐渐为国人所认可。在中国近代博士教育史中,名誉博士学位的授予活动推动了博士学位概念在中国的流行,在博士教育早期实践中起到了启蒙作用。

第二章　中国近代博士教育法律制度

> 现行的大学制度应该及早彻底修正，多多减除行政衙门的干涉，多多增加学术机关的自由与责任。例如现行的学位授予法，其中博士学位的规定最足以阻碍大学研究的发展。
> ——胡适：《争取学术独立的十年计划》①

是否建立学位制度是衡量一所大学成熟与否的标志，是否设立博士学位是衡量一所大学研究水平的标准之一，是否允许本国大学授予博士学位是一个国家高等教育法律制度成熟与否的标志。

第一节　清末有关博士学位制度的探索

以学位为特征的西方近代教育制度从清末传入中国，但清末官方的教育法令均无博士教育的内容，无论是以《钦定学堂章程》为代表的壬寅学制，还是以《奏定学堂章程》为代表的癸卯学制，都未提及博士教育。虽然如此，清末时期并非没有博士学位制度的探索。

1861年，太平天国颁布洪仁玕拟定的《钦定士阶条例》，涵盖了太平天国对科举考试的改革措施，其中之一是将"举人"改为"博士"：

> 改秀才为秀士，谓士人荣显之初入卉木之方秀也；改补廪为俊士，谓智过千人为俊也；改拔贡为杰士，谓才过万人为杰也；改举人为博士，谓其博雅淹通也，今于庚申十一月蒙昭改为约士，谓能通彻四约也；改进士为达士，谓其通达事变足以兼善天下也；改翰林为国士，谓其学识

---

① 载《中央日报》1947年9月28日。

超乎一国，以国士待之自克以国士报也……①

太平天国虽然在立法文件中提到博士，但实际上相当于传统科举考试中的"举人"，与近现代博士学位制度无关，因此，《钦定士阶条例》不构成中国最早的博士教育法。

随着中外交流的深入，博士学位逐渐进入清末官员的视野，博士学位也开始被写入官方文件之中。1903年，张之洞《奏请约束鼓励出洋游学办法章程折》所附《鼓励毕业生章程》提出："在日本国家大学五年毕业，得有博士文凭者（在学前后通计十六年），附给以翰林出身外，并予以翰林升阶。"②这是清廷官方文件中为数不多的出现博士文凭一词之处。但仅限于留学日本的博士，与中国博士教育无关。

1905年清政府正式废除科举制度之后，西方学位制度的重要性日益显现。同年《时报》刊登《学部议博士学士名目》一文，介绍学部建立中国博士学位制度的设想：

> 据卢学使禀请仿照外洋文理法农工医等等博士学士名目，咨请学部主持一节，后闻学部中人言：中国官制，有内阁大学士、翰林学士等名称，品秩极崇，而博士又极卑，如太常寺博士、国子监五经博士，久不足为轻重，须俟官制更定以后，方能议改。若照现在情形，学士之名，与内阁、翰林院两处相混，碍难仿行。故此次考试，仍用举人、进士、庶吉士名目。又学部议定中学堂卒业者，作为秀才，给以金顶；省中大学堂卒业者作为举人；京中大学堂，将来改为分科大学校，作为进士。此议已定，即可出奏。
>
> 至授官一层，此次考选者，均视其卒业文凭及外洋所授学位。如为法科博士，则授以法科庶吉士；法科学士，则授以法科进士。如无博士学士学位，但有卒业文凭者，则授以法科举人。其余文理工农各科仿此。惟此次虽仅授举人、进士、庶吉士等出身，而不授实职。然考选后，仍视其所长分派各部院录用，虽非实职，亦与授职无异。惟以后永以为例子。盖恐尽授实官，将来学堂出身人才众多，此事学部难乎为继故也。此事学部集议

---

① 《钦定士阶条例》，载杨家骆主编：《太平天国文献汇编》（第一册），台湾，鼎文书局，1973年，1版1次，第548～549页。

② 张之洞：《奏请约束鼓励出洋游学办法章程折》附《鼓励毕业生章程》，1903年10月6日，载陈学恂主编：《中国近代教育史教学参考资料》（上册），北京，人民教育出版社，1986年，1版1次，第705页。

至两月之久,始克定义。其难其慎,亦大费苦心矣。①

由此可见,因为在翻译上采用了"学士""博士"这些中国古代官位名称,西方学位制度很难为清末官员所接受。在中国古代官位体系中,学士高于博士,但是在西方学位制度中,博士却高于学士。次序如此不同,显然不能被时人所理解,因此学部仍然采用浅显易懂的秀才、举人、进士等词汇描述各级学校毕业生的身份。

宣统三年(1911)3月,学部奏恩恩赏给总医官伍连德医科进士学位折称,伍连德"在英格堪伯里志大学(即剑桥大学)校内之意孟奴书院肄习格致医学,光绪二十五年毕业,考取列优等,得学士学位。又往法国巴黎帕士德学校肄业,得有硕士学位。三十一年复得博士学位"②。这是清末官方文件连续出现学士、硕士、博士三级学位的例子。但是学部奏请授予伍连德的学位却是"医科进士学位"③,这再一次显示晚清政府对于学位制度的无知,将学位制度与中国传统的科举名位资格混为一谈。在这一背景之下,博士学位法律制度自然没有建立的基础。

第二节 北洋政府有关博士学位的法律制度

1912年1月9日,南京临时政府教育部成立,蔡元培担任教育总长。3月底,南京参议院制定并公布教育部官制八条,规定"专门教育司"的职务之一是"授予学位事项"④,但并未具体规定可以授予何种学位。从1912年教育部官制上看,学位在性质上属于官方学位中的部颁学位,博士学位似乎也不例外。

一、1912年教育部拟议《学校系统草案》

1912年《教育杂志》刊登教育部拟议的《学校系统草案》,内载前后三种草案。第一稿没有提及博士学位,在第二稿的说明中提到了博士学位及其

---

① 《学部议博士学士名目》,载《四川学报》1906年第8册,第10叶。
② 《学部奏恩赏给总医官伍连德医科进士学位折》,载《浙江教育官报》1911年第72期,第382页。
③ 清末学部在1911年4月又请求恩赏屈永秋医科进士学位,理由是"该员学业不亚于伍连德,而办事成绩实远过之",见《政治官报》1911年4月24日第1277号,第14页。
④ 钱曼倩、金林祥主编:《中国近代学制比较研究》,广州,广东教育出版社,1996年,1版1次,第132~133页。

标准：

> 盖大学校中，本有各种专科之讲习院，为教员及生徒研究之所。大学生毕业以后，尚欲极深研究者，仍可肄业其中。如有新发明之学理或重要之著述，即可由博士会承认而推为博士，初不必别设机关也。①

二、1912年《大学令》

1912年10月24日北洋政府教育部公布《大学令》，该令第6条规定："大学为研究学术之蕴奥，设大学院。"第7条规定："大学院生入院之资格，为各科毕业生或经试验有同等学力者。"从内容上看，《大学令》中的"大学院"其实就是现在的"研究生院"②。《大学令》第11条规定："大学院生在院研究，有新发明之学理或重要之著述，经大学评议会及该生所属某科之教授会认为合格者，得遵照学位令授以学位。"该条未明确规定大学院毕业生的学位是硕士学位还是博士学位。"大学评议会"的职责之一是"审查大学院生成绩及请授学位者之合格与否"，而"教授会"的职责之一是"审查提出论文请授学位者之合格与否"。也就是说，按照北洋政府《大学令》的规定，学位课程考试成绩由"大学评议会"审查，而学位毕业论文则由"教授会"审查。这一严格的双重审查制构成中国近代学位制度的最初模式，为后面更加严格的博士学位制度定下了基调。

三、1914年教育部官制

1914年7月，北洋政府以总统令的形式规定了教育部的官制③，其中"专门教育司"的职务包括"博士会事项"及"授予学位事项"等。学位意义上的博士一词正式进入中国教育立法。与1912年教育部官制一样，包括博士在内的学位均属于部颁学位，不属于大学自行颁发的学位。

四、1914年法制局拟议《学校考试奖励法》

1914年《教育杂志》刊登消息《学校考试奖励法之复活》，透露了法制局拟议《学校考试奖励法》的主要内容：

---

① 《教育杂志》1912年第3卷第12期，第70页。
② "研究生院"在中国近代除了被称为"大学院"外，还曾被称为"研究院"，还有人称之为"毕业院"（即 graduate school）。
③ 《中国近代学制史料》第三辑上册，上海，华东师范大学出版社，1990，1版1次，第81页。

(1) 小学毕业生县考合格给以"秀士"名衔；
(2) 中学毕业生会考合格给以"俊士"名衔；
(3) 高等毕业生会考合格给以"国士"名衔；
(4) 大学毕业生会考合格给以"学士"名衔；
(5) 学士有专门著述并经大学院评认者,给以"博士"名衔①。

五、1915 年《特定教育纲要》

1915 年 1 月,北洋政府颁布的《特定教育纲要》,其"戊"条的标题是"学位奖励",具体规定如下：

> 学位除国立大学毕业应按照所习学科给与学士、硕士、技士各字样外,另行组织博士会,作为审授博士学位之机关,由部定博士会及审授学位章程暂行试办。

该条所附说明如下：

> 按学位所以证明学问之成就,与科举出身视为授官之阶梯,性质微有不同。故各国惟专门大学方有学位。其普通学校,只认为有普通之知识技能,不足以言学问,故不与以学位。现在国立大学已有学位之规定,其高等专门毕业取法日本制,不授学位,尚与事实相合。惟博士学位,尚未规定。现宜仿照东西各国成法,制定博士会章程,并组织博士会(此与学术评定办法不同),作为审查学术及授与学位之机关,以期奖进高等之学术。②

从上述法规的字里行间可以看出,北洋政府已经意识到博士学位的重要性和必要性,并开始着手准备。更重要的是,北洋政府已经认识到博士学位和官位的区别,这已经比晚清政府前进了一大步。在博士学位的颁发上,1915 年《特定教育纲要》将以前由教育部颁发博士学位改为由博士会颁发博士学位。博士会的性质及其与教育部的关系尚未被 1915 年《特定教育纲要》所考虑。

六、1915 年北洋大学博士学位授予权的申请及教育部回复

北洋大学是中国较早申请硕士、博士学位授予权的高校。1915 年 12

---

① 《教育杂志》1914 年第 6 卷第 6 期,第 51 页。
② 《教育公报》第九册,1915 年 2 月,转引自《中华民国教育法规选编》,南京,江苏教育出版社,2005 年,2 版 1 次,第 31～32 页。

月 21 日,北洋政府教育部颁布第 3439 号咨文——《咨直隶巡按使请转饬北洋大学所请由该校酌给职员学位各节应毋庸议文》①,该咨文正文如下:

> 据北洋大学校详称,请仿欧美成例,由该校酌给职教各员以硕士、博士学位……查学位授予应否由各校自行组织审查会随时酌给,抑或另定授予程式以照慎重之处,事关学制,现经本部开始讨论,应俟明文规定,通行办理,以期划一。该校所请预备证书随时填给各节,应毋庸议。

北洋大学博士学位授予权的请求被教育部搁置,理由是教育部刚刚开始讨论学位授予权的问题,尚未有定论。

七、1918 年北京大学博士学位提案

三年后,在 1918 年 10 月"全国专门以上学校校长会议"上,北京大学提交《高等学会及博士学位案》,大学主席将北京大学的博士提案交付特别审查会审查,审查报告如下:

> 凡国内外专门以上学校毕业生,将研究所得提出论文,经博士会认为有益于学术者,由教育总长授与博士学位。但论文必用本国文字。
>
> 在博士会未经成立以前,由高等学会代行审查论文之职务;高等学会存在之期限,以博士会成立之日为止。
>
> 由专门以上校长会议提出高等学会组织委员 15 人,由教育总长指定 10 人,其余作为候补委员,由委员各推举著名学者若干人,经委员全体许可者为高等学会会员,但委员中有 1 人否认时,不得为会员。高等学会会员至 15 人时即行成立。
>
> 前项组织委员不以校长会议人员为限。
>
> 高等学会分为文理、法商、工、农、医药 5 科,每科至少须 2 人。
>
> 前项组织委员不得为高等会员,高等学会会员在高等学会存在期间,不得提出论文。

该审查报告交付大会讨论表决,结果是:多数赞同,从缓举行②。

---

① 载《教育公报》第 2 年第 12 期,1916 年 1 月,第 14 页。
② 《高等学会及博士学位案》(国立北京大学建议),见《全国专门以上学校校长会议议决案》(民国七年)第 24 项,载《历届教育会议议决案汇编》(二),民国史料丛刊 1042,郑州,大象出版社,2009 年,1 版 1 次。

八、1919 年教育部博士学位提案

1919 年 4 月,在全国教育调查会第一次会议上,教育部交议根据北京大学博士提案而制作的《高等学会及博士学位案》,下面是教育调查会第一次会议对此提案所作的审查报告:

> 查原案所提高等学会为产生博士会而设,而博士会实为审定博士资格之机关。审查结果,以学位由特别机关审定,成例甚少,不如径由大学院授与,足以维持学问独立之精神,故议定办法如下:
>
> 凡国立大学设有大学院,经教育部认为有授与博士之权者,得授与博士。
>
> 凡大学院学生,研究二年以上,以研究所得,提出论文(但论文必用本国文字),经教授会认为于学术上有价值者,公开口试,及格后,并自印论文二百本以上,由大学分布。经过六个月,由大学授予博士。
>
> 博士之种类凡四,曰文学,曰理学,曰医学,曰法学。其他国内外著名学者,亦得由大学于举行毕业式时,赠与名誉博士,称哲学博士。①

1918 年北京大学提案审查报告与 1919 年教育部提案审查报告有两处重大区别:第一,前者的博士学位属于教育总长授予的官方博士学位,后者的博士学位属于大学博士学位;第二,前者没有提及名誉博士学位,后者明确提出大学可以授予名誉博士学位。

然而遗憾的是,上述博士提案虽然得到两次大会的基本认可,但是并未得到北洋政府的最终确认,中国最早的博士提案就此拖了下去。在整个北洋政府时期(1912~1927),博士会及博士会章程始终没有成立,国家层面的"审授博士"也就无从谈起。

第三节 南京政府有关博士学位的法律制度

早在 1924 年 8 月,孙中山先生以陆海军大元帅的名义公布《大学条

---

① 《教育调查会第一次会议报告》,载朱有瓛、戚明琇等主编:《中国近代教育史资料汇编:教育行政机构及教育团体》,上海,上海教育出版社,1993 年,1 版 1 次,第 393 页。

例》,其中第 8 条规定:"大学得授各级学位。"①然而孙中山先生亲自修订的《大学条例》及其关于大学可授各级学位的规定并未被后来成立的南京国民政府所继承。南京国民政府成立之后有关博士学位的法律制度以《学位授予法》为代表,其余细则草案均围绕《学位授予法》。

一、《学位授予法》的起草背景

(一) 1928 年全国教育会议上的提案

南京国民政府成立不久,即于 1928 年 5 月在南京召开全国教育会议,该会议下设"高等教育组"的第一项提案就与博士学位有关,这就是《请大学院订定大学毕业考试及学位授予条例案》,该案基于汪企张②、暨南大学、江恒源等人的三件原案,其中最重要的是汪企张的《请厘定国家学位等差及组织内外国现有学位审定机关案》:

> ……称学位者,通例有两种性质:一为未成材之规定学位,一为已成材之特殊学位。规定学位,谓在学期间必履行其一定之学程而后得之。特殊学位,乃已超在学时期研究有特殊之业绩者得之,并不限其学程资格。故特殊学位,尤为世所推重。顾我国科学尚落人后,评骘甲乙,或乏其才;然先宜罗致各科专学通才,厘定学位等差,再组织机关,将现在已得之内外国各科学位而审定之,衡之新定之制,适当何等学位,而后予以审定之证,则庶乎名正,而民有所措手足矣。此急宜审定者一也。

> 凡一国之学位等差,贵有特式,原不必附和他国与世界雷同;非标异也,国家之威权也。考各国得自外国之规定学位,有不得译称或改称本国学位之例,其有特殊绩者,虽得有外国之特殊学位而未得本国加予国定之特殊学位时,亦例不得译称或改称本国学位之名;存其真也,国家名器不可假借也。今我国以未定国家学位,故海外归来者,遂任意译称,若日本之以学士为规定学位之单位,欧西各国以博士或硕士为规定学位之单位,杂沓混处,无人过问,而国家无特式以绳之,将何以昭示国

---

① 载易汉文主编:《中山大学编年史(1924—2004)》,广州,中山大学出版社,2005 年,1 版 1 次,第 4 页。
② 汪企张(1885~1955),13 岁入杭州求是书院,后肄业于广方言馆,曾赴日留学,先攻读师范、法政,后改学医学,1911 年毕业于日本大阪医科大学,历任浙江医药专门学校教授、江苏省立医学专门学校校长、江苏省立医院院长。主张废止中医,著有《二十年来中国医事刍议》。参见甄志亚主编:《中国医学史》,北京,人民卫生出版社,1991 年,1 版 1 次,第 432 页;http://www.shtong.gov.cn/node2/node2245/node67643/node67665/node67763/node67774/userobject1ai64998.html。

人,定我一尊。此急宜审定者二也。

　　按学位名称,各国不一,有类似之名称,而学力阶级互有不同。譬诸医界自美归者,几无一人不译称曰博士;且有渡不一年而亦自标其卫生博士等头衔,以揭示于社会者。其赴德奥者之目的在得 D. M. 之名号,仅渡一二年亦可自称博士;有专攻实学者虽多年而归,不得称博士也;甚而至于上海之震旦约翰,一出校门便称博士矣。此皆规定学位之统译为博士者也。而日本则以博士为特殊学位,国人之东渡者实繁有徒,至今所得不过三四人而已,则所谓博士之间似亦有等差。此急宜审定者三也。

　　各国之所尊者,是否尽在博士位号,愚不敢广知。尝考名词迻译之初,往往拘于坐井,未窥全豹,任意拟定,因是国人社会眼光,几疑世界各国名位统一;其实考其内幕,核其学力,良有大相径庭者。且德美日奥诸国学力,崇于学位,故专门之士,虽得学位不为尊;必占大学教授 Professor 地位,始见重于士林。今读大学教员资格条例,乃以博士硕士学士之学位,而定教授之差等,不知所根据者何种规定,所仿效者何邦制度,所翻译者何国语原,所标准者何校学位;不亟详加说明,确符名实,殊足令社会眩惑而为大学院之累。此急宜审定者四也……①

汪企张在提案中提及"震旦约翰"的博士,以汪企张的医学背景,他所指的应该是震旦大学和圣约翰大学的职业性医学博士,即非学术性医学博士。全国教育会议高等教育组对汪企张等人的议案所草拟的办法是:将大学毕业证书与学位证书区分开来。由大学颁发毕业证书,而由大学院颁发学位证书②。学位分学士、博士二级。凡已得学士学位,继续研究二年以上,有学术上之发明或著作,经大学院依学位授予条例审查合格者,由大学院授予博士学位③。

以上意见是全国教育会议的意见,并未上升为教育法律制度。值得注意的是,全国教育会议高等教育组设计的博士学位不是大学博士学位,而是大学院博士学位。

在全国教育会议召开之后不久,南京国民政府开始考虑建立包括博士学位在内的中国高等教育学位制度,产生了几份学位授予法草案。

---

　　① 《请大学院订定大学毕业考试及学位授予条例案》,见《全国教育会议报告乙编》,载"民国史料丛刊"1044,郑州,大象出版社,2009年,1版1次。
　　② 1927年10月,国民政府撤销教育部,设立大学院,作为全国性最高学术与教育机构,蔡元培任首任院长。1928年10月,大学院又改为教育部。
　　③ 《请大学院订定大学毕业考试及学位授予条例案》,见《全国教育会议报告乙编》。

(二) 1929年《学位授予法草案》

1929年6月29日,在立法院第31次会议上,国民政府立法院法制委员会提交《大学条例、专科学校条例暨学位条例草案案审查报告》①,该报告附有《学位授予法草案》,此为《学位授予法》第一次草案②。1929年《学位授予法草案》第1条规定:"学位分修业士、学士、博士三级。"修业士专指高中毕业成绩合格者,学士专指大学毕业考试合格者,而该草案第4条规定的博士则较为复杂:

> 凡具有下列资格之一者,得为博士应试人:
> 曾得国立、省立或已立案之私立大学学士学位或大学毕业者,继续在中央研究院或大学研究院研究三年以上者;
> 曾得国外大学学士或硕士学位,继续在中央研究院或大学研究院肄业三年以上者;
> 曾得国外大学博士学位或在国外大学研究院肄业三年以上者;
> 曾在国立、省立、市立或已立案之私立大学取得教授资格,继续任课三年以上者。

1929年《学位授予法草案》第5条规定的博士论文标准是"有创造或发明并试验及格"。至于博士考试的次数,该草案第7条规定:"博士学位试验,每年举行一次。"

除了上述考试制博士之外,1929年《学位授予法草案》第8条还规定了推荐制博士:"每届博士学位试验后,博士会得推荐有创造或发明之学者一二人,由国家授予博士学位。"第10条规定了名誉博士及其标准和程序:"每届博士学位试验后,教育部部长得提出国内外对于学术教育有特别贡献者一二人,同时授予名誉博士学位。"

值得注意的是,1929年《学位授予法草案》虽未生效,但第一次提出了博士论文的标准——创造性,这一标准成为后世博士论文质量标准的滥觞。同时,该草案也第一次提出博士学位应由国家授予,这也是我国国家博士法律制度的起源。相比1928年全国教育会议上的"大学院博士",1929年草案已经将博士学位的性质上升到国家博士。这一博士学位制度的国家化倾

---

① 载《国民政府立法院会议录》(一),桂林,广西师范大学出版社,2004年,1版1次,第332页。

② 有学者认为《学位授予法》的草拟始于1931年。见周洪宇主编:《学位与研究生教育史》,北京,高等教育出版社,2004年,1版1次,第303页。

向与1929年3月国民党第三次全国代表大会上确定的"国家教育"制度不无关系。所谓"国家教育"就是要"矫正从前教育上放任主义之失"①。

（三）1930年《学位授予法草案》和《学位授予法施行草案》

1930年7月10日，在国民政府立法院第100次会议上，戴修骏、陶玄、曾杰、王世杰、刘积学、孙镜亚、黄居素、楼桐孙、卫挺生共计9位审查委员向立法院提出《学位授予法草案并学位授予法施行法草案案审查报告》②。在这份报告所附的《学位授予法草案》（即《学位授予法》第二次草案）中，学位分为秀士、学士、博士三级③，而博士则包括"应博士考试及格者"和"由博士会依法推举者"两种，且这两种博士都必须由考试院呈请国民政府授予博士学位④。《学位授予法施行草案》第8条规定："博士考试分为两场举行，第一场为学科考试，用笔试；第二场为论文考试，用口试，提出论文，以确有发明、有益学术者为合格。"在这份报告所附的《学位授予法施行草案》中，博士考试的次数定为"每三年举行一次"⑤，这让人联想到中国古代科举制度。

（四）1930年《博士学位授予法草案》

在1930年12月4日立法院第121次会议上，学位授予法起草委员会再次提出《学位授予法草案起草报告》⑥，这份报告相比上一份报告有了一个较大的变化，即将原定的《学位授予法》改为《博士学位授予法》，并附《博士学位授予法草案》14条。该《博士学位授予法草案》最初由立法委员罗鼎、卫挺生、戴修骏草拟。

《博士学位授予法草案》第1条规定，博士学位分为8种：文学博士、理学博士、法学博士、教育学博士、农学博士、工学博士、商学博士、医学博士。《博士学位授予法草案》第2条仍然延续了上一次《学位授予法草案》中的有关规定，将博士分为"应博士考试及格者"和"由博士会依法推举者"两种，均由国民政府授予博士学位。

考试制博士候选人的条件包括3种：第一，大学毕业，并在国立研究院或大学研究院研究3年以上得有证书者；第二，曾得外国大学博士学位者；第三，曾任国立或经立案之公私立大学教授、副教授3年以上者。具备这3

---

① 《本党政纲与政策》，载《国民党第三次全国代表大会政治报告决议案》，第82页。
② 中国第二历史档案馆编：《国民政府立法院会议录》（四），桂林，广西师范大学出版社，2004年，1版1次，第125页。
③ 1930年《学位授予法草案》第2条。
④ 1930年《学位授予法草案》第7条。
⑤ 1930年《学位授予法施行草案》第4条。
⑥ 中国第二历史档案馆编：《国民政府立法院会议录》（四），第461页；《立法院公报》第25期，1931年，第59～61页。

种条件之一的人,如果能提出"确有发明、有益学术"的著作,则可以参加博士考试①。这里的"著作",即通常所说的"博士论文"。

考试制博士的考试分为两个阶段,第一试的内容是应试的学科;第二试的内容是考生提出的毕业论文②。主持考试、审查博士论文的机构是由国民政府考试院组织的"博士考试委员会",考试院院长亲自担任博士考试委员会主席,各学科考试委员人数为5~15人,由考试院院长遴选"国内外各该学科之名宿",由国民政府聘任③。

推荐制博士由"博士会"负责。博士会并非博士考试委员会,而是由已经取得国家博士学位的人组成④。博士会会员提出推荐制博士候选人应有3人以上连署,最后由本学科博士以记名式投票决定,取得三分之二的票数即视为通过⑤。但是"三分之二"是指总人数的三分之二,还是实际出席人数的三分之二,草案并未明确规定。最低投票人数的比例也没有规定。《博士学位授予法草案》取消了上一草案中的"每三年举行一次"博士考试的规定。《博士学位授予法草案》起草委员会委员除了罗鼎、卫挺生、戴修骏之外,还有焦易堂、楼桐孙、陶玄、王用宾、刘积学、孙镜亚、曾杰,共计10人。

二、1935年《学位授予法》

1935年4月12日,在立法院第4届第12次会议上,由立法院法制委员会提交的《审查学位授予法草案》得以通过⑥。南京国民政府在4月22日颁布《学位授予法》,该法于同年7月1日起施行⑦。值得注意的是,很多资料记载《学位授予法》在1931年4月颁布⑧,这属于明显的误记,这一错误记载以讹传

---

① 1930年《博士学位授予法草案》第3条。
② 1930年《博士学位授予法草案》第5条。
③ 1930年《博士学位授予法草案》第6条。
④ 1930年《博士学位授予法草案》第7条。
⑤ 1930年《博士学位授予法草案》第10条。
⑥ 《国民政府立法院第4届第12次会议议事录》,载中国第二历史档案馆编:《国民政府立法院会议录》(九),桂林,广西师范大学出版社,2004年,1版1次,第454~456页。
⑦ 《学位授予法》,1935年4月22日公布,1935年7月1日施行,载教育部高等教育司编:《高等教育法令汇编》,1942年1月,第269~270页;另载《审计部公报》第50期,1935年,第24页;《交通部公报》第662号,1935年,第7~8页。
⑧ 教育部参事室编:《教育法令》,上海,中华书局,1947年5月印行,1947年7月再版,第182页;王云五:《我国博士学位授予之研讨》,1957年4月为新生报写,载王云五:《岫庐论学》(增订再版),台北,商务印书馆,1966年,2版1次,第301页;《中华民国史档案资料汇编》第五辑第一编"教育",南京,江苏古籍出版社,1994年,1版1次,第1406页;《第四次"中华民国"教育年鉴》,台北,正中书局,1974年,1版1次,第745页(这本在台湾出版的官方教育年鉴赫然记载《学位授予法》是"民国二十年四月二十二日国民政府公布,二十四年七月一日施行");孙邦正编著:《六十年来的中国教育》,台湾,"国立"编译馆出版,正中书局印行,1971年,1版1次,第424页(记载"民国二十年四月,国民政府公布学位授予法,二十四年七月部令施行");《中国教育大系·20世纪与中国教育(一)》(修订版),武汉,湖北教育出版社,2002年,2版1次,第192页。

讹,导致后来一些学者在《学位授予法》的颁布年份上也出现了错误①。

1935年《学位授予法》第2条规定:"学位分学士、硕士、博士三级。"

《学位授予法》第5条规定:"依本法受有硕士学位,在前条所定研究院或研究所继续研究两年以上,经该院所考核成绩合格,提出于教育部审查许可者,得为博士学位候选人。"第5条实际上是考试制博士学位的规定。

《学位授予法》第6条规定:"具有下列资格之一,经教育部审查合格者,亦得为博士学位候选人。一、在学术上有特殊之著作或发明者;二、曾任公立或立案私立之大学或独立学院教授3年以上者。"第6条实际上是推荐制博士学位的规定。

1935年《学位授予法》的一大特点是:允许各大学或独立学院授予学士学位和硕士学位,但不允许他们授予博士学位。该法第7条明文规定:"博士学位候选人,经博士学位评定会考试合格者,由国家授予博士学位。"

该法第8条规定:"硕士学位及博士学位之候选人,均须提出研究论文。"

除了考试制博士和推荐制博士之外,1935年《学位授予法》第11条专门提到"名誉博士",这是名誉博士学位第一次正式写入中国立法之中。名誉博士是否也由国家授予或者由大学独立授予,1935年《学位授予法》对此也没有明确规定。根据王云五的理解,1935年《学位授予法》第11条中的名誉学位也应该"专由国家授予"②。

1935年《学位授予法》没有规定博士学位开始授予的时间。在《学位授予法》颁布一个月之后,教育部发布致中央大学训令,其中提及博士学位开始授予的时期,"应于博士学位考试细则中另定之"③。《学位授予法》规定大学研究院与研究所可以培养博士,并没有规定中央研究院或者北平研究院这类非高校类科研机构是否可以培养博士,这也是其模糊之处。显然,仅有《学位授予法》还不够,博士学位的真正施行,还有赖于后续立法,即制定实施细则。

虽然1935年《学位授予法》的规定较为原则,缺乏细则,但是《学位授予法》称得上是中国近代博士教育的转折点,是中国近代教育史的里程碑。

---

① 参见李华兴主编:《民国教育史》,上海,上海教育出版社,1997年,1版1次,第550页;贾馥茗总编纂,"国立"编译馆主编:《教育大辞书》(六),台北,文景书局有限公司,2000年,1版1次,第516页;薛天祥主编:《研究生教育学》,桂林,广西师范大学出版社,2001年,1版1次,第253页;徐希元:《当代中国博士生教育研究》,北京,知识产权出版社,2006年,1版1次,第34页。
② 王云五:《为博士学位授与事与莫院长商榷书》(1957年3月作),载王云五:《岫庐论教育》,台北,商务印书馆,1965年,1版1次,第302页。
③ 《教育部致中央大学训令(1935年5月28日)》,教育部训令廿四年发高总壹14第6806号,载中国第二历史档案馆编:《中华民国档案资料汇编》第五辑第一编"教育",南京,江苏古籍出版社,1994年,1版1次,第1411页。

三、1935 年《学位分级细则》

1935 年 5 月 23 日,教育部公布《学位分级细则》①,根据该细则第 2 条至第 9 条,文科、理科、法科、教育科、农科、工科、医科这 7 大类学科均可以授予博士学位,唯独商科只有商学士、商学硕士这二级学位,这与 1930 年《博士学位授予法草案》将商科博士包含在内的做法明显不同。

表 2-1 《学位授予法》与各种草案对照表

法规 项目	1929 年《学位授予法草案》	1930 年《学位授予法草案》(包括《学位授予法施行草案》)	1930 年《博士学位授予法草案》	1935 年《学位授予法》(包括《学位分级细则》)
学位分类	修业士、学士、博士	秀士、学士、博士	无	学士、硕士、博士
博士学科分类	无	文学博士、理学博士、法学博士、教育学博士、农学博士、工学博士、商学博士 7 种	文学博士、理学博士、法学博士、教育学博士、农学博士、工学博士、商学博士、医学博士 8 种	文学博士、理学博士、法学博士、教育学博士、农学博士、工学博士、医学博士 7 种
博士应试人资格	1. 曾得学士学位或者大学毕业继续在研究院攻读 3 年以上者; 2. 曾得国外大学学士、硕士学位继续在研究院攻读 3 年以上者; 3. 曾得国外大学博士学位或在国外大学研究院肄业 3 年以上者; 4. 曾在国内大学取得教授资格连续任教 3 年以上者	1. 曾得学士学位并继续在研究院研究 3 年以上者; 2. 曾得国外大学博士学位或曾得国外大学硕士学位并在国外大学研究院研究 3 年以上得有证书者; 3. 已经取得国内大学学士称号或大学毕业继续在研究院研究 3 年以上得有证书者; 4. 曾任国内大学教授、副教授授课 3 年以上者	1. 大学毕业并在研究院研究 3 年以上得有证书者; 2. 曾得外国大学博士学位者; 3. 曾任国内大学教授、副教授 3 年以上者	1. 得有硕士学位,在研究院/研究所继续研究 2 年以上者; 2. 曾任国内大学/独立学院教授 3 年以上者

---

① 《学位分级细则》,1935 年 5 月 23 日施行,载《中华民国教育法规选编》(修订版),南京,江苏教育出版社,2005 年,2 版 1 次,第 400~401 页。

续 表

法规\项目	1929年《学位授予法草案》	1930年《学位授予法草案》（包括《学位授予法施行草案》）	1930年《博士学位授予法草案》	1935年《学位授予法》（包括《学位分级细则》）
博士学位考试次数	每年1次	每3年1次/推荐制博士也是每3年1次	没有规定	待定
博士论文标准	有创造或发明	确有发明、有益学术	确有发明、有益学术	在学术上有特殊之著作或发明
博士考试机构	考试院组织的博士学位试验委员会	考试院院长为主考官，每学科置考官9人至25人	考试院组织博士考试委员会，考试院院长为主席，每科置考委员5人至15人	博士学位评定会
推荐博士的机构	博士会（每届推荐1、2人）	博士会（5人以上连署，推荐名额不超过前届考试及格者名额1/4，本学科博士记名投票2/3以上为合格；其他学科博士投票则过半数为合格）	博士会（3人以上连署，本学科博士记名投票2/3以上决定）	博士学位评定会（具体待定）
博士学位授予	国家授予	国家授予（国民政府）	国家授予（国民政府）	国家授予博士学位
名誉博士	教育部长提名有特殊贡献者1、2人	没有规定	没有规定	法律另定
国外博士学位	某国或某大学博士（经博士学位试验委员会审查试验及格者）	某国或某大学博士	某国或某大学博士	某国或某大学博士（经教育部认可的国外学校）

资料来源：本书作者根据《国民政府立法院会议录》（中国第二历史档案馆编，桂林，广西师范大学出版社，2004年，1版1次）、《高等教育法令汇编》（教育部高等教育司编，1942年1月）、《中华民国教育法规选编》（江苏教育出版社，2005年，2版1次）等所载法规编制。

根据上表，可以发现《学位授予法》从草案到法令的演变规律：
（1）早期草案中的三级学位体制不包括硕士学位，仿效法国学位制度，正式法令却采纳了美国的三级学位体制。

（2）博士应试资格越来越严。早期草案中学士学位获得者即可申请参加博士考试,而正式法令将标准提高到硕士学位程度;早期草案规定大学副教授可以被推荐为博士,而正式法令将标准提高到教授。

（3）《学位授予法》的起草者从一开始就将博士学位定位于严格的国家博士学位,而非宽松的大学博士学位。在博士学位定性上,采用了法国早期的国家博士制度,而没有采用美国的大学博士制度。

（4）日本近代的推荐制博士从一开始就引入中国博士立法草案,最后与考试制博士同时列入正式立法。

（5）对待国外大学取得的博士学位,1929年草案要求必须经过博士学位试验委员会审查试验合格,1930年两个草案则不论其国外大学教育质量如何一律承认为"某国或某大学博士",而正式法令采用了一个中性的标准："凡得到教育部认可的国外大学培养的博士即可称为"某国或某大学博士",这一规定相比1929年草案的考试制更为简便易行。

综上所述,1935年《学位授予法》中的博士制度没有单独采用某一个国家的博士制度,而是集美国、法国、日本等国家的博士制度为一体。

四、《博士学位评定会组织法草案》和《博士学位考试细则草案》

1935年《学位授予法》第7条第2款规定,博士学位评定会之组织及博士学位考试细则,由行政院会同考试院制定。1937年抗日战争全面爆发之后,国民政府认识到高级人才的匮乏,反而加快了博士细则的起草工作①。

（一）1940年教育部学术审议委员会草案

1940年5月11日至13日,教育部学术审议委员会②在重庆召开第一届第一次会议,出席委员有吴稚晖、朱家骅、王世杰、曾养甫、郭任远、颜福庆、陈大齐、冯友兰、傅斯年、罗家伦、程天放、张道藩、马约翰、滕固、邹树文、陈立夫、顾毓琇、余井塘、吴俊升,由陈立夫担任主席。会议讨论事项之一是《请政府实施博士学位授予案》,决议"交常务委员会与考试院洽商办理"③。教育部交议的原案如下：

  自国民政府于二十四年四月公布学位授予法以来,迄已五载。本

---

① 《教育部学术审议委员会工作概况》,中国第二历史档案馆,档号五-1347。
② 《教育部学术审议委员会章程》第2条第3款规定：该会的任务之一是"审核各研究院所研究生之硕士学位授予,暨博士学位候选人之资格事项"。载《教育通讯周刊》1940年第3卷第5期。
③ 《高等教育季刊》1941年第1期,第342页。

部依照该法规定,已于二十六年开始有硕士学位之给予。惟博士学位授予,尚付缺如。抗战以来,政治经济教育军事各方面,均感人材之急迫需要,此后建国大计,经纬万端,人才之造就断不能仍完全仰给于留学。蓄爱需时,目前实有请政府实施所定博士学位授予法之必要。兹拟办法如次:

由本部呈请行政院会商考试院,依照学位授予法第七条之规定组织博士学位评定会,由国家授予博士学位。

由本部制定博士学位候选人审查办法公布施行。①

1940年10月12日,教育部学术审议委员会第一届第二次会议讨论通过《博士学位评定会组织法草案》和《博士学位考试细则草案》,之后教育部将这两份草案提交行政院审核。

1940年《博士学位评定会组织法草案》规定,博士学位评定会隶属于国民政府,博士学位评定会确定博士学位名单后,由国民政府授予博士学位。博士学位评定会设当然委员7人,包括行政院院长、考试院院长、教育部部长、中央研究院院长、考选委员会委员长、国立大学校长选举之代表2人②。

1940年《博士学位考试细则草案》规定,博士学位分为文学、理学、法学、教育学、农学、工学、医学7科。博士候选人的形式要件包括五种情况:第一,得有国内外大学硕士学位并在教育部认可的研究院所继续研究两年以上且成绩优异者;第二,得有国内外高级学位后曾任公立或已立案私立大学及独立学院之讲师以上职务满三年以上者;第三,曾任公立或已立案私立大学及独立学院之教授三年以上者;第四,在学术上有特殊著作或发明者;第五,在技术上有特殊贡献者。该草案规定博士论文必须对学术有重要贡献,在撰写时充分参考了已有成果并能了解有关外国文字。在申请程序上,1940年《博士学位考试细则草案》的规定较为繁琐:本人向学校提出博士论文;学校审查合格后向教育部推荐;教育部进行资格审查后转送博士学位评定会;博士学位评定会依此举行论文审查、笔试、口试。笔试口试均合格者,颁给中华民国博士学位证书③。

(二)考试院的意见——以戴季陶为代表的国家博士观

根据《学位授予法》第7条第2款的规定,行政院将教育部学术审议委员会拟定的两项草案转咨考试院会商办理。下面是当年曾在考试院工作过

---

① 《高等教育季刊》1941年第1期,第342~343页。
② 《三年来学术审议会工作概况》,第14页,中国第二历史档案馆,档号五-1347。
③ 同上。

的陈天锡的记载：

> 因国家尚在训政之初，诸般草创，各方对此问题之意见，未易一致。且大都视为事非紧急，不妨俟之将来。以是迟延至二十九年，行政院始将教育部所拟之博士学位评定会组织法，及博士学位考试细则两草案，咨商考试院订定。①
>
> 院长戴公②一贯主张，对博士学位评定会组织，应遴选博士充任，以重衡鉴，对博士学位考试，应以审查论文为主，辅以相关之口试，第一届博士学位候选人，应由教育部遴选，或由国内研究院所推荐国内第一流学者，经该会评定论文及格，呈请授予博士学位，以树风声，第二届以后，则于自行声请候选外，兼采推荐办法，使国内学术精湛之士，均获表彰旌异之荣。③

1941年11月27日，在考试院临时法规整理委员会第三次会议上，戴季陶对于博士学位授予问题明确指出：

> 本案可参考日本学位授予发展之进程。大约记得系起初由国家特授博士数目甚少，手续郑重；其次成立博士会，学位之评定由该会主持，必须经全票可决，始能授予。今后对于我国之学位制度，应注意研究。盖任官稍滥，尚有方法救济，学术则天下之公器，而一国之文野系之。若稍不认真，或涉及入主出奴之见，则其影响太大。各位要十分注意。④

1941年12月《陈大齐有关博士学位考试呈件》详细叙述了博士学位考试细则的起草经过及考试院有关人士的意见：

> 谨呈者案准钧院秘书处函，以关于会商博士学位评定会组织法及

---

① 陈天锡：《戴季陶（传贤）先生编年传记》，近代中国史料丛刊续编四十三辑，台北，文海出版社，1977年，1版1次，第384～385页。
② 戴公指考试院院长戴季陶。
③ 陈天锡编：《迟庄回忆录》（第四、五合编），近代中国史料丛刊续编第三辑，沈云龙主编，台北，文海出版社，第36页。
④ 《考试院临时法规整理委员会第三次会议记录》（节录），1941年11月27日，中国第二历史档案馆藏：戴季陶专档，全宗号3020，案卷号1，转引自载刘昕主编：《中国考试史文献集成》第7卷（民国），北京，高等教育出版社，2003年，1版1次，第436页。

博士学位考试细则草案一案,奉钧座批开:"考选委员会可将此案前后因果、现在进行情况,作一详细呈报。其中应将委员长在与有关机关会商时力争之点,及其力争之情况,详细叙明"等因,抄录原批各点,函达查照到会。窃查本案筹议经过,自民国二十二年间,行政法规整理委员会曾有关于学位考试制度之建议,并拟具学位授予法草案,其内容要点,系分学位为学士、硕士、博士三级。学士学位授予经考试院会同行政院主持之大学毕业考试及格者;硕士学位授予经考试院会同行政院主持之大学研究院毕业考试及格者;博士学位授予硕士指继续研究在三年以上并有专门著作经过学会评定合格者,但在学术上有创作或发明之学者,经博学会之推荐,亦得授予之。谨案此项草案之重要原则,约有二端:一在各级学位应由国家授予,以免登进倖滥之弊;一在博士学位于授予硕士之继续研究著有成绩者外,并征引博学潜修之士,以辟宏奖实学之门。此项章则,曾赖仰承指示,精慎筹维,旋汇案呈报中央覆示。中经搁置,嗣于民国二十四年间教育部另拟学位授予法草案,呈请中央覆议。时大齐先后参加中央政治会议及立法院审查会,列席说明,依据行政法规整理委员会所拟草案之要点,详为阐发而于博士候选之资格,应注意广征宿学以宏奖进一点争持尤力。故关于博士学位候选人资格之条文中,有"在学术上有特殊之著作或发明者"一款,原拟主张,尚克略有保存。此项学位授予法草案,于民国二十四年四月间奉令公布,同年七月一日施行。教育部旋于七月十四日依法公布硕士学位考试细则。本年四月间教育部又拟订博士学位评定会组织法及博士学位考试细则草案,经提出该部学术审议会通过,呈由行政院函送钧院转令覆议到会,遵即提会研讨,拟具修正原则及修正条文草案,呈奉钧院转函行政院查覆办理在案。现闻此项修正意见已交由教育部转送该部学术审议委员会研究中。此关于本案以往筹议及现在进行之大概情形也。

至关于本案研究意见,前于本年一月二十五日准钧院秘书处函转奉钧座谕,为发扬中国固有考试制度之精神,使学校教育及科学选举任用联成一贯,学位之授予,应由国家主持,以免发生滥杂流弊,饬即检齐本案有关文件,连同研究意见,详细呈报在案。原拟意见,以现在学士硕士学位之授予,依法既由各校院自行主持,办理未必尽臻严格,拟以主持专科以上学校毕业会考之方法,提高毕业程度,慎植学位授予之初基,俟推行有效,即将各类高等考试办法逐渐酌予变更,以期毕业考试与任用考试相辅为用,渐趋合一;至博士学位之授予,拟先就学术上有特殊之著作或发明者，严格遴选，授以最高学位，俾树风声，俟基础奠定后，徐筹博士学位考试，循序渐进，如此庶能树立举世共尊之名位，而贯通教育选举任官之功能。此次奉令覆议博士学位评定会组织法及考试细则草案，即系仰体前谕之要旨，秉承历年指示之方针，慎密筹思，拟具修正草案，兹已分别遵奉批示仰见奖励实学弘扬教化之至意，关于指正各点，当与有关机关会商时遵照提出修正，并遵俟有机会行文时，即将前奉本年一月二十五日手令全文，恭录转知，以为与有关机关会商之依据。至奉批"学位授予，以现代各国皆共同承认其世界性，同时国家授予学位，有时具有国际性，此两点关系甚大，曾经有何拟议？"等因，窃以此次覆议修正博士学位考试细则，原拟要旨，在创制之始，先授予国内第一流学者以最高学位，原以昭示学术之津梁，此种人选，其学术成就早已蜚声世界，足资楷模。至第二届以后，仍兼采推荐博学潜修之士，以彰鸿宿。其审查标准，务以对于所习学科确有重要贡献而论著价值足为举世共尊者为准。如此博采精搜，宁缺勿滥。凡授有博士学位者之学术地位，对于世界文化之进步水准，或不致有逊色。至于优奖外宾，授予名誉学位一节，原于嘉惠学林之中，寓辑睦邦交之意，似应斟酌中外法制之攸宜，为授赠宽严之准则，务使受者得以自尊，而国际亦昭共信……①

从陈大齐（时任考试院秘书长）的这份呈件中，可以明显感受到考试院对于博士学位的保守态度，考试院不仅认为博士学位应该由国家授予，而且对当时各校自行授予学士学位和硕士学位的状况也颇有微词。

（三）1941年考试院和教育部对两份草案的修正案

考试院的修正原则反馈到行政院之后，行政院转交教育部核议，教育部再送该部学术委员会。经过教育部学术委员会第一届第五次常会及第三次大会讨论，形成修正草案。中国第二历史档案馆保存了考试院与教育部的两份修正草案，同时显示了原草案与修正草案的异同：

博士学位评定会组织法修正草案（本院三十年修正案）

本法依学位授予法第七条第二项之规定定之（未修改，惟原第二条博士学位评定会隶属于国民政府删去）。

---

① 《陈大齐有关博士学位考试呈件》，1941年12月，中国第二历史档案馆藏：戴季陶专档，全宗号3020，案卷号21，转引自刘昕主编：《中国考试史文献集成》第7卷（民国），第453~454页。

本会之职掌如左：

办理博士学位考试事项；

呈请授予博士学位事项；

推荐及审议名誉博士学位之授予事项；

其他有关博士学位评定之事项。(未修改)

本会设当然委员五人，由考试院院长、中央研究院院长、教育部部长、考选委员会委员长及国立大学校长互选之代表一人任之(当然委员由七人修正为五人，减去行政院长及国立大学校长互选之代表一人)。

本会设委员十六人至二十四人，依学科分配由考试院会同中央研究院及教育部，就有下列资格之一者，遴选呈请国民政府聘任之(文字上略有修改)：

曾任大学教授或主持学术研究或重要建设工作五年以上，并有专门研究及特殊贡献，在学术界具有声望者；

得有国家博士学位者。

前条委员，任期定为三年，任期满，得连任(未修改)。

本会设主任委员一人，综理会务，由考试院院长任之。副主任委员一人，辅理主任委员处理会务，由教育部部长任之(未修改)。

本会设秘书一人，简任秘书二人，荐任科员六人至十二人(不设秘书长、专门委员、科长等职位)。

举行考试时，聘请专家襄理考试，并得调用关系机关人员襄办事务(未修改)。

本办法自公布日施行。①

博士学位考试细则修正草案(教育部案)

本细则依学位授予法第七条第二项之规定定之。

博士学位分左列四种：

一、大学博士；

二、理学博士；

三、法学博士；

四、医学博士。

(原有七科，删去教育学博士、农学博士、工学博士，改为四种，原第三条博士学位考试于国民政府所在地每二年举行一次删去)

---

① 中国第二历史档案馆，档号五-1492(2)，本书作者标点。

博士学位候选人须具有左列资格之一：

受有国内外大学硕士学位，并在教育部认可之研究院所继续研究至少满两年，成绩优异，经研究院所证明者；

受有前款硕士学位，并曾任讲师三年以上，经教育部审查合格者；

曾任公立或已立案之私立大学或独立学院教授满三年以上，经教育部审查合格者；

在学术上有特殊之著作发明或贡献者。

（第二款系增入）

凡具有前条所列资格之一者，得向国立大学之研究院所获国立之独立研究院所提出论文，连同本人资格之证明文件，申请为博士学位候选人。论文之初步审查，遇必要时，得由博士学位评定会推荐为博士学位候选人。（原由教育部径行遴选，或国立研究院所向教育部推荐，改由为博士学位评定会推荐。原以未经发表者为限但经教育部遴选者不此限制删去）

国立大学之研究院所或国立大学独立研究院所，对于呈请审查之论文，依照左列标准予以审查：

该论文对于该科学术确有重要贡献；

该论文在拟撰时曾充分参有该论文包括问题已经研究之成绩；

该论文确能表示作者了解研究该科所必须之主要外国文字。

前项论文，须由该研究院所主管人员送请研究该学科之专家三人至五人审查。

第六条各研究院所审查合格之论文，应由审人及该研究院所主管人员共同署名，由该研究院所送请教育部为博士学位候选人之审查。

（文字上略有修改，原第六条关于教育部审查候选人之手续删去）

第七条博士学位评定会对于候选人之论文，应由本会委员及会外专家五人予以审查，并分别注明可否以三人评可者为合格。

（文字上略有修改）

第八条论文合格之候选人，由博士学位评定会举行口试，但经博士学位评定会推荐之候选人，经评定会委员三分之二以上之出席，出席委员四分之三以上记名投票可决者，得免除口试。

（增订"但经博士学位评定会推荐之候选人，经评定会委员三分之二以上之出席，出席委员四分之三以上记名投票可决者，得免除口试"）

第九条口试除审查委员外，并由评定会另聘专家四人共同主持，互推一人为主试委员，就论文内容及与论文有密切关系之问题考询之。

(文字上略有修改)

第十条 口试公开举行,程序如左:

候选人口述论文大意及研究经过;

主试委员及考试委员依次发问,由候选人逐一答对;

主试委员宣布口试终结;

主试及考试委员退后,用记名投票,有四分之三以上可决者为及格;

口试成绩于举行后一日内,由评定会公布之。

(文字上略有修改)

第十一条 凡论文审查、口试成绩均及格者,由博士学位评定会呈请国民政府授予中华民国博士学位,并将其论文予以刊印。

(送国立编译馆刊印字样删去)

第十二条 本细则自公布之日施行。①

1942年5月,教育部将修正草案呈送行政院转商考试院。然而尚未有结果,行政院即于1943年5月12日决定:"抗战以前,各校因设备及师资之限制,学术研究室碍良多,致使博士学位之授予迄未实施。近来各校困难加增,培植尤艰,该项博士学位之授予,应予缓办。"②有关博士学位的立法事项因此搁置下来。

(四)中央研究院学术评议会——以胡适为代表的大学博士观

抗日战争胜利后,在1946年2月6日,考试院召集中央研究院及教育部审查两份草案。之所以要求中央研究院参与博士立法,是因为"中央研究院评议会系全国最高之学术审议机关,关于博士论文审查事宜应以明文规定使之参与其事"③。这一次三家机构的审查结果是:"除将原修正草案复加修正外,并建议博士学位除由国家授予外,并得由各大学依照规定授予。"④

1946年8月6日,行政院第754次会议决议将博士学位草案送中央研究院学术评议会进行研究,研究的重点是"博士学位应否由政府统一考试颁给抑由政府和定制大学各别审定授予"⑤,换句话说,行政院将博士学位的

---

① 中国第二历史档案馆,档号五-1429(2),本书作者标点。
② 《请审议博士学位评定会组织法及考试细则两项修正草案》,中国第二历史档案馆,档号五-1429。
③ 《博士学位评定会组织法及博士学位考试细则草案审查会纪录》,中国第二历史档案馆,档号393-1546。
④ 《请审议博士学位评定会组织法及考试细则两项修正草案案》,教育部交议,中国第二历史档案馆,档号五-1429(2)。
⑤ 1946年8月12日行政院致中央研究院学术评议会公函,第9196号,中国第二历史档案馆,档号393-1546。

性质问题征求中央研究院的意见,即博士学位究竟应该属于国家博士还是大学博士?

1946年10月23日下午,中央研究院学术评议会第二届第三次年会第四次大会决定组织第三审查委员会负责审查有关《博士学位评定会组织法草案》《博士学位考试规则草案》以及《授给博士学位办法草案》的议案①。第三审查委员会由10位评议员组成:胡适、周鲠生、秉志、罗宗洛、何廉、钱崇澍、王家楫、吴学周、陈垣、翁文灏。胡适担任第三审查委员会的召集人②。

1946年10月24日下午,中央研究院学术评议会第二届第三次年会第五次大会讨论了第三审查委员会的审查意见。以胡适为首的第三审查委员会的审查意见如下:

> 本会认为博士候选人平时之研究工作及博士论文,均应由政府核准设立研究所五年以上,并经特许收受博士学位候选人之大学及独立学院自行审查考试。审查考试合格者,经教育部核定后,由该校院授予博士学位。③

中央研究院学术评议会第二届第三次年会第五次大会的出席者除了第三审查委员会的10位评议员之外,还有朱家骅、萨本栋、吴有训、吴定良、吕炯、李书华、汪敬熙、周仁、茅以升、胡先骕、唐钺、凌鸿勋、傅斯年、张云、谢家荣,共计25位。

第五次大会修正通过了第三审查委员会的审查意见,将"均应由政府核准设立研究所五年以上"修改为"均应由政府核准设立研究院或研究所五年以上",其余不变④。

中央研究院学术评议会的决议改变了原草案中的国家博士制度,建议设立政府授权下的大学博士学位制度。作为中央研究院学术评议会评议员兼第二届第三次年会第三审查委员会召集人的胡适旗帜鲜明地声称:

---

① 《中央研究院评议会第二届第三次年会纪录》,1946年10月,中国第二历史档案馆,档号393-1557。
② 同上。
③ 同上;《中研院通过授给"博士"原则》,载《科学时报》1946年第12卷第12期,第85页。
④ 《中央研究院评议会第二届第三次年会纪录》,1946年10月,中国第二历史档案馆,档号393-1557。

现行的大学制度应该及早彻底修正，多多减除行政衙门的干涉，多多增加学术机关的自由与责任。例如现行的学位授予法，其中博士学位的规定最足以阻碍大学研究的发展……近日为了要提倡独立的科学研究，为了要提高大学研究的尊严，为了要减少出洋镀金的社会心理，都不可不修正学位授予法，让国内有资格的大学自己担负授予博士学位的责任。①

胡适的意见既代表了中央研究院学术评议会的最后意见，也反映了第三审查委员会的观点，甚至可以说，胡适的观点代表了当时学界的共识。前文已经指出，第三审查委员会由 10 人组成，这 10 人均为相关学术领域的佼佼者。从教育背景上分析，10 人之中，除了历史学家陈垣之外，全部留过洋，且多数是留洋博士。胡适是哥伦比亚大学的哲学博士，周鲠生是巴黎大学的法学博士，秉志是康乃尔大学的生物学博士，罗宗洛是北海道帝国大学农学博士，何廉是耶鲁大学经济学博士，王家楫是宾夕法尼亚大学动物学博士，吴学周是加州理工学院博士，翁文灏是比利时鲁文大学理学博士。在中央研究院学术评议会第二届第三次年会第五次大会的 25 位出席者之中，除了第三审查委员会中的博士外，还有很多人也有博士学位，例如大会主席朱家骅是柏林大学博士，萨本栋是麻省伍斯特理工学院博士，吴有训是芝加哥大学博士，吴定良是伦敦大学博士，李书华是巴黎大学博士，汪敬熙是美国约翰斯·霍普金斯大学博士，茅以升是卡耐基理工学院博士，胡先骕、唐钺是哈佛大学博士，凌鸿勋是华盛顿大学法律博士。他们多数留美，但也有人留法、留德、留英、留比、留日，留学国别呈现多样化。这些人由于亲身接受过正规的博士教育，所以对于博士学位的性质和意义有客观的理解和清醒的认识，所达成的共识在很大程度上能够反映中国学界的心声。

（五）考试院与中央研究院的博士之争

1946 年 11 月，中央研究院学术评议会发给行政院公函，告知评议会关于博士学位问题的决议②。行政院再次征求考试院意见，但以戴季陶为首的考试院坚决反对将严格的国家博士学位改为宽松的大学博士学位，主张继续适用 1935 年《学位授予法》③。值得注意的是，在教育背景上，戴季陶

---

① 胡适：《争取学术独立的十年计划》，原载《中央日报》1947 年 9 月 28 日，现载杨开忠主编：《向上的精神——北京大学规划文选(1914—2013)》，北京，北京大学出版社，2014 年，1 版 1 次，第 472 页。
② 中央研究院学术评议会致行政院公函，中国第二历史档案馆，档号 393-1546。
③ 《考试院意见》，载《申报》1947 年 7 月 20 日。

与中央研究院学术评议会博士学位审查委员会的委员截然不同。戴季陶早年曾经留学日本,但学业程度较低,从未接受过博士教育,更未取得过博士学位,对于博士教育缺乏亲身体验。从下面一段陈天锡的回忆录中可以发现戴季陶主张国家博士学位的理由有两点:第一,在学术水准上,国家授予的博士比大学授予的博士要高;第二,各大学学术水平不一,水准较低,容易有门户之见。

  经咨覆行政院去后,本年八月间,行政院会议,对于博士学位应否由政府统一考试颁给,抑由政府核定之大学各别审定授予问题,决议送中央研究院学术评议会研究,旋中央研究院学术评议会第二届第三次年会议决,认为博士候选人之平时研究工作及博士论文,均应由政府核准设立研究院所五年以上,并经特许收受博士候选人之大学或独立学院自行审查考试合格者,经教育部核定后,由该校院授予博士学位,而教育部亦同意此决议,由行政院函达前来。公(指戴季陶)以博士学位,各国制度,颇不一律,即在一国之内,亦有参差不齐,惟以一般而论,国家授予,较之学校授予水准为高,法国之国家博士,即其一例。日本初用统一评定授予,后改由各大学自行授予,水准较前低落,尤为明徵。我国学位,依现行学位授予法,既采学士硕士博士三级制,其最高之博士一级标准,应特予提高,盖不待论。顾我国内各大学或独立学院之研究所,迄未能均衡设置,复因战事影响学术水准,又难遽即提高,若迳由各校院自行审定授予,微特博士候选人一时不易产生,即学术标准,亦确定为难。最近二三十年间,不如仍依现行法所定,由国家统一评定授予,较为得计。况高深之专门研究,未必尽在大学研究院所,尤其近年博学之士颇多,离去大学欲将其研究工作或论文尽归大学审查或考试,实非所宜。虽所称"特许收受博士候选人之大学或独立学院",其所收受并不以本校教授或本校出身者为限。但学问独立,各国皆然,学说见解,纵难一致,苟声气之未同,便应求之不易。是与其由各校之评定,容有韬隐自甘,究不如由国家办理,尚可泯门户而广搜求,较足以宏收效。公此项见解,当于本年冬间,由本院秘书处及考选委员会分别函复行政院,请为查照。①

---

① 陈天锡编:《迟庄回忆录》(第四、五合编),第37页。

（六）国防最高委员会

鉴于考试院强烈反对大学博士学位，行政院遂将此事提请国防最高委员会议决。1947年4月11日上午召开了国防最高委员会第227次常务会议，会议由于右任担任代理主席。第10项决议全文如下：

> 行政院函为关于博士学位应否由政府统一考试颁给、抑由政府核定之大学各别审定授予，附具博士学位评定会组织法及博士学位考试细则两草案，请核示。
>
> 决议：保留。①

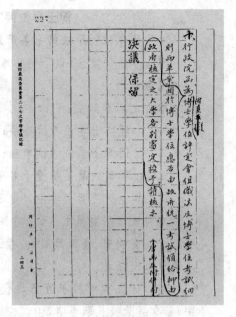

图2-1　国防最高委员会关于博士学位细则的决议

国防最高委员会决定保留国家博士学位制度，其具体理由是：

> 我国内各大学或独立学院之研究所迄未能均衡设置，复因战事影响，学术水准，又难遽即提高，若迳由各校院自行审定授予，微特博士候选人一时产生不易，即学术标准，亦确定为难。最近二三十年间不如仍依现行法所定，由国家统一评定授予，较为得计……据上理由，博士学位仍应依现行学位授予法之规定，由国家统一考试授予，不必更张。②

1947年7月20日，《申报》刊载了争议已久并经多次修改的《博士学位评定会组织法草案》及《博士学位考试细则草案》。值得注意的是，《申报》文本有个别错漏，下面的草案文本是本书作者核对中国第二历史档案馆所藏两份草案后所确定的文本，实际上，中国第二历史档案馆所藏草案也有个别明显的错漏。

---

① 《国防最高委员会常务会议记录》（第九册），中国国民党中央委员会党史委员会影印，台北，近代中国出版社，1996年影印，1版1次，第243页。

② 转引自王云五：《我国博士学位授予之研讨》，1957年4月为《新生报》写，载王云五：《岫庐论学》（增订再版），第303页。

博士学位评定会组织法草案

本法依学位授予法第七条第二项之规定制定之。

博士学位评定会(以下简称本会)由考试院会同行政院及国立中央研究院组织之。

本会之职掌如左：

一、办理博士学位考试事项；

二、呈请博士学位考试事项；

三、推荐审议及呈请授予名誉博士学位之事项；

四、其他有关博士学位评定之事项。

本会置当然委员七人，由考试院院长、行政院秘书长、国立中央研究院评议会秘书、教育部部长、考选委员会委员长及国立大学校长互选之代表二人任之。

前项国立大学校长互选之代表任期三年，连选得连任之，在任期中，若有解除校长职务者，由该校继任校长担任。

本会置委员十八人至二十四人，依学可分配由考试院会商中央研究院及教育部就具有左列资格之一者遴拟，呈请国民政府聘任之：

一、曾任大学教授者；

二、主持学术研究或重要建设工作五年以上并有专门研究及特殊贡献在学术界具有声望者；

三、依学位授予法得有博士学位者。前条委员任期定位三年，期满连聘得连任。

本会置主任委员一人综理会务，由考试院院长任之；副主任委员二人辅助主任委员处理会务，由国立中央研究院评议会秘书、教育部部长任之。

本会置秘书二人，其中一人得为简任，余为荐任；干事四人至八人，委任。

本会举行考试时，得聘请专家襄理考试，并得调用关系机关人员襄理事务。

本会为缮写文件及办理其他杂物，得酌雇用雇员一至二人。

本法施行日期，以命令定之。①

博士学位考试细则草案

本细则依学位授予法第七条第二项之规定拟定之。

---

① 《博士学位评定会组织法草案》，中国第二历史档案馆，档号 393-1546。

博士学位分为左列六种：

一、文学博士（包括哲学、史学、教育学等科）；

二、理学博士；

三、法学博士（包括政治学、经济学、社会学等科）；

四、工学博士；

五、农学博士；

六、医学博士。

具有学位授予法第五条或第六条所定资格之一者，得提出研究论文，连同资历证明文件，申请为博士学位候选人。

前项论文，除研究外国文学者外，正本须用中文正楷缮本三份，其已刊印者，得用印本三份，必要时并得提出外国文之副本。

具有学位授予法第五条之资格者，由其所属之研究院所推荐于教育部，转送博士学位评定会审查，具有同法第六条各款资格之一者，经教育部审查合格后，提出博士学位评会审查。

教育部或各研究院所对于申请为博士学位候选人者之研究论文，应遴请研究该学科之专家三人，依照左列标准审查之：

一、该论文对于该科学术确有重要贡献；

二、该论文在撰拟时，确曾充分参考该论文有关问题之重要文献及其他应行参考之资料；

三、该论文确能表示作者了解研究该科所必需之外国文字。

审查合格之论文，应由审查人共同署名，由教育部或各该研究院所连同原送资历证明文件，转请博士学位评定会为博士学位候选人之审查。

博士学位评定会于必要时亦得附具意见，亦得推荐博士学位候选人。

前项推荐，应有全体委员三分二之出席，委员四分三之通过行之。

博士学位评定会对于每一博士学位候选人之研究论文，应就该委员会或会外专家遴选五人为审查委员，依第五条所定之标准审查，分别注明可否，以三人评"可"者为及格。

研究论文经审查及格者，由博士学位评定会予以口试，但第六条之候选人，经博士学位评定会委员三分二以上之出席、出席委员四分三以上之记名投票，可决得免除之。

口试由第七条所称之审查委员及博士学位评定会另行遴选之专家四人为考试委员，互推一人为主试委员。

口试就研究论文内容及其有密切关系之问题考询之。

口试公开举行,其程序如左:

一、候选人口述论文要旨及研究经过;

二、主试委员、口试委员依次发问;

三、主试委员宣布口试终结。

主试委员及考试委员退席后,用记名投票,有全体考试委员三分二以上可决者为及格。

凡论文审查及口试及格者,由博士学位评定会呈请国民政府,授予中华民国博士学位,并刊布其论文。

第十三条本细则施行日期,以命令定之。①

（七）政治审查委员会与国务会议

博士学位立法原则的争议经第7次国务会议议决,交给政治审查委员会审查。政治审查委员会的审查意见如下:

> 本案考试院与中央研究院两方之意见各有理由,惟事关学位授予法之变更,拟暂予保留,俟行宪之立法院成立后,再由行政院提请讨论决定。②

1948年1月9日,南京政府举行第19次国务会议,蒋介石、戴季陶、王云五、孙科、张群、于右任、邹鲁、王宠惠、王世杰、蒋梦麟等19人参加,本次国务会议通过了政治审查委员会对《博士学位评定会组织法》及《博士学位考试细则》草案的审查意见③。中国近代博士学位立法再一次延宕。

在近代博士教育研究方面,很多人对于《博士学位评定会组织法草案》和《博士学位考试细则草案》的基本史实认识不清。例如,有学者认为国民政府1940年颁布（或施行）了《博士学位评定会组织条例》和《博士学位考试审查及评定细则》④,有学者认为教育部1940年颁发了《博士学位评定会组

---

① 《博士学位评定会组织法草案》,中国第二历史档案馆,档号393-1546。本书作者标点。
② 《教育部博士学位评定会组织法及博士学位考试规则、著作发明及美术奖励等项规则草案》,中国第二历史档案馆,档号393-1546。
③ 国民政府给中央研究院的训令,1948年1月14日发,中国第二历史档案馆,档号393-1546;《申报》1948年1月10日。
④ 徐希元:《当代中国博士生教育研究》,北京,知识产权出版社,2006年,1版1次,第34页;游玉华:《近代我国研究生教育的发展轨迹》,载《大学教育科学》2005年第2期,第76页;郑浩:《我国研究生教育的发展历史研究(1902—1998)》,湖南师范大学硕士学位论文,2005年4月,第42页。

织法》和《博士学位考试细则》①，还有学者认为国民政府在 1935 年后公布了《博士学位评定会组织法》和《博士学位考试细则》②，有学者认为国民政府在 1935 年后颁布了《博士学位评定会组织条例》和《博士学位考试细则》③，还有人认为"1945 年通过了这两部法规"④，实际上，这些认识均出现了不同程度的误差。国民政府在 1949 年以前并未正式颁布博士学位评定的条例及有关细则⑤。《博士学位评定会组织法》及《博士学位考试细则》的立法经过显示，这两份草案最终并未正式形成"法""细则"或"条例"，在性质上仍然属于草案，而非业已颁布并生效的法律。

博士学位问题迟迟得不到解决的关键在于政府有关部门无法达成一致意见，考试院坚持《学位授予法》确定的国家博士学位制度，而中央研究院倾向于采用较为宽松的大学博士学位制度，行政院则在两者之间和稀泥。在相对保守的考试院与试图改革的中央研究院之间，最高当局最终采取了保守的观点，支持苛刻难行的国家博士学位制度，将大学博士学位制度的改革一拖再拖，使得民国博士教育制度最终没有完整地建立起来，半途而废。

第四节　中国近代博士教育法律制度的特征

一、框架性

中国近代博士教育有法律框架而无实施细则。虽然民国时期的教育法律规定了最高学位是博士学位，但是实际上，这些规定仅仅停留在纸面上。由于 1935 年《学位授予法》第 7 条规定博士学位必须由国家授予，而国家授

---

① 秦惠民主编：《学位与研究生教育大辞典》，北京，北京理工大学出版社，1994 年，1 版 1 次，第 563 页；周绪红主编：《湖南大学研究生教育发展史》(1943～1999)，长沙，湖南大学出版社，1999 年，1 版 1 次，第 9 页；王战军编著：《学位与研究生教育评估技术与实践》，北京，高等教育出版社，2000 年，1 版 1 次，第 2 页；关勋强等主编：《医学研究生教育评价研究与实践》，北京，军事医学科学出版社，2000 年，1 版 1 次，第 17 页；王秀卿主编：《研究生教育概论》，北京，北京理工大学出版社，2001 年，2 版 1 次，第 13 页。

② 成有信编著：《比较教育教程》，北京，北京师范大学出版社，1987 年，1 版 1 次，第 224 页；熊映平等编著：《教育中国》，长沙，湖南人民出版社，2003 年，1 版 1 次，第 230 页。

③ 黄宇智主编：《当代中国高等教育论要》，汕头，汕头大学出版社，1994 年，1 版 1 次，第 213 页。

④ 刘倩：《中国博士生培养制度研究——基于理性选择的制度主义框架》，华中科技大学硕士学位论文，2009 年 5 月，第 23 页。

⑤ 台湾当局在 1960 年颁布了《博士学位评定会组织条例》《博士学位考试审查及评定细则》，在 1962 年颁布《名誉博士学位授予条例》《名誉博士学位授予条例施行细则》，见《台湾省通志》(卷五教育志)第二册，台湾，台湾省文献委员会，1970 年，第 151～153 页。

予博士学位的前提是要建立"博士学位评定会"及《博士学位考试细则》①。国民政府教育部屡次开会讨论《博士学位评定会组织法》和《博士学位考试细则》，但总是议而不决。鉴于《博士学位评定会组织法》和《博士学位考试细则》一直未能出台，中国近代官方制定的国家博士学位制度也就一直未能正式实施。即使有些学校有意培养中国本土博士也将因为缺少具体的法律依据而无法实施。

中国近代博士教育法律制度除了缺乏两个专门针对博士教育的实施细则，还缺乏博士论文评定标准。例如，独创性标准是否应该作为博士论文的基本要求？博士论文是否必须使用中文？外文能否作为博士论文的文字？博士论文的字数标准是多少？博士论文印刷出版的标准是什么？博士论文副本的份数应该是多少？博士论文是否必须提交一份给国立图书馆永久保存？博士教育的最短期限是几年？最长期限是几年？博士教育是否采用导师制？导师的权利和义务是什么？博士学位证书的格式如何？这些问题均缺乏实施细则加以解决。总之，无论在晚清时期，或在北洋政府时期，或在南京国民政府时期，中国官办博士制度始终没有建立起来。

中国近代博士教育立法在某些方面甚至是空白。例如，1935年《学位授予法》对于学术性博士学位制度有了框架性规定，但对于名誉性博士学位仅仅提了一句。在整个民国政府期间，有关名誉博士学位制度的具体法律法规始终没有出台，也就是说，在名誉博士学位制度方面，中国近代教育立法处于几乎完全空白的状态。这一点与近代学术性博士制度明显不同。虽然中国近代学术性博士学位制度有法律而无细则，但至少制度框架已经大致确定，可谓万事俱备，只欠东风，而名誉博士学位制度从头到尾都是一片空白。

二、消极保守性

中国近代博士教育法律制度的一大特点就是消极保守性。正因为其消极保守，所以最终也未能实施。王云五曾经亲身参与中国近代博士教育制度的制定过程，他明确指出博士学位制度未能施行的原因：

> 因两院（指行政院和考试院）对于博士学位之授予，初时十分慎重，

---

① 教育部致中央大学训令(1935年5月28日，教育部训令，廿四年发高总壹14第6806号)规定："博士学位之开始授予时期，应于博士学位考试细则中另定之。"载中国第二历史档案馆编：《中华民国档案资料汇编》第五辑第一编"教育（二）"，南京，江苏古籍出版社，1994年，1版1次，第1411页。

以国内大学研究所成立尚不多,且为时未久,遂迟迟有待。继因抗战军兴,学校转徙,图书仪器,大半丧失,研究环境多不适宜,不得不搁置。及复员以后,一度因授予原则,或由国家,或为学校,或专限于研究生,或不以研究生为限,两院之间意见未趋一致。①

胡先骕在《论博士考试》一文中批评了政府部门在学位制度上的保守态度:

> 吾国办大学历三十余年矣,然关于颁给学位,教育部始终持慎重之态度,不但不敢授予博士学位,即大学毕业生亦仅"得称学士"。吾国名器素滥,于此抑又何严也。实则学位不过一种学业之证明,固不容轻视,亦不可过于重视,至学子无以奖励。至于学士学位尤非甚崇,以拟旧日科名,不过秀才而已。骤视之,学士之名甚高,实则秀才之名又何尝不高? 在科举时代,秀才之多如鲫,在美国学士之多又何尝不如鲫? 故前此教部始终不令大学毕业生正式称为学士者,实失之过于谨慎也。②

王云五、胡先骕的上述评价实际上指出了中国近代博士教育不能在全国推行的主要原因,即立法部门的保守因循态度,不去积极创造博士教育的条件,而是坐等条件的实现。中国近代博士教育不发达的原因之一就在于政府机构过于保守,谨慎有余而创新不足,观望有余而行动不足,一议再议,一拖再拖,错过了建立博士制度的大好时机,等到抗日战争全面爆发,外在环境恶化,雪上加霜,已是心有余而力不足。

在这种保守的研究生教育体制下,"吃亏"最大的是以北京大学、清华大学为首的国立大学以及各省立大学,这些公立大学在人事、财政等方面均直接受制于政府,循规蹈矩,不敢越雷池一步,这等于将博士教育的机会拱手让与别人。

北京大学早就有设立博士学位之意。但由于其1918年《高等学会及博士学位案》未获批准,政府缺少博士学位法令,一直未能实现开展博士教育的梦想。1935年4月《学位授予法》颁布,该法第一次在立法层面提及博士学位。这显然是北京大学盼望已久的好消息,于是其在两个月之后即修订

---

① 王云五:《王云五文集·5:商务印书馆与新教育年谱》(下册),南昌,江西教育出版社,2008年,1版1次,第944页。
② 胡先骕:《论博士考试》,载《独立评论》1933年8月20日第64号,第14页。

《国立北京大学研究院暂行规程》,将博士学位塞进了规程之中。修订后规程第18章规定:"凡已得硕士学位后,在本院继续研究两年以上,经本院考核成绩合格,又经教育部审查许可者,得为博士学位候选人。"这是北京大学第一次在学校章程中规定博士学位事宜,但是北京大学这一规定由于国家层面的博士学位考试细则未能出台而无法实施①,博士教育对于北京大学依然是遥不可及的奢望②。

清华大学于1924年开办具有研究生院性质的国学研究院,延聘梁启超、王国维、陈寅恪这样的名师,并于1929年设立研究院,"准备授与高级学位,如英美所谓毕业院者"③。但实际上,其培养的研究生却在很长一段时间里无法取得哪怕是硕士学位这样的头衔。

清华国学研究院1926年毕业生李鸿樾毕业证书正文如下:

> 研究生李鸿樾系湖南省浏阳县人,在本校研究院国学门研究一年期满,经导师审查成绩,认为合格,特给予毕业证书,此证。④

1931年3月26日,清华大学召开第11次评议会,会议决定请求教育部准许清华给予"学校硕士、学校博士学位授予权"⑤,但与北京大学博士提案的命运一样,清华大学博士授予权的请求未获成功。到抗日战争爆发前夕,清华大学才取得硕士学位授予权。一直到1949年,清华大学的最高学位也始终限于硕士学位。

比较1918年北京大学的博士提案和1931年清华大学的博士申请,可以发现,北京大学的方案将博士定性为国家博士,由教育部长颁发博士学位,而清华大学的方案则将博士定性为大学博士,由学校颁发博士学位。然而,面对北京大学的提案以及清华大学的申请,无论是北洋政府还是南京国民政府,均没有积极响应。

东南大学在开办初期也曾考虑过硕士、博士的授予办法。东南大学

---

① 《国立北京大学研究院暂行规程》(1935年6月修订)第19章第3款规定:"博士学位候选人之学位考试,依《博士学位考试细则》(尚未颁布),由国家举行之。其博士学位候选人在研究院之成绩考查方法,由本院另定之。"载《国立北京大学一览》(1935年度),第59页。
② 北京大学第一位学术意义上的博士是张筑生,1982年7月获得北京大学授予的理学博士学位(数学专业),参见《张筑生:北大第一位博士》,中国学位与研究生教育信息网,http://www.cdgdc.edu.cn/xwyyjsjyxx/xw30/jzssn/yxxwhdz/270341.shtml。
③ 冯友兰:《三松堂全集》(第14卷),郑州,河南人民出版社,2001年,2版1次,第103页。
④ 清华学校研究院毕业证书,1926年6月25日,见席道德主编:《近代中国高等院校修业证书图鉴》(上),北京,国家图书馆出版社,2010年,1版1次,第24页。
⑤ 蔡仲德:《冯友兰先生年谱初编》,郑州,河南人民出版社,1994年,1版1次,第105页。

1926年《创办大学研究院案》的附件之一——《大学研究院组织》第11条规定:"研究生成绩及格者,得分别称为文科、理科、教育科、农科或商科硕士。"《大学研究院组织》第13条规定:"关于博士学位之规程另定之。"①该条与东南大学《研究院简章》(1926年11月18日)第13条完全一样②。在东南大学改名中央大学之后,其博士计划仍然继续酝酿。《中央大学研究院规程》第11条规定:"大学毕业生在本院研究期满,其著述或报告经研究教授会考核认可,报告校长交评议会通过,呈准中国大学院给予硕士或博士学位(其细则另订)。"③

除此之外,交通大学(上海)在1922年曾提出过"颁给硕士、博士学位案","兹为作育人才,发扬校誉起见,决设研究院,使本科毕业生,再从事研究精深学术,而给以硕士博士学位"④。

无论北京大学、清华大学、交通大学等国立大学如何试图建立中国的博士学位制度,其有关博士学位的规定和设想均停留在纸面上,未能实施,根本障碍就在于政府立法的缺失。有学者这样评价中国近代数学水平:"1940年代的中国数学界,已经具有培养数学博士的实力,只是还没有设立博士学位的制度而已。"⑤这一评价不仅适用于民国时期的数学,也适用于其他一些学科。

对于国立大学来说,没有立法和授权,几乎等同于禁止。在整个民国时期,国立大学、省立大学以及本土私立大学未能在博士教育上大有作为,非无能也,是不能也。

反观个别教会大学,利用超然于中国法律的特殊地位,大胆采用外国的大学博士制度,培养了一批中国博士⑥,其博士教育一度颇为兴盛,然而在立案之后,开始受制于消极保守的中国法律制度,其博士教育由过去的"无法"状态变为"非法"状态,以至于难以为继。

中国近代博士教育法律制度不仅没有推动中国近代博士教育,反而起到阻碍近代博士教育发展的作用;不但没有创新博士教育制度,反而扼杀了已有的博士教育试点;不但没有开启国立大学的博士教育,反而限制了教会

---

① 南京大学校庆办公室校史资料编辑组、南京大学学报编辑部:《南京大学校史资料选辑》,1982年,第164页。
② 同上书,第165页。
③ 左惟等编:《大学之道——东南大学的一个世纪》,南京,东南大学出版社,2002年,1版1次,第116页。
④ 《交通大学沪校之新计划》,载《新教育》1922年第4卷第5期,第243页。
⑤ 张奠宙:《中国现代数学百年史话》,载《数学教育经纬(张奠宙自选集)》,南京,江苏教育出版社,2003年,1版1次,第25页。
⑥ 详见本书第三章、第四章。

大学的博士教育。中国近代博士教育法律制度将教会大学和中国本土大学捆绑在一起，大家都动弹不得，这是近代博士教育法律制度平等性和保守性重叠之后的消极后果。国民政府考试院不但不积极推动学术博士的建立，反而主张先授予国内第一流学者以博士学位，以"昭示学位之津梁"。这哪里是在考选博士，分明是在选举院士。而地方政府对于博士学位的认识也偏离了学术轨道，将学位等同于官员任职资格。例如，河南省政府在1934年12月全国考铨会议上提出《考试学位明定用途以确立考铨制度案》，建议"学士硕士得任荐任职，博士得任简任职"，"博士于中央设立宏博院（或研究院），酌定俸给，除第一名至第三名由国府以简任职立予简放外，余均入院各就中西学问极力研究，期臻绝诣，遇有简任员缺得随时简放"[①]。这一提案很容易让人联想到科举考试制度中的状元、榜眼、探花以及翰林院。现代的学位博士在一些人的眼中又回复到古代的官位博士。

三、与既有的学士制度、硕士制度相脱节

中国近代博士教育法律所确认的国家博士学位制度与既有的大学学士学位制度和大学硕士学位制度相脱节。中国近代学士学位制度和硕士学位制度均建立在大学教育自主权的基础上，这两种学位均由学校自行授予，国家并不直接干预学士学位和硕士学位的授予活动，仅通过"验印"等程序间接监督高等教育，而"验印"通常只是履行手续而已，何以到了博士教育阶段突然改为国家学位制度？同为研究生教育，为什么硕士学位适用大学学位制度而博士学位适用国家学位制度？假如采用国家学位制度，则无论学士、硕士、博士均应一体适用，而非人为将学士、硕士、博士制度割裂为不同的学位制度。

本 章 小 结

中国近代苛刻的博士学位法律制度限制了中国高等教育的发展，没有起到应有的鼓励中国学人的作用，从而间接影响到中国近代学术的水平。胡先骕当年的评价发人深省：

---

① 《考试学位明定用途以确立考铨制度案》（河南省政府提议），载刘昕主编：《中国考试史文献集成》第7卷（民国），第444页。

吾国大学毕业生有特殊研究成绩者固不多，然出类拔萃者亦大有人在；如以身殉学之赵亚曾，使生在外邦或曾一度出洋留学，则早膺博士之荣衔矣。又有某国女士某，从北京大学地质学教授葛拉包研究古生物学，有理可得博士，而以中国无此学位，乃返其祖国以取得此学位，此非国家之损失乎？此外研究有特殊成绩而无缘得硕士博士学位者当非少数，除治自然科学者外，治国学有特殊成绩者亦大有人在，如罗福苌、王静如之治西夏文，顾颉刚之治古史，萧一山之治清史，其著例也。凡此诸学者，在外国早得有博士学位矣，在中国则除在大学占一教席外，社会上无所奖劝，则何怪吾国学术之事落后乎？①

蔡元培称："没有好大学，中学师资哪里来？没有好中学，小学师资哪里来？所以我们第一步，当先把大学整顿。"②可以在蔡先生这句话前面再加一句："没有好的研究生教育，没有好的博士教育，大学师资哪里来？"整顿大学，不是要整合大学，而是要整顿保守的大学教育制度；整顿大学，首先要整顿大学教育立法。评价教育立法的优劣得失，不仅要考虑立法的动机，也要考虑立法的实际效果。中国近代博士教育法律制度好高骛远，短时期内难以实现，这就使得那些有志攻读博士学位并从事大学教育事业的中国学生只好选择到国外去接受博士教育。难道这就是中国近代博士教育立法的最终效果？中国近代博士教育法律制度的起草者们显然没有考虑到这一后果。其实，中国近代的有识之士早就呼吁在建立研究高深学问的研究院，以便培养人才。1922年，王伯秋提议《改良省立法政教育建设案》如下：

我国自民国初年以来，各省公私立法政学校，如雨后之笋，同时并发。设立既易，流弊滋多。讥者病之，遂极力限制私立，而于各省创办省立法政专门学校，以培植法律政治人才，实为国家社会所急需……应请国立大学设立研究院，为省立法政专门毕业生研究高深学问之机关。③

---

① 胡先骕：《论博士考试》，载《独立评论》第64号，第15页。葛拉包即Amadeus William Grabau，又译为葛利普（1870～1946），哈佛大学博士，哥伦比亚大学教授。1920年到中国进行研究和教学，1941年被日军关入集中营，抗战胜利不久即在北京去世。http://news.upc.edu.cn/syzg/sywh/zjxz/20070105/053706.shtml。
② 高平叔编：《蔡元培全集》（第7卷），北京，中华书局，1989年，1版1次，第197页。
③ 《改良省立法政教育建设案》，王伯秋提议，陈容附议，中华教育改进社第一次年会高等教育组，载《晨报副镌》1922年8月8日第2版。

由于各个学科普遍缺乏中国自己培养的博士,近代中国高等教育出现了一个奇特的现象:各个学科的师资主要由两股力量组成:第一股力量是以留洋博士为主导的留学生;第二股力量是没有博士身份的中国各大学的毕业生。两者之间的竞争时有发生。从整体上看,具有留洋博士身份的教师明显占据优势地位。假如中国近代立法能够放松博士教育的管制,假如中国近代大学能够名正言顺地培养自己的博士,假如中国近代大学的教师群体中有很多中国培养的博士,则中国近代教育的面貌很可能会是另外一番景象。

　　中国近代博士学位制度采纳了源自法国的国家博士学位制度,却不知时人对于法国学位制度的评价是:"法国人深中了功名的狂热,把学位看得太神圣了。"①如果说法国人对功名的态度是"狂热",中国人对功名则是彻头彻尾的崇拜,因此,中国近代博士学位制度采纳法国的国家博士学位制度也就理所当然。正因为将学位与任用授官联系在一起,所以政府当局对于学位极其慎重,将学位视为"功名""出身",唯独没有将学位视为鼓励学术的手段。国人重功名轻学术的传统在对博士学位的理解上发挥到极致。在一些人心目中,博士直逼古代的进士、翰林,如此重任在肩,安能轻易允许公私立大学授予博士学位?中国近代缺乏官方正式承认的博士,其原因正在于此。

---

① 陈震:《法德两国的学位考试与学位》,载《安徽教育》1932年第3卷第2期,第16页。

第三章　中国近代学术性博士教育实践
——震旦大学法学博士教育

> 在中国则法律变成一种最浅薄而最无聊的货物。我们只要看看中国一般法律学校之"鬼混唐朝"的情形,便会明白为什么社会上总把法律当做一种"混饭吃"或"打把戏"的工具技能,而不把它当做一种学术或科学看待。
> ——梅汝璈:《关于英美法课程的教本与参考书之商榷》①

中国近代有没有学术性博士?中国近代大学有没有开展过学术性博士教育?这是中国近代教育史一个极为重要的问题。通过调查研究,本书得出一个结论:位于上海的教会大学——震旦大学是中国近代授予过学术性博士学位的教育机构。1920年,震旦大学第一批法学博士毕业,共计2人②,这两名法学博士也是中国历史上最早的法学博士。然而震旦大学并未全面展开学术性博士教育,仅在法学院开展有关博士教育,其授予的学术性博士学位包括法学博士和经济学博士两种。

第一节　震旦大学法学博士教育机构

一、震旦大学法学院的组织结构——两系两所

震旦大学最初的法学教育设在文学法政科之下。1911年由孔明道司铎(R. P. de Lapparent)讲授民法,后增加罗马法、刑法、中国法、政治经济学③。1915年,孙秉鉴和黄祖英以文学法政科高级毕业生的身份毕业④,

---

① 载梅小璈、范忠信选编:《梅汝璈法学文集》,北京,中国政法大学出版社,2007年,1版1次,第322~323页。
② 《震旦大学1912至1928年历届毕业生名册》,上海市档案馆档案编号Q244-055-863。
③ 震旦大学校友会编:《震旦大学建校百年纪念》,2002年9月,第44页。
④ *Bulletin De L'Univesite L'Aurore*, No. 17, Les Fetes Des 25, Imprimerie De L'Orphelinat De T'ou-Se-Wei, 1929, p. 47.

他们是震旦大学最早的法政科毕业生。1917年3月7日,法国人巴赞(Hervé Bazin)来震旦法科任教。不久,曾任教于国立北京大学的巴和博士(Julien Barraud)也来震旦法科任教①。1917年6月,震旦大学开始授予法学士学位②,第一位取得震旦大学法学士学位的是曾绍芳③。

震旦大学设有三个学院:法学院、理工学院、医学院。早期的震旦大学法学院并不分系,统称为"法科"或者"法政科"。1932年,震旦大学法学院分为法律学系和政治经济学系④,最终在1935年左右形成了"两系两所"的格局:两系指法律学系(La Section Juridique)和政治经济学系(La Section Politique et Economique),两所指法律学研究所和政治经济学研究所⑤。这两系两所共同构成震旦大学法学院(La Faculte de Droit)。

按照两系两所的培养模式,震旦大学法学院的本科生分别进入"两系"进行本科阶段的学习⑥。法律学系培养法官和律师人才,而政治经济学系培养金融、行政、外交、工商业人才⑦。从两系毕业后,欲取得博士学位者可分别进入"两所"进行研究,法律学研究所专门培养法律学博士,政治经济学研究所则专门培养经济学的博士。

二、震旦大学法学博士培养机构的演变

早期震旦大学法本科毕业生可以取得 Licencié en droit 学位。震旦大学法学院将 Licencié en droit 翻译为法学士学位,这一翻译与当时官方意见一致。教育部在给外交部的咨文中明确指出:"中国国立大学毕业生学士学位,可抵法国之 Licence 学士学位。"⑧取得震旦大学法学士学位的学生可以进入"法政博学科"(Cours de Doctorat en Droit)攻读法学博士学位。最早进入震旦大学"法政博学科"攻读法学博士学位的有三位学生:胡文柄、宋

---

① 震旦大学编:《私立震旦大学一览》,上海,土山湾印书馆,1935年,第59页。
② 同上书,第60页。
③ 《震旦大学1912至1928年历届毕业生名册》,上海市档案馆档案编号 Q244-055-863。
④ 《私立震旦大学简章》,1932年重订,上海市档案馆档案编号 Q244-005-108;"Aurora University, General Information"《关于震旦大学一览》,英文,第2页,上海市档案馆档案编号 Q244-1-650。
⑤ 《震旦大学法学院一览》,1939年,第6页,上海市档案馆档案编号 Q244-1-17-24。
⑥ 震旦大学法学院本科入学资格是:高中毕业并通过震旦大学入学考试者;通过震旦大学业士考试得有毕业证书者、得有香港大学入学证书者、在上海中法学堂圣芳济中学毕业者均可以免试入学;一般高中毕业未习法文者可以先入大学一年级,但必须补习法文。见《震旦大学法学院一览》,1939年,第16页。
⑦ 《震旦大学法学院一览》,1939年,第14、15页。
⑧ 教育部咨文第492号(1929年6月6日),载《教育部公报》,1929年7月,第16页。民国时期一些人将 Licencié en droit 翻译为法学硕士,见陈震:《法德两国的学位考试与学位》,载《安徽教育》1932年第3卷第2期,第7页。

国枢、顾守熙，入学日期均为 1918 年 9 月①。其中胡文柄和顾守熙于 1920 年顺利取得震旦大学法学博士学位，而宋国枢仅在"法政博学科"攻读一年即赴法勤工俭学，后取得巴黎大学法学博士学位②。

1928 年，震旦大学"法政博学科"改为"博士科"③。早期的震旦大学博士教育并没有区分法学与政治经济学，一概授予法学博士学位。外人只能根据博士论文题目大致确定博士专业。例如，胡文柄的博士论文是《内国公债》，主要研究中国财政中的政府内债问题，而不是中国法律问题，应该归类为广义的政治经济学专业博士论文，因此，胡文柄名为法学博士，实为经济学博士。

1931 年，震旦大学将博士科分为法学博士（Doct. Jur.）和经济学博士（Doct. Econ.）两种④。随后，震旦大学法学院设立法学研究院，法学研究院下设法律学研究所和政治经济学研究所，作为专门培养法学博士和经济学博士的机构。《震旦大学暨附属中学同学录》（1935～1936）显示，当年进入法律学研究所一年级攻读博士学位的有奚德轩、陈大正、胡永生、周良甫、宋家怀；进入政治经济学研究所一年级攻读博士学位的有顾鸣歧、杨洪奎、王钦甫⑤。从历届总人数上看，在震旦大学法学院攻读法学博士学位的人数要远远超过攻读经济学博士学位的人数，详见本书第四章。

第二节 震旦大学法学博士教育制度

一、法学士和法学博士的二级学位体系

震旦大学的法学教育制度效仿法国法学教育制度，由法学士和法学博士两种学位构成二级学位体系，而不是由法学士、法学硕士及法学博士三种学位共同构成三级学位体系。1916 年《震旦大学院规程》第一次提到震旦

---

① 《震旦大学院同学录》，1918 年 9 月～1919 年 1 月，第 17 页，上海市档案馆档案编号 Q244-1-969。
② 王伟：《中国近代留洋法学博士考（1905—1950）》，上海，上海人民出版社，2011 年，1 版 1 次，第 216 页。
③ 《上海震旦大学院同学录》，No. 17，1928～1929，第 45 页，上海市档案馆档案编号 Q244-1-969。
④ 《上海震旦大学院同学录》，No. 20，1931～1932，第 49 页，上海市档案馆档案编号 Q244-1-969。
⑤ 《震旦大学暨附属中学同学录》，No. 24，1935～1936，第 12 页，上海市档案馆档案编号 Q244-1-195。

大学的博士学位制度：

> 凡得有文凭之学生，专修法政或工科或医学科，直至学课终期举行最后之试验，其技术之草案、学题之发明、笔考及口试种种确定成绩。如果良佳，即授以博士之学位或技师之文凭。①

至少在表面上，震旦大学的法学学位体系省去法学硕士这一中间环节。

20世纪初期，法国大学法学院本科学习的期限通常为3年，每年年末举行一次考试。考生如果两次年末考试合格，则被授予Bachelier en droit的文凭。第三年年末举行毕业考试，合格者被授予Licencié en droit，取得这一学位的人具有从事律师业务和担任法官职务的资格②。取得Licencié en droit之后，如果希望进一步进行高等学术研究，则可以进入研究院攻读法学博士学位（doctent en droit，docteur en droit或者doctorat en droit）。法国高等教育直到1964年才设立硕士学位③。

震旦大学模仿法国的3+2法学教育模式。前三年属于法学本科教育，学生学习法国文学、国文、英文、哲学、法学通论、法制源流、民法、宪法、刑法、商法、经济学、财政学、簿记学、经济学史、诉讼法、海商法、国际公法、国际私法、行政法、中国经济地理、中国法律史批评、历史、地理、翻译。法学本科毕业后可以再攻读两年，进而获得法学博士学位。"后二年，则学生既经高深学术之陶冶，并对于中国新旧法律有精密之研究。在此时间内，当以心得拟题，经主任教员核许后，编著中法文对照之博士论文壹卷。"④

震旦大学这一法国式的二级学位制度与国民政府1935年颁布的《学位授予法》所采取的三级学位制度（学士、硕士、博士）不相一致。国民政府的三级学位制度基本上沿袭了英美高等教育中流行的三级学位制度，然而又不尽相同，在博士层面上采纳了法国和日本近代早期所通行的国家博士学位制度。英美的博士学位仅仅是大学博士学位，从来没有上升为一种国家博士学位。所以说，在立法层面，中国近代博士教育制度采用的是法国和日本早期的国家博士学位制度，但是在实践层面，震旦大学的博士教育制度采取的是法国20世纪上半叶引入的与国家博士学位制度相平行的大学博士

---

① 1916年《震旦大学院规程》，上海市档案馆档案编号Q244-005-95。
② Frederick Allemes, The System of Legal Education in France, (1929), *The Journal of the Society of Public Teachers of Law* 36-39.
③ 马骥雄：《略论学位制》，载瞿葆奎主编，黄荣昌等选编：《教育制度》，教育学文集第14卷，北京，人民教育出版社，1990年，1版1次，第398页。
④ 《震旦大学二十五年小史》，震旦大学出版委员会，1928年。

学位制度。值得注意的是，震旦大学采用的大学博士学位制度与法国 20 世纪上半叶的大学博士学位制度也有细微区别：法国当时的大学博士学位制度主要针对在法国留学的外国人①，而震旦大学的大学博士学位制度则针对在震旦大学攻读博士学位的全体学生，理论上既包括中国人，也包括外国人。

二、法学博士与政治学、经济学专业博士的混同制

震旦大学一度仿效法国广义的法学博士制度，将政治学、法学、经济学一并置于法学大类之下，这三种专业的博士均被称为法学博士。震旦大学在 20 世纪 30 年代初期以后才将经济学博士从法学博士中分离出去，单独授予经济学博士学位。然而震旦大学法学院单独授予经济学博士学位为期甚短，仅一人获得经济学博士学位。在 1936 年以后，震旦大学法学院法科研究所的政治经济学部暂停招生②。

值得一提的是，震旦大学没有单独授予过政治学博士学位。以政治学为研究对象的博士生最终被授予法学博士学位。顾继荣 1926 年博士论文《中国的县市：其当代行政的起源、组织与服务》即可归为政治学博士论文。

震旦大学法学院在本科阶段就已经将经济学、会计学列为法律学系的必修课③，经济学课程分为生产交换、分配消耗等部，学理与事实并重，而政治经济学系的必修课也包括宪法、行政法、国际公法、劳工法、私法沿革这些法律课程④。政治经济学系第一学年的课程与法律学系的课程完全相同⑤。

三、本科入学考试制度与博士入学免试制度

震旦大学法学院本科入学考试按照是否学习过法文而分为两类：对于学习过法文的学生，其入学考试科目包括：法文作文、中文翻译为法文、法文口语及语法、中文作文；对于没有学习过法文的学生，其入学考试科目包括：英文作文、中文翻译为英文、英语语法、中文作文。以上两类考生共同

---

① 马骥雄：《略论学位制》，载瞿葆奎主编，黄荣昌等选编：《教育制度》，教育学文集第 14 卷，第 398 页。
② 《私立震旦大学法学院法科研究所章程》第 2 条，载《震旦杂志》1936 年第 33 期，第 66 页。
③ 《私立震旦大学呈报开办用表》(呈上海市教育局 民国廿一年五月)，敌伪档案卷，伪私立震旦大学立案问题(三)，上海市档案馆档案编号 Q235-1-651。
④ 同上。
⑤ 同上。

考试的科目包括：数学、物理、化学、历史、地理①。

震旦大学法学博士教育制度在招生阶段较为宽松，只要是完成震旦大学法学院本科阶段学习的学生都可以自愿进入法学博士科进行学习。震旦大学法学院没有博士入学考试这一门槛。根据《私立震旦大学呈报开办用表》（呈上海市教育局民国廿一年五月）备考栏目②："法学院第一年不分系，第二至第四学年分1）法律学系2）政治经济系。""第四学年学生均应作一论文，此论文得以译述代之。凡修满四学年照章毕业后之学生，得再入研究院修业一年。研究院之学生，除应攻课程外，应撰有专门著作，审查合格始能毕业。"③

由于震旦大学法学博士教育并不对外开放，仅面向本院培养的法学本科毕业生，所以外校学生并不能享受这一免试入学的待遇。值得注意的是，震旦大学在取消法学博士学位并由硕士学位取而代之后，放宽了研究生入学条件，允许国内外国立、省立或经政府承认立案的私立大学或独立学院毕业生报考④，对于毕业成绩特别优秀者，可以免试入学⑤。

四、本科四年制与博士两年制

进入震旦法学院的本科生，要经过严格的学习和一系列考试才能顺利毕业。震旦大学早期法政科本科课程期限为3年，大约在1921年经教授会议议决改为4年⑥，各门课程均须在校修习，经考试及格，给予法学士证书或政治经济学士证书⑦。具体要求如下：

第一学年必修32学分，选修4～8学分（党义、体育等学分除外）；

第二学年必修28学分，选修8～12学分；

第三学年必修28学分，选修6～8学分；

第四学年必修22学分，选修10～14学分。

四年内至少修满132学分，连同党义（4学分）、军事训练（4学分）、体育

---

① "Aurora University, General Information"（《关于震旦大学一览》，英文），上海市档案馆档案编号Q244-1-650。
② 敌伪档案案卷，伪私立震旦大学立案问题（三），上海市档案馆Q235-1-651。
③ 此段引文的标点由本书作者所加。
④ 《私立震旦大学法学院法科研究所章程》第6条第1款，载《震旦杂志》1936年第33期，第66页。
⑤ 《私立震旦大学法学院法科研究所章程》第6条第2款，载《震旦杂志》1936年第33期，第66页。
⑥ 《震旦大学院文学法政杂志》第8期，1924年，第5页。
⑦ 震旦大学编：《私立震旦大学一览》，第62页。

(4学分)的12个学分,总共144学分①。

在第四年举行本科毕业考试,分为中文部分和法文部分两种。此外,四年级学生必须提交一篇毕业论文,"其题目由学生自行择定,毕业考试时将此项论文向考试委员会提出"②。这一毕业论文属于本科毕业论文,而非博士毕业论文。

震旦大学法学院本科毕业生可以进入研究所继续攻读法学博士学位。博士课程"二年毕业"③。在这两年博士学习期间,学生需要听课、撰写博士论文、参与法庭实习。1931年《震旦大学章程》记载了其两年制博士课程的基本情况:

> 学生既经高深学识之陶冶,并对于中国新旧法律有精密之研究。在此时间内,当依心得拟题,经主任教员核许后,编著中法文对照之政法论文一卷。平时尤当旁听于法会审公堂,以资实习而增经验。④

震旦大学的博士研究年限虽短,但两年制博士研究年限并没有违反民国政府的教育法令。1934年《大学研究院暂行组织规程》第8条规定:"在学位法未颁布以前,各研究生研究期限暂定为至少2年。"1935年《学位授予法》对于研究生研究期限并没有新规定,仍然要求最低2年,只不过《学位授予法》规定的两年期限专门针对硕士教育⑤,至于博士教育的最低期限,《学位授予法》没有规定。

值得注意的是,虽然震旦大学规定其法学博士研究期限最低为2年,有4位博士生不满2年即毕业,他们是王敦常、李沂、顾继荣、王自新。在这4人中,王敦常本应于1920年与同学陈锡潭、袁民宝同时取得法学士学位,但是因病未能及时参加毕业考试⑥,所以推迟到1921年才取得法学士学位,之后于1922年与陈锡潭、袁民宝同时取得法学博士学位。除了王敦常等4位博士不满2年即毕业外,震旦大学其余法学博士的研究期限均为2年。

震旦大学在1935年以后逐渐取消了博士教育,但是保留了法科研究

---

① 《私立震旦大学呈报开办用表》(呈上海市教育局 民国十一年五月),敌伪档案案卷,伪私立震旦大学立案问题(三),上海市档案馆档案编号Q235-1-651。
② 《震旦大学法学院一览》,1939年,第17页,上海市档案馆档案编号Q244-1-17-24。
③ 《震旦大学章程》(1931),上海市档案馆档案编号Q244-005-108。
④ 同上。这一段话完全重复1928年出版的《震旦大学二十五年小史》中的有关句子。
⑤ 参见1935年《学位授予法》第4条。
⑥ 《一九一九至一九二〇年下学期纪事》,载《震旦大学院文学法政杂志》1921年第3期,第5页。

所,规定修满学分且考试及格者将被授予硕士学位证书①,这一硕士学位的学习期限也是2年②,与博士学位的学习期限相同。

五、宽松的导师制

震旦大学的博士教育采用法国模式的导师制,博士论文由导师监督指导。导师的主要工作是帮助学生选择博士论文的题目。博士论文选题对于博士研究的重要性是第一位的,选题是博士论文能否成功的关键。震旦大学规定,选择博士论文题目,必须经过导师的指定,学生不得任意确定论文题目。同时,选题还必须经过法学院院长的认可③,这等于双重把关。

与当代博士教育导师制不同,震旦大学导师的主要责任是帮助学生选题,并对学生的参考工作提出意见④,而不负责论文的具体写作。"论文之著作,一任学生自由,教授绝不参加意见,庶几原作之本来面目可以保全。"⑤此种近乎放任式的论文写作固然有益于学生自由发挥,但是缺乏具体指导,也有一定弊端。后期震旦大学的毕业论文写作明显加强了教师的指导作用,导师"指示研究的方法及对象,介绍应参考的书籍,纠正学生研究的方法或结果,在整整一年内,学生和教授经常保持联系,随时随地互相交换意见"⑥。

震旦大学的博士论文主要由法语写成,所以导师多由法籍教师担任。例如,法国人巴和博士(Julien Barraud)曾经担任震旦大学首批博士之一胡文柄的论文导师。下表3-1是1935年震旦大学法学院教师一览表,从中可见法籍教师约占教师总数的一半。

表3-1 1935年震旦大学法学院教师一览表

序号	中文姓名	法文姓名	学历及履历
1	彭永年	André Bonnichon(法国籍)	巴黎大学法学博士,凡尔赛学院教授
2	巴和(兄)	Julien Barraud(法国籍)	1908年巴黎大学法学博士,曾任北京大学教授,律师
3	巴和(弟)	Marcel Barraud(法国籍)	巴黎大学法学博士,律师

---

① 《私立震旦大学法学院法科研究所章程》第16条,载《震旦杂志》1936年第33期,第68页。
② 《私立震旦大学法学院法科研究所章程》第10条,载《震旦杂志》1936年第33期,第67页。
③ 震旦大学编:《私立震旦大学一览》,第62页。
④ 同上书,第77页。
⑤ 同上书,第83页。
⑥ 安德:《震旦法学院本届毕业同学的论文》,载《震旦法律经济杂志》1946年第2卷第8期,第149页。值得注意的是,此时震旦大学法学院早已停止培养法学博士,安德这篇文章所指的毕业论文是法学院本科毕业论文。

续 表

序号	中文姓名	法文姓名	学历及履历
4	单毓华	法文姓名不详（江苏泰县人）	日本东京法政大学法学士,曾任大理院推事,天津地方审判厅长,江苏法政大学教授
5	谭鹄啼	Louis Des Courtils(法国籍)	巴黎政治学校毕业,巴黎大学法学博士,上海法公董局财务科长
6	乔典爱	André Gaultier(法国籍)	巴黎大学文哲学士,叙利亚若瑟大学教授
7	冉宗柴	André Gerardin(法国籍)	巴黎政治学校毕业,巴黎大学法学士
8	段国泰	Clément de Lafontan de Goth(法国籍)	图卢兹大学法学博士,图卢兹高等法院律师,瓜特鲁坡法院院长,首席检察官,安南高级法院首席庭长
9	葛之覃	Ko Tche-tan(浙江东阳人)	浙江法政专门学校毕业,上海第二特区法院刑庭庭长,暨南大学、上海法学院教授
10	顾守熙	Ku Shou Hsi(Kou Cheou-hi)(安徽合肥人)	震旦大学法学博士,巴黎政治学校毕业,上海法捕房律师
11	娄英	法文姓名不详（浙江绍兴人）	江西法政学校毕业,历任江西、江苏各地方推事、庭长、检察官,江西各法政学校教授
12	孙雄	Suen Hiong(湖南平江人)	湖南法政专门学校毕业,任江西、湖南等处地方法院看守所长、典狱长,中华大学教授
13	中文名不详	Michel Thesmard(法国籍)	巴黎政治学校毕业,巴黎大学法学士
14	董康	法文姓名不详（江苏武进人）	司法部、财政部总长,南京法官训练所所长,东吴大学法学院教授
15	韦维清	Wei Wei-tsing（江苏盐城人）	京师法政大学毕业,历任江浙两省各级法院推事、庭长、首任检察官,暨南大学、大夏大学、东吴大学法学院及上海法学院、上海法政学院教授
16	俞钟骆	Yu Tchong-Lo（江苏镇江人）	浙江法政专门学校毕业,江浙各级法院书记官,浙江龙游县承审,上海律师公会执监常委,务本女中、上海法学院教授,并从事律师业务
17	袁家潢	Yuan Kia-hoang（浙江鄞县人）	震旦大学法学士,上海律师公会会员,法捕房律师

资料来源：本书作者根据《法学院教员题名》(载1935年《私立震旦大学一览》)等编制。

六、课程加论文的混合教育模式

震旦大学的博士制度既非单独的课程模式,也非单独的论文研究模式,而是采用"课程+论文"的混合模式,其中课程是前置程序,只有通过课程考试之后才能取得撰写博士论文的资格。

法学研究所的考试属于"高等考试",课程考试的形式是"高等法学口试",只有通过两种高等法学口试,才能进入博士论文阶段。口试分为法语和国语两种。法律专业的高等考试分为公法门和私法门两大类;政治经济学专业的高等考试不分门类。下表3-2显示了震旦大学法律门高等考试科目:

表3-2 震旦大学法律门高等考试科目一览表

考试门类	甲(必修课)	乙(选修课)
法语公法学	1. 比较宪法:公众自由权、分权论、英法美各国立法与行政间之关系 2. 比较刑法:犯罪总论、未遂罪犯犯罪竞合共犯累犯刑罚论、公诉与私诉侦查 3. 国际公法:全部国际公法、特种国际联盟之组织及其动作	1. 行政法:行政法院及行政诉讼、行政机关与公务员之责任、公用机关与公共机关、国有地公共工务、公用征收 2. 财政法:预算编制议决、执行与稽查、捐税及其分类法、公家债务、国债、变本及折返法 3. 劳动立法:劳工契约、劳动法规、职业团体、团体冲突、调解与仲裁
法语私法学	1. 比较民法:婚姻、婚生子与非婚生子、物权(占有及所有权)、债权概论、用物担保与用人担保、婚姻财产制、遗嘱和赠与 2. 比较商法:公司法、票据法、破产与清理法	1. 民事诉讼:民事管辖诉、请求答辩、抗辩、不受理、对席判决与缺席判决、中间争执、证据、判决、上诉 2. 国际私法:法律冲突与法院冲突、依外国法适用本国法、权利性质之冲突、国际公共秩序、关于亲属权及财产权之法律冲突 3. 私法学史:亲属法(婚姻、监护、继承) 4. 罗马法:历代婚姻法
国语公法学	1. 中国刑法 2. 中国宪法 3. 中国行政法	1. 监狱学 2. 劳动立法
国语私法学	1. 中国民法:总则与债编 2. 中国商法:公司票据破产 3. 中国民诉:全部	1. 中国法学史 2. 中国海商法 3. 中国保险法

资料来源:本书作者根据1935年《私立震旦大学一览》编制。

根据《私立震旦大学法学院法科研究所章程》第 11 条规定，震旦大学法科研究所的研究方式分为两种，第一种是"教室研究"，"由各导师拟定研究专题若干条作为研究资料，依本所规定之上课时间随班上课，于学期终结时考查学生，成绩及格者给予学分"①。第二种是"论文研究"，研究生必须在两年内完成一篇毕业论文②。研究生在两年期限内必须完成至少 24 个学分，其中"教室研究"占 16 个学分，"论文研究"占 8 个学分③。毕业论文题目必须在上述高等考试范围之内④。

七、博士论文答辩制

震旦大学法学院法学研究所的学生，通过两种"高等法学口试"后可以提交毕业论文。毕业论文必须誊写五六份，"于四星期前提出，以备主试委员之审查"⑤。毕业论文必须"当众答辩"⑥。如果毕业论文以中文撰写，则在论文答辩合格后，授予"法学研究所毕业证书"。如果毕业论文以法文撰写（包括以中法双语形式撰写），则考试委员会通常由法国驻华公使馆特派代表主持考试，及格后授予震旦大学"法学博士"或者"经济学博士"学位证书⑦。

据称，法国驻沪总领事韦尔敦⑧、越南法院庭长卜理福（Camille Briffaut）曾主持震旦大学法学院的毕业考试；法国驻沪领事馆审判长杜圣（Gustave-Charles Toussaint）曾经代表法国驻华使署主持震旦大学法学院法学研究所的博士论文答辩，"杜氏主试，向称极严，而论文之佳者，乃令其赞美不置"⑨。1923 年 6 月底的法科毕业考试主持人是"法国驻华裁判官波朗君"⑩。

震旦大学法学院的毕业论文答辩制不限于法学博士毕业论文，也包括法学学士毕业论文。法学本科四年级学生的毕业论文"略如杂志专著之性

---

① 《私立震旦大学法学院法科研究所章程》第 11 条(甲)，载《震旦杂志》1936 年第 33 期，第 67 页。
② 《私立震旦大学法学院法科研究所章程》第 11 条(乙)，载《震旦杂志》1936 年第 33 期，第 67 页。
③ 《私立震旦大学法学院法科研究所章程》第 12 条，载《震旦杂志》1936 年第 33 期，第 67 页。
④ 震旦大学编：《私立震旦大学一览》，第 77 页。
⑤ 同上书，第 62 页。
⑥ 震旦大学编：《私立震旦大学一览》，第 77 页。
⑦ 上海市档案馆档案编号 Q244-1-18，震旦大学编：《私立震旦大学一览》，第 77 页。
⑧ 又译韦礼德、韦尔登、魏尔登（1879～1935），法文姓名 Henry Auguste Wilden，1899 年来华，曾任法国驻重庆、成都、云南、汉口、上海等地领事、总领事。1929～1933 年担任法国驻华公使。参见中国社会科学院近代史研究所翻译室：《近代来华外国人名辞典》，北京，中国社会科学出版社，1981 年，1 版 1 次，第 507～508 页。
⑨ 震旦大学编：《私立震旦大学一览》，第 60 页。
⑩ "记事珠"，载《震旦大学院文学法政杂志》1923 年第 7 期，第 5 页。

质",题目由学生自行决定①。通常法学学士论文与法学博士论文的答辩同时举行,答辩主持人也完全相同。据当时记载:

> 论文通常于五月间向法学院院长提出,然后由院长发交教授二三人共同审查,考核学生成绩,最后举行论文的"公开辩论"(Soutenance)。这一个隆重的节目须俟其他科目笔试、口试都完毕后,方才开始。所谓公开辩论,就是在教授三人至五人的面前,为自己论文辩护。这是每个法学院同学四年大学生活(也好说整个学生生活)的最高潮……论文在公开辩论前须先发交各教授审查,教授们审查论文内容时,丝毫不肯放松,非但阅读论文本身,连论文的参考资料往往也详细研究……
>
> 公开辩论时,教授们"倚老卖老",指摘论文内某处欠妥,某处不完备;学生方面,"初生牛犊不怕虎",一反平日上课时对教师们的尊敬态度,大有"今日之事我为政"的气概,引经据典,把自己论文内各项意见的根据,详细叙明。口若悬河,滔滔不绝。②

第三节　震旦大学博士教育的中国性

震旦大学博士教育的性质与震旦大学的性质有直接关系。毫无疑问,震旦大学是教会大学,但是教会大学并不等于外国大学。如果认为震旦大学是一所法国大学,或者是一所中国土地上的法国大学,则震旦大学博士教育的性质将变为法国大学的博士教育,其培养的博士也将变为法国大学培养的博士,进而很难将震旦大学博士教育视为中国近代博士教育的一个组成部分。笔者认为,震旦大学是一所中国大学,震旦大学博士教育应该定性为中国的博士教育。

一、震旦大学在清末的立案问题

震旦大学成立于 1903 年。当时清政府尚未成立中央教育行政管理机构,两年后(即 1905 年)清政府才成立学部。震旦大学并没有在清政府中央

---

① 《震旦大学法学院一览》,1939 年,第 17 页。
② 安德:《震旦法学院本届毕业同学的论文》,载《震旦法律经济杂志》1946 年第 2 卷第 8 期,第 150 页。

机构立案,因为当时的教会大学根本没有必要(也没有可能)在中国政府立案。实际上,教会大学早在清末就已经认识到在中国政府立案的重要性。1905年9月,东吴大学致信美国驻华公使柔克义(William W. Rockhill,1854~1914),询问教会学校与中国政府的关系问题。柔克义调查后认为,教会学校应该直接置于中国政府的教育行政管理之下。1906年2月,基督教教育协会执行委员会(The Executive Committee of the Christian Educational Association)召开会议,决定采纳柔克义的建议。随即,该委员会向清政府学部提出立案请求①。然而教会学校的一腔热情换来的却是清政府的一盆凉水。1906年学部发文:

> 至外国人在内地设立学堂,奏定章程并无允许之文;除已设各学堂暂听设立,无庸立案外,嗣后如有外国人呈请在内地开设学堂者,亦均无庸立案,所有学生,概不给予奖励。②

虽然震旦没能在清学部立案,但是却获得了清政府地方要员的支持和赞赏。1904年,震旦得到两江总督周馥的支持。除了周馥之外,1909年6月28日,时任两江总督的端方致信震旦:

> 我懂得你们学校的目的是给我们的青年受各种不同科学的教育,这样做是为了使我们的青年不需要到欧美去就可受到教育。你们对我们的青年是很有用的,我向你们表示衷心的感谢。③

端方的致信显示震旦大学在开办初期与地方政府的关系十分融洽。

震旦大学在清末没有立案并非震旦大学自身不愿意立案,而是学部拒绝给予包括震旦大学在内的所有教会学校立案。学部的立场仅限于"无庸立案",而"无庸立案"绝非禁止开办。从学部的咨文中可以看出,学部并没有禁止教会大学在中国的设立与教学活动,从另外一个角度看,"无庸立案"反而给外国人创造了更容易在中国开设学堂的机会。这一放任教会大学发

---

① Yau S. Seto, *The Problem of Missinary Education in China, Historical and Critical*, Ph. D. dissertation, School of Education of New York University, 1927, pp. 65 - 66.

② 1906年学部咨各省督抚为外人设学无庸立案文,载朱有瓛、高时良主编:《中国近代学制史料》第四辑,上海,华东师范大学出版社,1993年,1版1次,第26页;英文翻译参见Yau S. Seto, The Problem of Missinary Education in China, Historical and Critical, Ph. D. dissertation, School of Education of New York University, 1927, p. 66.

③ 上海市档案馆藏震旦大学档案,编号Q244 - 005 - 94。

展的做法也可以看作学部默认教会大学在中国存在的事实。总之,清末成立的震旦大学并没有违反政府的明文规定,反而受到地方官的支持,具有一定的合法性。

二、北洋政府时期暂予立案

1912年,中华民国成立,震旦大学立即谋求民国政府的承认。1912年6月,震旦大学请马相伯向教育部申请立案,教育部回电称:

> 查前清学部卷内,震旦学院以系中西合立,未经核准。今据来示,该院办理多年,程度尚优,暂予立案。俟本部学制颁行后,仍候遵照办理。本届毕业考试,请先生代行监考,将各科成绩送部复勘。毕业文凭,毋庸由部盖章,嗣后各校,均系自行给凭,由校长负完全责任,该校自未便独异也。①

北洋政府教育部对于震旦大学"暂予立案"②,所有文凭,均由震旦大学自行颁发,震旦大学只需将学生考试结果汇案呈报即可。震旦大学每次博士考试,"教育当局必派员来院监视"③。震旦大学在官方文件中称:"本校毕业生资格在北京政府时代已迭蒙教部表示承认矣。"④

三、南京政府时期正式立案

南京政府成立后,要求各大学重新向教育部申请立案。1931年,震旦大学成立校董会,推举胡文耀(字雪琴)担任震旦大学校长,并正式向南京政府申请立案。1932年11月7日,教育部派员到震旦大学视察,12月,教育部正式批准震旦大学立案⑤。1933年9月,司法院批准震旦大学法学院立案。

据震旦大学档案记载:

> 本校自民元以来,每届毕业考试,均由中法两国政府遴选监试人员到校主试。国民政府成立后,亦曾于十六十七两年度继续行此事权,

---

① 《震旦大学二十五年小史》,载宗有恒、夏林根编:《马相伯与复旦大学》,太原,山西教育出版社,1996年,1版1次,第245页。
② 震旦大学编:《私立震旦大学一览》,第5页。
③ 《震旦大学二十五年小史》,载宗有恒、夏林根编:《马相伯与复旦大学》,第246页。
④ 震旦大学编:《私立震旦大学一览》,第5页。
⑤ 同上书,第7页。

惟正式呈请立案，则始于二十年七月校董会组织成立之后，迄至上年十二月，大学部各学院由教育部派员视察，认为合格，当经核准立案。①

四、抗日战争时期拒绝汪伪的立案要求

上海于1937年沦为日军之手，位于法租界的震旦大学并未像很多大学那样迁往内地，而是继续留在上海。汪伪组织曾要求震旦大学登记，但是遭到震旦大学的拒绝。

> 汪精卫所组织之南京伪政府，曾数度强迫上海专科以上学校申请登记，本校（指震旦大学）及其他多数大学均置之不理，伪政府亦知难而退，移其目标于战前未曾立案各校，于是本校乃得弦歌如故。凡青年学子之鄙视伪组织者，来学渐众，盖以本校师资之优良，设备之完全，教学之认真，与夫宗旨之纯正，实足以造成其光明之前程耳。②

震旦大学在整个抗日战争时期，在上海租界中苦苦支撑，对于保存中国文化作出巨大贡献。例如，上海商学院请求将图书寄存于震旦大学，震旦大学"勉为安置"；太平洋战争爆发后，东吴大学法学院将全部图书交给震旦大学保存，结果未受损失；国立北平图书馆也将秘密南迁的重要文件图书密藏于震旦大学图书馆③。

五、法国人眼中的震旦大学

法国人当初创办震旦大学的本意并非是建立一所法国大学，而是建立一所中国大学。这一性质可以从震旦大学的办学宗旨中看出：

> 使中国青年不出国门，无须以巨量牺牲之代价达适异邦，即可求得其必需之学术，因而对本国固有文化更可有明确之认识，免贻学人皮毛数典忘祖之议。职是之故，本校学程标准，务使一一符合教部定章，适应社会需要，且时以法美各著名学府为借鉴，日谋改进，对于教员人选，

---

① 《私立震旦大学概况》，上海市档案馆藏震旦大学档案，编号 Q244 - 001 - 17。
② 才尔孟：《抗战期间之震旦——对后方同学之简略报告》，上海市档案馆藏震旦大学档案，编号 Q244 - 001 - 16。
③ 同上。

亦异常注意其本籍教师,则务求受过最新科学教育者,外籍教授亦颇多通达中国情形者。①

根据震旦大学 1910 年一份致神父的信件(作者不详)中所记载的法国驻华大使馆某位官员的谈话,震旦大学本来就应该受到中国政府的监管,甚至根本上就应该由中国人管理:

> 在法国人看来,震旦大学的存在是次要的,在青岛,德国人有一所大学,这是一个大失败,因为根据德国接受的条件,应该是中国人管理这所大学。香港也将有一所英国人办的大学。法国没有相等的大学,但是震旦可以与他们相比,甚至更好。
> 保证震旦学生毕业后出路的唯一办法是以官方手法,在毕业文凭推荐一事上争得官方学校,或者通过官方手法使中国政府承认震旦毕业文凭,与它承认中国自己的学校一样。但最好的办法是通过大使馆的较多关系、公共教育部的重要人物,进行此项工作,应该通过中国有势力的人物,而不是通过我们来使事情有所进展。
> 如果你要得到中国政府承认你们的毕业文凭,必须绝对接受中国官员任何的检查,假如你不接受(德国人在青岛曾提出,要求中国官员驻在学校内,监督和领导一切,接受或拒绝学生入校),那么你就不可能进行学年或毕业考试。②

在 1917 年震旦大学毕业典礼上,法国驻沪总领事那齐亚尔③"代表大法国,显其对于中华教育之热诚"。"本总领事,托迹远东,任职于沪之法租界,虽政务在身,而惟今日所监行之毕业礼,于此为第三,晚上尚有一校,是敝国对于贵国教育行提倡抱积极主义之实证。"④法国驻沪总领事在祝辞中多次提到"中华教育""贵国教育",可见在其心目中,震旦大学实为中国教育的组成部分。

1928 年 11 月,法国驻沪总领事梅理霭(Jacques Meyrier)在震旦大学校庆 25 周年酒会上向在座的法国神父祝辞如下:

---

① 震旦大学编:《私立震旦大学一览》,第 9 页。
② 上海市档案馆藏震旦大学档案,编号 Q244-005-94。
③ 那齐亚尔(Paul Emile Naggiar),又译那齐雅、那齐亚,时任代理总领事,1918 年任驻云南领事,1925 年任驻沪总领事,1936~1938 年任法国驻华大使。参见中国社会科学院近代史研究所翻译室:《近代来华外国人名辞典》,第 350 页。
④ 《震旦大学院杂志》1917 年第 14 号,第 4 页。

我很荣幸能在今天震旦 25 周年纪念之日代表法国政府与法国人民对你们所完成的工作表示赞扬,并对你们在此为传播、发展法国的文化与科学所作的一切表示感谢。

你们为指导你们思想的崇高理想所鼓舞,远离你们的国家、家庭与朋友而来,把你们的毕生精力致力于教育中国勤学的青年。

你们把我们的工作方法与教育学方法带给了这些青年,把我们工程师的本领、我国的医学、我们哲学家的才智教给他们,使他们了解我国文学的杰作,还把我国的法律、法令与宪法中的原则阐述给他们听……你们懂得怎样根据他们的情况,在你们的教学方法中,引导培养中国学生与你们给他们带来的法国文化混合在一起。你们进行的这一法中文化合作事业是值得我们骄傲的。①

有人以震旦大学位于法租界、得到法国政府资助、具有法国教育传统、由法国耶稣会控制等为由,认为震旦大学是一所法国大学②。本书作者对此有不同观点。震旦大学与法国政府、法国文化千丝万缕的联系丝毫不能改变震旦大学的中国本质。在各种正式场合,无论是耶稣会士还是法国政府官员,都没有使用"法国的大学"这一词汇,而经常使用"法中文化合作事业"这样的中性词汇。无人否定震旦大学是一所深受法式教育影响的教会大学,但这并不等于承认其就是一所法国大学。法式大学与法国大学有本质的区别。从历史上看,震旦大学虽然属于教会大学,但是没有依靠外国政府或者挂靠外国大学,而是从建校开始就主动寻求在中国立案。震旦大学从未抵触 20 世纪 20 年代和 30 年代中国政府的收回教育权运动,收回教育权运动的核心内容是教会大学必须在中国政府立案,这一核心内容与震旦大学从诞生之日起就追求的目标完全一致。总之,震旦大学是一所在中国立案注册的教育机构,是一所具有法国背景的中国大学,其博士教育的内容主要是中国法,而非法国法,其授予的博士学位,无论从哪个角度考察,均属于中国的博士学位,而取得震旦大学博士学位的中国学生,无论从哪个方面研究,均属于中国的博士。

---

① 上海市档案馆藏震旦大学档案,编号 Q244-005-103。梅理霭 1923 年来华,1924~1926 年任法国驻沪总领事馆代理总领事,1929 年调任驻天津领事,1932 年任驻沪总领事,1945 年再次来华,任大使。参见中国社会科学院近代史研究所翻译室:《近代来华外国人名辞典》,第 327 页。
② 王薇佳:《震旦大学性质辨析》,载《基督宗教研究》第 7 辑,北京,宗教文化出版社,2004 年,1 版 1 次,第 410 页。

第四节 震旦大学博士教育的独立性

震旦大学中国性的后果之一是其教育上的独立性,即震旦大学的教育不依附于外国,震旦大学不是外国某大学在中国设立的分校,相应地,震旦大学的博士教育也具有高度的独立性。

一、震旦大学不依附法国政府或者法国高校

从创办性质上看,震旦大学是中西合立的教会学校,但是这所教会学校与其他教会学校有很大不同。很多教会大学早期并不在中国注册立案,而是在外国注册立案,一度依附于外国大学或者外国政府,例如同样位于上海的教会大学——圣约翰大学于1907年在美国注册,位于南京的金陵大学于1911年在美国纽约州立案,获得美国纽约州大学(USNY)的认可。金陵大学创始人之一包文曾经指出:

> 当本校创始之际,中国教育行政机关尚未有大学授予学位的规定,而私立大学之立案尤无明文可遵。故当时本校董事会议决暂在美国纽约省立案,并由该省政府授予学位。本校毕业生今日所得之外国学位,实系过渡办法,一俟中国教育当局规定授予学位办法时,当即遵照办理。①

东吴大学虽然创办于苏州,却在美国田纳西州注册;沪江大学1917年在美国弗吉尼亚州注册,金陵女子大学、福建协和大学等教会大学与金陵大学一样获得美国高等教育机构的认可②。

由于上面提到的一些教会大学在外国立案或挂靠外国大学机构,这就给了许多人一种错误的印象:即教会大学在性质上不属于中国大学,而属于外国大学。实际上,一方面,并非所有的中国近代教会大学都曾经在外国注册,有些教会大学从诞生之日起就在中国备案或注册,应该被视为一所中国大学。另一方面,绝大多数早期在外国注册的教会大学最后都依照中国政府的规定改为在中国注册,校长也改由中国人担任。圣约翰大学虽然长

---

① 包文:《金陵大学之情况》,载《教育季刊》第1卷第4期,1925年12月,转引自李楚材辑:《帝国主义侵华教育史料——教会教育》,北京,教育科学出版社,1987年,1版1次,第167页。
② 王国平:《中国最早的研究生教育》,载《江海学刊》2007年第1期,第175页。

期抵制中国政府的立案要求,但到了 1947 年也在中国政府的教育部门立案①,最终也成为一所具有中国性质的大学。

震旦大学是一所未在法国注册也未挂靠法国大学的教会大学。有学者称震旦大学在 1912 年以前曾向外国政府立案②,这一论断缺乏充分的历史证据。

本书作者在查阅上海市档案馆藏震旦大学档案时,发现了一个规律:大量正式文件在提及震旦大学的地位时,均称其是一所在中国备案、立案的大学,从未炫耀其是一所"在中国土地上的法国大学"。所谓"在中国土地上的法国大学"是学者创造的一种提法③,不具有官方性,不能作为判断震旦大学国籍的根据。认为震旦大学是一所法国大学的人,无法举出震旦大学归属法国的证据,除了法国耶稣会在创建震旦大学时期的作用、震旦大学教育资金的来源以及震旦大学课程采用的法国模式等涉法因素外,找不到震旦大学与法国之间从属关系的档案资料。震旦大学既没有在法国政府的教育部门备案注册,也没有借用法国巴黎大学等的名义颁发学位证书。

二、震旦大学博士答辩的独立性

震旦大学博士论文答辩采用法语形式,通常由法国驻沪总领事主持,这是否意味着这是一场法国官方监管下的论文答辩? 这是否会影响或削弱震旦大学博士教育的中国性和独立性? 本书作者认为,中国学生的毕业论文答辩不一定要由中国人主持,主持人的国籍并不能决定毕业论文的性质。法国驻沪总领事主持震旦大学的博士论文答辩,意味着震旦大学的博士论文答辩符合法国大学博士论文答辩的标准,甚至可以视为法国政府对于震旦大学法式教育质量的认可和支持,但法国驻沪总领事主持答辩并不能决定博士论文的属性,更不能决定博士学位的属性。何国人士监考本身不足以决定教育的国别性。其实,震旦大学也经常邀请中法两国的官方人士到

---

① 熊月之、周武主编:《圣约翰大学史》,上海,上海人民出版社,2007 年,1 版 1 次,第 409 页。
② 吴静:《民国时期学位制度探析》,浙江大学硕士学位论文,2001 年 12 月,第 13 页;应方淦:《清末教会大学学位制度述评》,载《高等教育研究》2001 年第 22 卷第 3 期,第 95 页。
③ 较早提出震旦大学是一所中国土地上的法国大学的学者有史式徽(J. de la Servière, 1866～1937),见 J. de la Servière, Une Université Française en Chine, Relations de Chine;这一观点在当代的支持者有 Ruth Hayhoe,见 Ruth Hayhoe, Towards The Forging of A Chinese University Ethos: Zhendan and Fudan, 1903～1919, The China Quarterly, No. 94 (Jun., 1983), p. 333;此外,使用这一概念的还有王薇佳,参见王薇佳:《震旦大学性质辨析》,载《基督宗教研究》第 7 辑,北京,宗教文化出版社,2004 年,1 版 1 次,第 392 页;认为震旦大学是一所法国大学的还有陈挥等人,参见陈挥、陈杰:《科学与真理的阶梯——震旦大学医学院》,载《上海交通大学学报》(医学版)2010 年第 7 期。

校共同监考,例如南京国民政府官员褚民谊(1884～1946)曾数次"来校监视毕业考试"①。震旦大学第一届法学博士毕业生的论文答辩即同时由中国政府官员和法国领事官员共同主持,以下是《申报》当时的报道:

> 法学博士科考试于前月二十九日举行,主试者为中政府代表江苏教育厅第一科科长朱鹤皋君、法政府代表上海领事馆法官都三君,及该院教授法学博士巴和君、瓜拉克君。结果,得博士学位者二人:胡文柄(论文题目《中国内债》)、顾守熙(论文题目《中国房税考》)。②

震旦大学第二届法学博士毕业生的论文答辩也时由中国政府官员和法国政府官员等共同主持,其中中国政府代表是朱鹤皋、魏瀚,法国政府代表是"法公廨会审官柏理复君"③。

第五节 震旦大学博士学位证书的法律效力

震旦大学博士学位证书的法律效力可以分为立案前后两个阶段进行分析。

一、震旦大学立案前博士学位证书的法律效力:从法律真空到法律追认

对于震旦大学在教育部立案之前就已经颁发的学位证书(当然也包括博士学位证书),其法律效力在当时处于真空状态,既没有获得中国法律的肯定,也没有被中国法律所明文否定。从性质上看,震旦大学在立案之前授予的各种学位,属于私立大学自行颁发的大学学位,既无法律授权,也未被法律所禁止,效力不明。

即使在震旦大学立案之前,中国政府对于震旦大学的毕业生也予以事实上的承认。"凡毕业于法科,得博士或硕士学位者,国民政府近亦准其注册,对于法庭,有执行律师职务之权。其毕业于医科者,承认为医师,而予以

---

① 《震旦大学院杂志》(Bulletin de L'Universite L'Aurore)1929 年第 17 期上海市档案馆档案编号 Q244-005-103。
② 《震旦大学院之毕业式》,载《申报》1920 年 7 月 3 日。有关震旦大学第一届法学博士考试监考的类似记载见:《一九一九至一九二〇年下学期纪事》,载《震旦大学院文学法政杂志》第 3 期,1921 年,第 5 页。
③ 《各学校消息汇纪》,载《申报》1922 年 7 月 3 日。

免试登记。是中国政府对于震旦所授之学位,已承认其应得之权利矣。"①

然而这一法律效力的真空状态和不确定性在震旦大学立案之后发生了变化,震旦大学的立案不仅直接影响到立案之后颁发的学位证书的效力,也影响到立案之前已经颁发的学位证书的效力。立案前已经从震旦大学毕业的学生,可以向教育部申请"追认毕业资格",教育部在审查后以指令的形式予以追认。

1933年教育部颁发的《私立专科以上学校立案前毕业生资格追认办法》第5条(乙)款规定:"毕业证书核准追认者,验毕加盖部印发还,证书上须黏附与学业成绩单上同样之二寸半身照片。"②

值得注意的是,震旦大学的本科毕业文凭可以申请教育部追认,但其博士学位证书是否也可以申请追认?这必须从震旦大学原始档案中才能找到答案。

1934年1月4日教育部以"指令"形式(教字第28号)追认了震旦大学法学院毕业生汪景侃、顾明祖、高念祖、朱诵先、陈厚儒、吴桂馨等人的"毕业资格",该指令没有明确提及这些人的毕业证书是否就是法学士学位。根据本书作者对该份指令的分析,上述获得教育部追认的毕业资格,应该是指他们的本科毕业资格,而非研究生毕业资格,因为该份指令专门提到了曾培启(1932年博士)、朱域(1932年博士)、王品伦(1931年博士)三人的震旦大学博士学位证书问题:

> 又曾培启、朱域、王品伦等三名,所给法学博士资格,应候学位法公布后,再行呈候核办。其毕业证书暨学业成绩单各三份,应予发还。③

南京国民政府教育部的这一指令对于震旦大学的博士教育是一个致命的打击。它意味着震旦大学已经培养出来的博士并不能得到政府当局的承认,其博士证书也不能得到追认。只有在学位法公布并生效后,那些不被追认的博士学位才有可能起死回生。但问题在于学位法公布并生效之前如何处理那些已经取得博士学位的学生?如果教育部完全不承认其研究生教育,这一做法是否过于严厉?果然,几个月之后,教育部对于震旦大学立案前博士教育的态度有些放松。

1934年7月26日,在教育部拒绝曾培启等三人博士学位追认申请的半

---

① 《震旦大学二十五年小史》,载宗有恒、夏林根编:《马相伯与复旦大学》,第246页。
② 上海市档案馆馆藏震旦大学档案,编号Q244-005-116。
③ 同上。

年之后，教育部由以"指令"形式（教字第9045号）再次提到震旦大学研究生毕业证书问题，这次是关于刚刚取得博士学位的吴桂馨（1934年震旦大学法学博士）的研究生文凭：

> 呈件均悉，准予备案，毕业证书盖印发还。惟研究所毕业证书，在学位法未颁布及本部未特定式样以前，得暂行参照学校毕业证书规程所规定之第一种证书式样办理，其中"毕业证书"四字删去，"在本校　　学院　　学系修业期满，成绩及格，准予毕业，此证"改为"在本校　　研究所研究　　年期满，考试成绩及格，此证。"吴桂馨一名法律研究所毕业证书，应予发还，改正后，再呈验印。①

教育部这一新指令与旧指令有明显区别。旧指令将震旦大学的博士学位证书一概不予追认，发还等候，即等待学位法颁布实施之后再做处理。新指令则避免使用博士学位证书等敏感字样，而使用"证书"字样，不仅如此，震旦大学的研究生毕业证书也无须等候，只需稍作文字修改即可追认。这一变通做法总算是暂时解决了立案前后震旦大学研究生文凭的效力问题。

从技术层面看，教育部区分了研究生学历和博士学位。后者（博士学位）由于缺乏相应的学位法而根本无法追认，但前者（学历）则基本上可以追认。教育部的这一做法能否视为对于震旦大学博士学位的默认或者间接承认？显然不能这么理解。南京国民政府教育部从来都没有放松过对博士学位的严格管理。相反，教育部仅认可研究生学历的做法本身就说明其并不认可博士学位。在教育部颁发的各种毕业证书格式中，只有一处提及博士学位，即《毕业证书遗失证明书式样》，该式样的"说明"栏目记载如下文字："此种式样适用于各级学校。如曾授予学位者，并应于'核准'下加填'并依法授予　　学士/硕士/博士学位。"②由此可见，教育部只认可"依法"授予的博士学位。

二、震旦大学立案后博士学位证书的法律效力：验印程序

在南京国民政府教育行政机构立案后，震旦大学已经获得官方认可，其

---

① 上海市档案馆馆藏震旦大学档案，编号Q244-005-116。
② 《毕业证书遗失证明书式样》：《学校毕业证书发给办法》（附件），教育部第6730号部令修正，1947年2月12日，载教育部参事室编：《教育法令》，上海，中华书局，1947年7月再版，第88页。

学位证书在中国具有当然的法律效力。"本校所发毕业证书,皆由教育部验印,在中国境内有法律上之效力。"①震旦大学提到的其毕业证书的"验印"程序,与教育部当时的规章一致。

1933年6月,在批准震旦大学立案之后不久,教育部公布《学校毕业证书规程》②,该规程第3条第1款规定,专科以上学校毕业证书,必须由学校呈请教育部验印。此外,1933年8月8日教育部发布的《专科以上学校毕业证书验印时期及发给临时毕业证明书办法》也明文规定:"各校每届学生毕业证书,务须遵照前令于学期终了后一个月内呈部验印,逾期不得请求补验。所有未经验印之毕业证书,本部概不予以承认。"③1935年,教育部规定大学本科毕业证书应加载学士学位字样④,这一规定实际上将本科毕业证书与学士学位证书二证合一。1939年7月,教育部公布《大学研究院硕士学位证书式样》,规定了硕士学位证书的两种式样⑤。通过这些规定,教育部建立了严格的毕业证书(学位证书)的形式要求和验印程序。

立案后的教会大学都面临毕业证书的验印程序。例如福建协和大学在《协大消息》中称:

> 本校自民国二十年春间经国民政府教育部正式批准立案后,所有毕业生即与国立各大学毕业生享同等之待遇。故凡有本校毕业者,其毕业文凭须先经教育部验印,始得正式承认其学位。⑥

教育部对各校毕业证书(学位证书)的"验印"要求从程序上卡住了震旦大学私自颁发博士学位证书的渠道。即使震旦大学私自颁发了博士学位证书,也无法获得教育部在博士证书上的"验印",而未经"验印"的博士学位证书在中国属于非法的博士文凭。震旦大学立案的后果之一是,虽然震旦大学可以名正言顺地颁发经过教育部验印的毕业证书,但是却不能继续自行

---

① 震旦大学编:《私立震旦大学一览》,第16页。
② 1933年6月教育部公布学校毕业证书规程(自公布之日施行),载中国第二历史档案馆编:《中华民国史档案资料汇编》第五辑第一编"教育(一)",南京,江苏古籍出版社,1994年,1版1次,第78~79页。
③ 《专科以上学校毕业证书验印时期及发给临时毕业证明书办法》,教育部第8374号训令,1933年8月8日,载教育部高等教育司编:《高等教育法令汇编》,1942年1月,第278页。
④ 参见《大学毕业证书加载"依照学位授予法第三条之规定授予某学士学位"字样》,教育部第6805号训令,1935年5月28日,载教育部高等教育司编:《高等教育法令汇编》,1942年1月,第278页。
⑤ 《大学研究院硕士学位证书式样》,教育部第1617号训令,1939年7月4日,载教育部高等教育司编:《高等教育法令汇编》,1942年1月,第272页。
⑥ 《协大消息》1933年卷2,第73页。

颁布博士学位。其根本原因就在于：立案后，震旦大学已经变为一所受到中国教育法所约束的私立大学，必须严格遵守中国教育行政部门关于博士教育的法律法规。在南京国民政府出台博士学位实施细则之前，震旦大学已经不能像过去那样独立授予博士学位证书，而不得不静候博士学位实施细则的出台。随着震旦大学在南京国民政府教育行政部门和司法行政部门的立案，震旦大学已经开展了将近20年的博士教育不得不被"冻结"起来。在1935年《学位授予法》颁布之后一年，震旦大学制定了《私立震旦大学法学院法科研究所章程》，虽然法科研究生的学习年限仍然为2年（必要时可延期1年），并且仍然要求提供毕业论文，但是授予的学位已经由过去的博士改为硕士①。

三、震旦大学博士学位证书的四个疑问

1. 合法授予还是私相授受？

既然震旦大学的博士学位证书没有得到官方的直接承认或者追认，其必然受到来自民间的质疑。民国时期，有学者质疑教会大学授予的博士学位是"中土洋人"的"私相授受"②。本书作者认为，这一指责对于震旦大学那样的学校并不公平。

从本质上分析，震旦大学不是公立大学，而是私立大学，只要不违反中国教育法的明文规定，其授予博士学位的行为，无可指责。震旦大学授予博士学位并非偷偷摸摸进行，而是大张旗鼓地公开进行。例如，在1920年7月1日举行的第一届法学博士毕业典礼上，到会的来宾就有"政府代表朱鹤皋君、何护军使代表汪庆辰君、交涉员许沅君"等人③。

否定震旦大学授予博士学位的合法性，其实等于否定所有教会大学授予博士学位的合法性，否定所有教会大学教育的合法性，也会牵连到部分国立大学、私立大学授予名誉博士学位的合法性，显然，这是不尊重历史事实的。

笔者认为，至少对于在20世纪30年代中期以前震旦大学所颁发的博士学位，还是应该肯定其合法地位，因为在30年代中期以前，震旦大学并未在教育部正式立案，自然没有绝对的义务受到教育部有关法令的约束。但是自从震旦大学正式立案之后，从国民政府及教育部有关研究生教育的法

---

① 《私立震旦大学法学院法科研究所章程》第16条："凡在本所研究，期满修毕规定学分并经各项考试及格者，由本大学授予硕士学位证书。"载《震旦杂志》1936年第33期，第68页。
② 姚星叔：《博士考》，载《新医药刊》1933年第74期，第5页。
③ 《震旦大学院之毕业式》，载《申报》1920年7月3日。

令施行之后,震旦大学的研究生教育自然不能独立于中国教育法令之外。因此,自1935年6月12日教育部颁发《硕士学位考试细则》及1936年4月7日颁发《硕士学位考试办法》之后,震旦大学的研究生教育就基本上与学术性博士教育一刀两断。

《硕士学位考试细则》第11条专门规定:

> 凡依照大学研究院暂行组织规程经部核准设立之研究所,其民国二十三年度及以后年度所招收研究生,于研究期满依本细则考试及格,并经部复核无异者,由大学或独立学院授予硕士学位。

教育部通过严格的"复核"程序,牢牢控制住各类大学(包括已立案教会大学)授予研究生学位的权力。事实证明,立案之后,震旦大学的博士学位授予权不是宽和严的问题,而是有和无的问题。

2. 国家学位还是大学学位?

震旦大学的法学博士制度部分仿效了法国的法学博士教育模式,即采用了法国博士教育中的大学博士制度,而没有采用法国博士教育中的国家博士学位制度(Doctorat d'État)。换句话说,震旦大学的博士学位不是一种法定的国家博士学位,而是由大学自行颁发的博士学位,不是法定,而是自定,不代表国家,而仅代表大学,类似于近代法国各大学在国家博士学位制度之外自行颁发的大学博士学位。震旦大学的法文博士学位证书是震旦大学这所中国大学所颁发的博士学位证书,而非任何一所法国大学所颁发的博士学位证书,也没有经过任何一所法国大学或者法国教育主管机构的授权。中国当时的高等教育法规没有明文要求私立大学的毕业文凭必须采用中文形式。

正如本书第二章所称,中国近代博士法律制度所设计的博士学位属于一种严格的国家博士学位,而非大学博士学位。从这层意义上说,震旦大学颁发的博士学位并不符合中国近代博士法律制度的规定。但值得注意的是,震旦大学颁发博士学位的时期主要集中在1920年至1935年左右,而这段时期内,中国政府的博士法律制度基本上属于空白。严格地说,中国当时的高等教育法律既没有明文授权中国的大学授予博士学位,也没有明文禁止中国的大学授予博士学位。更何况,震旦大学是一所教会大学,并非官方正统体系之内的大学,所以具有较大的自由度。实际上震旦大学别无选择,如果开展博士教育,则只能选择大学博士学位制度,因为采取国家博士学位制度的主体不是大学,而是国家。无论如何,震旦大学没有权力采取国家博士学位制度。在治外法权和中国博士法律处于空白的双重情况下,震旦大学借机引入了大学博士制度。

3. 副署还是正署?

震旦大学所授予的法学博士学位、法学士学位、工程师证书等法文证书,皆由法国驻华公使署派员"副署"[1]。根据使领关系法律与实践,使领馆本身具有促进派遣国与驻在国文化交流的职能,可以审查派遣国和驻在国教育机构的文凭[2]。领事副署行为在中国近代租界并不鲜见,往往见之于领事裁判权有关的事宜。例如,中国官员在租界内提审中国犯人,中国官员签发的拘票须由外国领事副署[3]。震旦大学位于法租界之内,又是一所与法国有关的教会大学,法国使领馆官员在震旦大学学位证书上的副署行为,本质上可以视为一种认证行为,即认证震旦大学学位证书签发的状况,认证震旦大学的教育水平,显示震旦大学与法国的密切关系。经过法国领事认证的震旦大学学位证书,很容易在法国得到承认。除此之外,副署并无其他含义。

"副署"不等于"正署",在震旦大学学位证书上"正署"者仍然是震旦大学校方当局,法国使领馆官员的"副署"行为并不能改变震旦大学学位证书的中国性质,无论在事实上还是在法律上,"副署"都没有使震旦大学成为一所法国大学。副署或许可以使震旦大学的学位证书在法国得到某种便利,但是并没有使震旦大学的学位证书直接变成法国的学位证书,经过法国领事副署的博士学位仍然是震旦大学的博士学位,而非法国的博士学位;拥有法国领事副署的博士学位证书的获得者们,仍然是中国的博士,而非法国的博士。在整个法国高等教育系统内,从来都没有震旦大学的地位。法国使领馆对震旦大学学位证书的副署行为,其意义不能高估,不能将其视为法国教育部或者法国政府将震旦大学纳入法国高等教育体制之内的行为。

震旦大学预科毕业考试自 1918 年 11 月 30 日经法国教育部正式承认,具有与法国业士会考毕业资格完全相等的效力,毕业生可以免试进入法国国立大学本科学习。在震旦大学预科改为震旦大学附属高中以后,该项制度仍然继续维持[4]。法国政府虽然承认震旦大学预科毕业证书(或者高中毕业证书)的效力,但是并没有直接承认震旦大学学士学位证书或者博士学

---

[1] 震旦大学编:《私立震旦大学一览》,第 16 页。

[2] [美] L. T. 李:《领事法和领事实践》,傅铸译,北京,商务印书馆,1975 年,1 版 1 次,第 210 页。

[3] [英] 费唐:《费唐法官研究上海公共租界情形报告书》,"稀见上海史志资料丛书"8,上海,上海书店出版社,2012 年,1 版 1 次,第 132 页。

[4] 《关于抗战胜利后教育部有关毕业生、学生学籍的审核,教师审核等文件》,上海市档案馆档案编号 Q244-006-140。

位证书的效力。《震旦大学二十五年小史》明确指出:"所授硕士、博士学位,法政府中不能承认与法国各大学所授者相当,然以此往法国留学,法政府亦以相当之尊崇也。"①

4. 法国文字的学位还是法国的学位?

震旦大学博士证书没有采用中文形式,而特意采用法文形式,毫无疑问,这是震旦大学规避中国高等教育法规的一种特殊举措。这一弃中文用外文的行为,是否可以理解为震旦大学的博士学位也自动舍弃了中国学位的性质而被赋予了法国学位的性质?

笔者认为,学位证书的文字种类并不能决定学位证书的国籍种类。的确,近代中国教会大学颁发的毕业证书(学位证书)大多数采用外文形式,这是教会大学洋化教育的表现,但洋化教育并不等于外国教育,具有洋化色彩的学位证书也不等于外国的学位证书。

其实,非但教会大学的学位证书采用外文形式,某些国立大学的学位证书也曾采用外文形式。例如,国立交通大学历史上的毕业证书就有中文和英文两种不同版本②。国人所设私立大学的学位证书也同样有中文版和外文版并存的情况③。

从另一个角度看,教会大学的学位证书也并非全部采用外文版本,例如,沪江大学的毕业证书就有采用中文版本的④。

除了上述单独文种的学位证书或者毕业证书之外,近代中国大学还有双语学位证书或者毕业证书的情况,即同一张学位证书或者毕业证书上同时用中文和外文两种文字并列记载。例如,1912年北京协和医学校毕业证书⑤,1931年上海同德医学院毕业证书⑥,1930年齐鲁大学毕业证书⑦,1923年国立武昌高等师范学校毕业证书⑧。1923年清华大学毕业证书正反两面分别采用中文和英文两种不同形式⑨。

---

① 《震旦大学二十五年小史》,载宗有恒、夏林根编:《马相伯与复旦大学》,第245页。笔者注:此处所指的"硕士",实际上就是震旦大学的本科学位。
② 见程道德主编:《近代中国高等院校修业证书图鉴》(上册),北京,国家图书馆出版社,2010年,1版1次,第155~156页。
③ 私立光华大学1926年学位证书中文版与英文版图片,见程道德主编:《近代中国高等院校修业证书图鉴》(上册),第205页。
④ 见程道德主编:《近代中国高等院校修业证书图鉴》(上册),第183页。
⑤ 同上书,第65页。
⑥ 同上书,第219页。
⑦ 见程道德主编:《近代中国高等院校修业证书图鉴》(下册),北京,国家图书馆出版社,2010年,1版1次,第325页。
⑧ 同上书,第343页。
⑨ 参见麦健曾1923年清华大学毕业证书,见《清华大学档案精品集》,北京,清华大学出版社,2011年,1版1次,第15页。

由此可见，学位证书或者毕业证书的文字种类不能决定该证书的性质，证书的国籍也不能单纯按照证书采用的语言文字来判断。不能将在中国土地上建立、备案、立案的教会大学视同外国大学，不能将这些大学颁发的学位证书、毕业文凭一概视为外国证书、外国文凭。

总之，某些教会大学颁发给中国学生的外文形式博士学位证书，犹如给中国人穿上一套西装，洋化的外表下仍然不改其中国本色。不管是穿中山装（中文文凭）还是西装（西文文凭），均不构成判断国籍性质的关键标准。震旦大学注册上的中国本土特性、学位授予上的独立性以及内部教育制度上的非宗教性，都显示其是一所在中国开办的独立大学，是一所具有中国性质的教会大学。

震旦大学博士学位制度的兴衰本身也反映了震旦大学是一所不同于其他教会大学的中国大学。震旦大学在中国立案后，立即转为一所遵守中国教育法律制度的私立大学。1935年《学位授予法》生效后，震旦大学原有的法学博士学位制度和经济学博士学位制度随即终止。

总的来说，震旦大学在中国近代教会大学中独具一格，既不同于国立、省立、普通私立大学，也不同于其他教会大学，是一所同时兼具中国性质和法国特色的大学，或者说，是一所具有法国特色的中国大学。中国性是震旦大学的灵魂，法国特色是震旦大学的外表。震旦大学不是一所"中国土地上的法国大学"。毫无疑问，震旦大学深受法国耶稣会的影响，其大学教育亦模仿法国教育模式，但这些都属外在特征。称震旦大学为一所法国式的中国大学或者中国土地上的法国式大学，或许更贴近事实。

本 章 小 结

震旦大学法学院是中国近代唯一一所开展法学博士教育的机构。因为震旦大学的法学教育既包括纯粹的法学教育，也包括政治经济学教育，所以震旦大学也成为中国近代唯一一所开展过经济学博士教育的机构。这一独特的博士教育体制与法国博士教育制度中的大学博士教育体制一脉相承。

第四章 中国近代学术性博士：
震旦大学法学博士群

　　一个受过教育的人是一支点燃着的蜡烛，未受过教育的人将跟着他的光走。

　　　　　　——狄考文《如何使教育工作最有效地在中国
　　　　　　　　　　推进基督教事业》(1890)

　　本章收录震旦大学培养的24名法学博士和1名经济学博士，同时收录曾经接受震旦大学博士教育但最终没有获取博士学位的学生，还包括若干博士身份存疑者。鉴于绝大部分属于法学博士，而根据当时震旦大学的博士培养制度，经济学博士也由法学院培养，为方便起见，本章各节标题中的"法学博士"是指广义的法学博士，也涵盖经济学博士。

第一节 震旦大学法学博士名录

　　震旦大学从1920年开始授予法学博士学位，到1936年左右，震旦大学共计授予约24名毕业生法学博士学位，1名毕业生经济学博士学位，具体情况如下：

　　(一) 胡文柄

　　胡文柄(1895~?)，法文姓名 Hu Wen-Ping (Hou Wen-Ping)，江苏南汇人。1918年7月1日从震旦大学法政科毕业[①]，1918年9月入震旦大学法政博学科一年级[②]，1920年取得震旦大学法学博士学位，博士论文《内国

---

① 《震旦大学院同学录》，1918年3月~9月，第13页，上海市档案馆档案编号 Q244-1-969。

② 《震旦大学院同学录》，1918年9月~1919年1月，第17页，上海市档案馆档案编号 Q244-1-969。

公债》(Essai sur les emprunts intérieurs de la Chine)①，又译《中国内债》或《自光绪以来中国内债考》②。同年由震旦大学派送赴法留学③。1922 年取得巴黎大学法学博士学位，博士论文《法国货币制度》(Le Système monétaire de la France)④。曾任松江地方法院首席检察官，最高法院推事⑤，中央大学、中央政治学校教授，法权讨论委员会秘书⑥。曾在震旦大学法学院讲授"破产法""经济概论"等课程⑦。

（二）顾守熙

顾守熙(1894～1975)，字仲咸，法文姓名 Ku Shou Hsi (Kou Cheou-hi)，安徽合肥人。1915 年 9 月入震旦大学，1918 年 7 月 1 日从震旦大学法政科毕业⑧，著有法文论文 De l'apprentissage en Chine (Essai d'enquete)⑨。1918 年 9 月入震旦大学法政博学科一年级，1920 年取得震旦大学法学博士学位，博士论文《中国房税考》(L'Import sur les propriétés baties en Chine)⑩。同年由震旦大学派送法国留学⑪，1920 年 10 月入法国巴黎政治经济学校财政系，1922 年 11 月毕业⑫。曾任上海法租界巡捕房律师（又称"法租界公董局顾问律师"）⑬。1923 年 5 月起长期任教于震旦大学法学院，讲授"民法亲

---

① 胡文柄：《内国公债》，上海，土山湾工艺局，1920 年。
② 《一九一九至一九二〇年下学期纪事》，载《震旦大学院文学法政杂志》1921 年第 3 期，第 5 页。
③ 《震旦大学院之毕业式》，载《申报》1920 年 7 月 3 日。
④ http://catalogue.bnf.fr/ark:/12148/cb322590873/PUBLIC。
⑤ 《关于历届毕业学生调查表及校友调查表》(1937～1949)，上海市档案馆档案编号 Q233-005-121；王伟：《中国近代留洋法学博士考(1905—1950)》，上海，上海人民出版社，2011 年，1 版 1 次，第 200 页。
⑥ 《国立中央大学一览》第十一种"教职员录"，1931 年，第 34 页。
⑦ 《私立震旦大学法学院廿八年度教员一览表》，载《震旦大学法学院概况》1939 年，第 13 页；《震旦大学法学院一览》，1939 年，上海市档案馆档案编号 Q422-1-17-422；《私立震旦大学法学院教员履历表》，上海市档案馆档案编号 Q244-1-306-10。
⑧ 《震旦大学院同学录》，1918 年 3 月～9 月，第 13 页，上海市档案馆档案编号 Q244-1-969。
⑨ Kou Cheou-hi, De l'apprentissage en Chine (Essai d'enquete)，载《震旦大学院杂志》第 15 期，1918 年，第 23～27 页。
⑩ 顾守熙：《中国房税考》，上海，土山湾工艺局，1920 年。
⑪ 《震旦大学院之毕业式》，载《申报》1920 年 7 月 3 日。
⑫ 顾守熙 1949 年底自填《上海市高等教育及学术研究工作者登记表》，上海市档案馆档案编号 Q244-006-145。《上海宗教志》称顾守熙 1918 年获巴黎政治学院法学硕士学位，1920 年获该校法学博士学位(http://www.shtong.gov.cn/node2/node2245/node75195/node75207/node75222/node75230/userobject1ai90254.html)，然而查上海市档案馆藏震旦大学档案，顾守熙曾经留学法国巴黎政治学校，但并未有其获得该校博士学位的记载，见《私立震旦大学三十六年度法律学系教员名册》，上海市档案馆档案编号 Q244-006-146。
⑬ 《上海地区执行律务之校友》，载《震旦法律经济杂志》1949 年第 5 卷第 3 期，第 35 页。"捕房律师"是指租界法律处雇用的中国律师，审查租界巡捕房刑事案件，代表巡捕房向法院起诉或者上诉。参见蔡晋：《国民党统治时期的上海司法界》，载《上海文史资料存稿汇编》(社会法制)，上海，上海古籍出版社，2001 年，1 版 1 次，第 5 页。

属"等课程①。担任震旦同学会会长②。抗日战争期间多次帮助抗日进步人士③。1949年后任上海市第一、第二届人民代表。1955年以天主教界人士的身份当选为上海市政协委员,1957年被打成右派分子,1975年去世,1979年平反④。

图4-1 顾守熙照片(《震旦大学法学院第卅一届毕业纪念刊》)

(三) 王敦常

王敦常(1900～?),字复之,法文姓名 Wang Toen-tch'ang,江苏松江(张泽镇)人。1920年6月取得震旦大学法学士学位,与戴贻祖、张春明、陈锡潭、袁民宝同届毕业⑤。1920年9月入震旦大学法政博学科一年级⑥,1922年6月取得法学博士学位⑦,博士论文《票据法理刍议》(Étude juridique sur

---

① 《私立震旦大学三十六年学年度教员名册》,上海市档案馆档案编号 Q244-006-147。
② 《震旦大学廿五周纪念记事》,载《震旦大学院杂志》第17期,第4页,上海市档案馆档案编号 Q244-005-103。
③ 顾方济口述,曹名才整理:《与韩国抗日志士的珍贵友情》,载《世纪》2006年第1期,第39页。
④ 《法学院教员题名》,载震旦大学编:《私立震旦大学一览》,上海,土山湾印书馆,1935年,第45页;《私立震旦大学法学院廿八年度教员一览表》,载《震旦大学法学院概况》1939年,第13页;http://www.shtong.gov.cn/node2/node2245/node75195/node75207/node75222/node75230/userobject1ai90254.html;《顾方济自传》,http://www.shwsg.net/article.php? newsid=64。
⑤ 《震旦大学院同学录》,No. 6,1920年3月～6月,第13页,上海市档案馆档案编号 Q244-1-969。
⑥ 《震旦大学院同学录》,No. 7,1920年9月～1921年1月,第17页,上海市档案馆档案编号 Q244-1-969。
⑦ 《上海震旦大学院同学录》,No. 10,1922年2月～6月,第31页,上海市档案馆档案编号 Q244-1-969;《震旦大学1912至1928年历届毕业生名册》,上海市档案馆档案编号 Q244-055-863。

les Effets de commerce Chinois)①。曾任职于南京国民政府立法院编译处②。发表《外国财产继承法述略》等文③，翻译《普鲁士新宪法述评》④。

（四）陈锡潭

陈锡潭（1895～?），又名陈杰，法文姓名 Tch'en Si-Tan，江苏上海人。1920 年取得震旦大学法学士学位，1920 年 9 月入法政博学科一年级⑤，1922 年 6 月取得震旦大学法学博士学位⑥，博士论文《中国嗣续法论》（L'Adoption en droit chinois，今译《中国法律中的收养》）。曾经从事律师业务⑦。

（五）袁民宝

袁民宝（1896～1990），字国珍，法文姓名 Yuen Ming-Pao，江苏宝应人。1913 年到法国勤工俭学，因遇第一次世界大战回国。1920 年取得震旦大学法学士学位，1920 年 9 月入法政博学科一年级⑧，1922 年 6 月取得震旦大学法学博士学位⑨，博士论文《中国农业制度考》（Systemes agraires en Chine）。曾在北平中法大学（服尔德学院教授）任教⑩。1949 年后任北京大学教授、北京外国语学院教授，1983 年从北京外国语学院退休⑪。

（六）沈福顺

沈福顺（1901～?），又名沈晞，字于为，学名福顺⑫，法文姓名 Chen Fou-Choen（Cheng Fou Choen，Sheng Hsi），江苏上海人。早年毕业于徐汇公

---

① 王敦常：《票据法理刍议》，上海震旦大学法政博士科，1922 年。
② 《申报》1930 年 10 月 31 日；《法学院历届毕业生调查表》，上海市档案馆档案编号 Q244－005－121。
③ 王敦常：《外国财产继承法述略》，载《中华法学杂志》1931 年第 3 期，第 17～32 页。
④ ［法］Robert Redslob：《普鲁士新宪法述评》，王敦常译，载《欧洲新宪法述评》，"东方文库"第 17 种，北京，商务印书馆，1924 年，1 版 1 次，第 55～74 页。
⑤ 《震旦大学院同学录》，No. 7，1920 年 9 月～1921 年 1 月，第 17 页，上海市档案馆档案编号 Q244－1－969。
⑥ 《上海震旦大学院同学录》，No. 10，1922 年 2 月～6 月，第 31 页，上海市档案馆档案编号 Q244－1－969。
⑦ 《震旦大学院杂志》（Bulletin de L'Universite L'Aurore）第 17 期，1929 年，上海市档案馆档案编号 Q244－005－103；《申报》1933 年 6 月 30 日。
⑧ 《震旦大学院同学录》，No. 7，1920 年 9 月～1921 年 1 月，第 17 页，上海市档案馆档案编号 Q244－1－969。
⑨ 《上海震旦大学院同学录》，No. 10，1922 年 2 月～6 月，第 31 页，上海市档案馆档案编号 Q244－1－969。
⑩ 《关于历届毕业学生调查表及校友调查表》（1937～1949），上海市档案馆档案编号 Q233－005－121。
⑪ 《北平中法大学服尔德学院要览》，1930 年，第 6 页（记载袁民宝为"文学士"及"法学博士"）；贺家宝：《北大红楼忆旧》，北京，大众文艺出版社，2007 年，1 版 1 次，第 94 页。
⑫ 《中国留法比瑞同学会同学录》，1943 年，新蜀报第二印刷厂代印，第 53 页。

学,1921 年 6 月从震旦大学法政科毕业①,1921 年 9 月入震旦大学法政博学科一年级②,1922 年 9 月入震旦大学法政博学科二年级③,1923 年 6 月 30 日取得震旦大学法学博士学位④,博士论文《中国抵押权考》(De l'Hypotheque chinoise)。后留学法国,1929 年取得巴黎大学法学博士学位,博士论文《中国革命》(La Révolution chinoise)⑤。之后入巴黎刑事学研究院,研究指纹学。1930 年回国。曾任东北边防军司令长官公署、锦州行署秘书、北平绥靖公署参事、威海卫管理公署顾问、国民政府军委北平分会参事、咨议等职。华北学院法科教授兼中华政治经济学会理事⑥。

(七) 李沂

李沂(1898~?),字咏春,法文姓名 Li I,江苏如皋人。1922 年 6 月从震旦大学法政科毕业⑦,1922 年 9 月入震旦大学法政博学科一年级⑧,1923 年 6 月 30 日取得震旦大学法学博士学位⑨,博士论文《中国法与比较法之下的不动产出售》(Ventes d'immeubles en Droit chinois et en Droit compare)。曾任教于北平中法大学,主讲法文⑩。

(八) 萧桐

萧桐(1898~?),字子琴,法文姓名 Siao T'ong (Hsiao T'ung),浙江余姚人。1921 年 6 月从震旦大学法政科毕业⑪,1921 年 9 月入震旦大学法政

---

① 《震旦大学院同学录》,No. 8,1921 年 3 月~6 月,第 16 页,上海市档案馆档案编号 Q244-1-969。
② 《震旦大学院同学录》,No. 9,1921 年 9 月~1922 年 1 月,第 17 页,上海市档案馆档案编号 Q244-1-969。
③ 《上海震旦大学院同学录》,No. 11,1922 年 9 月~1923 年 1 月,第 37 页,上海市档案馆档案编号 Q244-1-969。
④ 《震旦大学 1912 至 1928 年历届毕业生名册》,上海市档案馆档案编号 Q244-055-863。
⑤ http://catalogue.bnf.fr/ark:/12148/cb31937735z/PUBLIC。
⑥ 陈玉堂编著:《中国近现代人物名号大辞典》(全编增订本),杭州,浙江古籍出版社,2005 年,1 版 1 次,第 565 页。
⑦ 《上海震旦大学院同学录》,No. 10,1922 年 2 月~6 月,第 28 页,上海市档案馆档案编号 Q244-1-969。
⑧ 《上海震旦大学院同学录》,No. 11,1922 年 9 月~1923 年 1 月,第 37 页,上海市档案馆档案编号 Q244-1-969。
⑨ 《私立震旦大学历届毕业生一览表》仅记载李沂 1922 年震旦大学法本科毕业,未记载其曾经从法学研究所毕业,见上海市档案馆档案编号 Q244-055-857。但《震旦大学 1912 至 1928 年历届毕业生名册》记载李沂于 1923 年取得震旦大学法学博士学位(Doctorat en Droit),见上海市档案馆档案编号 Q244-055-863;《震旦大学毕业之638闻》(载《申报》1923 年 7 月 2 日)记载李沂、沈福顺、萧桐三人于 1923 年 6 月 30 日取得震旦大学法学博士学位。
⑩ 《北京中法大学居里陆谟克学院要览》,民国十七~十八年度,第 5 页(记载李沂为"文学士"及"法学博士");《关于历届毕业学生调查表及校友调查表》(1937~1949),上海市档案馆档案编号 Q233-005-121。
⑪ 《震旦大学院同学录》,No. 8,1921 年 3 月~6 月,第 16 页,上海市档案馆档案编号 Q244-1-969。

博学科一年级①,1922年9月入震旦大学法政博学科二年级②,1923年6月30日取得震旦大学法学博士学位③,博士论文《中国法律中的继承与收养》(De la succession et de l'adoption en droit chinois)④。曾与谢寿昌(冠生)、沈富顺编译《模范法华字典》(商务印书馆1923年初版),任四川省泸县地方法院院长⑤。

(九)姚肇弟

姚肇弟(1902~?),一作姚肇第,字舜裔,法文姓名Yao Tchao-ti,浙江吴兴人。1922年6月从震旦大学法政科毕业⑥,1922年9月入震旦大学法政博学科一年级⑦,1923年9月入震旦大学法政博学科二年级⑧,1924年取得震旦大学法学博士学位⑨,博士论文《中国的商标保护》(De la protection des marques de fabrique en Chine)。曾在上海从事律师业务⑩,担任法租界公董局顾问律师⑪,并任职于上海华成保险公司⑫。

(十)徐象枢

徐象枢(1897~?),别号景薇,法文姓名Siu Siang-tch'ou(Hsü Hsiang-ch'u),江苏吴县人⑬。1922年6月从震旦大学法政科毕业⑭,1922年9月

---

① 《震旦大学院同学录》,No. 9,1921年9月~1922年1月,第17页,上海市档案馆档案编号Q244-1-969。
② 《上海震旦大学院同学录》,No. 11,1922年9月~1923年1月,第37页,上海市档案馆档案编号Q244-1-969。
③ 《震旦大学毕业之续闻》,载《申报》1923年7月2日。
④ Siao T'ong, De la succession et de l'adoption en droit chinois, Zi-Ka-Wei, Chang-Hai, Imprimerie De l'Orphelinat de T'ou-sè-wè, 1927;部分刊登于《震旦大学文学法政杂志》第10期1926年,第78~114页;1927年第11期,第40~84页;1927年第12期,第67~95页。
⑤ 《关于历届毕业学生调查表及校友调查表》(1937~1949),上海市档案馆档案编号Q233-005-121。
⑥ 《上海震旦大学院同学录》,No. 10,1922年2月~6月,第28页,上海市档案馆档案编号Q244-1-969。
⑦ 《上海震旦大学院同学录》,No. 11,1922年9月~1923年1月,第37页,上海市档案馆档案编号Q244-1-969。
⑧ 《上海震旦大学院同学录》,No. 12,1923~1924年,第40页,上海市档案馆档案编号Q244-1-969。
⑨ 《1923年至24年全学年纪事》,载《震旦大学院文学法政杂志》1924年第8期,第7页。
⑩ 《上海地区执行律务之校友》,载《震旦法律经济杂志》1949年第5卷第3期,第35页。
⑪ 刘麦生:《回忆震旦大学》,载《解放前上海的学校》(《上海文史资料选辑》第五十九辑),上海,上海人民出版社,1988年,1版1次,第83页。
⑫ 《关于历届毕业学生调查表及校友调查表》(1937~1949),上海市档案馆档案编号Q233-005-121。
⑬ 《震旦大学院同学录》,No. 11,1922年9月~1923年1月,第37页,上海市档案馆档案编号Q244-1-969。
⑭ 《上海震旦大学院同学录》,No. 10,1922年2月~6月,第28页,上海市档案馆档案编号Q244-1-969。

入震旦大学法政博学科一年级①,1923 年 9 月入震旦大学法政博学科二年级②,1924 年取得震旦大学法学博士学位③,博士论文《唐太宗之功绩》(L'œuvre de T'ang T'ai-Tsong)。1928 年留学法国巴黎攻读法律④。曾在复旦大学法律系任教⑤。1932 年 8 月任南京国民政府行政院参事,兼任外交部参事,抗战期间任国防最高委员会参事,1942 年任国民政府法规委员会委员,1945 年 5 月当选为国民党第六届候补中央执行委员⑥。曾任职于交通银行总管理处,后去美国⑦。

(十一) 沈家诒

沈家诒(1898~?),字燕谋,法文姓名 Chen Kia-i,浙江嘉兴人。1922 年 6 月从震旦大学法政科毕业⑧,1922 年 9 月入震旦大学法政博学科一年级⑨,1923 年 9 月入震旦大学法政博学科二年级⑩,1924 年取得震旦大学法学博士学位⑪,博士论文《管子之政法经济学说》(Les doctrines juridique et économique de Koan-tse)⑫。同年 9 月由震旦大学资送赴法留学⑬,巴黎政治学院外交专科毕业。曾任国民政府立法院法制委员会编纂。1931 年春受聘为厦门大学法学院法律学教授,曾任厦门大学法律学系主任,先后承担民法总则、债法总论、债法各论、物权法、劳工法等课程的讲授任务。1933 年夏辞去厦门大学教职,受聘为国立上海商学院教授,上海法学院教授,讲

---

① 《上海震旦大学院同学录》,No. 11,1922 年 9 月~1923 年 1 月,第 37 页,上海市档案馆档案编号 Q244-1-969。
② 《上海震旦大学院同学录》,No. 12,1923~1924,第 40 页,上海市档案馆档案编号 Q244-1-969。
③ 《1923 年至 24 年全学年纪事》,载《震旦大学院文学法政杂志》1924 年第 8 期,第 7 页。
④ 有资料记载徐象枢曾经取得法国巴黎大学法学博士学位(见《复旦大学同学录》,民国十九年秋季,职员一览),有误。
⑤ 复旦大学法学院院史回顾,http://www.law.fudan.edu.cn/detail.asp?id=1-87-448 (2009 年 9 月 14 日上传)。
⑥ 刘国铭主编:《中国国民党百年人物全书》(下),北京,团结出版社,2005 年,1 版 1 次,第 1982 页。
⑦ 《关于历届毕业学生调查表及校友调查表》(1937~1949),上海市档案馆档案编号 Q233-005-121;徐象枢:《从政杂记》,台湾《中外杂志》1984 年第 5 期。
⑧ 《上海震旦大学院同学录》,No. 10,1922 年 2 月~6 月,第 28 页,上海市档案馆档案编号 Q244-1-969。
⑨ 《上海震旦大学院同学录》,No. 11,1922 年 9 月~1923 年 1 月,第 37 页,上海市档案馆档案编号 Q244-1-969。
⑩ 《上海震旦大学院同学录》,No. 12,1923~1924,第 40 页,上海市档案馆档案编号 Q244-1-969。
⑪ 《1923 年至 24 年全学年纪事》,载《震旦大学院文学法政杂志》1924 年第 8 期,第 7 页。
⑫ Chen Kia-i, Les doctrines juridique et économique de Koan-tse, Changhai: Imprimerie de l'orphelinat de T'ou-sè-wè, 1928;部分刊登于《震旦大学院杂志》1927 年第 14 期,第 1~22 页。
⑬ 《又一批留欧学生放洋》,载《申报》1924 年 9 月 12 日;《1923 年至 24 年全学年纪事》,载《震旦大学院文学法政杂志》1924 年第 8 期,第 7 页。

授法学通论、公司法、国际公法、外交政策等。1936年9月再次应聘为厦门大学法律学教授①。曾经在上海从事律师业务②。

（十二）顾继荣

顾继荣(1904～?)，字乃鑫，法文姓名 Kou Ki-yong(Jean)，江苏吴县人。1924年6月毕业于震旦大学法政科③，1924年9月入震旦大学法政博学科一年级④，1926年6月22日通过震旦大学法学博士考试，6月26日取得法学博士学位⑤，博士论文《中国县治考》，今译《中国的县市：其当代行政的起源、组织与服务》(La Sous-Préfecture Chinoise, Etude de son administration actuelle, Origine-Organisation-Services)⑥。曾任上海同义中学教员，上海法租界华童公学教师，兼任招商局法文秘书，正道法律事务所律师，震旦大学教授，电器商业同业公会秘书，上海科技大学外文教师。后担任上海文史研究馆馆员⑦。

（十三）王自新

王自新(1904～?)，法文姓名 Wang Tse-sin，安徽泾县人。1924年7月入震旦大学，1928年6月取得震旦大学法学士学位⑧，1929年6月取得震旦大学法学博士学位⑨，博士论文《中国之出妻及离婚制》(De la Repudiation et du divorce et Droit chinois)⑩。同年9月，获得安徽省公费赴法留学⑪，1929年9月至1931年6月在巴黎政治学院财政经济系学习，1929年9月至1932年

---

① 《厦门大学一览》，1931年，第119页；《上海法科大学戊辰年刊》，1928年，第40页；《上海法学院一览》，1933年12月，第77页。
② 《沈家诒执行律务》，载《申报》1935年3月24日。
③ 《上海震旦大学院同学录》，No. 12，1923～1924，第37页，上海市档案馆档案编号 Q244-1-969；《震旦大学法学院历届毕业同学名录》，载《震旦大学法学院第卅一届毕业纪念刊》，1949年6月。
④ 《上海震旦大学院同学录》，No. 13，1924～1925，第40页，上海市档案馆档案编号 Q244-1-969。
⑤ 《本学院1926年上半年记事》，载《震旦大学文学法政杂志》1927年第12期，第2页；《震旦大学1912至1928年历届毕业生名册》，见上海市档案馆档案编号 Q244-055-863。
⑥ Jean Kou Ki-yong La Sous-Préfecture chinoise, Etude de son administration actuelle, origine-organisation-services, Université l'Aurore, Zi-ka-wei, Chang-hai, Imprimerie de l'Orphelinat de T'ou-sè-wè, 1930；部分刊登于《震旦大学院杂志》1930年第22期，第30～78页。
⑦ http://www.shwsg.net/d/71/1716.html；http://www.zxip.com/cixi/tym.htm。
⑧ 《上海震旦大学院同学录》，No. 16，1927～1928，第27页，上海市档案馆档案编号 Q244-1-969(该档案显示王自新在1927～1928年度是"法政科四年级")。
⑨ 《上海震旦大学院同学录》，No. 17，1928～1929，第45页，上海市档案馆档案编号 Q244-1-969(该档案显示王自新在1928～1929年度是"博士科二年级")。
⑩ 《震旦大学院纪事》(1929年上半年)，载《震旦大学院杂志》1929年第19期，第2页。
⑪ 《安徽省二十年份国外留学省费生及奖学金生一览表》，载《安徽省教育行政周刊》第5卷第7期，第13页。

12月在巴黎大学法律系学习,1932年取得巴黎大学法学博士学位①,博士论文《论中国之离婚法》(Le Divorce en droit chinois)。曾在上海从事律师业务,后任长沙地方法院首席检察官、湖南高等法院检察官。1936年1月至1937年7月任教于震旦大学,讲授"宪法"及"社会经济学"。1935年1月至1937年6月任教于私立上海法政学院,讲授"刑法"及"刑事诉讼法"②。1947年8月再次任教于震旦大学,讲授"诉讼实务"和"证据法学"③。

图4-2 王自新照片(《震旦大学法学院第卅一届毕业纪念刊》)

(十四)沈曾诒

沈曾诒(1909~?),法文姓名 Chen(Pierre Claver) Tseng-i,江苏青浦人。1928年6月毕业于震旦大学法政科④,1928年9月入震旦大学博士科一年级⑤,1929年9月入震旦大学博士科二年级⑥,1930年6月30日取得震旦大学法学博士学位⑦,博士论文《中国法律中的妇女》(La Femme en Droit chinois)。1934年取得巴黎大学法学博士学位,博士论文《中国法律

---

① 王自新1949年10月25日自填《上海市高等教育及学术研究工作者登记表》,上海市档案馆档案编号 Q244-006-145。
② 同上。
③ 《上海地区执行律务之校友》,载《震旦法律经济杂志》1949年第5卷第3期,第35页。
④ 《上海震旦大学院同学录》,No.16,1927~1928,第27页,上海市档案馆档案编号 Q244-1-969。
⑤ 《上海震旦大学院同学录》,No.17,1928~1929,第45页,上海市档案馆档案编号 Q244-1-969。
⑥ 《上海震旦大学院同学录》,No.18,1929~1930,第48页,上海市档案馆档案编号 Q244-1-969。
⑦ 《震旦大学纪事录》,民国十九年六月至九月,载《震旦大学院杂志》1930年第22期,第1~4页。

中的民事责任》(De la Responsabilité civile en droit chinois)①。

（十五）陈雄飞

陈雄飞(1911～2004)，字云阶，法文姓名 Tch'en Hiong-fei(Chen Hsiung-fei)，江苏上海人。1928 年 6 月毕业于震旦大学法政科②，1928 年 9 月入震旦大学博士科一年级③，1929 年 9 月入震旦大学博士科二年级④，1930 年 6 月 30 日取得震旦大学法学博士学位⑤，博士论文《中国宪法评论：五权制度》(Essai de droit constitutionnel chinois. Les cinq pouvoirs)。1941 年取得巴黎大学法学博士学位(国家博士学位)，博士论文《英国继承法中继承特留份与"家庭条款"制度》(L'institution de la reserve hereditaire et la "family provision" en droit successoral anglais)。1943 年回国，任外交部驻第四战区司令部外事处特派员，外交部条约司科长，1949 年任"驻法使馆参事衔一等秘书"。1958 年任"驻法公使"，1963 年任"驻比利时兼卢森堡大使"，1971 年任"外交部"常务次长。1973 年任"驻乌拉圭大使"。1980 年返台，任"外交部"顾问，1969 年任国民党中央评议委员⑥。

（十六）王品伦

王品伦(1909～?)，法文姓名 Wang Ping-luen，江苏苏州(吴县)人⑦。1929 年 6 月毕业于震旦大学法政科(在法政科攻读三年)⑧，1929 年 9 月入震旦大学博士科一年级⑨，1931 年 6 月取得震旦大学法学博士学位⑩，博士论文《公元前 247 年以前的中国古代刑法》(Droit Pénal antique de la Chine

---

① Http://catalogue.bnf.fr/ark:/12148/cb31937741w/PUBLIC。
② 《上海震旦大学院同学录》，No. 16,1927～1928,第 27 页,上海市档案馆档案编号 Q244-1-969。
③ 《上海震旦大学院同学录》，No. 17,1928～1929,第 45 页,上海市档案馆档案编号 Q244-1-969。
④ 《上海震旦大学院同学录》，No. 18,1929～1930,第 48 页,上海市档案馆档案编号 Q244-1-969。
⑤ 《震旦大学纪事录》，民国十九年六月至九月,载《震旦大学院杂志》1930 年第 22 期,第 1～4 页。
⑥ 李鸿儒主编：《江苏旅台、外人士史料汇编》，"江苏文献丛书"之五,台湾,复兴书局,1985 年,1 版 1 次,第 494～495 页；邵延淼主编：《辛亥以来人物年里录》，南京,江苏教育出版社,1994 年,1 版 1 次,第 581 页；崔之清主编：《当代台湾人物辞典》，郑州,河南人民出版社,1994 年,1 版 1 次,第 33 页；《中国国民党百年人物全书》(下),第 1413 页；http://edit.ndcnc.gov.cn/datalib/2003/Character/DL/DL-20031226103601；《中国外交机构历任首长衔名年表》(增订版),台北,商务印书馆,1988 年,2 版 1 次,第 115 页。
⑦ 《上海震旦大学院同学录》，No. 15,1926～1927,第 32 页,上海市档案馆档案编号 Q244-1-969。
⑧ 《上海震旦大学院同学录》，No. 17,1928～1929,第 45 页,上海市档案馆档案编号 Q244-1-969。
⑨ 《上海震旦大学院同学录》，No. 18,1929～1930,第 48 页,上海市档案馆档案编号 Q244-1-969。
⑩ 《上海震旦大学院同学录》，No. 19,1930～1931,第 51 页,上海市档案馆档案编号 Q244-1-969。《震旦大学法学院毕业生名册》记载王品伦于民国十九年(1930)本科毕业,于民国廿一年(1932)在法学研究所毕业,见上海市档案馆档案编号 Q244-055-866。

jusqu'a 247A. C.)。著有论文《对于宪法草案初稿之意见》①。

（十七）朱域

朱域(1907～?)，字存朴，法文姓名 Tchou Yu，江苏无锡人②。1930 年 6 月毕业于震旦大学法政科（在法政科攻读三年）③，1930 年 9 月入震旦大学博士科一年级④，1931 年 9 月入震旦大学博士科二年级⑤，1932 年取得震旦大学法学博士学位，博士论文《秦汉王朝时期（公元前 246 年到公元后 220 年）中国法律史概要》(Histoire sommaire du Droit chinois sous les dynasties des T's'in et des Han, 246 A. C. - 220 P. C.)⑥。

（十八）曾培启

曾培启(1909～?)，字学诗，法文姓名 Tseng Pei-K'i，江苏常熟人⑦。1930 年 6 月毕业于震旦大学法政科⑧，1930 年 9 月入震旦大学博士科一年级⑨，1931 年 9 月入震旦大学博士科二年级⑩，1932 年取得震旦大学法学博士学位，博士论文《中国新民法典以前的家庭法》(Etude sur le Droit de la famille chinoise avant le nouveau Code civil)⑪。1935 年 2 月加入上海律师公会⑫。曾发表《妾在现行法令上之地位》⑬。

（十九）许鼐

许鼐(1908～?)，法文姓名 Hiu Nai，江苏丹徒人⑭。1930 年 6 月毕业于

---

① 王品伦：《对于宪法草案初稿之意见》，载《中华法学杂志》1934 年第 1～2 期，第 25～30 页。
② 《上海震旦大学院同学录》，No. 15, 1926～1927，第 28 页，上海市档案馆档案编号 Q244 - 1 - 969。
③ 《上海震旦大学院同学录》，No. 18, 1929～1930，第 48 页，上海市档案馆档案编号 Q244 - 1 - 969。
④ 《上海震旦大学院同学录》，No. 19, 1930～1931，第 51 页，上海市档案馆档案编号 Q244 - 1 - 969。
⑤ 《上海震旦大学院同学录》，No. 20, 1931～1932，第 49 页，上海市档案馆档案编号 Q244 - 1 - 969。
⑥ 《震旦大学法学院毕业生名册》，上海市档案馆档案编号 Q244 -055 - 866。
⑦ 《上海震旦大学院同学录》，No. 16, 1927～1928，第 19 页，上海市档案馆档案编号 Q244 - 1 - 969。
⑧ 《上海震旦大学院同学录》，No. 18, 1929～1930，第 48 页，上海市档案馆档案编号 Q244 - 1-969；《震旦大学法学院毕业生名册》记载曾培启于 1931 年本科毕业，见上海市档案馆档案编号 Q244 - 055 - 866。
⑨ 《上海震旦大学院同学录》，No. 19, 1930～1931，第 51 页，上海市档案馆档案编号 Q244 - 1 - 969。
⑩ 《上海震旦大学院同学录》，No. 20, 1931～1932，第 49 页，上海市档案馆档案编号 Q244 - 1 - 969。
⑪ 《震旦大学法学院毕业生名册》，上海市档案馆档案编号 Q244 - 055 - 866。
⑫ 《上海律师公会会员录》，1939 年 9 月 10 日印编，第 78 页。
⑬ 曾培启：《妾在现行法令上之地位》，载《震旦大学杂志》1930 年第 20 期，第 5～11 页。
⑭ 《上海震旦大学院同学录》，No. 16, 1927～1928，第 3 页，上海市档案馆档案编号 Q244 - 1 - 969。

震旦大学法政科(在法政科攻读三年)①,1930 年 9 月入震旦大学博士科一年级②,1931 年 9 月入震旦大学博士科二年级③,1932 年取得震旦大学法学博士学位,博士论文《胤礽太子案:康熙朝时期刑事诉讼的重构(1667 年)》(Le cas du Regent Sucama, Reconstitution d'un process criminal sous lè Regne de Kang-hi 1667)④。曾任驻海防副领事⑤。1947 至 1958 年任"驻金边领事馆领事"⑥,1968 年至 1970 年担任"驻中非大使"⑦。

(二十)朱高融

朱高融(1904~?),字煊蠖,法文姓名 Tchou Kao-yong,江苏扬州(江都)人⑧。1931 年 6 月毕业于震旦大学法政科⑨,1931 年 9 月入震旦大学博士科一年级⑩,1932 年 9 月入震旦大学博士科二年级⑪,1933 年取得震旦大学法学博士学位,博士论文《中国法与外国法中有关共有的两种主要形式的比较研究》(De l'indivision sous ses deux principales forms en droit chinois comparé avec le droit étranger)⑫。曾在上海从事律师业务⑬。

(二十一)高念祖

高念祖(1913~?),法文姓名 Kao Nien-tsou,江苏丹徒人⑭。1931 年 6

---

① 《上海震旦大学院同学录》,No. 18,1929~1930,第 48 页,上海市档案馆档案编号 Q244-1-969;《震旦大学法学院毕业生名册》记载曾培启于 1931 年本科毕业,见上海市档案馆档案编号 Q244-055-866。
② 《上海震旦大学院同学录》,No. 19,1930~1931,第 51 页,上海市档案馆档案编号 Q244-1-969。
③ 《上海震旦大学院同学录》,No. 20,1931~1932,第 49 页,上海市档案馆档案编号 Q244-1-969。
④ 《震旦大学法学院毕业生名册》,上海市档案馆档案编号 Q244-055-866。
⑤ 《关于历届毕业学生调查表及校友调查表》(1937~1949),上海市档案馆档案编号 Q233-005-121。
⑥ http://zh.wikipedia.org/zh-cn/中国驻柬埔寨大使列表。
⑦ http://zh.wikipedia.org/wiki/%E4%B8%AD%E5%9B%BD%E9%A9%BB%E4%B8%AD%E9%9D%9E%E5%A4%A7%E4%BD%BF%E5%88%97%E8%A1%A8。
⑧ 《上海震旦大学院同学录》,No. 19,1930~1931,第 30 页,上海市档案馆档案编号 Q244-1-969。
⑨ 《上海震旦大学院同学录》,No. 19,1930~1931,第 50 页,上海市档案馆档案编号 Q244-1-969。
⑩ 《上海震旦大学院同学录》,No. 20,1931~1932,第 49 页,上海市档案馆档案编号 Q244-1-969。
⑪ 《上海震旦大学院同学录》,No. 21,1932~1933,民国二十一年秋季,第 46 页,上海市档案馆档案编号 Q244-1-969。
⑫ 《震旦大学法学院毕业生名册》,上海市档案馆档案编号 Q244-055-866。
⑬ 《上海律师公会会员录》,1941 年 10 月 31 日编印,第 11 页,上海市档案馆档案编号 Y4-1-330;《法学院历届毕业生调查表》,上海市档案馆档案编号 Q244-005-121。
⑭ 《上海震旦大学院同学录》,No. 17,1928~1929,第 8 页,上海市档案馆档案编号 Q244-1-969。

月毕业于震旦大学法政科(在法政科攻读三年)①,1931 年 9 月入震旦大学博士科一年级②,1932 年 9 月入震旦大学博士科二年级③,1933 年取得震旦大学法学博士学位,博士论文《中国的奴隶制》(De l'esclavage en Chine)④。曾任教于扬州震旦中学⑤。

(二十二)顾明祖

顾明祖(1908～?),法文姓名 Kou Ming-tsou,江苏海门人⑥。1931 年 6 月毕业于震旦大学法政科(在法政科攻读三年)⑦,1931 年 9 月入震旦大学博士科一年级⑧,1932 年 9 月入震旦大学博士科二年级⑨,1933 年取得震旦大学法学博士学位,博士论文《清朝政府与五权政府》(Le Gouvernement des Ts'ing et le gouvernement des cinq pouvoirs)⑩。

(二十三)吴桂馨

吴桂馨(1909～?),法文姓名 Ou Koei-hing (Mathias),江苏上海(浦东张家楼)人。1932 年 6 月毕业于震旦大学法政科(在法政科攻读三年)⑪,1932 年 9 月入震旦大学法律博士科一年级⑫,1934 年取得震旦大学法学博士学位⑬,博士论文《唐律之后的刑罚:中国古代刑法研究》(La peine d'après le code des T'ang: etude de droit penal chinois ancien)⑭。

---

① 《上海震旦大学院同学录》,No. 19,1930～1931,第 50 页,上海市档案馆档案编号 Q244-1-969。
② 《上海震旦大学院同学录》,No. 20,1931～1932,第 49 页,上海市档案馆档案编号 Q244-1-969。
③ 《上海震旦大学院同学录》,No. 21,1932～1933,民国二十一年秋季,第 46 页,上海市档案馆档案编号 Q244-1-969。
④ 《震旦大学法学院毕业生名册》,上海市档案馆档案编号 Q244-055-866。
⑤ 《关于历届毕业学生调查表及校友调查表》(1937～1949),上海市档案馆档案编号 Q233-005-121。
⑥ 《上海震旦大学院同学录》,No. 16,1927～1928,第 6 页,上海市档案馆档案编号 Q244-1-969。
⑦ 《上海震旦大学院同学录》,No. 19,1930～1931,第 50 页,上海市档案馆档案编号 Q244-1-969。
⑧ 《上海震旦大学院同学录》,No. 20,1931～1932,第 49 页,上海市档案馆档案编号 Q244-1-969。
⑨ 《上海震旦大学院同学录》,No. 21,1932～1933,民国二十一年秋季,第 46 页,上海市档案馆档案编号 Q244-1-969。
⑩ 《震旦大学法学院毕业生名册》,上海市档案馆档案编号 Q244-055-866。
⑪ 《上海震旦大学院同学录》,No. 20,1931～1932,第 48 页,上海市档案馆档案编号 Q244-1-969。
⑫ 《上海震旦大学院同学录》,No. 21,1932～1933,民国二十一年秋季,第 46 页,上海市档案馆档案编号 Q244-1-969。
⑬ 《上海震旦大学院同学录》,No. 22,1933～1934,民国二十二年秋季,第 12 页,上海市档案馆档案编号 Q244-1-969。
⑭ 《震旦大学法学院毕业生名册》,上海市档案馆档案编号 Q244-055-866。

(二十四) 张登棣

张登棣(1910~?),法文姓名 Tchang Teng-ti,江苏上海人。1931 年入震旦大学法学院法政科①,1934 年取得震旦大学法学士学位,1935 年 9 月入震旦大学法学研究院法律学研究所二年级攻读法学博士学位②。约 1936 年取得法学博士学位,博士论文《上海租界的永久租赁契》(Les Titres de location perpetual le sur les concessions de Shanghai)③。

(二十五) 郭传曾

郭传曾(1910~?),法文姓名 Kouo Tch'oan-tseng,江苏上海人。1931 年 6 月毕业于震旦大学法政科(在法政科攻读三年)④,1931 年 9 月入震旦大学博士科(Doct. Econ.)一年级⑤,1932 年 9 月入震旦大学博士科(Doct. Econ.)二年级⑥,1933 年取得震旦大学经济学博士学位,博士论文《长江流域农业经济概述》(Apercu economique de l'Agriculture du Bassin du Yang-tse-kiang)。1947 年曾兼任震旦大学法学院教员,讲授"中国法制史""法院组织法"⑦。

综上所述,震旦大学的 25 名博士中,取得法学博士学位的有 24 人,占 96%;取得经济学博士学位的有 1 名,占 4%。

表 4-1 震旦大学法学博士(广义)一览表

序号	中文姓名	法 文 姓 名	学士年份	博士年份
1	胡文柄	Hu Wen-Ping	1918	1920
2	顾守熙	Ku Shou Hsi	1918	1920
3	王敦常	Wang Toen-tch'ang	1921	1922

---

① 《震旦大学院同学录》,No. 20,1931~1932,第 48 页,上海市档案馆档案编号 Q244-1-969。
② 《震旦大学暨附属中学同学录》,No. 24,1935~1936,第 12 页,上海市档案馆档案编号 Q244-1-195。
③ 《震旦大学法学院历届毕业同学名录》未记载张登棣取得法学博士学位(《震旦大学法学院第卅一届毕业纪念刊》,1949 年 6 月)。根据张登棣在震旦大学法学院攻读博士学位的年份,他应在 1936 年取得法学博士学位。张登棣的法学博士论文于 1940 年出版。研究震旦大学法学博士论文的出版周期,可以发现,有的博士论文出版与博士毕业同年,有的博士论文出版要晚于博士毕业 2~4 年,例如,陈雄飞 1930 年取得震旦大学法学博士学位,但其博士论文《中国宪法评论;五权制度》在 3 年后才正式出版;沈家诒 1924 年取得震旦大学法学博士学位,其博士论文《管子之政法经济学说》在 4 年后才正式出版。关于震旦大学博士毕业年份与博士论文出版年份的关系,参见本书第五章表 5-1"震旦大学法学博士论文一览表"。
④ 《上海震旦大学院同学录》,No. 19,1930~1931,第 50 页,上海市档案馆档案编号 Q244-1-969。
⑤ 《上海震旦大学院同学录》,No. 20,1931~1932,第 49 页,上海市档案馆档案编号 Q244-1-969。
⑥ 《上海震旦大学院同学录》,No. 21,1932~1933,民国二十一年秋季,第 46 页,上海市档案馆档案编号 Q244-1-969。
⑦ 《私立震旦大学三十六学年度教员名册》,上海市档案馆档案编号 Q244-006-147。

续 表

序号	中文姓名	法 文 姓 名	学士年份	博士年份
4	陈锡潭	Tch'en Si-Tan	1920	1922
5	袁民宝	Yuen Ming-Pao	1920	1922
6	沈福顺	Chen Fou-Choen(Cheng Fou Choen)	1921	1923
7	李沂	Li I	1922	1923
8	萧桐	Hsiao T'ung (Siao T'ong)	1921	1923
9	姚肇弟	Yao Tchao-ti	1922	1924
10	徐象枢	Siu Siang-tch'ou	1922	1924
11	沈家诒	Chen Kia-i	1922	1924
12	顾继荣	Kou Ki-yong (Jian)	1925	1926
13	王自新	Wang Tse-sin	1928	1929
14	沈曾诒	Chen Tseng-i (Pierre Claver)	1928	1930
15	陈雄飞	Tch'en Hiong-fei	1928	1930
16	王品伦	Wang Ping-luen	1929	1931
17	朱域	Tchou Yu	1930	1932
18	曾培启	Tseng Pei-K'i	1930	1932
19	许鼐	Hiu Nai	1930	1932
20	朱高融	Tchou Kao-Yong	1931	1933
21	高念祖	Kao Nien-tsou	1931	1933
22	顾明祖	Kou Ming-tsou	1931	1933
23	吴桂馨	Ou Koei-hing (Mathias)	1932	1934
24	郭传曾	Kouo Tch'oan-tseng	1931	1933
25	张登棣	Tchang Teng-ti	1934	约1936

资料来源：本表由本书作者主要根据《震旦大学法学院历届毕业同学名录》(载《震旦大学法学院第一届毕业纪念刊》1949年)及上海市档案馆震旦大学有关档案资料编写。

第二节　未取得震旦大学法学博士学位的博士生

在震旦大学的博士教育史中,有些人曾经进入法律学研究所或者政治经济学研究所学习,但最后没有取得博士学位。震旦大学早期法学本科毕业生继续攻读博士学位的比例很高,例如,1921 年有 4 位法科毕业生取得法学士学位(最优者王敦常、优等者沈福顺与汪景侃、次优者萧桐),这 4 人全部进入博士科①。然而进入博士科不等于最终能够取得博士学位。由于种种原因,很多人没有取得震旦大学法学博士学位。

(一) 宋国枢

宋国枢(1897~?),字蔚卿,法文姓名 Song Kouo Tchou,浙江海宁人。1918 年震旦大学法学院(法政科)本科毕业②,与胡文柄、顾守熙、蒙圣球同届③,著有法文论文《1911 年以来的中国宪法》(Essai de Constitution en Chine de puis 1911)④。1918 年 9 月入震旦大学法政博学科,与胡文柄、顾守熙同学⑤。仅攻读一年即赴法勤工俭学。1929 年取得巴黎大学法学博士学位(法国国家博士),博士论文《外国人在中国的司法管理》(L'Administration de la justiceaux étrangers en Chine)⑥。1933 年回国,在中央政治学校、中央大学任教授。1949 年后曾任北京外国语学院法语系教授。负责《毛泽东选集》(1~4 卷)法译本定稿工作⑦。

(二) 戴贻祖

戴贻祖(1897~?),法文姓名 Tai I-Tsou,江西赣县人。1920 年 6 月毕业于震旦大学法政科⑧,1920 年 9 月入法政博学科一年级⑨。

(三) 张春明

张春明(1898~?),字乐远,法文姓名 Tchang Tch'oen-ming,江苏上海

---

① 《记事珠:第二学期》,载《震旦大学文学法政杂志》1922 年第 4 期,第 9 页。
② 《震旦大学法学院历届毕业同学名录》,载《震旦大学法学院第卅一届毕业纪念刊》,1949 年 6 月。
③ 《震旦大学院同学录》,1917 年 9 月~1918 年 1 月,第 13 页;《震旦大学院同学录》,1918 年 3 月~9 月,第 13 页,上海市档案馆档案编号 Q244-1-969。
④ Song Kouo-tch'ou, Essai de Constitution en Chine depuis 1911,载《震旦大学院杂志》1918 年第 16 期,第 48~52 页。
⑤ 《震旦大学院同学录》,1918 年 9 月~1919 年 1 月,第 17 页,上海市档案馆档案编号 Q244-1-969。
⑥ 王伟:《中国近代留洋法学博士考(1905—1950)》,上海,上海人民出版社,2011 年,1 版 1 次,第 216 页。
⑦ 《中国留法比瑞同学会同学录》,1940 年,重庆上海印刷公司承印,第 15 页;http://baike.baidu.com/view/878049.html。
⑧ 《震旦大学法学院历届毕业同学名录》,载《震旦大学法学院第卅一届毕业纪念刊》,1949 年 6 月。
⑨ 《震旦大学院同学录》,No. 7,1920 年 9 月~1921 年 1 月,第 17 页,上海市档案馆档案编号 Q244-1-969;《震旦大学院同学录》,No. 8,1921 年 3 月~1921 年 6 月,第 7 页,上海市档案馆档案编号 Q244-1-969。

市人。1920年6月毕业于震旦大学法政科(在法政科攻读三年)①,1920年9月入法政博学科一年级②,1921年9月入震旦大学法政博学科二年级③。

(四)汪景侃

汪景侃(1896~?),别名继陶,法文姓名 Wang K'ing-k'an,江苏武进人。1916年9月入震旦大学文学法政科,1921年6月毕业④,1921年9月入震旦大学法政博学科一年级⑤,1922年9月至1936年6月在震旦大学任教,从1931年9月起长期担任震旦大学秘书长,曾代任训育主任。1930年9月至1932年6月曾在江苏省立上海中学等校任教⑥。

(五)孙钟尧

孙钟尧(1901~?),字子建,法文姓名 Suen Tchong-yao,江苏无锡人。1922年6月从震旦大学法政科毕业(在法政科攻读三年)⑦,1922年9月入震旦大学法政博学科一年级⑧。1933年4月加入上海律师公会⑨。

(六)曾鲁

曾鲁(1901~?),字纯庵,法文姓名 Tseng Lou,江西崇仁县人。1922年6月从震旦大学法政科毕业(在法政科攻读三年)⑩,1923年9月入震旦大学法政博学科一年级⑪。

---

① 《震旦大学法学院历届毕业同学名录》,载《震旦大学法学院第卅一届毕业纪念刊》,1949年6月。
② 《震旦大学院同学录》,No. 7,1920年9月~1921年1月,第17页,上海市档案馆档案编号Q244-1-969。
③ 《震旦大学院同学录》,No. 9,1921年9月~1922年1月,第17页,上海市档案馆档案编号Q244-1-969。
④ 《震旦大学法学院历届毕业同学名录》,载《震旦大学法学院第卅一届毕业纪念刊》,1949年6月。
⑤ 《震旦大学院同学录》,No. 9,1921年9月~1922年1月,第17页,上海市档案馆档案编号Q244-1-969。
⑥ 汪景侃1949年10月26日自填《上海市高等教育及学术研究工作者登记表》,上海市档案馆档案编号 Q244-006-145;《震旦大学法学院校友》,载《关于历届毕业学生调查表及校友调查表》,上海市档案馆档案编号 Q244-005-121;《震旦大学院杂志》(*Bulletin de L'Universite L'Aurore*)1929年第17期,1版1次,上海市档案馆档案编号Q244-005-103。
⑦ 《上海震旦大学院同学录》,No. 10,1922年2月~6月,第28页,上海市档案馆档案编号Q244-1-969;《震旦大学法学院历届毕业同学名录》,载《震旦大学法学院第卅一届毕业纪念刊》,1949年6月。
⑧ 《上海震旦大学院同学录》,No. 11,1922年9月~1923年1月,第37页,上海市档案馆档案编号Q244-1-969。
⑨ 《上海律师公会会员录》,1939年9月10日编印,第51页。
⑩ 《上海震旦大学院同学录》,No. 10,1922年2月~6月,第28页,上海市档案馆档案编号Q244-1-969;《震旦大学法学院历届毕业同学名录》,载《震旦大学法学院第卅一届毕业纪念刊》,1949年6月。
⑪ 《上海震旦大学院同学录》,No. 12,1923~1924,第40页,上海市档案馆档案编号Q244-1-969。

（七）程志道

程志道(1899～?)，法文姓名 Tch'eng Tche-tao，江苏南京人。1923年从震旦大学法政科毕业(在法政科攻读三年)①，1923年9月入震旦大学法政博学科一年级②。曾任职于立法院③。

（八）尹凤藻

尹凤藻(1903～?)，法文姓名 In Fong-tsao，安徽合肥人。1924年6月毕业于震旦大学法政科(在法政科攻读三年)④，1924年9月入震旦大学法政博学科一年级⑤。曾任驻西贡总领事⑥。著有法文论文 Étude sur les vingt une demandes et solution possible(《二十一条及其解决方案》)⑦。

（九）徐子良

徐子良，法文姓名 Siu Tse-liang，江苏上海人⑧。1924年6月毕业于震旦大学法政科(在法政科攻读三年)⑨，1924年9月入震旦大学法政博学科一年级⑩。

（十）张夷风

张夷风，法文姓名 Tchang I-fong，河北直隶人⑪。1924年6月毕业于震旦大学法政科(在法政科攻读三年)⑫，1924年9月入震旦大学法政博学

---

① 《震旦大学法学院历届毕业同学名录》，载《震旦大学法学院第卅一届毕业纪念刊》，1949年6月；《上海震旦大学院同学录》，No. 11，1922年9月～1923年1月，第34页，上海市档案馆档案编号Q244-1-969。

② 《上海震旦大学院同学录》，No. 12，1923～1924，第40页，上海市档案馆档案编号Q244-1-969。

③ 《震旦大学法学院校友》，载《关于历届毕业学生调查表及校友调查表》，上海市档案馆档案编号Q244-005-121。

④ 《上海震旦大学院同学录》，No. 12，1923～1924，第37页，上海市档案馆档案编号Q244-1-969；《震旦大学法学院历届毕业同学名录》，载《震旦大学法学院第卅一届毕业纪念刊》，1949年6月。

⑤ 《上海震旦大学院同学录》，No. 13，1924～1925，第40页，上海市档案馆档案编号Q244-1-969。

⑥ 《震旦大学法学院校友》，载《关于历届毕业学生调查表及校友调查表》，上海市档案馆档案编号Q244-005-121。

⑦ Ing Fong-sao, Etude sur les vingt et une demandes et solution possible，载《震旦大学文学法政杂志》第9期，1925年，1版1次，第58～65页。

⑧ 《上海震旦大学院同学录》，No. 13，1924～1925，第15页，上海市档案馆档案编号Q244-1-969。

⑨ 《上海震旦大学院同学录》，No. 12，1923～1924，第37页，上海市档案馆档案编号Q244-1-969；《震旦大学法学院历届毕业同学名录》，载《震旦大学法学院第卅一届毕业纪念刊》，1949年6月。

⑩ 《上海震旦大学院同学录》，No. 13，1924～1925，第40页，上海市档案馆档案编号Q244-1-969。

⑪ 《上海震旦大学院同学录》，No. 13，1924～1925，第16页，上海市档案馆档案编号Q244-1-969。

⑫ 《上海震旦大学院同学录》，No. 12，1923～1924，第37页，上海市档案馆档案编号Q244-1-969；《震旦大学法学院历届毕业同学名录》，载《震旦大学法学院第卅一届毕业纪念刊》，1949年6月。

科一年级①。

(十一)程步高

程步高(1896～1966),法文姓名 Tch'eng Pou-kao,浙江平湖人②。后成为电影导演③。1924年6月毕业于震旦大学法政科(在法政科攻读三年)④,1924年9月入震旦大学法政博学科一年级⑤。

(十二)徐砥平

徐砥平(1902～1979),又名徐之冰,法文姓名 Siu Tche Ping (Siu Tche-p'ing),江苏南通人。1924年6月毕业于震旦大学法政科⑥,1924年9月入震旦大学法政博学科一年级⑦,与顾继荣等同届攻读博士,但是未取得博士学位⑧。后留学法国,1927年取得格勒诺布尔大学法学博士学位,博士论文《中国司法机构》(L'organisation judiciare de la Chine)⑨。1928年回国。1929年任厦门大学法学教授,1930年2月起兼法律学系主任,讲授刑法、国际法等。1931年秋离开厦门大学,历任国民政府立法院外交委员会秘书、上海法政学院教授、上海法商学院教授等职。抗战胜利后任上海高等法院筹备处专员,提篮桥监狱代理典狱长,1946年1月离职,继任上海暨南大学教授,加入农工民主党,同时在上海从事律师业务⑩。1949年后任上海中华工商专科学校教师、上海外国语学院教师。1957年被划为右派,次年被判管制3年。1979年7月病逝于上海⑪。

(十三)王振湘

王振湘(1906～?),法文姓名 Wang Tchen-siang,安徽青阳人。1928年

---

① 《上海震旦大学院同学录》,No. 13,1924～1925,第40页,上海市档案馆档案编号 Q244-1-969。
② 《上海震旦大学院同学录》,No. 13,1924～1925,第20页,上海市档案馆档案编号 Q244-1-969。
③ 程维钧:《怀想与热爱——忆祖父程步高先生》,http://phxx.ph2009.com/? action-viewnews-itemid-400。
④ 《上海震旦大学院同学录》,No. 12,1923～1924,第37页,上海市档案馆档案编号 Q244-1-969;《震旦大学法学院历届毕业同学名录》,载《震旦大学法学院第卅一届毕业纪念刊》,1949年6月。
⑤ 《上海震旦大学院同学录》,No. 13,1924～1925,第40页,上海市档案馆档案编号 Q244-1-969。
⑥ 《震旦大学法学院历届毕业同学名录》,载《震旦大学法学院第卅一届毕业纪念刊》,1949年6月。
⑦ 《上海震旦大学院同学录》,No. 13,1924～1925,第40页,上海市档案馆档案编号 Q244-1-969。
⑧ 《震旦大学法学院历届毕业同学名录》,载《震旦大学法学院第卅一届毕业纪念刊》,1949年6月。
⑨ 王伟:《中国近代留洋法学博士考(1905—1950)》,上海,上海人民出版社,2011年,1版1次,第211页。
⑩ 《上海地区执行律务之校友》,载《震旦法律经济杂志》1949年第5卷第3期,第35页。
⑪ Http://law.xmu.edu.cn/xyw/LTIntro.asp? PID=127;侯利标编写:《私立时期厦门大学法学教师传略(二)》,http://www.fatianxia.com/blog_list.asp? id=34257。

6月毕业于震旦大学法政科①,1928年9月入震旦大学博士科一年级②,与沈曾诒、陈雄飞、李文显同届③。

(十四) 李文显

李文显(1904~?),法文姓名 Li Wen-hien,河南临颍县人。1928年6月毕业于震旦大学法政科④,1928年9月入震旦大学博士科一年级⑤,与沈曾诒、陈雄飞、王振湘同届⑥。曾任驻西贡领事⑦。

(十五) 江锡麐

江锡麐(1912~?),法文姓名 Kiang Si-ling,安徽怀宁人。1931年6月毕业于震旦大学法政科(在法政科攻读三年)⑧,1931年9月入震旦大学博士科(Doct. Econ.)一年级⑨。曾任驻开罗副领事⑩、"驻河内总领事""驻加蓬全权大使"⑪。

(十六) 沈达明

沈达明(1915~2006),法文姓名 Chen Ta Ming (Stanislas),江苏上海人。1930年6月入震旦大学法学院法律系,1934年6月毕业,取得震旦大学法学士学位⑫,1934年9月入震旦大学法律学系博士科一年级⑬。1935年9月入震旦大学法学研究院法律学研究所二年级攻读法学博士学位

---

① 《上海震旦大学院同学录》,No. 16,1927~1928,第27页,上海市档案馆档案编号 Q244-1-969;《震旦大学法学院历届毕业同学名录》,载《震旦大学法学院第卅一届毕业纪念刊》,1949年6月。

② 《上海震旦大学院同学录》,No. 17,1928~1929,第45页,上海市档案馆档案编号 Q244-1-969。

③ 同上;又见上海市档案馆档案编号 Q244-1-604。

④ 《上海震旦大学院同学录》,No. 16,1927~1928,第27页,上海市档案馆档案编号 Q244-1-969;《震旦大学法学院历届毕业同学名录》,载《震旦大学法学院第卅一届毕业纪念刊》,1949年6月。

⑤ 《上海震旦大学院同学录》,No. 17,1928~1929,第45页,上海市档案馆档案编号 Q244-1-969。

⑥ 上海市档案馆档案编号 Q244-1-604。

⑦ 《震旦大学法学院校友》,载《关于历届毕业学生调查表及校友调查表》,上海市档案馆档案编号 Q244-005-121。

⑧ 《上海震旦大学院同学录》,No. 19,1930~1931,第50页,上海市档案馆档案编号 Q244-1-969;《震旦大学法学院历届毕业同学名录》,载《震旦大学法学院第卅一届毕业纪念刊》,1949年6月。

⑨ 《上海震旦大学院同学录》,No. 20,1931~1932,第49页,上海市档案馆档案编号 Q244-1-969。

⑩ 《震旦大学法学院校友》,载《关于历届毕业学生调查表及校友调查表》,上海市档案馆档案编号 Q244-005-121。

⑪

⑫ 《震旦大学法学院历届毕业同学名录》,载《震旦大学法学院第卅一届毕业纪念刊》,1949年6月。

⑬ 《上海震旦大学院同学录》,No. 23,1934~1935,第29页,上海市档案馆档案编号 Q244-1-969。

(Doctorat Juridique)①。1936 年 6 月入巴黎大学,1939 年 6 月毕业,获得巴黎大学法学博士学位(法国国家博士),博士论文《1788 年和 1789 年法国贵族会议的组织》(L'Organisation des assemblées des notables de 1787 et de 1788)②。1940 年 6 月至 1942 年 6 月任重庆朝阳学院副教授兼注册主任,1942 年 6 月至 1944 年 6 月任国立湖北师范学院教授兼教务主任,1948 年 8 月至 1949 年 1 月任国立安徽大学教授,1949 年 9 月任震旦大学法学院教授③。后调北京对外贸易学院④。

(十七) 吴玉麟

吴玉麟(1913~1973),法文姓名 Ou Yu-lin,安徽休宁人。1934 年取得震旦大学法学士学位⑤,1934 年 9 月入震旦大学法律学系博士科一年级⑥。1935 年 9 月入震旦大学法学研究院法律学研究所二年级攻读法学博士学位(Doctorat Juridique)⑦。1936 年 9 月入震旦大学法学研究院法律学研究所二年级攻读法学博士学位⑧。后入上海法商水电公司。1956 年调任北京外语学院法语讲师,1961 年到齐齐哈尔医学院任教,后任新华社法文组翻译⑨。

(十八) 许武芳

许武芳(1913~?),法文姓名 Hiu Ou-fang,浙江天台人。1934 年取得震旦大学法学士学位⑩,1934 年 9 月入震旦大学法律学系博士科一年级⑪。

---

① 《震旦大学暨附属中学同学录》,No. 24,1935~1936,第 12 页,上海市档案馆档案编号 Q244-1-195。
② 王伟:《中国近代留洋法学博士考(1905—1950)》,第 263~264 页。
③ 沈达明 1949 年 12 月 1 日自填《上海市高等教育及学术研究工作者登记表》,上海市档案馆档案编号 Q244-006-145。
④ Http://www.civillaw.com.cn/flxr/StarDetail.asp?No=154。
⑤ 《震旦大学法学院历届毕业同学名录》,载《震旦大学法学院第卅一届毕业纪念刊》,1949 年 6 月。
⑥ 《上海震旦大学院同学录》,No. 23,1934~1935,第 29 页,上海市档案馆档案编号 Q244-1-969;《震旦大学暨附属中学同学录》,No. 24,1935~1936,第 12 页,上海市档案馆档案编号 Q244-1-195。
⑦ 《震旦大学暨附属中学同学录》,No. 24,1935~1936,第 12 页,上海市档案馆档案编号 Q244-1-195。
⑧ 《上海震旦大学院同学录》,No. 25,1936~1937,第 8 页,上海市档案馆档案编号 Q244-1-195。
⑨ Http://www.memfor.com/Memorial/AllArticleList.asp?MemorialID=1046&SpecialID=2(2005 年 12 月 9 日上传发布)。
⑩ 《震旦大学法学院历届毕业同学名录》,载《震旦大学法学院第卅一届毕业纪念刊》,1949 年 6 月。
⑪ 《上海震旦大学院同学录》,No. 23,1934~1935,第 29 页,上海市档案馆档案编号 Q244-1-969;《震旦大学暨附属中学同学录》,No. 24,1935~1936,第 12 页,上海市档案馆档案编号 Q244-1-195。

1934年12月加入上海律师公会①。1935年9月入震旦大学法学研究院法律学研究所二年级攻读法学博士学位(Doctorat Juridique)②。

（十九）李念兹

李念兹(1910～?),法文姓名 Li Nien-tse,浙江杭县人。1934年取得震旦大学法学士学位,1934年9月入震旦大学法律学系博士科一年级③。

（二十）梁伯鸿

梁伯鸿(1909～?),法文姓名 Liang Pe-hong,广东新会人。1934年取得震旦大学法学士学位,1934年9月入震旦大学法律学系博士科一年级④。

（二十一）马平壎

马平壎(1913～?),字轶凡,法文姓名 Ma P'ing-hiun,江苏吴县人。1934年取得震旦大学法学士学位⑤,1934年9月入震旦大学法律学系博士科一年级⑥。1935年1月加入上海律师公会,从事律师业务⑦。1935年9月入震旦大学法学研究院法律学研究所二年级攻读法学博士学位(Doctorat Juridique)⑧。

（二十二）陈海森

陈海森(1911～?),字关煜,法文姓名 Tch'en Hai-cheng,江苏吴县人。1934年取得震旦大学法学士学位⑨,1934年9月入震旦大学法律学系博士科一年级⑩。1935年1月加入上海律师公会,从事律师业务⑪。1935年9

---

① 《上海律师公会会员录》,1939年9月10日编印,第69页。
② 《震旦大学暨附属中学同学录》,No. 24,1935～1936,第12页,上海市档案馆档案编号 Q244-1-195。
③ 《上海震旦大学院同学录》,No. 23,1934～1935,第29页,上海市档案馆档案编号 Q244-1-969;《震旦大学暨附属中学同学录》,No. 24,1935～1936,第12页,上海市档案馆档案编号 Q244-1-195。
④ 《上海震旦大学院同学录》,No. 23,1934～1935,第29页,上海市档案馆档案编号 Q244-1-969;《震旦大学暨附属中学同学录》,No. 24,1935～1936,第12页,上海市档案馆档案编号 Q244-1-195。
⑤ 《震旦大学法学院历届毕业同学名录》,载《震旦大学法学院第卅一届毕业纪念刊》,1949年6月。
⑥ 《上海震旦大学院同学录》,No. 23,1934～1935,第29页,上海市档案馆档案编号 Q244-1-969;《震旦大学暨附属中学同学录》,No. 24,1935～1936,第12页,上海市档案馆档案编号 Q244-1-195。
⑦ 《上海律师公会会员录》,1939年9月10日编印,第44页;《震旦大学法学院校友》,载《关于历届毕业学生调查表及校友调查表》,上海市档案馆档案编号 Q244-005-121。
⑧ 《震旦大学暨附属中学同学录》,No. 24,1935～1936,第12页,上海市档案馆档案编号 Q244-1-195。
⑨ 《震旦大学法学院历届毕业同学名录》,载《震旦大学法学院第卅一届毕业纪念刊》,1949年6月。
⑩ 《上海震旦大学院同学录》,No. 23,1934～1935,第29页,上海市档案馆档案编号 Q244-1-969;《震旦大学暨附属中学同学录》,No. 24,1935～1936,第12页,上海市档案馆档案编号 Q244-1-195。
⑪ 《上海律师公会会员录》,1939年9月10日编印,第66页。

月入震旦大学法学研究院法律学研究所二年级攻读法学博士学位(Doctorat Juridique)①。1946 年 2 月开始担任震旦大学法学院专任教员，讲授法文课程②。

（二十三）奚德轩

奚德轩(1913～?)，法文姓名 Hi Te-hien，浙江平湖人。震旦大学预科毕业，1931 年 9 月进入震旦大学法学院法律学系，1935 年取得震旦大学法学士学位③，1935 年 9 月入震旦大学法学研究院法律学研究所一年级攻读法学博士学位(Doctorat Juridique)④，1936 年秋季仍然在博士一年级继续攻读⑤。

（二十四）陈大正

陈大正(1913～?)，法文姓名 Tch'en Ta-tcheng，江苏上海人。中法学校高级中学毕业，1931 年 9 月进入震旦大学法学院法律学系，1935 年取得震旦大学法学士学位⑥，1935 年 9 月入震旦大学法学研究院法律学研究所一年级攻读法学博士学位(Doctorat Juridique)⑦。1936 年 9 月入震旦大学法学研究院法律学研究所二年级攻读法学博士学位⑧。1938 年 12 月加入上海律师公会⑨。

（二十五）胡永生

胡永生(1913～?)，法文姓名 Hou Yong-cheng，江苏上海人。1935 年取得震旦大学法学士学位⑩，1935 年 9 月入震旦大学法学研究院法律学研

---

① 《震旦大学暨附属中学同学录》，No. 24，1935～1936，第 12 页，上海市档案馆档案编号 Q244-1-195。
② 《私立震旦大学三十六年学年度教员名册》，上海市档案馆档案编号 Q244-006-147；《震旦大学法学院校友》，载《关于历届毕业学生调查表及校友调查表》，上海市档案馆档案编号 Q244-005-121。
③ 《震旦大学法学院历届毕业同学名录》，载《震旦大学法学院第卅一届毕业纪念刊》，1949 年 6 月。有资料记载奚德轩 1934 年从震旦法学院毕业：《私立震旦大学民国廿三年度法学院毕业生名册》，上海市档案馆档案编号 Q244-1-653。
④ 《震旦大学暨附属中学同学录》，No. 24，1935～1936，第 12 页，上海市档案馆档案编号 Q244-1-195。
⑤ 《上海震旦大学院同学录》，No. 25，1936～1937，民国二十五年秋季，第 8 页，上海市档案馆档案编号 Q244-1-969。
⑥ 《震旦大学法学院历届毕业同学名录》，载《震旦大学法学院第卅一届毕业纪念刊》，1949 年 6 月；有资料记载陈大正 1934 年从震旦法学院毕业：《私立震旦大学民国廿三年度法学院毕业生名册》，上海市档案馆档案编号 Q244-1-653。
⑦ 《震旦大学暨附属中学同学录》，No. 24，1935～1936，第 12 页，上海市档案馆档案编号 Q244-1-195。
⑧ 《上海震旦大学院同学录》，No. 25，1936～1937，第 8 页，上海市档案馆档案编号 Q244-1-195。
⑨ 《上海律师公会会员录》，1939 年 9 月 10 日编印，第 67 页。
⑩ 《震旦大学法学院历届毕业同学名录》，载《震旦大学法学院第卅一届毕业纪念刊》，1949 年 6 月。

究所一年级攻读法学博士学位(Doctorat Juridique)①。1936 年 5 月加入上海律师公会②。1936 年 9 月入震旦大学法学研究院法律学研究所二年级攻读法学博士学位③。

(二十六) 周良甫

周良甫(1899~?),字文心,法文姓名 Tcheou Liang-fou,浙江镇海人。1931 年取得震旦大学法学士学位④,1933 年 4 月加入上海律师公会⑤。1935 年 9 月入震旦大学法学研究院法律学研究所一年级攻读法学博士学位(Doctorat Juridique)⑥,1936 年 9 月入震旦大学法学研究院法律学研究所二年级攻读法学博士学位⑦。

(二十七) 顾鸣歧

顾鸣歧(1914~?),法文姓名 Kou Ming-k'i,江苏上海人。震旦大学预科毕业,1931 年 9 月进入震旦大学法学院政治经济学系学习,1935 年本科毕业⑧,1935 年 9 月入震旦大学法学研究院政治经济学研究所一年级攻读政治经济学博士学位(Doctorat Politique-Economique)⑨。曾在上海商务印书馆工作⑩。

(二十八) 杨洪奎

杨洪奎(1914~?),法文姓名 Yang Hong-koei,浙江鄞县人。震旦大学预科毕业,1931 年 9 月进入震旦大学法学院政治经济学系学习,1935 年本科毕业⑪,1935 年 9 月入震旦大学法学研究院政治经济学研究所一年级攻

---

① 《震旦大学暨附属中学同学录》,No. 24,1935~1936,第 12 页,上海市档案馆档案编号 Q244-1-195。
② 《上海律师公会会员录》,1939 年 9 月 10 日编印,第 38 页。
③ 《上海震旦大学院同学录》,No. 25,1936~1937,第 8 页,上海市档案馆档案编号 Q244-1-195。
④ 《震旦大学法学院历届毕业同学名录》,载《震旦大学法学院第卅一届毕业纪念刊》,1949 年 6 月。
⑤ 《上海律师公会会员录》,1939 年 9 月 10 日编印,第 33 页。
⑥ 《震旦大学暨附属中学同学录》,No. 24,1935~1936,第 12 页,上海市档案馆档案编号 Q244-1-195。
⑦ 《上海震旦大学院同学录》,No. 25,1936~1937,第 8 页,上海市档案馆档案编号 Q244-1-195。
⑧ 《震旦大学法学院历届毕业同学名录》,载《震旦大学法学院第卅一届毕业纪念刊》,1949 年 6 月。有资料记载顾鸣歧 1934 年从震旦法学院毕业:《私立震旦大学民国廿三年度法学院毕业生名册》,上海市档案馆档案编号 Q244-1-653。
⑨ 《震旦大学暨附属中学同学录》,No. 24,1935~1936,第 12 页,上海市档案馆档案编号 Q244-1-195。
⑩ 《震旦大学法学院校友》,载《关于历届毕业学生调查表及校友调查表》,上海市档案馆档案编号 Q244-005-121。
⑪ 《震旦大学法学院历届毕业同学名录》,载《震旦大学法学院第卅一届毕业纪念刊》,1949 年 6 月。有资料记载杨洪奎 1934 年从震旦法学院毕业:《私立震旦大学民国廿三年度法学院毕业生名册》,上海市档案馆档案编号 Q244-1-653。

读政治经济学博士学位(Doctorat Politique-Economique)①。曾在上海商务印书馆工作②。

（二十九）王钦甫

王钦甫(1914～?)，法文姓名 Wang K'ing-fou，浙江镇海人。震旦大学预科毕业，1931 年 9 月进入震旦大学法学院政治经济学系学习，1935 年毕业③，1935 年 9 月入震旦大学法学研究院政治经济学研究所一年级攻读政治经济学博士学位(Doctorat Politique-Economique)④。

（三十）陆景龙

陆景龙(1913～?)，法文姓名 Lou King-long，江苏青浦人。1936 年取得震旦大学法学士学位⑤，1936 年 9 月入震旦大学法学研究院法律学研究所一年级攻读法学博士学位(Doctorat Juridique)⑥。1937 年 4 月加入上海律师公会⑦。

（三十一）李经宇

李经宇(1912～?)，字芝瑞，法文姓名 Li King-yu，江苏上海人。1936 年取得震旦大学法学士学位⑧，1936 年 9 月入震旦大学法学研究院法律学研究所一年级攻读法学博士学位(Doctorat Juridique)⑨。1937 年 1 月加入上海律师公会⑩。

（三十二）张寿椿

张寿椿(1913～?)，字正光，法文姓名 Tchang Cheou-tch'oen，江苏常州人（一

---

① 《震旦大学暨附属中学同学录》，No. 24，1935～1936，第 12 页，上海市档案馆档案编号 Q244-1-195。
② 《震旦大学法学院校友》，载《关于历届毕业学生调查表及校友调查表》，上海市档案馆档案编号 Q244-005-121。
③ 《震旦大学法学院历届毕业同学名录》，载《震旦大学法学院第卅一届毕业纪念刊》，1949 年 6 月。有资料记载王钦甫 1934 年从震旦法学院毕业：《私立震旦大学民国廿三年度法学院毕业生名册》，上海市档案馆档案编号 Q244-1-653。
④ 《震旦大学暨附属中学同学录》，No. 24，1935～1936，第 12 页，上海市档案馆档案编号 Q244-1-195。
⑤ 《震旦大学法学院历届毕业同学名录》，载《震旦大学法学院第卅一届毕业纪念刊》，1949 年 6 月。
⑥ 《上海震旦大学院同学录》，No. 25，1936～1937，第 8 页，上海市档案馆档案编号 Q244-1-195。
⑦ 《上海律师公会会员录》，1939 年 9 月 10 日编印，第 62 页。
⑧ 《震旦大学法学院历届毕业同学名录》，载《震旦大学法学院第卅一届毕业纪念刊》，1949 年 6 月。
⑨ 《上海震旦大学院同学录》，No. 25，1936～1937，第 8 页，上海市档案馆档案编号 Q244-1-195。
⑩ 《上海律师公会会员录》，1939 年 9 月 10 日编印，第 24 页。

说江苏吴县人)。1934 年取得震旦大学法学士学位①,之后入震旦大学法学研究院法律学研究所攻读博士学位。1935 年 8 月加入上海律师公会②。1936 年 9 月入震旦大学法学研究院法律学研究所二年级攻读法学博士学位(Doctorat Juridique)③。

(三十三) 邵规祖

邵规祖(1913～?),法文姓名 Chao Koei-tsou (Joseph),浙江慈溪人。1940 年取得震旦大学法学士学位④,1940 年 9 月入震旦大学法律学研究所一年级攻读法学博士学位⑤。1941 年秋季继续在法律学研究所攻读法学博士学位⑥。1946 年教育部自费留学生。1948 年取得巴黎大学法学博士学位,博士论文《中国本土银行》(Les banques autochtones chinoises: étude juridique)⑦。曾任职于上海市 Tung Chun Native Bank⑧。

(三十四) 孙立时

孙立时(1918～?),法文姓名 Suen Li-che,江苏无锡人。1940 年取得震旦大学法学士学位⑨,1940 年 9 月入震旦大学法律学研究所一年级攻读法学博士学位⑩。1941 年秋季继续在法律学研究所攻读法学博士学位⑪。曾在上海从事律师业务⑫。

(三十五) 周昌枢

周昌枢(1915～?),法文姓名 Tcheon Tch'ang-tch'ou,浙江宁波(鄞县)

---

① 《震旦大学法学院历届毕业同学名录》,载《震旦大学法学院第卅一届毕业纪念刊》,1949 年 6 月。
② 《上海律师公会会员录》,1939 年 9 月 10 日印,第 57 页。
③ 《上海震旦大学院同学录》,No. 25,1936～1937,第 8 页,上海市档案馆档案编号 Q244-1-195。
④ 《震旦大学法学院历届毕业同学名录》,载《震旦大学法学院第卅一届毕业纪念刊》,1949 年 6 月。
⑤ 《上海震旦大学院同学录》,No. 29,1940～1941,民国二十九年秋季,第 8 页,上海市档案馆档案编号 Q244-1-970。
⑥ 《上海震旦大学院同学录》,No. 30,1941～1942,民国三十年秋季,第 8 页,上海市档案馆档案编号 Q244-1-970。
⑦ 王伟:《中国近代留洋法学博士考(1905—1950)》,第 275 页。
⑧ 《震旦大学法学院校友》,载《关于历届毕业学生调查表及校友调查表》,上海市档案馆档案编号 Q244-005-121;《上海震旦大学院同学录》,No. 29,1940～1941,第 8 页,上海市档案馆档案编号 Q244-1-970。
⑨ 《震旦大学法学院历届毕业同学名录》,载《震旦大学法学院第卅一届毕业纪念刊》,1949 年 6 月。
⑩ 《上海震旦大学院同学录》,No. 29,1940～1941,民国二十九年秋季,第 8 页,上海市档案馆档案编号 Q244-1-970。
⑪ 《上海震旦大学院同学录》,No. 30,1941～1942,民国三十年秋季,第 8 页,上海市档案馆档案编号 Q244-1-970。
⑫ 《震旦大学法学院校友》,载《关于历届毕业学生调查表及校友调查表》,上海市档案馆档案编号 Q244-005-121。

人。1940年取得震旦大学法学士学位①,1940年9月入震旦大学法律学研究所一年级攻读法学博士学位②。1941年秋季继续在法律学研究所攻读法学博士学位③。

(三十六) 曹贻孙

曹贻孙(1916~?),法文姓名 Tsao I-suen,江苏无锡人。1940年取得震旦大学法学士学位④,1940年9月入震旦大学法律学研究所一年级攻读法学博士学位⑤。

(三十七) 杨凤翔

杨凤翔(1916~?),法文姓名 Yang Fong-siang,云南大理人。1940年取得震旦大学法学士学位⑥,1940年9月入震旦大学法律学研究所一年级攻读法学博士学位⑦,1941年秋季继续在法律学研究所攻读法学博士学位⑧。

(三十八) 刘麦生

刘麦生(1918~?),法文姓名 Lieou Mei-cheng,江苏上海(一说南京)人。1941年取得震旦大学法学士学位⑨,1941年9月入法律学研究所攻读法学博士学位⑩。曾任无锡地方法院检察官⑪。

(三十九) 潘瑞祥

潘瑞祥(1918~?),法文姓名 P'an Joei-siang,浙江上虞人。1940年取

---

① 《震旦大学法学院历届毕业同学名录》,载《震旦大学法学院第卅一届毕业纪念刊》,1949年6月。
② 《上海震旦大学院同学录》,No. 29,1940~1941,民国二十九年秋季,第8页,上海市档案馆档案编号 Q244-1-970。
③ 《上海震旦大学院同学录》,No. 30,1941~1942,民国三十年秋季,第8页,上海市档案馆档案编号 Q244-1-970。
④ 《震旦大学法学院历届毕业同学名录》,载《震旦大学法学院第卅一届毕业纪念刊》,1949年6月。
⑤ 《上海震旦大学院同学录》,No. 29,1940~1941,民国二十九年秋季,第8页,上海市档案馆档案编号 Q244-1-970。
⑥ 《震旦大学法学院历届毕业同学名录》,载《震旦大学法学院第卅一届毕业纪念刊》,1949年6月。
⑦ 《上海震旦大学院同学录》,No. 29,1940~1941,民国二十九年秋季,第8页,上海市档案馆档案编号 Q244-1-970。
⑧ 《上海震旦大学院同学录》,No. 30,1941~1942,民国三十年秋季,第8页,上海市档案馆档案编号 Q244-1-970。
⑨ 《震旦大学法学院历届毕业同学名录》,载《震旦大学法学院第卅一届毕业纪念刊》,1949年6月。
⑩ 《震旦大学院同学录》,No. 30,1941~1942,第8页,上海市档案馆档案编号 Q244-1-196。
⑪ 《震旦大学法学院校友》,载《关于历届毕业学生调查表及校友调查表》,上海市档案馆档案编号 Q244-005-121。

得震旦大学法学士学位①,后入法律学研究所攻读法学博士学位②。

（四十）徐祥芳

徐祥芳(1914～?),法文姓名 Siu Siang-fang,浙江鄞县人。1941 年取得震旦大学法学士学位③,后入法律学研究所攻读法学博士学位④。

（四十一）汪济

汪济(1917～?),法文姓名 Wang Tsi,浙江嘉兴人。1941 年取得震旦大学法学士学位⑤,1941 年秋季入法律学研究所攻读法学博士学位⑥。

（四十二）钱昌谖

钱昌谖(1916～?),法文姓名 Ts'ien Tch'ang-ts'iuen,江苏常熟人。1941 年取得震旦大学法学士学位⑦,1941 年秋季入法律学研究所攻读法学博士学位⑧。

上述 42 人未能获得博士学位的原因多种多样,除了可能未能通过考试或未能完成法文博士论文之外,还有因故中途放弃学业,例如宋国枢、徐砥平、沈达明等尚未毕业即留学法国。不管何种原因造成,单从数字上看,震旦大学二十年左右的博士教育,录取了六十余名博士生,顺利取得博士学位的有 25 名,约占 40%;未取得博士学位的有 42 位,约占 60%。也就是说,超过一半的博士生没有取得博士学位。在博士入学资格上,震旦大学没有设立专门的博士入学考试,震旦大学法学院的本科毕业生都有资格进入法学博士班学习,可谓"宽入",但是进去容易出来难,只有不到一半的学生取得博士学位这一事实证明了震旦大学在博士教育上采用的是"宽进严出"的政策。

第三节　博士身份存疑者

本章收录的 25 位博士的身份有充分直接的证据加以证明,下述 6 位的

---

① 《震旦大学法学院历届毕业同学名录》,载《震旦大学法学院第卅一届毕业纪念刊》,1949 年 6 月。
② 《震旦大学院同学录》,No. 30, 1941～1942,第 8 页,上海市档案馆档案编号 Q244-1-196。
③ 《震旦大学法学院历届毕业同学名录》,载《震旦大学法学院第卅一届毕业纪念刊》,1949 年 6 月。
④ 《震旦大学院同学录》,No. 30, 1941～1942,第 8 页,上海市档案馆档案编号 Q244-1-196。
⑤ 《震旦大学法学院历届毕业同学名录》,载《震旦大学法学院第卅一届毕业纪念刊》,1949 年 6 月。
⑥ 《震旦大学院同学录》,No. 30, 1941～1942,第 8 页,上海市档案馆档案编号 Q244-1-196。
⑦ 《震旦大学法学院历届毕业同学名录》,载《震旦大学法学院第卅一届毕业纪念刊》,1949 年 6 月。
⑧ 《震旦大学院同学录》,No. 30, 1941～1942,第 8 页,上海市档案馆档案编号 Q244-1-196。

博士身份尚不能确定,有些档案资料称他们取得了震旦大学法学博士学位,有些档案资料却没有这样的记载。本书未将其放入中国近代博士之列,姑且存疑,留待今后进一步考证。

(一)艾振麟

艾振麟(1902～?),法文姓名 Ngai Tchen-Lin (Joachin),江苏上海人。1922 年 6 月从震旦大学法政科毕业①,1922 年 9 月入震旦大学法政博学科一年级②,1923 年 9 月入震旦大学法政博学科二年级③。《震旦大学法学院历届毕业同学名录》记载艾振麟 1924 年取得震旦大学法学博士学位④,但是《私立震旦大学历届毕业生一览表》仅记载艾振麟 1922 年震旦大学法本科毕业,并未记载其曾经从法学研究所毕业⑤,《震旦大学 1912 至 1928 年历届毕业生名册》也未记载艾振麟曾经取得震旦大学法学博士学位⑥。艾振麟曾经撰写法文论文《中国的不动产租赁》(Louage d'immeubles en Chine),不知是否其震旦大学博士论文。艾振麟曾在上海从事律师业务⑦。

(二)洪兰友

洪兰友(1900～1958),又名洪作梅,法文姓名 Hong Tsao-mei,安徽歙县人(一说江苏江都人)。1919 年震旦大学预科毕业⑧。1922 年 6 月从震旦大学法政科毕业⑨,1922 年 9 月入震旦大学法政博学科一年级⑩,1923 年 9 月入震旦大学法政博学科二年级⑪。有资料称其在 1924 年取得震旦大学

---

① 《上海震旦大学院同学录》,No. 10,1922 年 2 月～6 月,第 28 页,上海市档案馆档案编号 Q244-1-969。
② 《上海震旦大学院同学录》,No. 11,1922 年 9 月～1923 年 1 月,第 37 页,上海市档案馆档案编号 Q244-1-969。
③ 《上海震旦大学院同学录》,No. 12,1923～1924,第 40 页,上海市档案馆档案编号 Q244-1-969。
④ 《震旦大学法学院历届毕业同学名录》(载《震旦大学法学院第卅一届毕业纪念刊》,1949 年 6 月)记载艾振麟于 1924 年取得震旦大学法学博士学位。
⑤ 上海市档案馆档案编号 Q244-055-857。
⑥ 上海市档案馆档案编号 Q244-055-863。
⑦ 《上海地区执行律务之校友》,载《震旦法律经济杂志》1949 年第 5 卷第 3 期,第 35 页;《震旦大学院同学录》,No. 5,1919 年 9 月～1920 年 1 月,第 5 页,上海市档案馆档案编号 Q244-1-969。
⑧ 《上海震旦大学之荣誉》,载《我存杂志》1936 年第 4 卷第 1 期,1 版 1 次,第 71 页。
⑨ 《上海震旦大学院同学录》,No. 10,1922 年 2 月～6 月,第 28 页,上海市档案馆档案编号 Q244-1-969。
⑩ 《上海震旦大学院同学录》,No. 11,1922 年 9 月～1923 年 1 月,第 37 页,上海市档案馆档案编号 Q244-1-969。
⑪ 《上海震旦大学院同学录》,No. 12,1923～1924,第 40 页,上海市档案馆档案编号 Q244-1-969。

法学博士学位①。然而《私立震旦大学历届毕业生一览表》《震旦大学 1912 至 1928 年历届毕业生名册》等档案均未有洪兰友取得法学博士学位的记载②,《震旦大学 25 周年毕业纪念刊》中 Certificates et Diplomes de 1912 a 1928 这份文件在"法学博士"(Doctoraten Droit)一栏下也没有洪兰友(或者洪作梅)取得法学博士学位的记载③,笔者初步判断,洪友兰曾经参加过震旦大学法学博士课程的学习,但尚不能确定其是否获得震旦大学法学博士学位。

洪兰友曾任中国公学、中央政治学校教授,国民政府劳工局科长、财政部科长,监察院参事,中央考试委员会秘书长,司法院法官训练所所长,国民党中央党部组织部主任秘书。1935 年 11 月,当选为国民党第五届中央执行委员、中央评议委员。1940 年起,任国民政府社会部政务次长、内政部部长、国民党中央非常委员会秘书长。1945 年任国民党第 6 届中央执行委员。1946 年 11 月当选为制宪国民大会代表及秘书长,1948 年 12 月任内务部部长。1949 年去台湾④。

(三) 朱怡声

朱怡声(1902～?),法文姓名 Tchou I-cheng (Louis),江苏上海人。1923 年从震旦大学法政科毕业⑤,1923 年 9 月入震旦大学法政博学科一年级⑥,1924 年 9 月入震旦大学法政博学科二年级⑦。有资料记载其 1925 年取得震旦大学法学博士学位⑧,但是《私立震旦大学历届毕业生一览表》仅记载朱怡声于 1923 年法学本科毕业,未记载其曾经在法学研究所毕业⑨;《震旦大学 1912 至 1928 年历届毕业生名册》也未记载朱怡声曾经取得震旦

---

① 《震旦大学法学院历届毕业同学名录》,载《震旦大学法学院第卅一届毕业纪念刊》,1949 年 6 月。
② 上海市档案馆档案编号 Q244-055-857,Q244-055-863。
③ 1903~1928 Uniiversite L'Aurore, Les 25 Ans de L'Aurore,见上海市档案馆档案编号 Q244-005-103。
④ 刘国铭主编:《中国国民党百年人物全书》(下),北京,团结出版社,2005 年,1 版 1 次,第 1642 页。
⑤ 《震旦大学法学院历届毕业同学名录》,载《震旦大学法学院第卅一届毕业纪念刊》,1949 年 6 月;《上海震旦大学院同学录》,No. 11,1922 年 9 月~1923 年 1 月,第 34 页,上海市档案馆档案编号 Q244-1-969。
⑥ 《上海震旦大学院同学录》,No. 12,1923~1924,第 40 页,上海市档案馆档案编号 Q244-1-969。
⑦ 《上海震旦大学院同学录》,No. 13,1924~1925,第 40 页,上海市档案馆档案编号 Q244-1-969。
⑧ 《震旦大学法学院历届毕业同学名录》(《载震旦大学法学院第卅一届毕业纪念刊》,1949 年 6 月)记载朱怡声于 1925 年取得法学博士学位。
⑨ 上海市档案馆档案编号 Q244-055-857。

大学法学博士学位①。朱怡声是早期留法人物马建忠的外甥。曾任上海警察局外事处处长、督察长②。1949年后去往香港、台湾、巴西③。

（四）陈厚儒

陈厚儒（1912～2004），字通伯，法文姓名 Tch'en Heou-jou，江苏仪征人④。1931年6月毕业于震旦大学法政科（在法政科攻读三年）⑤，1931年9月入震旦大学博士科(Doct. Jur.)一年级⑥。1932年9月入震旦大学博士科二年级(Doct. Jur.)⑦。有资料称1933年取得震旦大学法学博士学位⑧。然而《震旦大学法学院毕业生名册》仅记载陈厚儒1931年法本科毕业，未记载其曾从法学研究所毕业⑨。有些档案资料也未提及其曾获取博士学位⑩。

陈厚儒曾任安徽省地方法院实习推事，1940年考入外交部（重庆），1942年入中央训练团党政班第20期受训，任财政部四川区税务局巡察，外交部欧洲司科员，驻伊朗公使馆随员，驻海防领事馆随习领事，外交部文书科长。1957年任"驻法属大洋洲大溪地总领事"，1960年任"驻马里大使馆、塞内加尔大使馆代办"，1964年任"驻南越大使馆公使"，1966年任"驻贝宁大使馆大使"。1973年回台湾担任"外交部"顾问。1975年定居澳大利亚，2004年病逝⑪。

（五）朱诵先

朱诵先（1911～?），法文姓名 Tchou Song-sien，江苏上海人⑫。1931年

---

① 上海市档案馆档案编号 Q244-055-863。
② 《关于历届毕业学生调查表及校友调查表》(1937～1949)，上海市档案馆档案编号 Q233-005-121。
③ 《上海地区执行律务之校友》，载《震旦法律经济杂志》1949年第5卷第3期，第35页；《朱怡声回忆录》(1960年夏写于巴西圣保罗)，http://blog.sina.com.cn/s/blog_66837ea90100vqjg.html(2011年11月9日新郎博客转载)。
④ 《上海震旦大学院同学录》，No. 16, 1927～1928, 第15页，上海市档案馆档案编号 Q244-1-969。
⑤ 《上海震旦大学院同学录》，No. 19, 1930～1931, 第50页，上海市档案馆档案编号 Q244-1-969。
⑥ 《上海震旦大学院同学录》，No. 20, 1931～1932, 第49页，上海市档案馆档案编号 Q244-1-969。
⑦ 《上海震旦大学院同学录》，No. 21, 1932～1933, 民国二十一年秋季，第46页，上海市档案馆档案编号 Q244-1-969。
⑧ 《震旦大学法学院历届毕业同学名录》，载《震旦大学法学院第卅一届毕业纪念刊》，1949年6月。
⑨ 《震旦大学法学院毕业生名册》，见上海市档案馆档案编号 Q244-055-866。
⑩ 《关于历届毕业学生调查表及校友调查表》，上海市档案馆档案编号 Q244-005-121。
⑪ 刘国铭主编：《中国国民党百年人物全书》（下），第1386页；陈之彬：《缅怀父亲陈厚儒》，2005年4月2日墨尔本，http://www.aucca.com/mianhuai1.htm(该文未提及陈厚儒曾经获得震旦大学博士学位)。
⑫ 《上海震旦大学院同学录》，No. 17, 1928～1929, 第29页，上海市档案馆档案编号 Q244-1-969。

6月毕业于震旦法政科(在法政科攻读三年)①,1931年9月入震旦大学博士科(Doct. Econ.)一年级②,1932年9月入震旦大学博士科二年级(Doct. Econ.)③,1934年9月仍在震旦大学政治经济学系博士科二年级攻读④。有资料称其1935年取得震旦大学经济学博士学位⑤。其后事迹不详。

(六)宋家怀

宋家怀(1914~?),法文姓名Song Kia-hoai,江苏上海人⑥。震旦大学预科毕业,1931年9月入震旦大学法学院法律系,1935年7月毕业,取得震旦大学法学士学位⑦。1935年9月入震旦大学法学研究院法律学研究所一年级攻读法学博士学位(Doctorat Juridique)⑧。1936年9月入震旦大学法学研究院法律学研究所二年级攻读法学博士学位⑨。

《震旦大学法学院历届毕业同学名录》记载宋家怀1942年取得法学博士学位⑩;《震旦大学法学院校友》记载宋家怀1940年取得震旦大学法学博士学位⑪。《震旦大学法学院毕业生名册》仅记载宋家怀1935年法本科毕业,未记载其曾从法学研究所毕业⑫。宋家怀于1949年亲笔填写的《上海市高等教育及学术研究工作者登记表》仅记载其曾经取得震旦大学法学士学位,并未提及法学博士学位,但在论著栏目中填写了一项:《股份有限公司之董事》(法文本)⑬。这一宋家怀自填登记表可否作为其并未取得震旦

---

① 《上海震旦大学院同学录》,No. 19,1930~1931,第50页,上海市档案馆档案编号Q244-1-969;《震旦大学法学院历届毕业同学名录》,载《震旦大学法学院第卅一届毕业纪念刊》,1949年6月。
② 《上海震旦大学院同学录》,No. 20,1931~1932,第49页,上海市档案馆档案编号Q244-1-969。
③ 《上海震旦大学院同学录》,No. 21,1932~1933,民国二十一年秋季,第46页,上海市档案馆档案编号Q244-1-969。
④ 《上海震旦大学院同学录》,No. 23,1934~1935,第29页,上海市档案馆档案编号Q244-1-969。
⑤ 《震旦大学法学院历届毕业同学名录》(载《震旦大学法学院第卅一届毕业纪念刊》,1949年6月)记载朱诵先1935年获得经济学博士学位。《震旦大学法学院毕业生名册》仅记载朱诵先1935年在法学研究所毕业,见上海市档案馆档案编号Q244-055-866。
⑥ 《上海震旦大学暨附属中学同学录》(1935~1936),第41页。
⑦ 《震旦大学法学院历届毕业同学名录》,载《震旦大学法学院第卅一届毕业纪念刊》,1949年6月;《私立震旦大学民国廿三年度法学院毕业生名册》,上海市档案馆档案编号Q244-1-653。
⑧ 《震旦大学暨附属中学同学录》,No. 24,1935~1936,第12页,上海市档案馆档案编号Q244-1-195。
⑨ 《上海震旦大学院同学录》,No. 25,1936~1937,第8页,上海市档案馆档案编号Q244-1-195。
⑩ 载《震旦大学法学院第卅一届毕业纪念刊》,1949年6月。
⑪ 《关于历届毕业学生调查表及校友调查表》,上海市档案馆档案编号Q244-005-121。
⑫ 上海市档案馆档案编号Q244-055-866。
⑬ 上海市档案馆档案编号Q244-006-145。

大学法学博士学位的最终证据？《股份有限公司之董事》（法文本）是否就是宋家怀在震旦大学的博士论文？这些疑问尚未有明确的答案。

1940年9月，宋家怀担任震旦大学法学院教员，讲授"民法""民法债编""破产法"等课程①，后升任教授②。发表文章：《股份有限公司董事之选任》《债权人只有一人时债务人能否宣告破产》③《民法第184条第一项后段之意义》④《新旧土地法的比较》⑤《新旧土地法的比较》（续）⑥《新旧土地法的比较》（续）⑦《天主教会在我国之土地权利》⑧。

此外，有关蒙圣球的博士学位记载也有问题。蒙圣球，法文姓名Mong Cheng-K'ieou，广西藤县人。1918年取得震旦大学法学士学位⑨。曾在天津工商学院工作⑩。有资料称其1920年取得震旦大学法学博士学位⑪。根据本书作者查询震旦大学其他档案，并没有发现蒙圣球取得法学博士学位的原始档案记录。1920年7月3日《申报》记载，1920年震旦大学首届法学博士只有两人：胡文柄和顾守熙⑫。据此，称蒙圣球1920年取得震旦大学法学博士学位的记录恐怕有误。

第四节　震旦大学法学博士统计分析

本节按照25位震旦大学博士的籍贯、年龄、毕业年代、职业分布等标准进行统计分析，进而探讨震旦大学博士在籍贯、年龄和毕业年代、职业分布等方面的规律和特点。

---

① 《私立震旦大学三十六年学年度教员名册》，上海市档案馆档案编号Q244-006-147。
② 《关于历届毕业学生调查表及校友调查表》(1937~1949)，上海市档案馆档案编号Q233-005-121。
③ 《震旦法律经济杂志》1946年第二卷第5期，第88~91、94~95页。
④ 《震旦法律经济杂志》1946年第二卷第6期，第104~105页。
⑤ 《震旦法律经济杂志》1946年第二卷第8期，1版1次，第139~143页。
⑥ 《震旦法律经济杂志》第二卷第10、11期（合刊），第171~174页。
⑦ 《震旦法律经济杂志》第二卷第12期，第191~192页。
⑧ 《震旦法律经济杂志》1947年第三卷第10期，第133~136页；第三卷第11期，第144~149页。
⑨ 《西历1912年至1928年毕业生一览表》，载《震旦大学院杂志》(Bulletin de L'Universite L'Aurore)1929年第17期，上海市档案馆档案编号Q244-005-103。
⑩ 《震旦大学法学院校友》，载《关于历届毕业学生调查表及校友调查表》，上海市档案馆档案编号Q244-005-121。
⑪ 同上。
⑫ 《震旦大学院之毕业式》，载《申报》1920年7月3日。

一、震旦大学法学博士籍贯分布

（一）震旦大学法学博士籍贯分布表

表4-2 震旦大学法学博士籍贯分布表

省籍	博士人名	人数	备注
江苏	胡文柄、王敦常、陈锡潭、袁民宝、沈福顺、李沂、徐象枢、顾继荣、沈曾诒、陈雄飞、王品伦、朱域、曾培启、许鼐、朱高融、高念祖、顾明祖、吴桂馨、郭传曾、张登棣	20	陈锡潭、沈福顺、顾继荣、陈雄飞、吴桂馨、郭传曾、张登棣共7名均为上海人
浙江	萧桐、姚肇弟、沈家诒	3	
安徽	顾守熙、王自新	2	

资料来源：本章第一节。

（二）震旦大学法学博士籍贯分布特点

震旦大学法学博士的省籍仅限于东部三省：江苏、浙江、安徽。

震旦大学法学博士的省籍以江苏省为最多，共计20人，约占学术性博士总人数的80%。

如以单个城市论，上海市籍贯的学生最多，有7人。

上述三项特点的成因是：震旦大学地处上海，主要吸引江苏、浙江、安徽这三省的学生，对于上海市的学生更有吸引力。耶稣会在华影响范围也主要在江苏、安徽一带。

二、震旦大学法学博士年龄分布

（一）震旦大学法学博士年龄分布表

表4-3 震旦大学法学博士年龄分布表

博士年龄	博士人名	人数
19岁	陈雄飞	1
20岁	无	0
21岁	沈曾诒、高念祖	2
22岁	王敦常、沈福顺、姚肇弟、顾继荣、王品伦、许鼐	6
23岁	曾培启、吴桂馨、郭传曾	3
24岁	袁民宝	1
25岁	胡文柄、顾守熙、李沂、萧桐、王自新、朱域、顾明祖	7

续表

博士年龄	博士人名	人数
26岁	沈家诒、张登棣	2
27岁	陈锡潭、徐象枢	2
28岁	无	0
29岁	朱高融	1
合计		25

资料来源：本章第一节。

（二）震旦大学法学博士年龄分布统计

根据上述统计分析，可以得出震旦大学法学博士团体年轻化的结论。

1. 在25名法学博士中，年龄在25岁以下者（包括25岁）有20名，占博士总人数的80%。26岁以上者（包括26岁）有5名，占博士总人数的20%。

2. 取得博士学位时年龄最大者是朱高融（29岁）；最年轻的当数陈雄飞（19岁）。没有任何一名在取得博士学位时年龄超过30岁。

3. 在25岁这个年龄取得博士学位的人数最多，共有7名；其次是22岁，有6名；再次是23岁，有3名；之后是21岁、26岁、27岁，各有2名；最后是19岁、24岁、29岁，各有1名。

震旦大学法学博士年轻化的原因主要是震旦大学法学博士教育制度的特殊性，即绕过硕士阶段，直接由本科阶段进入博士阶段，而且博士阶段的学习通常只需要两年。这一特殊的制度安排导致许多二十岁出头毕业的本科生在25岁之前即可取得博士学位。

三、震旦大学法学博士毕业年代分布

（一）震旦大学法学博士毕业年代分布表

表4-4　震旦大学法学博士毕业年代分布表

年代	博士人名	人数
1910~1919	无	0
1920~1929	胡文柄、顾守熙、王敦常、陈锡潭、袁民宝、沈福顺、李沂、萧桐、姚肇弟、徐象枢、沈家诒、顾继荣、王自新	13
1930~1939	沈曾诒、陈雄飞、王品伦、朱域、曾培启、许霨、朱高融、高念祖、顾明祖、吴桂馨、郭传曾、张登棣	12
1940~1949		0
合计		25

资料来源：本章第一节。

（二）震旦大学法学博士毕业年代统计分析

震旦大学的法学博士始于 20 世纪 20 年代，其毕业年代集中在 20 世纪 20 年代和 30 年代。20 世纪 30 年代的博士几乎全部是在 1930 年至 1934 年。

可以说，20 世纪 30 年代中期是震旦大学博士教育的一个转折点，由盛转衰，且速度惊人。其主要原因与震旦大学在南京国民政府立案有关。

1932 年 12 月，教育部正式批准震旦大学立案①。1933 年 9 月，司法院特许震旦大学法学院立案②。立案后的一个直接后果是，震旦大学被中国政府作为一所普通的私立大学进行管理，尤其重要的是，震旦大学的学位制度开始与中国当时的学位制度进行衔接。可问题是：中国当时并没有建立起博士学位制度，这就导致一个尴尬的局面，即震旦大学的博士教育和博士学位不被中国官方所认可。

吴桂馨是震旦大学在教育部和司法院立案后毕业的法学博士，但是教育部仅仅验证了他的研究生毕业证书，并未承认其博士学位。事实上，1935 年之后，震旦大学的博士教育因为不符合政府教育法令而受到严重影响，虽然可以继续研究生教育，但是已经很难公开授予博士学位。

四、震旦大学法学博士职业分布

（一）震旦大学法学博士职业分布一览表

下表 4-5 显示了震旦大学部分法学博士的职业。这里必须注意两个问题：第一，表中的职业是他们的主要职业，有些博士在主业之外还曾兼职，有些博士的职业曾经多次变动；第二，25 位博士之中，有 6 位的职业尚未查明，包括沈曾诒、王品伦、朱域、顾明祖、吴桂馨、张登棣，所以这 6 位博士没有出现在表 4-5 之中。

表 4-5 震旦大学法学博士职业分布一览表

职 业	人　　　名	人数
律师	顾守熙（也曾任大学教授）、陈锡潭、姚肇弟、顾继荣、朱高融、曾培启	6
教师	袁民宝、李沂、沈家治、王自新、高念祖、郭传曾	6
外交官	陈雄飞、许鏞、	2
法官、检察官	胡文柄（也曾任大学教授）、萧桐、	2
其他种类官员	王敦常（立法院）、沈福顺、徐象枢	3

资料来源：本章第一节。

---

① 《上海震旦大学立案之经过》，载《公教周刊》1933 年第 198 期，第 12～13 页。
② 上海市档案馆档案编号 Q244-005-124；《司法院特许私立法政学校一览》，载《司法公报》1933 年第 90 期，第 42 页。

（二）震旦大学法学博士的职业分析

震旦大学法学博士的职业分布主要集中在官员、教师和律师三个领域，在官员当中，从事法官和检察官的人数不多。总的来看，在已经知道职业身份的 19 人中，担任外交官、法官、检察官、其他种类官员的人数有 7 名，担任律师者有 6 名，担任教师者有 6 名。在 6 名教师中，既有在著名国立高校担任教授者，也有回母校（震旦大学）担任教授者，任教的地域、学校分布范围较广，并未全部集中在上海以及震旦大学。

五、近代中外双料法学博士

震旦大学的毕业生很多留学法国，这主要因为震旦大学与法国的关系极为密切。法国政府教育部在 1918 年 11 月 30 日就以部令的方式承认震旦大学附属中学毕业证书与法国中等学校有同等程度。震旦大学的毕业生也可以在法国取得一定程度的优惠待遇。"凡在本校各学院卒业之学生，考入法国大学时可享免修法定学分一次付费之优待，仅每人须向法教部单独声请而已。"①

据笔者查证，在 25 名震旦博士中，有 5 位后来又留学法国并取得巴黎大学法学博士学位，成为中外双料法学博士，这也是中国近代教育史的奇特现象。以下是近代中外双料博士一览表（见表 4-6）。

表 4-6　近代中外双料法学博士一览表

序号	博士姓名	中国博士学校及年代	外国博士学校及年代
1	胡文柄	1920 年震旦大学法学博士	1922 年巴黎大学法学博士
2	沈福顺	1923 年震旦大学法学博士	1929 年巴黎大学法学博士
3	王自新	1929 年震旦大学法学博士	1932 年巴黎大学法学博士
4	沈曾诒	1930 年震旦大学法学博士	1934 年巴黎大学法学博士
5	陈雄飞	1930 年震旦大学法学博士	1941 年巴黎大学法学博士

资料来源：本章第一节及王伟著《中国近代留洋法学博士考（1905—1950）》第五章。

近代中外双料博士具有如下特点：第一，他们取得的博士学位种类均是法学博士学位；第二，他们在中国取得博士学位的学校均是震旦大学；第三，他们在外国取得博士学位的学校均是巴黎大学，也就是说，他们选择的留学国家均为法国；第四，近代中外双料博士的人数占中国近代法学博士总

---

① 上海市档案馆档案编号 Q244-005-124；《司法院特许私立法政学校一览》，载《司法公报》1933 年第 90 期，第 16 页。

人数的 21%。

除了上述 5 位中外双料法学博士之外，还有 4 名震旦大学的学生在震旦大学进行过博士阶段学习但未及毕业即赴法留学，虽未取得震旦大学博士学位，但最终取得了法国的博士学位，他们是：宋国枢、徐砥平、沈达明、邵规祖。

第五节　震旦大学法学博士的特征

一、来源的单一性和封闭性

25 名博士全部在震旦大学法学院接受高等教育，没有任何一位来自中国其他高校。震旦大学法学博士来源的单一性特征部分归因于震旦大学对于法语教学和研究的重视。震旦大学作为法国耶稣会在中国设立的大学，与法国有千丝万缕的联系。震旦大学的法语教育在中国近代教会大学中独树一帜，其学生法语较为熟练。震旦大学规定："讲课要用法文，谈话、出布告也用法文，校内出版的刊物也用法文。刚刚考进震旦的学生是不懂法文的，因此，从 1917 年起，就设立了'法文特别班'，使这些学生用一年左右的时间专门学习法文。"①对于进入震旦大学法学院攻读法律的一年级新生，如果不懂法文，则在第一年之内除了修读中文法律课程之外，还必须修读法文特别课程，进入第二年之后，必须开始补读法文法律课程②。而其他高校（例如位于同城的东吴大学法学院）培养的学生，未经特殊训练，很难具备运用法文撰写论文的能力。

这一特征还归因于震旦大学博士入学条件的内倾性和封闭性。震旦大学明文规定，只有本校毕业生才有资格升入博士阶段学习。"凡得有本校学士证书者，方准作专门研究，以资深造。其他同等程度，概不承认。"③这一方面打开了本校毕业生升入更高阶段进行研究的大门，另一方面却关上了其他学校毕业生进入震旦大学攻读博士学位的大门。所以说，震旦大学的博士教育具有很大程度的封闭性，这也是震旦大学博士教育之所以很少为

---

① 《华东高等学校情况汇编（第一分册，华东高等学校历史情况）》，1954 年 1 月，第 283 页，转引自《我与震旦大学》，被采访人王振义，载《史林》增刊 2011 年，第 35 页，注释 3。

② "Aurora University, General Information"（《关于震旦大学一览》，英文），上海市档案馆档案编号 Q244-1-650。

③ 震旦大学编：《私立震旦大学一览》，上海，土山湾印书馆，1935 年，第 62 页。

人所知的原因之一。博士来源的封闭性导致其他高校的优秀毕业生无法进入震旦大学攻读博士学位,这既是外校学生的遗憾,也是震旦大学本身的损失。博士阶段已经由培养普通专业人才(例如法官、律师等)转向培养学术研究人才(例如教师)的阶段,只允许本校毕业生攻读博士学位,生源单一,缺乏与外校优秀毕业生的交流与融合,几乎类似于学术上的近亲繁殖。震旦大学的博士教育之所以没有获得巨大成功,其制度上的封闭性至少是原因之一。相比之下,同为天主教教会大学性质的辅仁大学对于研究生的来源则较为开放,《辅仁大学学则》(1936)第 7 条乙款明文规定:"凡投考研究所者,须为国立省立及以立案之私立大学或教育部承认之外国大学毕业生,至少有一种外国语读作对译之能力,经入学试验录取后,方得入所。"①另外一所教会大学燕京大学也规定其研究生入学资格之一是:"曾在国立省立或立案私立大学与独立学院毕业。"②这些教会大学的研究生入学规定均比震旦大学的研究生入学规定开放包容。

  震旦大学研究生教育的封闭性和排他性不仅缩小了其研究生招生的范围,还违反了国民政府的教育法令。1934 年《大学研究院暂行组织规程》第 7 条明文规定:"招收研究生时,以国立、省立及立案之私立大学与独立学院毕业生经公开考试及格者为限,并不得限于本校毕业生。"③1946 年《大学研究所暂行组织规程》第 6 条重申:"各研究所之研究生以公立及已立案之私立大学或独立学院毕业生经公开考试录取者为限,并不得限于本校毕业生。"④上述规定是为了保护研究生入学标准的公平公正性,从而避免研究生招生的歧视性待遇,避免学术研究的近亲繁殖。显然,震旦大学只允许本校毕业生升入研究院所接受研究生教育的做法,于法无据。从法理上分析,震旦大学在国民政府教育部立案之后,其内部招收研究生的政策若与教育部的法令相抵触,则归为无效。震旦大学研究生教育之所以在立案之后逐渐萎缩,原因之一就是其原有的研究生教育制度与民国政府的研究生教育法律制度不相一致。虽然震旦大学的研究生教育制度在 1936 年以后做出一些调整,要求毕业论文必须用中文撰写,外文论文仅作为副本;在研究生入学资格上也有所放宽,允许国内外

---

  ① 《辅仁大学学则》(1936),载王学珍、张万仓编:《北京高等教育文献资料选编(1861~1948)》,北京,首都师范大学出版社,2004 年,1 版 1 次,第 738~742 页。
  ② 《燕京大学研究员规程》(1936),第 6 条第 2 款,载王学珍、张万仓编:《北京高等教育文献资料选编(1861—1948)》,第 729 页。
  ③ 《大学研究院暂行组织规程》,1934 年 5 月 19 日教育部公布,载《中华民国教育法规选编》(修订本),南京,江苏教育出版社,2005 年,2 版 1 次,第 400 页。
  ④ 《大学研究所暂行组织规程》,教育部第 41315 号令公布,1946 年 12 月 31 日,载教育部参事室编:《教育法令》,1947 年 5 月发行,1947 年 7 月再版,第 181 页。

国立、省立、私立大学及独立学院毕业生报考①,但这些新举措为时已晚。震旦大学的博士教育在内忧外患之下最终消亡。

二、时期的短暂性和集中性

震旦大学授予法学博士学位集中于1920~1936年。目前尚无确凿证据显示震旦大学在1937~1949年间曾经授予过法学博士学位。震旦大学在1941年左右曾经招收了一些法学博士生,但是最终都没有授予博士学位。1943年以后震旦大学干脆取消了法学研究生的招生工作。从时间上看,震旦大学法学博士教育前后大约开展了20年。这一段时期正好是中国近代研究生教育处于探索和试验的阶段,也是研究生教育法令不完善的阶段,尤其对于教会大学的研究生教育,政府的法令基本处于空白。这就给了震旦大学独树一帜开展博士教育的机会。1935年《学位授予法》一出台,震旦大学的法学博士教育实践逐渐停止。震旦大学在抗日战争期间困守于上海法租界,处于中央政府(重庆)教育监管最为松散的时期,尽管名义上开办了法学博士班,但实际上并没有授予法学博士学位。

震旦大学法学博士教育的短暂性还体现在博士学制上。震旦大学的法学博士生通常只需要两年即可毕业,有些学生在博士班攻读一年多即取得法学博士学位,这一速度相当惊人。两年或者不足两年的博士学制可能影响到博士教育的质量。对于法学而言,高质量的博士论文往往需要长期的学术积累,很难一蹴而就、短期速成。震旦大学法学博士论文很少为后人所知的原因之一与震旦大学较短的博士学制不无关系。

三、专业的多样性

震旦大学的法学博士专业包括法律学专业和政治经济学专业。这一广义的法学专业来源于法国,与美国的法学专业教育范围不尽相同。美国的法学专业教育属于狭义的法学,即法律学,而法国的法学专业教育属于广义的法学,涵盖法律学、政治学、经济学。

四、性别的单一性

震旦大学培养的25名法学博士全部是男性。相比而言,中国近代留洋博士群体之中却不乏女性的身影,例如中国女性中最早取得留洋法学博士

---

① 《私立震旦大学法学院法科研究所章程》,载《震旦杂志》1936年第33期,第66~68页。

学位的郑毓秀①。事实上,震旦大学法学院早期毕业生全为男性,到1942年才开始有女性毕业生。性别单一性的情况,不只存在于法学专业。

五、籍贯的集中性

绝大多数震旦大学法学博士的籍贯是江苏省,少数博士属于浙江省籍和安徽省籍。在江苏省籍博士中,上海市(20世纪20年代中期以前隶属江苏省)学生为数不少,这一现象自然与震旦大学位于上海有关,近水楼台先得月。无疑,上海成为中国最早培养学术性博士的城市。震旦大学博士群体中鲜有广东籍的法学博士。这与中国近代留洋法学博士的籍贯分布略有不同。在近代留洋法学博士中,广东籍博士的人数排名第二,仅次于江苏,而略高于浙江②。

六、留学国别的单一性

震旦大学培养的25名法学博士之中,有不少人后来又出国留学,有5位甚至又在外国取得博士学位。他们有一个共同特点,即选择出国留学的国家均为法国。25人中,没有任何一人选择去往英国、美国、德国等国家留学。这一留学国别的单向性与震旦大学博士来源的单一性有关。由于震旦大学与法国有密切的联系,其毕业生首选的留学国家自然也是法国。这至少可以带来两个便利:第一,对于震旦大学的博士来说,留学法国几乎没有语言障碍;第二,震旦大学的文凭很容易被法国大学所承认,入学申请较为容易。

七、教育的学术性

震旦大学培养的25名法学博士具有一个明显的特点:他们全都具有法学博士毕业论文。也就是说,他们全部属于学术性法学博士,而非无须论文的职业性法学博士(例如美国通常意义上的J.D.)。事实上,震旦大学的博士制度采取了法国模式的博士制度,学生必须撰写毕业论文,并需要通过博士论文答辩。有关他们博士论文的情况,详见本书第五章。

震旦大学的博士教育模式本身并非震旦大学所独创,而是模仿近代法国博士教育模式中的一种——大学博士教育。无论是博士教育的入学条件、学习年限、课程考试制度、论文答辩制度,震旦大学均效仿法国博士教育

---

① 王伟:《中国近代留洋法学博士考(1905—1950)》,第204页。
② 同上书,第359页。

制度。从制度上说,震旦大学只是部分继承了法国博士教育制度。中国近代高等教育行政管理当局最终没有肯定或支持震旦大学的博士教育,不等于中国近代高等教育行政管理当局舍弃了法国博士教育模式,准确地说,中国近代博士教育没有采纳法国博士教育模式中的大学博士教育模式,转而采纳了法国博士教育模式中的另外一种——国家博士学位制度。

值得注意的是,震旦大学虽然在中国最早开展了学术性博士教育,但震旦大学似乎没有意识到其开启了中国学术性博士教育的先河。笔者查阅震旦大学档案,并未发现任何一份宣扬其博士教育的文件,低调、内敛、内向成了震旦大学博士教育的显著特征。

本 章 小 结

与震旦大学博士教育低调内敛的特征一样,震旦大学法学院培养的25位学术性博士也保持了内向的特点,他们虽然取得了中国最早的学术性博士学位,但并未公开高调宣扬自己的博士身份。震旦大学法学院培养的25位中国近代博士,无论从事外交、司法、教育等职业,均取得了一定的成绩,也许没有出类拔萃的杰出人物,但是基本符合震旦大学自己对于毕业生的预期:

> 凡毕业本系之学生,对于理论及实际的专门学识类皆具有相当之根底,法律智识固极丰富,一般常识亦有素养。一旦出而问世,自能出人头地,不落凡俗矣![1]

---

[1] 《震旦大学法学院一览》,1939年,第15页。

第五章　中国近代学术性博士论文
——震旦大学法学博士论文

> 任何一个国家在其开始授予博士学位时,有些博士论文在今日观之固不免有可称为幼稚者,这又有什么害处呢?人既不能不经过幼稚时期而渐臻于盛壮老成,学术亦何尝不是如此呢?
>
> ——王云五:《我国博士学位授予之研讨》
> (1957年4月为新生报写)

本章专门研究中国近代学术性博士论文。中国近代学术性博士论文主要包括法学博士论文、经济学博士论文两种,这两种均可归类于广义的法科论文。因为震旦大学是中国近代唯一开展学术性法学博士教育的大学,所以中国近代学术性法学博士论文等同于震旦大学法学博士论文。这里的法学博士论文既可以是广义的法学博士论文(包括法学博士论文与经济学博士论文),也可以是狭义的法学博士论文。中国近代学术性法学博士论文总数约25篇,数量不多,但意义重大,是中国教育史上最早的法学博士论文,具有很高的历史文献价值。

第一节　震旦大学法学博士论文概况

一、震旦大学法学博士论文目录

从研究角度来说,目录通常是第一步。长期以来,由于缺乏一份详细的近代法学博士论文目录,国内外学者没有关注到震旦大学法学博士论文,更谈不上在此基础上收集整理近代法学博士论文,进而深入研究其学术价值和学术思想。

震旦大学以法为师,其法学博士教育制度模仿法国。法国要求所有的法学博士必须撰写法文博士论文,震旦大学也有相同的要求①。因此,震旦大学的 25 位法学博士都有博士论文。这些博士论文的具体情况见下表 5-1：

表 5-1 震旦大学法学博士论文一览表

序号	姓　名	完成时间	博士论文题目 （中/法）	出　版　情　况
1	胡文柄 （Hou Wen-Ping）	1920	《内国公债》（Essai sur les emprunts intérieurs de la Chine）	已出版；Changhai：Imprimerie de l'orphelinat de T'ou-sè-wè（土山湾工艺局）,1920,法汉双语,汉语 55 页,法语 47 页
2	顾守熙 （Kou heou-hi；Ku Shou Hsi）	1920	《中国房税考》（L'Importsur les propriétés baties en Chine）	已出版；Changhai：Imprimerie de l'orphelinat de T'ou-sè-wè,1920
3	王敦常 （Wang Toen-tch'ang）	1922	《票据法理刍议》（Etude juridique sur les Effets de commerce chinois）	已出版；上海震旦大学院法政博士科,113＋119 页,1922 年,法汉双语
4	陈锡潭 （Tch'en Si-tan）	1922	《中国嗣续法论》（L'Adoption en droit chinois）	已出版；Zi-Ka-Wei, Chang-Hai, Imprimerie de l'Orphelinat de T'ou-sè-wè, 1924, 84 页,法语。该文也刊登在《震旦大学文学法政杂志》（Université l'Aurore-Bulletin de Littérature）1923 年第 6 期第 28～88 页以及 1923 年第 7 期第 29～51 页
5	袁民宝 （Yuen Ming-pao）	1922	《中国农业制度考》（Systemes agraires en Chine）	已出版；上海震旦大学院,1922 年 6 月出版,三德印刷所（Imprimerie Jeanne D'Arc, Changhai）代印,震旦大学院发行,法汉双语,中文 80 页,法语 63 页（连法文目录）
6	沈福顺 （Chen Fou-choen）	1923	《中国抵押权考》（De l'Hypotheque chinoise）	未出版
7	李沂（Li I）	1923	《中国法与比较法之下的不动产出售》（Ventes d'immeubles en droit chinois et en droit compare）	未出版

---

① 《1928 年震旦大学法学院章程》,上海市档案馆档案编号 Q244-005-98。

续 表

序号	姓 名	完成时间	博士论文题目（中/法）	出 版 情 况
8	萧桐 (Siao T'ong)	1923	《中国法律中的继承与收养》(De la succession et de l'adoption en droit chinois)	已出版；Zi-Ka-Wei, Chang-Hai, Imprimerie de l'Orphelinat de T'ou-sè-wè（土山湾工艺局），1927，112 页，法语。另外，该文部分刊登于《震旦大学文学法政杂志》(Université l'Aurore-Bulletin de Littérature) 1926 年第 10 期第 78~114 页、1927 年第 11 期第 40~84 页、1927 年第 12 期第 67~95 页
9	姚肇弟 (Yao Tchao-ti)	1924	《中国的商标保护》(De la protection des marques de fabrique en Chine)	未出版
10	徐象枢 (Siu Siang-tch'ou; Hsiang-ch'u Hsü)	1924	《唐太宗之功绩》(L'œuvre de T'ang T'ai-Tsong)	已出版；Université l'Aurore, Shanghai, Thesis doctoral, Université l'Aurore 1924，法汉双语对照，汉语、法语正文各 74 页，附录各 3 页，总计 77+77 页
11	沈家诒 (Chen Kia-i)	1924	《管子之政法经济学说》(Les doctrines juridique et économique de Koan-tse)	已出版；Changhai：Imprimerie de l'orphelinat de T'ou-sè-wè, 1928, 70 页，法语；部分刊登于《震旦大学院杂志》1927 年第 14 期，第 1~22 页
12	顾继荣 (Jean Kou Ki-yong; Ku Chi-yung)	1926	《中国的县市：其当代行政的起源、组织与服务》(La Sous-Préfecture chinoise, Etude de son administration actuelle, origine·organisation·services)	已出版；Université l'Aurore, Zi-ka-wei, Chang-hai, Imprimerie de l'Orphelinat de T'ou-sè-wè, 1930, 134 页，法语；部分刊登于《震旦大学院杂志》1930 年第 22 期，第 30~78 页
13	王自新 (Wang Tsesin)	1929	《中国之出妻及离婚制》(De la Repudiation et du divorce et Droit chinois)	未出版
14	沈曾诒 (Chen Tseng-i)	1930	《中国法律中的妇女》(La Femme en Droit chinois)	未出版

续表

序号	姓名	完成时间	博士论文题目（中/法）	出版情况
15	陈雄飞（Tch'en Hiong-fei)	1930	《中国宪法评论；五权制度》(Essai de droit constitutionnel chinois；Les cinq pouvoirs)	已出版；Théses de l'Université l'Aurore, Shanghai; Paris, Recueil Sirey, 1933, 186 页, 法语
16	王品伦（Wang P'ing-luen; Wang Pin-luen)	1931	《公元前247年以前的中国古代刑法》(Droit Pénal antique de la Chine jusqu'a 247 A.C.)	未出版；Theses de l'Universite l'Aurore (polycopie)
17	朱域（Tchou Yu)	1932	《秦汉王朝时期（公元前246年到公元后220年）中国法律史概要》(Histoire sommaire du Droit chinois sous les dynasties des T's'in et des Han, 246 A.C. - 220 P.C.)	未出版
18	曾培启（Tseng Pei-ki)	1932	《中国新民法典以前的家庭法》(Etude sur le Droit de la famille chinoise avant le nouveau Code civil)	未出版
19	许鼐（Hiu Nai)	1932	《胤礽太子案，康熙朝时期刑事诉讼的重构(1667年)》(Le cas du Regent Sucama, Reconstitution d'un procés criminal sous le Régne de Kang-hi 1667)	未出版
20	朱高融（Tchou Kao-yong)	1933	《中国法与外国法中有关共有的两种主要形式的比较研究》(De l'indivision sous ses deux principales forms en droit chinois compare avec le droit étranger)	已出版；上海、天津、巴黎同时出版；Shanghai, Université l'Aurore; Tientsin, Hautes Etudes; Paris, Librairie du Recueil Sirey, 1934, 64 页, 法语

续表

序号	姓名	完成时间	博士论文题目（中/法）	出版情况
21	高念祖（Kao Nien-tsou）	1933	《中国的奴隶制》（De l'esclavage en Chine）	未出版
22	顾明祖（Kou Ming-tsou）	1933	《清朝政府与五权政府》（Le Gouvernement des Ts'ing et le Gouvernement des Cinq Pouvoirs）	未出版
23	吴桂馨（Ou Koei-Hing）	1934	《唐律之后的刑罚：中国古代刑法研究》（La peine d'après le code des T'ang: etude de droit penal chinois ancien）	已出版；Shanghai, Université l'Aurore, Tientsin, Hautes Etudes/Paris, Recueil Sirey, 1935, 116 页, 法语
24	郭传曾（Kouo Tch'oan-steng）	1933	《长江流域农业经济概述》（Apercu economique de l'Agriculture du Bassin du Yang-tse-kiang）	未出版
25	张登棣（Tchang Teng-ti）	约1936	《上海租界的永久租赁契》（Les Titres de location perpetual le sur les concessions de Shanghai）	已出版，Hautes études, Université l'Aurore, Sirey, 1940, 170 页, 法语

资料来源：本表由本书作者根据如下资料编制：(1)《本校法学院出版品一览》，乙［法学研究所论文丛刊］，载《私立震旦大学一览》，1935 年，第 85~86 页；(2) *China in Western Literature: A continuation of Cordier's Biblitheca Sinica*, compiled by Tong Li Yuan, New Haven, Far Eastern Publications, Yale University, 1958；(3) 笔者收集的震旦大学法学博士论文。

二、近代中外双料法学博士论文

本书在第四章（表 4-6）提到 5 名近代中外双料法学博士，由于他们在国内（震旦大学）和国外（巴黎大学）都曾撰写博士论文，所以这 5 位近代中外双料法学博士贡献了 10 篇博士论文，详见下表 5-2：

表 5-2 近代中外双料法学博士论文对照表

序号	博士姓名	中国博士论文	外国博士论文
1	胡文炳	1920 年震旦大学《内国公债》（Essai sur les emprunts intérieurs de la Chine）	1922 年巴黎大学《法国货币制度》（Le Système monétaire de la France）

续　表

序号	博士姓名	中国博士论文	外国博士论文
2	沈福顺	1923年震旦大学《中国抵押权考》(De l'Hypotheque chinoise)	1929年巴黎大学《中国革命》(La Révolution chinoise)
3	王自新	1929年震旦大学《中国之出妻及离婚制》(De la Repudiation et du divorce et Droit chinois)	1932年巴黎大学《中国之离婚法》(Le Divorce en droit chinois)
4	沈曾诒	1930年震旦大学《中国法律中的妇女》(La Femme en Droit chinois)	1934年巴黎大学《中国法律中的民事责任》(De la Responsabilité civile en droit chinois)
5	陈雄飞	1930年震旦大学《中国宪法评论；五权制度》(Essai de droit constitutionmel chinois；Le scinq pouvoirs)	1941年巴黎大学《英国继承法中继承特留份与"家庭条款"制度》(L'institution de la reserve hereditaire et la "family provision" en droit successoral anglais)

资料来源：本章第一节及王伟著《中国近代留洋法学博士考(1905—1950)》(上海人民出版社，2011年，1版1次)。

值得注意的是，中外双料法学博士论文并非同一博士论文的重复使用，也非新瓶装旧酒。在10篇博士论文中，王自新的中外博士论文极其相似，均是有关中国离婚法的论文，但前者以休妻制度为主，后者以离婚制度为主，后者的范围稍大。胡文柄的中外博士论文均与财政有关，但内容不同，一为中国国债制度，一为法国货币制度。沈福顺的中外博士论文完全不同，前者为有关中国民法物权担保的论文，后者为有关中国革命的论文。沈曾诒的中国博士论文是婚姻家庭法中的妇女问题，而留法博士论文则是有关民事责任的问题。陈雄飞的中国博士论文有关中国宪法，而其留法博士论文则有关英国继承法，跨度也比较大。

第二节　震旦大学法学博士论文的出版

一、出版要求和出版标准

在25篇震旦大学法学博士论文中，正式出版发行的只有13篇，其余12

篇博士论文未正式出版发行。这一现象的原因来自震旦大学的特殊规定，即只有"优等论文"才由"校方代为出版"，"列入本校'法学论文丛刊'及'中国近代法学丛书'"①。也就是说，在 25 篇博士论文中，已经由震旦大学组织出版的 13 篇属于校方认定的优秀博士论文，其余 12 篇属于校方认定的普通博士论文。

震旦大学之所以仅仅择优出版，而没有全部出版，主要是出版经费不足，只能将有限的出版经费集中到较为优秀的论文上②。

值得注意的是，震旦大学博士制度虽然效仿法国，但也有所不同。除了本书第三章提到的震旦大学只有大学博士而缺少国家博士之外，在博士论文的出版方面也与法国的要求不一样。法国近代对于博士论文的出版有专门的要求，博士论文答辩通过后还不能立即取得博士学位证书，考生必须将其博士论文公开出版，通常需要印刷 100 本，出版费用由考生自己承担③。直到"二战"后期，由于条件恶化，法国高校对于博士论文的出版要求才有所减弱。

震旦大学并未要求所有的博士论文必须正式出版，而仅仅挑选了若干优秀博士论文由学校资助出版。这固然可以奖励优秀博士，但是并不利于博士论文保存的长久性和流传的完整性。震旦大学已经出版的博士论文只有 13 篇，占博士论文总数约一半，另外一半博士论文因为没有出版而数量稀少④。民国政府直到 1948 年才强调研究生的毕业论文应该按照规定呈送教育部，"应以打字或毛笔钢笔之缮正本为准，并须遵照规定订装三份呈部"⑤。

根据笔者调查，目前存世的震旦大学博士论文，全部属于已经公开出版的博士论文，而那些未能出版的博士论文，则仅能查到论文题目，论文本身是否已经散失或者保存在某个不知名的图书馆里，迄今没有任何线索。这些博士论文，原本主要藏于震旦大学图书馆，1952 年之后，震旦大学不复存在，其图书馆的藏书也被分散到各个学校，现在已经很难查清这批博士论文的具体流向。考虑到 1952 年以后历次运动的影响以及时间的消磨，12 篇

---

① 震旦大学编：《私立震旦大学一览》，第 62 页。
② 同上书，第 83 页。
③ 袁同礼：《中国留欧大陆各国博士论文目录》(*A Guide to Doctoral Dissertations by Chinese Students in Continental Europe，1907～1962*)，Preface，第 3 页。
④ 按照震旦大学法学院的规定，每位博士毕业生的毕业论文需要誊缮五六份，见震旦大学编：《私立震旦大学一览》，第 62 页。
⑤ 教育部代电，高字第 39676 号(1948 年 7 月 15 日)，载《教育部公报》第 29 卷，1948 年 7 月 31 日，第 8～9 页。

未出版的博士论文很可能已经散佚,甚至灭失。

二、出版时间

由于震旦大学的博士学位授予不以博士论文的公开出版为前提条件,所以震旦大学博士论文的出版年份与博士毕业年份不尽一致,有些博士论文在学生毕业当年即告出版,有些博士论文在毕业两三年之后才出版,有一定的滞后性。例如,顾继荣的博士论文在其毕业四年之后才出版。这与中国近代留法博士的毕业论文出版时间不同,后者的出版时间一般在博士论文答辩之后、博士学位授予之前。法国有关博士论文出版前置的要求更有利于博士论文的保存和流传,当然其负面效果是出版成本较高,学生经济负担较重。但从长远价值来看,法国的博士论文出版前置要求更为合理,有利于扩大博士论文的影响范围,有利于建立起博士生的学术声誉,有利于学术的积累和传承。

三、出版印刷机构

在13篇已经出版的博士论文中,部分交由国内的机构出版印刷。

震旦大学早期的5篇博士论文(1920～1922)全部正式出版,出版机构通常就是震旦大学,而印刷机构则是位于上海的土山湾工艺局(L'Orphelinat de T'ou-sè-wè)以及三德印刷所。

上海土山湾工艺局是"法国教会中人之慈善事业,其性质与育婴堂相似,但育婴堂养而不教,此则教而兼养者也。有生徒六百余人,都孤苦无依之男生……该局内容分图画科、印刷科、木工科、金工科、制皮鞋科"①。

在20世纪30年代左右,震旦大学法学院专门设立"法学研究所论文丛刊","系就本校研究所之论文择优选刊,惜以经费关系,未能尽量出版。大半论文多以法文著成,颇堪为世界学者研究中国法及比较法之参考"②。在30年代,震旦大学曾经委托法国巴黎的"西勒书局"(Librairie du Recueil Sirey)代为发行法学博士论文③。西勒书局是法国巴黎一家著名的出版机构,曾经印刷出版了大量博士毕业论文。震旦大学法学博士陈雄飞、吴桂馨等的博士论文就曾由这家出版社在法国出版发行,其排版格式、纸张、字体、印刷标准等等均与当时法国各大学的博士论文一致。

---

① 《申报》1917年7月11日第11版,转引自土山湾博物馆网站,http://tsw.xuhui.gov.cn/infoArticle.aspx? aid=230(2012年2月24日访问)。
② 《震旦大学法学院一览》,1939年,第136页。
③ 震旦大学编:《私立震旦大学一览》,第83页。

除了上述出版机构之外,震旦大学博士论文还曾交由天津工商学院(L'Institut des Hautes Études Industrielles et Commerciales de Tientsin)出版发行。天津工商学院位于天津跑马地,也是一所耶稣会在华建立的教会大学,成立于1923年,早期名称是天津农工商大学、天津工商大学,1933年改名为天津工商学院,1948年改名为私立津沽大学,1952年全国院系调整中遭受震旦大学同样的命运——撤并①。

一个值得注意的现象是,震旦大学中后期的博士论文有同时交由震旦大学、天津工商学院和法国西勒书局这三家机构共同出版印行的情况。例如,朱高融、吴桂馨、张登棣等的博士论文就同时由这三家机构印行。相应地,这几篇博士论文的出版印刷地点涉及三地:上海、天津、巴黎,横跨两国:中国、法国。震旦大学的博士论文本身也构成近代中法教育、出版交流的证明。

除了以单行书籍为载体的出版形式之外,部分震旦大学法学博士论文还刊登在震旦大学的期刊上。例如,陈锡潭的博士论文刊登在《震旦大学文学法政杂志》(Université l'Aurore-Bulletin de Littérature et de Droit)1923年第6期第28~88页以及1923年第7期第29~51页;萧桐的博士论文也刊登在该杂志1926年第10期第78~114页、1927年第11期第40~84页、1927年第12期第67~95页。

震旦大学法学博士论文在出版发行上也走了一条由内而外的道路,早期的博士论文在中国国内印刷,而后期的博士论文则同时借助外国出版机构,直接在外国印刷发行,其流传的范围和持久性大大加强。

第三节 震旦大学法学博士论文的馆藏

如前所述,在震旦大学25篇法学博士论文中,只有13篇属于已经正式出版的博士论文。这13篇已经出版的博士论文均可以查到保存地点,其余12篇属于未正式出版的博士论文,虽然当时在震旦大学图书馆"皆存有抄本"②,但现在已经下落不明。迄今为止,国内外尚没有专门收藏震旦大学法学博士论文的图书馆和档案馆。在收藏震旦大学档案资料最为丰富的上海市档案馆中查找不到任何一篇震旦大学博士论文。

1952年全国院系调整时,震旦大学图书馆藏书被调配到全国各地高

---

① 李宝震:《天津工商学院的变迁》,载《天津租界谈往》,"天津文史资料选辑"总第75辑,天津,天津人民出版社,1997年,1版1次,第261—265页。
② 《震旦大学法学院一览》,1939年,第136页。

校,包括华东师范大学、上海第二医学院、华东政法学院、南京大学、华东水利学院、沈阳农学院等①。除了复旦大学图书馆藏有一篇外,笔者在这些接收过震旦大学藏书的图书馆中均未找到震旦大学法学博士论文。

一、国内馆藏

目前已经查找到的震旦大学法学博士论文零散分布在中外规模较大的图书馆。中国国内图书馆包括北京大学图书馆、中国国家图书馆、上海社会科学院图书馆、上海图书馆、复旦大学图书馆、中国政法大学图书馆、中山大学图书馆、大连图书馆、台湾大学图书馆、台湾"中央研究院"台史所档案馆。下表5-3是笔者编制的震旦大学法学博士论文国内馆藏情况一览表:

表5-3 震旦大学法学博士论文国内馆藏情况一览表

序号	图书馆	馆藏博士论文题目及编号	册数
1	北京大学图书馆	袁民宝:《中国农业制度考》,索书号:333.0951/Y9; 沈家诒:《管子之政法经济学说》,索书号:320.9511/C42; 徐象枢:《唐太宗之功绩》,索书号:951.3/T131; 萧桐:《中国法律中的继承与收养》,索书号:349.51076/Si11; 陈锡潭:《中国嗣续法论》,索书号:349.51076/T219; 顾继荣:《中国的县市:其当代行政的起源、组织与服务》,索书号:352.951/K53(2册); 朱高融:《中国法与外国法中有关共有的两种主要形式的比较研究》,索书号:349.51/T219	7篇8册
2	中国国家图书馆	胡文柄:《内国公债》,C\HJ8797\H87\外文图书子库\外文基藏6层北; 顾守熙:《中国房税考》,C\HJ4596.C6\K95\外文图书子库\外文基藏6层北; 袁民宝:《中国农业制度考》,C\HD1265.C6\Y94\外文图书子库\外文基藏6层北;00M068565\缩微中心库; 萧桐:《中国法律中的继承与收养》,C\KC8\H87\外文图书子库\外文基藏6层北; 沈家诒:《管子之政法经济学说》,C\B128\C51\外文图书子库\外文基藏6层北	5册
3	上海社会科学院图书馆	王敦常:《票据法理刍议》,索书号:/0245484,Q295.57,W214P; 袁民宝:《中国农业制度考》,索书号:/0014513,G022,Y792	2册

---

① 孟雪梅《近代中国教会大学图书馆研究》(北京,国家图书馆出版社,2009年,1版1次,表3-2)仅收录基督教大学图书馆合并情况,未收录天主教大学图书馆合并情况。

续表

序号	图书馆	馆藏博士论文题目及编号	册数
4	上海图书馆	胡文柄：《内国公债》，近代图书库，索书号：307438	1册
5	复旦大学图书馆	王敦常：《票据法理刍议》，文科馆保留书库，架号562.37/1009	1册
6	中国政法大学中欧法学院	吴桂馨：《唐律之后的刑罚：中国古代刑法研究》，索书号：D929.42/F1	1册
7	中山大学图书馆	吴桂馨：《唐律之后的刑罚：中国古代刑法研究》，索书号：中山大学图书馆东校区专藏室：340.951/Ou1	1册
8	大连图书馆	张登棨：《上海租界的永久租赁契》，http://www.dl-library.net.cn/book/709/Les-titres-de-location-perpe-tuelle-sur-les-concessions-de-Shanghai-708283.html	1册
9	台湾大学图书馆	袁民宝：《中国农业制度考》，索书号：(U)338.1(51)4073	1册
10	台湾"中央研究院"台史所档案馆	沈家诒：《管子之政法经济学说》，索书号：T118581	1册
	合计	12篇（种）	22

资料来源：笔者查访各有关图书馆电子书目后编制。这并不是一份终极性名单。有些图书馆的电子书目不一定完整，不一定能够全面准确反映该馆的藏书状况，不排除其他图书馆藏有震旦大学法学博士论文的可能性。此外，本表不包括电子图书的收藏状况。

根据上表5-3，中国国内图书馆馆藏震旦大学法学博士论文12篇，共计22册。在已经出版的13篇震旦大学法学博士论文中，国内图书馆唯独缺少陈雄飞的博士论文《中国宪法评论；五权制度》。

在国内各大图书馆中，北京大学图书馆馆藏震旦大学法学博士论文数量最多（7篇8册），全部是继承原燕京大学图书馆的藏书，现在的索书号仍然使用原燕京大学图书馆所编的索书号。从图书所贴燕京大学藏书票上看，这7篇博士论文最初由天津工商学院赠给燕京大学图书馆。就馆藏地点来说，北京地区的图书馆收藏震旦大学博士论文数量相对较多，共计14册，而震旦大学的发源地上海则仅存4册。台湾地区仅存2册。

二、国外馆藏

藏有中国近代法学博士论文的国外图书馆较多，分布在法国、德国、荷兰、美国、澳大利亚、日本等国，包括法国国家图书馆、德国马普研究所图书馆、荷兰海牙和平宫图书馆、荷兰皇家热带学研究院图书馆、荷兰社会历史国际研究院、荷兰莱顿大学图书馆、美国国会图书馆、美国密歇根大学法律图书馆、美国加州大学伯克利分校法律图书馆、美国哥伦比亚大学法律图书馆、美国耶鲁大学法律图书馆、美国哈佛大学图书馆、美国西雅图华盛顿大学图书馆、美国普林斯顿大学图书馆、美国斯坦福大学图书馆、美国密歇根州立大学图书馆、美国康乃尔大学图书馆、美国北卡罗来纳大学教堂山分校图书馆、美国亚利桑那大学图书馆、美国加州大学洛杉矶分校法律图书馆、美国洛杉矶郡法律图书馆、美国纽约公共图书馆、美国菲尔德自然历史博物馆图书馆、澳大利亚国家图书馆、日本东洋文库（日本国立国会图书馆分馆）、日本九州大学图书馆、日本一桥大学图书馆、日本京都大学图书馆、日本高知大学图书馆、日本大阪市立大学图书馆、日本大阪大学图书馆、日本明治大学图书馆、日本早稻田大学图书馆、日本庆应义塾大学图书馆等。下表5-4是笔者编制的震旦大学法学博士论文国外馆藏情况一览表：

表5-4 震旦大学法学博士论文国外馆藏情况一览表

序号	图书馆	馆藏博士论文题目及编号	册数
1	法国国家图书馆（La Bibliothèque nationale de France）	陈雄飞：《中国宪法评论；五权制度》，索书号：FRBNF31438905，http：/catalogue. bnf. fr/ark:/12148/cb31438905z/PUBLIC； 朱高融：《中国法与外国法中有关共有的两种主要形式的比较研究》，索书号：FRBNF31439532，http://catalogue. bnf. fr/ark:/12148/cb314395320/PUBLIC； 吴桂馨：《唐律之后的刑罚：中国古代刑法研究》，索书号：FRBNF40960928，http://catalogue. bnf. fr/ark:/12148/cb409609284/PUBLIC	3册
2	德国马普研究所图书馆（Max-Planck-Gesellschaft）	顾继荣：《中国的县市：其当代行政的起源、组织与服务》，索书号：OA/Chin：VIIIBb：56； 陈雄飞：《中国宪法评论；五权制度》，索书号：OA/Chin：VIIIBb：1	2册
3	荷兰海牙和平宫图书馆（Peace Palace Library）	萧桐：《中国法律中的继承与收养》，索书号：92C36； 沈家诒：《管子之政法经济学说》，索书号：92C35； 张登棣：《上海租界的永久租赁契》，索书号：Y6230	3册
4	荷兰皇家热带学研究院（Royal Tropical Institute KIT）图书馆	陈雄飞：《中国宪法评论；五权制度》，索书号：KITLibrary-Available：BrN01-577，http：//www. kit. nl/library/query. ashx？RecordID=502079	1册

续 表

序号	图书馆	馆藏博士论文题目及编号	册数
5	荷兰社会历史国际研究院(International institute of social history)	吴桂馨：《唐律之后的刑罚：中国古代刑法研究》，索书号：IISG214/102, http://search.iisg.nl/search/search? action = transform&col = marc&xsl = marc-detail.xsl&lang = en&docid = 10236591_MARC	1册
6	荷兰莱顿大学东亚图书馆(East Asian Library of Leiden University)	胡文柄：《内国公债》，索书号：SINOL.10.410.7	1册
7	美国国会图书馆	徐象枢：《唐太宗之功绩》，索书号：DS749.3.H7, http://lccn.loc.gov/42006206； 顾继荣：《中国的县市：其当代行政的起源、组织与服务》，索书号：JS7352.A8K8, http://lccn.loc.gov/41032404； 萧桐：《中国法律中的继承与收养》，索书号：KNN770.X531927, http://lccn.loc.gov/35037537； 沈家诒：《管子之政法经济学说》，索书号：KNN440.C44191928, http://lccn.loc.gov/35032416； 陈锡潭：《中国嗣续法论》，索书号：KNN609.T351924, http://lccn.loc.gov/35032414；（2册） 陈雄飞：《中国宪法评论：五权制度》，索书号：JQ1510.T3, http://lccn.loc.gov/43029278； 朱高融：《中国法与外国法中有关共有的两种主要形式的比较研究》，索书号：K738.T351934, http://lccn.loc.gov/35030877； 吴桂馨：《唐律之后的刑罚：中国古代法研究》，索书号：KNN3946.O921935（2册），http://lccn.loc.gov/43028941	8篇 10册
8	美国密歇根大学法律图书馆	袁民宝：《中国农业制度考》，索书号：KNN683.Y831922x； 萧桐：《中国法律中的继承与收养》，索书号：FL8C5.9H87d1927； 徐象枢：《唐太宗之功绩》，索书号：FL8C5.9S62o1924； 沈家诒：《管子之政法经济学说》，索书号：B128.K834S541928x； 陈锡潭：《中国嗣续法论》，索书号：FL8C5.9T251924； 顾继荣：《中国的县市：其当代行政的起源、组织与服务》，索书号：FL8C5.9K95s1930； 陈雄飞：《中国宪法评论：五权制度》，索书号：FL8C5.9T248d1933f； 朱高融：《中国法与外国法中有关共有的两种主要形式的比较研究》，索书号：KNN674.T341934x； 吴桂馨：《唐律之后的刑罚：中国古代刑法研究》，索书号：FL8C5.9O93p1935f； 张登棨：《上海租界的永久租赁契》，索书号：KNQ9060.3.C431940x, KNQ68a.D76	10册

续　表

序号	图书馆	馆藏博士论文题目及编号	册数
9	美国加州大学伯克利分校法律图书馆	王敦常：《票据法理刍议》，索书号：KNN940.W361922； 徐象枢：《唐太宗之功绩》，索书号：KNN282.H781924； 沈家诒：《管子之政法经济学说》，索书号：KNN134.C4841928； 陈雄飞：《中国宪法评论：五权制度》，索书号：KNN2070.T341933； 朱高融：《中国法与外国法中有关共有的两种主要形式的比较研究》，索书号：K901.T341934； 吴桂馨：《唐律之后的刑罚：中国古代刑法研究》，索书号：KNN415.O931935； 张登棣：《上海租界的永久租赁契》，索书号：KNQ9017.C531940，http://lawcat.berkeley.edu/search/oocm22671249	7册
10	美国哥伦比亚大学法律图书馆	朱高融：《中国法与外国法中有关共有的两种主要形式的比较研究》，索书号：Comp412T21，http://pegasus.law.columbia.edu：2082/record=b401533； 顾继荣：《中国的县市：其当代行政的起源、组织与服务》，索书号：Ch920K84，http://pegasus.law.columbia.edu/record=b422729～S9； 沈家诒：《管子之政法经济学说》，索书号：GJ300C42，http://pegasus.law.columbia.edu/record=b214980～S9； 陈锡潭：《中国嗣续法论》，索书号：Ch360T21，http://pegasus.law.columbia.edu/record=b414529～S9； 吴桂馨：《唐律之后的刑罚：中国古代刑法研究》，索书号：A.Ch800Ou1，http://pegasus.law.columbia.edu/record=b326154～S9	5册
11	美国耶鲁大学法律图书馆	袁民宝：《中国农业制度考》，索书号：China46Y9； 萧桐：《中国法律中的继承与收养》，索书号：China46H85； 陈锡潭：《中国嗣续法论》，索书号：China46T198； 吴桂馨：《唐律之后的刑罚：中国古代刑法研究》，索书号：China46K81	4册
12	美国哈佛大学图书馆	朱高融：《中国法与外国法中有关共有的两种主要形式的比较研究》，索书号：010274754，MARCHOLLISClassic，http://discovery.lib.harvard.edu/?itemid=|library/m/aleph|010274754； 陈雄飞：《中国宪法评论：五权制度》，索书号：004344629，MARCHOLLISClassic，http://discovery.lib.harvard.edu/?itemid=|library/m/aleph|004344629，索书号：004119576MARCHOLLISClassic，http://discovery.lib.harvard.edu/?itemid=|library/m/aleph|004119576（2册）	2篇 3册

续 表

序号	图书馆	馆藏博士论文题目及编号	册数
13	美国普林斯顿大学图书馆	袁民宝：《中国农业制度考》，索书号：（RCPPA）9432.252.98； 徐象枢：《唐太宗之功绩》，索书号：（RECAP）DS749.42.T36H781924	2册
14	美国西雅图华盛顿大学图书馆	顾继荣：《中国的县市：其当代行政的起源、组织与服务》，索书号：352.051K95s； 徐象枢：《唐太宗之功绩》，索书号：951H858o	2册
15	美国斯坦福大学图书馆	张登棨：《上海租界的永久租赁契》，索书号：KNQ9017.C481940	1册
16	美国密歇根州立大学图书馆	张登棨：《上海租界的永久租赁契》，索书号：DS740.5.G2C33，http://catalog.lib.msu.edu/search~/o18329426	1册
17	美国康奈尔大学图书馆	萧桐：《中国法律中的继承与收养》索书号：HQ667.H85	1册
18	美国北卡罗来纳大学教堂山分校图书馆	张登棨：《上海租界的永久租赁契》，索书号：KNQ9017.C531940	1册
19	美国亚利桑那大学图书馆	张登棨：《上海租界的永久租赁契》，索书号：HD1265.C6S5	1册
20	美国加州大学洛杉矶分校法律图书馆	张登棨：《上海租界的永久租赁契》，索书号：KNQ9017.C521940	1册
21	美国洛杉矶郡法律图书馆	张登棨：《上海租界的永久租赁契》，索书号：KNQ9017.C481940	1册
22	美国纽约公共图书馆	张登棨：《上海租界的永久租赁契》，索书号：http://catalog.nypl.org/search/o22671249	1册
23	美国菲尔德自然历史博物馆图书馆(Field Museum of Natural History Library)	徐象枢：《唐太宗之功绩》，索书号：MainLib.DS749.3H68	1册
24	澳大利亚国家图书馆	沈家诒：《管子之政法经济学说》，索书号：Pambox187, BIBID314030, http://catalogue.nla.gov.au/Record/314030	1册

续 表

序号	图书馆	馆藏博士论文题目及编号	册数
25	日本东洋文库（日本国立国会图书馆分馆）	袁民宝：《中国农业制度考》，索书号：III-20-B-b-2（関西アジア情报室也藏有一册，索书号：DM131-C11）；http://61.197.194.13/open/show_detail_open.php； 顾继荣：《中国的县市：其当代行政的起源、组织与服务》，索书号：III-15-B-a-21，http://61.197.194.13/open/show_detail_open.php； 陈雄飞：《中国宪法评论：五权制度》，索书号：III-17-B-9，http://61.197.194.13/open/show_detail_open.php； 陈锡潭：《中国嗣续法论》，索书号：III-17-D-16，http://61.197.194.13/open/show_detail_open.php； 吴桂馨：《唐律之后的刑罚：中国古代刑法研究》，索书号：III-17-C-14，http://61.197.194.13/open/show_detail_open.php	5篇6册
26	日本九州大学附属图书馆	朱高融：《中国法与外国法中有关共有的两种主要形式的比较研究》，索书号：M62/T/1，http://catalog.lib.kyushu-u.ac.jp/recordID/catalog.bib/BA06603487； 陈雄飞：《中国宪法评论：五权制度》，索书号：D83/T/3，http://catalog.lib.kyushu-u.ac.jp/recordID/catalog.bib/BA31897390； 张登棣：《上海租界的永久租赁契》，索书号：A05/C/2	3册
27	日本一桥大学图书馆	沈家诒：《管子之政法经济学说》，索书号：Md：161，https://opac.lib.hit-u.ac.jp/opac/opac_details.cgi?lang=0&amode=11&place=&bibid=1000608306&key=B133293018020695&start=1&srmode=0； 徐象枢：《唐太宗之功绩》，索书号：Me：109，https://opac.lib.hit-u.ac.jp/opac/opac_details.cgi?lang=0&amode=11&place=&bibid=1000685338&key=B133293032920790&start=1&srmode=0	2册
28	日本京都大学（人文科学研究所图书室）	袁民宝：《中国农业制度考》，索书号：241‖106‖2389，https://op.kulib.kyoto-u.ac.jp/webopac/catdbl.do?ncid=BA61385081	1册

续 表

序号	图书馆	馆藏博士论文题目及编号	册数
29	日本高知大学图书馆（小岛文库）	袁民宝：《中国农业制度考》，索书号：611.0222/01，http://opac.iic.kochi-u.ac.jp/webopac/ctlsrh.do?ncid=BA61385081	1册
30	日本大阪市立大学图书馆	袁民宝：《中国农业制度考》，索书号：612.22//E7//1，http://opac.media.osaka-cu.ac.jp/webopac/catdbl.do	1册
31	日本大阪大学图书馆	沈家诒：《管子之政法经济学说》，索书号：320.4/CHE，http://opac.library.osaka-u.ac.jp/opac/books-query?mode=0&code=23659957&key=B133292962424301&TGSRC=0&IRKBN=0&REQAPP=	1册
32	日本明治大学图书馆（中央志田文库）	王敦常：《票据法理刍议》，索书号：SD/7256//H，http://opac.lib.meiji.ac.jp/webopac/catdbl.do?ncid=BA31243372	1册
33	日本早稻田大学图书馆	顾守熙：《中国房税考》，法仏学位論文04138130290511780	1册
34	日本庆应义塾大学图书馆（个人文库）	袁民宝：《中国农业制度考》，索书号：1156@18	1册
	合计	13篇	81册

资料来源：笔者在查访各有关图书馆电子书目的基础上编制。这并非一份绝对完整的表格，有些图书馆的电子书目不一定完整，不一定能够全面准确反映该馆的藏书状况，不排除其他图书馆藏有震旦大学法学博士论文的可能性。此外，本表不包括电子图书的收藏状况。

根据上表，国外图书馆馆藏震旦大学法学博士论文共有13篇（81册），即藏有全部已经出版的13篇博士论文，尤其是其藏有的陈雄飞博士论文可以弥补国内图书馆的不足。从中外馆藏总量上比较，中国各图书馆馆藏震旦大学法学博士论文的总量远少于外国图书馆馆藏总量，中国收藏单位的数量（10家图书馆）也少于外国收藏单位的数量（34家图书馆）。

保存震旦大学法学博士论文数量最多的国家是美国，共有约48册，其中美国密歇根大学法律图书馆，藏有10篇（10册），居国内外图书馆馆藏震旦大学法学博士论文数量之首。紧随其后的是美国国会图书馆，馆藏8篇（10册）。加州大学伯克利分校法律图书馆藏有7篇。

国外保存震旦大学法学博士论文数量居次的国家是日本，共计约18册。

欧洲藏有约 11 册。澳洲藏有 1 册。与震旦大学联系密切的法国则藏有 3 册，而素以藏书丰富著称的大英图书馆则未见震旦大学法学博士论文。

就目前掌握的情况来看，震旦大学法学博士论文的馆藏数量较为稀少。中外图书馆馆藏之合共计也只有 100 余册。25 篇震旦大学法学博士论文之中，目前已经查到馆藏地点的仅有半数左右（13 篇）。总的来说，中外图书馆馆藏震旦大学法学博士论文的情况均不理想。

在 13 篇已经出版的震旦大学博士论文当中，馆藏数量最少的是顾守熙的博士论文《中国房税考》，根据目前掌握的资料，只有中国国家图书馆和日本早稻田大学图书馆藏有该博士论文。

从图书馆种类看，馆藏震旦大学法学博士论文的图书馆多是综合性图书馆，而那些以法学藏书著称的几所政法大学图书馆几乎没有收藏震旦大学法学博士论文（仅中国政法大学藏有 1 册）。中国的法学研究者几乎无人见过中国最早的法学博士论文；而见过那些博士论文的人很可能并没有认识到那些博士论文的学术价值。

值得注意的是，随着数字图书馆的兴起，部分震旦大学法学博士论文已经被数字化，例如袁民宝的博士论文《中国农业制度考》已经被 Hathi Trust Digital Library 数字化①。这可以大大便利震旦大学博士论文的获取、利用。

第四节　震旦大学法学博士论文的性质

一、中国性

震旦大学法学博士论文有些完全采用法文撰写，有些采用法汉双语撰写，这批以法文撰写的博士论文究竟应该定性为法国论文还是中国论文？这是一个极为重要的性质问题。

笔者认为，以外语撰写的震旦大学博士论文，其性质仍然是中国的毕业论文，不能因为毕业论文采用了外语形式、学生毕业于教会大学等因素，就断定这些毕业论文不具有中国论文的性质，或者断定这些教会大学的毕业生就不是中国学生。否则就等于将中国近代存在的诸多教会大学全部视为

---

① Http://catalog.hathitrust.org/Record/008897959。

外国大学，将教会大学的中国学生视为留洋学生，这是人为地将教会大学排除在中国近代高等教育史的范围之外。同一所教会大学的毕业论文既有采用外语撰写的，也有采用汉语撰写的，如果将教会大学的毕业论文按照写作语种而做出华洋之分，将教会大学的毕业生按照其论文的写作语种做出华洋之分，这其实是对同一所大学的毕业生进行人为地割裂，既不合情理，也不合逻辑。

中国人以外语形式撰写的毕业论文，如果发源于中国的土壤，无论来自中国国立大学、省立大学还是私立大学、教会大学，无论其最终成果发表在中国还是在外国，均应视为中国的学术论文。语言仅仅是思想的载体，学术自由不仅包括学术思想的自由，还应包括学术表达方式的自由。无论采用汉语还是外语，无论采用官方语言还是采用少数民族语言，只要符合学术规范，均不影响其学术价值，也不影响其国别性质。

二、单一的外语性或者双语性

震旦大学法学博士论文的撰写者是中国人，写作语言却是外语（法语），或者法汉双语。震旦大学法学博士论文没有任何一篇是单纯的汉语博士论文。要么是纯粹的法语博士论文，要么是法汉双语博士论文。

以外语作为毕业论文的语言，并非震旦大学的独创。中国近代教会大学的很多专业都要求以外语作为毕业论文的语言。例如，同是天主教教会大学的辅仁大学，其英文专业的毕业论文就采用英语形式[①]。《辅仁大学学则》(1936)第 46 条规定，本科或者研究生毕业论文的文字可以用"中文或外文"，"研究生外文论文须附缴中文译本"[②]。中文毕业论文和外文毕业论文在形式上的区别是："中文论文须用正楷缮写清楚；外文论文须用打字机誊清。本科论文须交两份，研究生论文须交三份，每份均须装订成册，存留本校，作为成绩，其佳者由本校代为发表"[③]。同为教会大学的燕京大学对于研究生毕业论文的文字要求则与辅仁大学有所不同。《燕京大学研究院学则》(1936)第 5 条第 1 款规定："研究论文须用中文撰作，并附中文提要。"[④]《燕京大学研究院规程》(1936)第 9 条规定："研究论文须用中文撰作，但得

---

① 参见笔者收藏的两篇辅仁大学本科毕业论文，Fan Yung Ke, AEschylu' Agamemnon, Theses, Catholic University, Spring, 1935; Hsuan T'ai Heng, The Two Great Poets of The T'ang Dynasty, Theses, Catholic University, 1935.
② 《辅仁大学学则》(1936)，载王学珍、张万仓编：《北京高等教育文献资料选编：1861—1948》，第 741 页。
③ 《辅仁大学学则》(1936)第 50 条，同上书，第 741 页。
④ 《燕京大学研究院学则》(1936)，同上书，第 730 页。

提出用外国文撰作之副本。"①燕京大学要求研究生论文必须用中文写作的规定也是逐渐形成的,其早期研究生似乎可以选择使用中文或外文撰写毕业论文。例如,秦希廉先生 1935 年毕业于燕京大学研究院,英语语言文学专业,据其回忆:"我经过思考后,欣然接受,并决定用英语写我的硕士论文,题目定为 Sources of Modern Education……这篇论文用英文打字 220 余页,是用了约 1 年时间写成的。"②陈观胜 1934 年燕京大学历史系硕士论文也采用英文撰写,题目是 The growth of geographical knowledge concerning the west in China during the Ch'ing dynasty③。

博士论文的文字本身不能决定博士论文的国籍归属,决定性因素不是博士论文语言文字的母国,而应是提供博士教育的大学的母国。震旦大学位于中国上海,备案地、立案地均在中国,其授予的博士学位理所应当属于中国的博士学位,无论学生的博士论文采用中文形式还是法文形式,均不能改变该博士论文的中国性。抗日战争时期,北京大学的研究生毕业论文既有采用中文形式的,又有采用英文形式的④,这丝毫不影响北京大学毕业论文的中国性。

三、博士论文的语种规范

在判断博士论文语种是否符合学术规范时,可以考虑三种标准,第一种是学术规范的明示标准,即学术规范明文许可(或者要求)采用某种特殊的语言方式;第二种是学术规范的默示标准,即学术规范并不禁止采用某种特殊的语种,或者说,学术规范没有强制规定必须采用某一特殊的语种,这样的默示标准应该视为既允许采用本国语种表达,也允许采用外国语种表达;第三种是学术惯例标准,即在没有明示或者默示标准的情况下,应该尊重既有的学术惯例,这种学术惯例是不成文的,长期存在于学术界,并广为接受。

那么中国近代大学是否允许中国学生以外文撰写博士论文?是否允许中国学生以中西双语形式撰写博士论文?这些问题在中国近代博士学位法律制度中并没有明确的规定。然而中国近代硕士学位制度却对硕士学位论

---

① 《燕京大学研究院规程》(1936),载王学珍、张万仓编:《北京高等教育文献资料选编:1861—1948》,第 729 页。
② 秦希廉:《忆母校燕京大学》,2007 年 6 月,北京大学苏州校友会,http://spring2009english.blog.163.com/blog/static/111384732201001413425276/。
③ 《燕京大学历史系学士、硕士论文一览表(1926—1951)》,http://bbs.gxsd.com.cn/forum.php?mod=viewthread&tid=436202(2010 年 9 月 10 日)。
④ 1941 年毕业于北京大学研究院"算学部"的研究生李盛华等二人的毕业论文就是以英文撰写,这说明当时国立大学也允许部分专业的研究生以外文形式撰写毕业论文。参见北京大学研究生院编:《继往开来:北京大学研究生教育 90 年》,北京,北京大学出版社,2008 年,1 版 1 次,第 37 页。

文的文字做出了明确的规定。

教育部订定的《硕士学位考试细则》(1935年6月12日)第四条规定：

> 候选人须于考试前一个月缮正研究论文及论文提要各两份,呈送所属院所,由院所提出于考试委员会。
>
> 论文及提要均须用本国文字撰作,但得同时提出用外国文字撰作之副本。前经取得他种学位之论文,不得再度提出。①

根据该条规定,论文必须由本国文字撰写,外文撰写的论文只能作为可有可无的"副本"。这一规定虽然专门针对硕士学位论文,但是推究教育部的立法用意,似乎也可以扩展到博士学位论文。这一规定对于教会大学的影响要比国立大学、私立大学的影响更为显著,因为教会大学的教学语言与教育特色往往以西文为主,所以其毕业生的毕业论文也多以西文撰写。中国近代部分高校也曾对学生毕业论文的文字做出过强制性规定。南开大学在1923年规定其商科论文"必须选择中国问题,并须用国文写出"②。虽然有教育部《硕士学位考试细则》关于毕业论文必须采用本国文字的规定,有些学校并没有严格遵守。查看清华大学研究院从1940年至1946年历届毕业生论文③,可以发现,其中采用英文形式的有23篇(涉及专业有外文、生物、历史、算学、物理、社会、地学、政治),采用中文形式的只有8篇(涉及专业有哲学、历史、社会、中国文学)。在历史、社会两门专业之中既有采用中文形式的,也有采用英文形式的。通常情况,中文系毕业论文采用中文形式,而外文系毕业论文则可以选择采用中文或者外文形式,例如,《国立西南联合大学学生毕业论文调查表(外国文学系)》显示,7篇论文采用中文形式,6篇论文采用英文形式④。武汉大学在民国时期也允许外文专业的硕士论文采用外国文字撰写,其他专业的硕士论文采用中文撰写⑤。

---

① 《硕士学位考试细则》(1935年6月12日),载《中华民国史档案资料汇编》第五辑第一编,教育(二),中国第二历史档案馆编,南京,江苏古籍出版社,1994年,1版1次,第1409~1410页。
② 《商科论文须择中国问题》,原载《南开周刊》1923年第72期,转载于《南开大学校史资料选(1919—1949)》,天津,南开大学出版社,1989年,1版1次,第282页。
③ 《清华研究院历届毕业生论文题目一览(1940年至1946年)》,载《国立西南联合大学史料(三)》,昆明,云南教育出版社,1998年,1版1次,第469~472页。
④ 《国立西南联合大学学生毕业论文调查表(外国文学系)》,载《国立西南联合大学史料(三)》,第104~105页。
⑤ 涂上飚:《论民国时期武汉大学研究生教育的特点》,载《武汉大学学报》(哲学社会科学版)2008年第61卷第4期,第598页。

第五节　震旦大学法学博士论文的外在特征

考察现存的震旦大学法学博士论文,可以发现其外在特征的演变规律。总的来说,震旦大学法学博士论文的要求由最初的宽松转化为后期的严格,这一演变规律表现为以下几个方面:

一、博士论文字数由少变多

震旦大学法学博士论文的一个明显外在特征是,缺乏明确统一的写作规范,格式不一,字数多寡不等。在最早的5篇博士论文中,这一特点尤其明显。胡文柄和王敦常等人的博士论文平均字数只有2万左右。

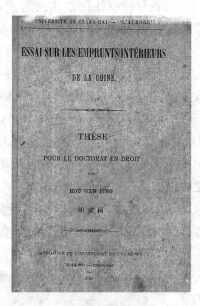

图5-1　胡文柄博士论文中文封面　　图5-2　胡文柄博士论文法文封面

胡文柄《内国公债》共分三章,加上引论和结论,构成正文的全部,计42页。正文后附有4份有关内国公债的规章,计13页,中文版合计55页;法文版合计47页。从字数上看,中文版每页不足400字,中文版全部正文不足2万字。

如果仅从博士论文的字数上看,与同时期留洋博士论文相比,简直是天壤之别。例如,顾维钧在哥伦比亚大学的博士论文《外人在华之地位》(1912)约有十多万字,刁敏谦在伦敦大学的博士论文《中国国际条约义务论》(1916)也有十余万字。震旦大学博士论文的篇幅也普遍小于同时期留法学生的博士论文。震旦大学早期法学博士论文两万多的字数与20世纪30年代武汉大学法学院本科生的毕业论文字数大体相当①。当然，对于中国早期博士论文的篇幅字数问题也没有必要苛求，字数多少不等于质量高低，更要考虑到的是，震旦大学的博士教育毕竟是中国历史上最早的博士教育实践，没有现成经验可循，这批中国最早的博士生自然也无法从以前的毕业生那里求取博士论文写作的决窍，即使他们的法籍导师对于中国最早一批博士论文的指导也不见得得心应手，法籍导师可能熟悉法国博士制度，但对于法汉双语形式的中国博士论文也未必有多少经验。

实际上，在中国近代很长一段时期内，不仅对于博士论文字数没有统一规定，对于大学普通毕业论文的字数也没有统一规定。直到20世纪30年代初才基本解决这个问题。1931年，山西省教育厅向教育部请示毕业论文的标准：（1）毕业论文字数最低标准是多少？（2）如果采用译文代替论文，则应该是外文译成中文还是中文译成外文？（3）论文文字应该是中文还是外文？对于上述问题，教育部回复如下：

> 查该厅请示各节，在大学规程中未经规定，自可由各校自行酌定。惟普通论文，约以二万言为标准，应用本国文字，又译书以洋译华文为宜。②

值得注意的是，震旦大学后期博士论文的字数则明显增加，格式也日趋统一。

1930年毕业的陈雄飞，其法文博士论文《中国宪法评论：五权制度》(Essai de droit constitutionnel chinois. Les cinq pouvoirs)共有186页，10万字左右，将清末至1928年间中国的宪法发展原原本本地论述一番，进而过渡到论文的核心——五权宪法，作者对于五权宪法实施的三个阶段（军政、训政、宪政）均提出自己独特的观点。这篇中国近代博士论文从形式和内容上都已经接近了同时期留法学生的博士论文水平。

在忽略版式大小的情况下，如果单以页码数量比较，可以大致看出震旦大学法学博士论文字数由少变多的趋势。详见下表5-5：

---

① 《武汉大学法学院毕业论文规则》(民国20年11月20日第140次校务会议通过，载《国立武汉大学一览》，中华民国廿四年度，第230页)第4条规定："论文字数以1万至3万为度，但字数不满1万而经各该学系教务会议认为确系特殊研究工作者，亦得提出。"
② 教育部指令第4789号，1931年12月16日，载《教育部公报》1931年第3卷第50期，第16页。

表 5-5　震旦大学法学博士论文页数变化表

序号	博士	年份	博士论文	页码
1	胡文柄	1920	《内国公债》	中文 55 页；法文 47 页
2	顾守熙	1920	《中国房税考》	页码不详
3	王敦常	1922	《票据法理刍议》	中文 113 页，法文 119 页
4	陈锡潭	1922	《中国嗣续法论》	法文 84 页
5	袁民宝	1922	《中国农业制度考》	中文 80 页，法文 63 页
6	沈福顺	1923	《中国抵押权考》	未出版,页码不详
7	李沂	1923	《中国法与比较法之下的不动产出售》	未出版,页码不详
8	萧桐	1923	《中国法律中的继承与收养》	法文 112 页
9	姚肇弟	1924	《中国的商标保护》	未出版,页码不详
10	徐象枢	1924	《唐太宗之功绩》	中文 77 页，法文 77 页
11	沈家诒	1924	《管子之政法经济学说》	法文 70 页
12	顾继荣	1926	《中国的县市：其当代行政的起源、组织与服务》	法文 134 页
13	王自新	1929	《中国之出妻及离婚制》	未出版,页码不详
14	沈曾诒	1930	《中国法律中的妇女》	未出版,页码不详
15	陈雄飞	1930	《中国宪法评论；五权制度》	法文 186 页
16	王品伦	1931	《公元前 247 年以前的中国古代刑法》	未出版,页码不详
17	朱域	1932	《秦汉王朝时期（公元前 246 年到公元后 220 年）中国法律史概要》	未出版,页码不详
18	曾培启	1932	《中国新民法典以前的家庭法》	未出版,页码不详
19	许萧	1932	《胤礽太子案：康熙朝时期刑事诉讼的重构（1667 年）》	未出版,页码不详
20	朱高融	1933	《中国法与外国法中有关共有的两种主要形式的比较研究》	法文 64 页
21	高念祖	1933	《中国的奴隶制》	未出版,页码不详
22	顾明祖	1933	《清朝政府与五权政府》	未出版,页码不详
23	吴桂馨	1934	《唐律之后的刑罚：中国古代刑法研究》	法文 116 页
24	郭传曾	1933	《长江流域农业经济概述》	未出版,页码不详
25	张登棣	约 1936	《上海租界的永久租赁契》	法文 170 页

资料来源：本章第一节。

二、博士论文注释和参考文献由少变多

早期的博士论文并不重视参考文献,在引用别人观点的时候,往往缺乏必要的注释,有些博士论文引用的注释寥寥无几,参考文献种类也不多,且基本上都是中文参考文献。

胡文柄博士论文《内国公债》注释总数只有 8 个,而参考文献仅列 5 种:① 贾士毅著《民国财政史》;② 蒋士立著《国债辑要》;③ 陈汉杰著《最近中国财政与借款》;④ 梁启超著《政闻时言》;⑤ 法令杂志及报纸。这 5 种参考文献并未在正文中直接引用。胡文柄博士论文第一章中的历史资料均没有提供任何具体的出处,这与现代博士论文的基本要求并不相符。仅仅在"本编参考书目"中列出参考文献,而不在正文中具体列明,这一做法并不严谨。

袁民宝博士论文《中国农业制度考》中文版通篇没有任何一个注释,只在正文前面列了一个简单的参考书目,包括:中国经书、管子、商君、荀子、墨子、马氏文献通考、皇朝经史文编、梁启超著饮冰室、张援著大中华农业史、胡钧著中国财政史、法文社会学、法文经济学说史、法文法国税制论、法文中国土地所有权考、法文中国纪事录、法文亚洲杂志、农业杂志、东方杂志及报纸等。这些参考书目的描述较为简单,有些仅仅将书名列出,没有作者、出版社、出版年代等信息。例如"法文法国税制论""法文中国土地所有权考",普通读者不清楚这两本书究竟是谁的著作,更不知道其他版本事宜。即使对照其博士论文法文版的参考文献(Bibliographie)也难以分辨。

袁民宝博士论文正文中有"经济学者之言曰,世界之人口,以几何级数而增加,世界之食物,则以算术级数而增加"[①]。这句话出自哪一位"经济学者"之口? 普通读者并不清楚。象这种地方,必须要有注释,但袁民宝并没有添加注释。袁民宝博士论文引用汉代法律:"汉法:商人不得乘车衣绣,市井子孙不得为官吏。贱商之律,著之法令,务摧辱之,驱而归之农业。商君视学问技艺之士,亦为分利不生产之人,必斥困之,无使得与农争利。殆与法儒格士尼谓社会上唯农能生产,余皆为寄生虫之说相似。"[②]这里不但没有汉法、商君的明确出处,而且没有注明"法儒格士尼"及其重农轻商学说的出处。

以上情况显示震旦大学最早几位博士在毕业论文的行文规范上缺乏严

---

① 袁民宝:《中国农业制度考》,震旦大学法学博士学位论文,1922 年,第 57 页。
② 同上书,第 24 页。

格的训练。值得注意的是,与中文版不同的是,袁民宝博士论文法文版则有四十多个脚注,主要包括中外田亩、距离、重量、尺寸等的换算以及《管子》《墨子》等经书,上面提到的问题同样存在于法文版博士论文之中。

有些博士论文则有所改进。陈锡潭博士论文《中国嗣续法》已经开始在每页下面加上脚注,但在文末省略了参考文献。徐象枢 1924 年博士论文《唐太宗之功绩》也是只有脚注而没有参考文献,而且该博士论文的脚注功能仅限于进一步阐释正文内容,并没有注明正文所引内容的出处。例如,徐象枢在其博士论文中引用了 Luro 的观点"欲明一国之法律,必先知其国之风俗礼尚"[1],但是徐象枢并没有指出 Luro 这一观点的具体出处,久习法律者也未必知道 Luro 是何许人,更何况普通读者。可见当时虽然在注释方面有所改进,但仍不完善。

萧桐 1923 年博士论文《中国法律中的继承与收养》没有采用脚注,有些引征在正文中直接以括号的形式标注,这显示震旦大学博士论文的注释体例并不统一。萧桐博士论文的参考书目放在文末,有《大清律例》等 17 种,主要是法律法规,5 种属于专著。

顾继荣博士论文《中国的县市:其当代行政的起源、组织与服务》的参考文献已经开始分类排列,按照语种分为两类,第一类是法文文献(9 种),第二类是中文文献,而中文文献又细分为古代文献(8 种)和近代文献(16 种),可谓初具规模。

吴桂馨 1934 年博士论文《唐律之后的刑罚:中国古代刑法研究》(La peine d'après le code des T'ang: etude de droit penal chinois ancien)则较为完备,既有脚注,也有专门的参考文献。其参考文献种类有 21 个,不仅有诸如程树德《九朝律考》之类的中文参考文献,也有艾斯加拉(Jean Escarra,又译爱思加拉或埃斯卡拉)翻译的中国刑法法文本,还有 Deloustal 撰写的有关越南古代司法的法文著作——《古代安南的司法:李朝法典》(La Justice dans l'Ancien Annam: code des Lé),更有震旦大学前期毕业生王品伦的博士论文《公元前 247 年以前的中国古代刑法》(Droit Pénal antique de la Chine jus qu'a 247 A. C.)。在注释方法上,吴桂馨的博士论文也完全采用西式论文的脚注方式,全文脚注总数高达 149 个,远远超过早期毕业生胡文柄的博士论文《内国公债》的注释数量。

值得注意的是,在这批震旦大学博士论文中,有脚注的博士论文全部采用每页重新排序的方法,没有采用全文或者某一章连续脚注的方法。另外,

---

[1] 徐象枢:《唐太宗之功绩》,震旦大学法学博士学位论文,1924 年,第 57 页。

有些法汉双语博士论文的中文脚注和法文脚注数量不一致,例如,徐象枢博士论文《唐太宗之功绩》中文版脚注数量有 23 个,而法文版脚注数量有 65 个,尽管该论文中文版和法文版的正文页码数量完全一样(均为 74 页)。袁民宝《中国农业制度考》中文版没有注释而法文版则有四十多个注释。

关于博士论文注释的问题,1935 年《学位授予法》及其各种草案均未规定。台湾地区在 1960 年由"教育部"颁布《博士学位考试审查及评定细则》,明确规定博士论文的注释标准:"凡引证他人著作时,必须注明出处。"该细则还强调了参考文献的重要性:"在撰写论文时,确曾充分参考已发表之有关重要著作及研究报告。"这一博士论文标准的出台,已经是《学位授予法》颁布 25 年之后的事。在整个 20 世纪初期,博士论文标准一直是中国博士法律制度的空白,这使得中国最早一批博士论文在标准上无法可依,这也导致近代博士论文注释数量多寡不一的状况。同时,震旦大学本身也缺乏具体的博士论文标准,对于注释和参考文献没有具体的要求。当然,注视数量多寡不是衡量博士论文质量高低的决定性因素,但至少可以反映博士论文撰写的基础厚薄以及作者的知识面及严谨程度。从更广的角度看,中国近代法学著作普遍缺少严谨的注释和足够数量的参考文献,这一点有识之士早已指出①。平心而论,学术标准的缺乏并非震旦大学法学博士论文独有的问题。

三、博士论文表达形式由法汉双语转化为单一的法语

震旦大学法学博士论文最初主要采用法汉双语形式,少部分采用法语形式,最后发展为全部采用单一的法语形式,而没有本地化为单一的汉语形式。在震旦大学最早的 5 篇博士论文中,采用法汉双语形式的有 3 篇,即胡文柄的《内国公债》、王敦常的《票据法理刍议》、袁民宝的《中国农业制度考》;采用单一法语形式的有顾守熙的《中国房税考》和陈锡潭的《中国嗣续法》。1924 年徐象枢的博士论文《唐太宗之功绩》也采用法汉双语形式。

法汉双语的优点是可以更大程度地扩大震旦大学博士论文的影响,作者本人同时采用母语(中文)和外语(法文)撰写博士论文,就外文版来说,至少比别人的翻译更为准确。双语形式的博士论文也有一定弊端,主要问题在于双语形式大大增加了撰写者的负担,在有限的博士学习年限内,如何既能保证研究内容上的深度,又能保证形式上的合规?双语博士论文,等于以一种语言撰写博士论文后(或者同时),再以另外一种语言翻译出来。这种

---

① 郑永泰:《中国法学著作的公式化》,载《震旦法律经济杂志》1945 年第 1 期,第 56 页。

撰写博士论文的方式,其语言上的难度暂且不论,其作者所花费的时间和精力难以估量。在两种语言的压力之下,顾此失彼的现象在所难免,为了尽快完成形式上的要求而不得不付出质量上的代价,这是双语毕业论文面临的两难境地。

震旦大学后期的博士论文完全采用法语形式,包括顾继荣的《中国的县市:其当代行政的起源、组织与服务》、陈雄飞的《中国宪法评论;五权制度》、朱高融《中国法与外国法中有关共有的两种主要形式的比较研究》、吴桂馨《唐律之后的刑罚:中国古代法研究》、张登棣《上海租界的永久租赁契》等。

震旦大学法学博士论文在语言表达上显示出明显的趋外形,这是一个很值得注意的现象,其主要原因自然与震旦大学的法式教育有关。震旦大学教育的特点之一就是法语化教育,其部分教师本身就是法国人,其部分课程直接用法语进行讲授,法语是震旦大学的校园语言之一。同时,震旦大学在博士教育政策上明确要求博士论文必须采用法语形式(或者法汉双语形式),如果学生的毕业论文仅采用汉语形式,则只能取得毕业文凭,如果其毕业论文采用法语形式,则可以取得博士学位。这一歧视性政策造成了震旦大学博士论文文字上的趋外性。这一趋外性的后果之一是:震旦大学论文在中国人的视野中越走越远,而在外国人的视野中则越走越近。如果说早期法汉双语的博士论文至少在中国学术界中尚有一定影响,那么到了后期,单纯法语形式的博士论文则几乎彻底走出了中国学术界的视线。这是彻底放弃汉语形式的教育所带来必然后果。其实,早在1890年5月于上海召开的基督教在华传教士大会(General Conference of the Protestant Missionaries of China)上,狄考文就已经清醒地指出:

> 本国语言的全面教育,是一个人在本国人民群众中取得学术声望所必需的。
>
> 一个中国人缺少本国语言的知识,将败坏所有的外国语言和科学的学术成就。不管外国人怎样看待这样的人,本国人民都不把他当作学者。他们会容忍外国人对于自己的语言文学知识的不完整,但他们不会容忍自己的学者中文知识的缺陷。不论谁在这方面无知,马上就会失去地位和影响。①

---

① 狄考文:《如何使教育工作最有效地在中国推进基督教事业》,转引自顾明远总主编:《中国教育大系(修订版)·历代教育制度考(二)》,武汉,湖北教育出版社,2004年,1版1次,第2084页。

四、重视历史研究以及历史研究方法

震旦大学法学博士论文极为重视历史研究及历史研究方法。在胡文柄博士论文《内国公债》正文三章中,历史研究占据了整整一章。中国政府发行内债始于清末甲午战争时期,为了应付军需,清政府被迫于 1894 年募借商款,即后世所称的甲午商款。甲午战败后,为了支付对日赔款,清政府又不得不发行昭信股票,这一证券,名为股票,实为债券。到了宣统三年,即 1911 年,清政府为了筹集军费镇压南方,又发行了所谓"爱国公债"。这三种内债成为中国历史上政府发行内债的起源。在论述清末内债之后,胡文柄将历史的触角转向民国初年的内债,分别是:南京临时政府的军需公债、民国元年公债、民国三年公债、民国四年公债、民国五年公债、民国七年公债、民国八年公债。这一章历史研究构成整篇博士论文的基础。

袁民宝博士论文《中国农业制度考》的主体就是对历代农业制度的考证。在袁民宝的论文中,历史不仅成为方法,而且已经成为主要研究对象。《中国农业制度考》是一篇农业经济学及农业政治学方面的博士论文,主要内容有关中国历代土地分配、田赋制度、农业学说。全文分为 5 编,每编按照时代划分,由远及近,分别是:第 1 编土地公有时代(夏商周);第 2 编土地私有时代(战国、秦汉);第 3 编土地国有私有混合时代(晋、北魏、北齐、隋、唐);第 4 编土地私有确定时代(宋、金、元、明、清)。这 4 编是纯粹的历史研究,每编均包含 3 章,依次是"田制""田赋""农政"。第 5 编是对农业现状的研究,包括土地分配、佃租制度、屯垦制度。最后是结论。

徐象枢博士论文《唐太宗之功绩》也是一篇以唐代历史为研究对象的博士论文,第一章"唐室之兴",第二章"君主",第三章"征伐",第四章"法制",主要讨论唐太宗时代的历史,最后一章专门讨论唐律。

五、逐渐尝试比较研究方法

震旦大学法学博士论文已经开始采用比较法的研究方法。

胡文柄博士论文《内国公债》在分析中国政府发债的利弊时,特别对比了同为外人所侵略的古国——埃及的情况:

> 然以利权授人,国家难保无虞。试以埃及之已事证之。昔埃及政府,借债于欧洲各邦,欧洲之财,源源而来,债台愈筑而愈高,债主亦愈逼而愈甚。于是延聘英之理财名家计侮,为顾问官,经理财政矣。于是建埃及财政管理局,由英法二国简派全权委员,专其职司,监督岁入矣。

于是管理铁路,掌握历山港之关税矣。又于是遂监督岁出,由整理财政,进而干涉内政矣。浸假英人为财政大臣而司出纳,法人为工部大臣而司造作也。浸假凡裁判铁道电信税关,以及不扼要之职,莫不录用欧人也。浸假而掌握混合高等法院也,黜陟官吏也,驱逐议员也,废立埃及王也,又浸修而埃及亡矣。涓涓不塞,遂成江河,殷鉴不远,我国民可不及时猛省哉!①

朱高融博士论文《中国法与外国法中有关共有的两种主要形式的比较研究》本身就是一篇比较法论文。王敦常博士论文《票据法理刍议》第四章第六节是"中法期票互比论",详细比较了中国票据法与法国票据法在"期票关系人""票内记载""票据期日""持票人权利义务"等方面的区别,同时也指出了中法票据法在"主债务人"方面的相同规定②。

但是震旦大学法学博士论文的比较对象较为单一,一般仅局限在中国法律与法国法律之间的比较。以法国法为比较对象,这是震旦大学"以法为师"教育模式的结果。据震旦大学法学院学程纲要记载:

> 比较法一门,亦极重视。良以我国现代法条多有渊源西方各法系者,而西方各国法律,以历史悠久,判解详博,故为寻绎我国法文时不可或缺之借镜。内中尤以法国法系为欧洲成立最早者,曾资大陆各国立法之模式者;又如瑞士法为我国新法所取材,故皆特予注意,此项比较法,皆用法语教授。③

本书第三章表 3-2 "震旦大学法律门高等考试一览表"显示,震旦大学法学院开设"比较宪法""比较刑法""比较民法""比较商法"等比较法课程,且均列为必修课。根据震旦大学法学院法律学系课程表,"比较刑法"一门,"以法国刑法为根据,与各国刑法作比较之研究";"比较商法"一门,"以法国商法为根据,与各国商法作比较之研究";"比较民法"一门,"以法国民法为根据,与各国民法作比较之研究,分四年授毕";而其宪法学课程的内容则全部是"各国宪法之研究与比较之讨论"④。

---

① 胡文柄:《内国公债》"引论",上海,土山湾工艺局印行,1920年。
② 王敦常:《票据法理刍议》,震旦大学法学博士学位论文,1922年,第72~73页。
③ 《震旦大学法学院一览》,1939年,第14页。
④ 《私立震旦大学呈报开办用表》(呈上海市教育局 民国廿一年五月),敌伪档案卷,伪私立震旦大学立案问题(三),上海市档案馆 Q235-1-651。

在如此强调比较法的教育背景下,震旦大学的法学博士生对于比较研究法并不陌生,将其运用到博士论文的写作之中理所当然。

第六节 震旦大学法学博士论文的内在特征

震旦大学法学博士论文的内在特征是指震旦大学法学博士论文在内容上所反映的特殊规律。

一、以中国问题为导向

震旦大学博士论文最大的内在特征是以中国问题为导向。25 篇博士论文全部是关于中国问题的论文。震旦大学在长达 20 年左右的法学博士教育中,始终以中国问题作为博士论文的唯一主题。透过这些博士论文,可以强烈感受到震旦大学培养的中国博士群体的爱国思想及其维护中国主权的意识。

在《内国公债》这篇博士论文中,胡文柄公开宣称:

> 此种担保(作者按:指中国政府对其发行的内债所提供的担保),于国民既无所利,而于国家且甚有害,何则?若所发内债,为外人收买,到期不能偿还,外人起而诘问,要求监督担保品之权利,则我国主权大受损伤,寻至为埃及之续,未可知也。(埃及借债不谨,权利渐丧,卒以亡国)①

在《中国农业制度考》这篇博士论文中,袁民宝开篇就流露出强烈的爱国心和自豪感:

> 立于五洲中之最大洲而为其洲中之最大国者谁乎?我中国也。人口居全地球三分之一者谁乎?我中国也。五千年之历史,未尝一中断者,谁乎?我中国也。西人称世界文明之祖国有五:曰中华,曰印度,曰安息,曰埃及,曰墨西哥。彼四国者,或亡或经中断,其文明俱早湮没,而我中国者,屹然独立,继继绳绳,增长光大,以迄今日,与欧美新文明携手并行,为泰东西文明柱石,其荣誉为如何耶?②

---

① 胡文柄:《内国公债》,第 32 页。
② 袁民宝:《中国农业制度考》"弁言",第 1 页。

从内容上看,中国问题导向的意识贯穿了震旦大学博士论文。这里以胡文柄《内国公债》为例。《内国公债》正文包括三章,可以用 8 个字概括:历史、现状、原因、对策。以下是《内国公债》各章节的编排情况。

引论
中国内债之历史
前清时代之内债
民国时代之内债
中国内债之现状
内债在国债上之位置
内债期限
内债担保
近来政府屡借内债之故
内债不发达之原因及其补救之方法
中国财政之状况
内债不发达之原因
推广内债之方法
结论
附录
内国公债局章程
内国公债付息施行细则
内国公债经售及承购人员奖励规则
财政会议整理内外债款议决案

从国别研究角度看,震旦大学法学博士论文全部是关于中国问题的论文,具有鲜明的"中国"特色,是纯粹的"中国"论文;从内容上说,震旦大学法学博士论文重中国法,轻外国法。在 25 篇博士论文中,没有单纯关于外国问题的论文。一些博士论文采用了比较法的研究方法,但重点仍然是中国法。《震旦法律经济杂志》有文章明确指出:

> 可是我们绝对不能忘掉,研究比较法,完全是为了补充中国法律条文、判解例、学说的不足;我们绝对不能忘掉,我们研究的目的,是在"比较"中外法律,当我们知悉某国法律关于某制度如何规定时,必须同时审究根据我国法律条文规定,应否为相当或相异解释,这样我们的比较

法研究工作,才有实际的价值。①

震旦大学的法学博士教育虽然以法国为师,但并没有以法国为重,研究重心始终是中国。从博士研究重心上也可以看出,震旦大学博士教育的目的不是培养一批精通法国法律的中国人,而是培养一批精通中国法律的中国人,是为造就中国的"法官与律师人才",而不是为造就法国的法官与律师人才。《震旦大学法学院毕业生宣誓词》第6条就是:"予绝对服从遵守本国法律"②。中国法律,不仅构成震旦大学法科学生的学习对象,而且渗透在震旦大学法学教育的精神之中。

二、以法学研究为主流

震旦大学博士论文包括个别政治经济学论文,例如胡文柄的《内国公债》、袁民宝的《中国农业制度考》、高念祖的《中国的奴隶制》。这与震旦大学法学院的设置有关。震旦大学法学院在成熟之后,包括两系两所,即法律系和政治经济系、法律学研究所和政治经济学研究所。震旦大学法学院的这一模式完全模仿当时法国大学法学院系的设置,政治学及经济学设于法学院之下,研究政治经济学的博士生所获学位称号通常也是法学博士。震旦大学只在后期才单独颁发经济学博士学位。从博士论文的内容上看,传统的法学类博士论文占据绝大多数,而政治经济类的博士论文只占了一小部分,详见下文表5-6。

三、以国内法为重点

震旦大学法学博士论文全部以中国问题作为研究对象,但值得注意的是,在研究中国问题的论文中,很少涉及不平等条约、领事裁判权等当时的热门问题。这一特点与中国近代留洋法学博士的论文选题具有明显的区别。在中国近代留洋法学博士论文中,有相当大的一部分以国际法作为题目③。国际法选题为何在震旦大学博士教育中受到冷落?这是一个值得进一步研究的问题。本书作者查阅了震旦大学法学院从20世纪20年代至30年代初期的师资名单,没有看到专门研究国际法学的名家。缺少国际法学专家,也许是震旦大学博士论文没有国际法论文的原因

---

① 民标:《研究比较法学的实益》,载《震旦法律经济杂志》1947年第3卷第5～6期,第80页。
② 《震旦大学法学院毕业生宣誓词》,载《震旦校友》1948年第1期,第5页。
③ 王伟:《中国近代留洋法学博士考(1905—1950)》,上海,上海人民出版社,2011年,1版1次,第128、158、297～299、333页。

之一。

在国内法的选题中,震旦大学法学博士论文呈现了重民法、轻刑法的特点。从分类上看,很多法学博士论文题目以民商法为主,兼有中国法律史、宪法行政法学论文。没有研究法理学以及民国刑法的博士论文。从程序法与实体法的划分来看,震旦大学法学博士论文在实体法方面的研究多于在程序法方面的研究。25 篇博士论文中,只有许鼐的《胤礽太子案,康熙朝时期刑事诉讼的重构(1667 年)》是一篇刑事诉讼法类别的博士论文。

四、以法律史研究为主线

震旦大学法学博士论文偏重历史研究。不仅有研究中国历代农业制度的《中国农业制度考》(袁民宝),而且有很多专门研究中国法律史的博士论文。例如,《管子之政法经济学说》(沈家诒)、《公元前 247 年以前的中国古代刑法》(王品伦)、《秦汉王朝时期(公元前 246 年到公元后 220 年)中国法律史概要》(朱域)、《胤礽太子案,康熙朝时期刑事诉讼的重构(1667 年)》(许鼐)、《唐律之后的刑罚:中国古代刑法研究》(吴桂馨)。《唐太宗之功绩》(徐象枢)也专章介绍了以《唐律疏议》为主的唐代法律制度。

中国法律史研究在震旦大学法学院课程中占据重要地位。在震旦大学法学院法律学系的课程表中,"中国法制史"是必修课,内容为"历代法制之沿革,侧重唐清两朝"①。该课程学习年限一度长达两学年,共计四个学期:第一学期讲授法制史定义、法律的起源与沿革、古代宪政、历代地方自治制度;第二学期讲授家族制度与宗法社会的关系、历代经济的变迁;第三学期讲授历代法典与刑法;第四学期讲授教育制度、历代行政机关、历代军队编制②。其他与历史有关的课程包括"罗马法"(必修课)、"历史"(选修课,内容为西洋近代史)、"公法沿革"(选修课)。不仅法律学系重视历史教学,政治经济学系同样重视历史教学,政治经济学系涉及历史的课程包括"经济学说史"(必修课)、"外交史"(必修课)、"历史"(选修课,内容为西洋近代史)、"私法沿革"(必修课)。

震旦大学法学院重视历史教育这一特点与当时中国大多数法学院有明显区别。很多法政学校甚至根本就没有开设中国法律史的课程。

---

① 《私立震旦大学呈报开办用表》(呈上海市教育局 民国廿一年五月),敌伪档案案卷,伪私立震旦大学立案问题(三),上海市档案馆 Q235-1-651。

② 《震旦大学法学院一览》,1939 年,第 67~68 页。

1930年《司法院监督国立大学法律科规程》中的14门必修课并不包括中国法制史或者外国法制史。在历史学科上能够与震旦大学法学院媲美的是东吴大学法学院,东吴法学院开设的课程中包括"中国法制史""罗马法""各国法制史"①。杨兆龙在20世纪30年代发表《中国法律教育之弱点及其补救之方略》一文,批评了当时中国法律教育忽视法律史的现象:

> ……像关于本国或主要外国之法律历史及趋势的科目,实为不可少的课程。但是中国法律学校里有这类课程的,虽不能说是绝无,至少可以说是凤毛麟角。有些学校虽设有中国法制史及罗马法等科目,但其内容完备的,真不可多见。②

震旦大学作为法国背景的天主教教会大学,居然不以法国法律为主,而以中国法律为主,不但以中国法律为主,而且以中国法律史为重中之重,这在整个中国近代法学教育中独树一帜,甚至与当代法学教育相比,也独具特色。在当代中国六百多所法学院系当中,尚没有任何一所以中国法律史教育为主,而当代学生的法学毕业论文,向来以研究时髦的前沿问题为热点,选择中国法律史为题者凤毛麟角。中国法律史(或中国法制史)课程的位置也在教育部所谓"法学专业核心课程"名单中摇摆不定。

震旦大学法学教育强调法律史课程,显然也是受到法国法学教育模式的影响。法国法学教育素来重视法律史研究。在震旦大学开展法学教育期间,巴黎大学法学院研究院四系之一就是"罗马法及法制史系",开设罗马法、私法史、公法史、经济史、外交史等科目③。

下表5-6是震旦大学博士论文分类一览表。法律史博士论文单独作为一项,虽然在数量上似乎少于民商法学博士论文,但是通过研读部分民商法学博士论文可以发现,法律史已经渗透到这些民商法学博士论文之中。

---

① 《私立东吴大学法学院一览》,1935年秋季到1936年春季学期,第38、41页。
② 杨兆龙:《中国法律教育之弱点及其补救之方略》,载孙晓楼等:《法律教育》,北京,中国政法大学出版社,1997年,1版1次,第161页(原文发表在东吴大学《法学杂志》1935年第7卷"法律教育专号")。
③ 徐象枢:《法国之法律教育》,载孙晓楼等:《法律教育》,第228页(原文发表在东吴大学《法学杂志》1935年第7卷"法律教育专号")。

表 5-6 震旦大学法学博士论文分类一览表

博士论文分类	博士论文题目（作者）	数量
民商法学	1.《中国房税考》（顾守熙） 2.《票据法理刍议》（王敦常） 3.《中国嗣续法论》（陈锡潭） 4.《中国抵押权考》（沈福顺） 5.《中国法与比较法之下的不动产出售》（李沂） 6.《中国法律中的继承与收养》（萧桐） 7.《中国的商标保护》（姚肇弟） 8.《中国之出妻及离婚制》（王自新） 9.《中国法律中的妇女》（沈曾诒） 10.《中国新民法典以前的家庭法》（曾培启） 11.《中国法与外国法中有关共有的两种主要形式的比较研究》（朱高融）	11
法律史学	1.《唐太宗之功绩》（徐象枢） 2.《管子之政法经济学说》（沈家诒） 3.《公元前247年以前的中国古代刑法》（王品伦） 4.《秦汉王朝时期（公元前246年到公元后220年）中国法律史概要》（朱域） 5.《胤礽太子案：康熙朝时期刑事诉讼的重构（1667年）》（许鼐） 6.《唐律之后的刑罚：中国古代刑法研究》（吴桂馨）	6
宪法行政法学与政治学	1.《中国的县市：其当代行政的起源、组织与服务》（顾继荣） 2.《中国宪法评论：五权制度》（陈雄飞） 3.《中国的奴隶制》（高念祖） 4.《清朝政府与五权政府》（顾明祖）	4
经济学	1.《内国公债》（胡文柄） 2.《中国农业制度考》（袁民宝） 3.《长江流域农业经济概述》（郭传曾）	3
国际法学	1.《上海租界的永久租赁契》（张登棣）	1

资料来源：本章第一节。

  总的来说，震旦大学法学博士论文最大的特征是，以中国问题为内容，以外国文字为表达方式。震旦大学法学博士论文是以外文形式表达中国问题的学术著作，是中外结合的产物，中国是内容，外文是形式。然而，这一中外结合的方式与近代中国思想界和教育界盛行的"中学为体、西学为用"或者"中学为主、西学为辅"并不完全相同。震旦大学法学博士论文全部研究中国问题，这一点似乎可以列入广义范围的"中学"，然而震旦大学法学博士论文采用的外文表达方式却不可以列入"西学"范畴，外文表达方式既不能视为"用",也不宜视为"辅",其本身并不构成西学的一个部分,外文表达的内容终归属于中国问题,而非西学。震旦大学法学博士论文是中西两方面的结合与统一,不存在中学与西学的对立与矛盾,从实质上说,以震旦大学法学博士论文为主体的中国近代博士论文是西化了的中学。

第七节 震旦大学法学博士论文的价值

一、博士论文的普遍性学术价值

学位论文的价值不容忽视,尤其博士论文,更是其中的精华,应当引起足够的重视。对于个人来说,博士学位也许比博士论文更重要,但是对于学术本身来说,博士论文的价值要远远大于博士学位。留法博士韩闻疴早在1934年就已经指出:"学位这样东西,是否对祖国实际有益,能否代表一个人的学问,已使人怀疑。"①博士学位不一定能够代表一个人的学问,但是博士论文却可以成为衡量一个人学问的标志,博士论文可以成为对祖国有益的东西。博士生命有限,博士论文却能永存。

震旦大学法学博士群体以西文为载体撰写的博士论文,构成中国学术的重要组成部分,中国学术不应该将其排斥在外。换句话说,中国学术并不等同于以中文为载体的学术,而应该包含中国人创作的全部学术成果,既包括中文成果,也包括西文成果。排斥中国近代博士论文的中国学术,是不完整的中国学术,是狭隘的中国学术。以学校范围、地域范围和语言范围来限制中国学术的范畴,是作茧自缚,其结果不是妄自尊大,就是妄自菲薄。

早在1917年,清华校长周诒春就已经注意到博士论文的价值,将其比喻为价值连城的和氏璧:

> 之数公者,其论文皆已刊印成书,藏诸公私图书馆,得供中外人士之参考。譬之我有国宝,世不我知得和氏,忍刖抱璞以鸣于时,而价值以增,国人不敢轻视。诸公文字之功,毋乃类是。故鄙人非谓其所得哲学博士与法律博士之有耀头衔,实以其所得博士之毕业论文足以传诵中外、宣扬国光之为可贵也。②

---

① 韩闻疴:《官费留学应加以统制》,载《时代公论》1934年第29期,第26页。
② 《周校长对于第五次高等科毕业生训辞》,载《清华周刊》1917年第3期,第12~13页。

至于具体到某一篇博士论文是否真有价值,只有经过认真研究之后才能判断出来。

二、震旦大学法学博士论文的独到之处和影响

震旦大学法学博士论文不仅开创了中国学术的新形式,而且在内容上有独到之处。例如,王敦常在其博士论文《票据法理刍议》的基础上出版了《票据法原理》一书(商务印书馆,1922年,1版1次),"这是我国第一部从整体上研究中国票据习惯的著作,可谓开风气之先"①。

而胡文柄博士论文《内国公债》则得出如下独特结论:

第一,中国内债不发达,其原因包括:① 人民不习惯;② 国家信用不巩固;③ 缺乏证券交易所。第二,与其向外人借外债,不如向国人借内债。第三,推广内债的方法包括:① 向人民宣传内债的好处;② 巩固国家信用;③ 建立证券交易所。

胡文柄博士论文《内国公债》是中国近代较早专门研究内国公债的著作,对后世研究有较大影响,至今仍然经常被学者所引用②。与同时期有关国债的论著相比,胡文柄的博士论文有两处特点较为突出。第一,关注培养人民的经济常识;第二,将国家信用与宪政联系在一起。遗憾的是,胡文柄未对这两个论断展开深入分析,让读者产生意犹未尽之感。

袁民宝的博士论文是中国历史上第一篇以农业制度为题的博士论文,其历史意义不容忽视。袁民宝在其博士论文中提到"重农学说",这是中国较早引入重农学说的学术著作。袁民宝称:"吾国自古以农立国,立法行政、设官分职,无不以保护奖励为职志,儒家以此为教民之本,法家以此为强国之方……盖在古时,无论王霸,皆以治国必先富民,富民必先重农也。"③对于中国历代农业制度的特征总结,袁民宝也有所贡献。他将中国农业制度历史沿革按照土地制度的不同依次划分为四个时代:土地公有时代、土地私有时代、土地国有私有混合时代、土地私有确定时代,脉络清晰,逻辑井然。在缺乏大量现成参考文献的情况下,早期的博士论文能写到这种水平,已经难能可贵。值得注意的是,袁民宝对于中国土地所有制历史沿革过程的描述也很有价值:

---

① 张群、张松:《北洋时期对票据习惯的调查研究及其与立法的关系》,载《清华法学》第6辑,北京,清华大学出版社,2005年,1版1次,第209页。
② 参见刘晓泉:《北洋政府内国公债发行研究》,湖南师范大学博士学位论文,2008年4月,第6、27、41、55、63、80、88、215、216页。
③ 袁民宝:《中国农业制度考》,第8～9页。

> 考之各国土地制度沿革史，莫不由公有而进于私有……自黄帝战胜涿鹿，统一海内，占有黄河两岸肥沃之区，画野分州，匠营国邑，遂经土设井，立步制亩，地著而数详，为土地公有之滥觞。三代之世，行井田制，民二十受田，六年归田，只有收获之利，而无买卖之权。迨至战国纷争，田制紊乱，秦商鞅开阡陌，废井田，任民耕种，为土地私有之嚆矢。然行之未久，弊窦丛生。在上者不得不加限制以防兼并。魏晋以后，复行授田制，土地私有，亦变而为土地国有。直至有宋之初，承五季凋敝之余，人民流散，四郊荒芜，于是复秦土地私有制度，使民耕种自由，以尽地力。是吾国个人私有财产之确定，亦不过千百年事耳。①

这一段浓缩了全文的精华，将几千年来中国土地公有、私有之间的历史演变及其原因交代得清清楚楚。其中既有土地私有的弊端——容易导致土地兼并，也有土地公有的弊端——不利于最大程度发挥土地的效用，而如何在这二者之间寻找到平衡则是历代政府土地制度的核心问题。

从袁民宝的博士论文中还可以看到马克思主义学说的影响。在讨论周朝的井田制时，袁民宝称：

> 天下为公，偏氓各有恒产，而无贫富之差。立制之善，超绝千古。是以政称三代，治推有周。昔时希腊柏拉图之大同理想国家，近世马克思等社会共产诸学说，不是过焉。惟有周封建之世，社会分治人者及治于人者两阶级，土地分配，遂缘阶级而弗同。②

在这一段论述中，袁民宝明确提到马克思的"社会共产"学说，也运用了阶级论来分析周朝的两大群体。这在当时（1922年左右）的文章中并不多见。袁民宝很可能是第一个在博士论文中提到马克思及其"社会共产"学说的中国人，也很可能是第一个在博士论文中进行阶级分析的中国人。袁民宝虽然称赞周朝的土地公有制（井田制），但是认为土地公有制并不适合当下的中国：

> 现在环球各国，莫不因人民贫富之不齐，呈种种不稳定之现象。泰

---

① 袁民宝：《中国农业制度考》，第1~2页。
② 同上书，第4页。

西社会主义学派有主张土地国有,行略似我国三代井田之制者。虽然,井田之为物,唯封建时代能行之。盖封建之世,一国所辖,不过百里或数十里,计亩而分,其事易举。封建既废,版图归一,必欲人人而授之,固已不胜其烦矣。况当此私有权个人主义澎湃之时,欲骤夺之而为国有,诚不易易。俄罗斯前车,可以知矣。①

在外国人撰写的论著中,参考震旦大学法学博士论文最多则应该是曾经担任中国政府顾问的法国巴黎大学教授艾斯加拉(Jean Escarra),他在其专著《中国法》(Chinese Law)一书中多次提到震旦大学博士②。艾斯加拉在该书中明确指出,他对于中国法律的研究曾经受到王自新(震旦大学法学博士)的协助③。在该书的参考目录中,清楚列明震旦大学法学博士吴桂馨、徐象枢、顾继荣、陈雄飞、萧桐、陈锡潭、朱高融、袁民宝等人的博士论文④。

三、震旦大学法学博士论文的缺陷

震旦大学法学博士论文在思想方面最大的缺陷就是结论单薄。例如,袁民宝博士论文《中国农业制度考》的结论名为结论,实为展望:

> 时至今日,经济战争益形剧烈,各国朝野士夫莫不重视天然,以增殖国富、发展国民生计为唯一政策,为唯一急务。其意若曰:国民不达亿万不足以言强,民食不能自瞻不足以为大。而此可强可大之基础,吾国实兼而有之。膏腴之地多于欧洲各国所公有,力田之人溢于北美合众之全民。履厚席封,举世无匹。苟能尽开地利,善用天然,改良农器,增厚资本,广设学校以造农师,分派委员以启农智,他如农业团体、农业银行,举人所累试而有效者,竭力仿行,精益求精,使可耕之地无不耕,可林之地无不林,以及可鱼可牧之地无不鱼无不牧,航线纵横,交通发达,若是者自瞻之余,尚可外竞,美不能望我项背,欧方将仰我鼻息,则吾国之地位,将为世界第一之市场,吾国之出产,将供全球之需要,然则将来执世界商业之牛耳者,非我国二谁?责任重大,前程无涯,国人不

---

① 袁民宝:《中国农业制度考》,第6页。
② Jean Escarra, *Chinese Law*, *Conception and Evolution*, *Legislative and Judicial Institutions*, *Science and Teaching*, translated by Gertrude R. Browne, Henri Vetch Publications, Peking, Library of the Sirey Collections-Paris, 1936.
③ Ibid., p. 563, n. 70。
④ Ibid., pp. 611,621,669,674,675,679.

可不勉哉。①

这类华美的辞藻固然容易打动国人之心,但以博士论文的通常标准来看,不能称之为"结论",只能称之为"结语"。结论应该是全文的精华,是论证的结果。以中国农业制度考为题的论文,其结论必然要围绕中国农业制度本身,例如中国历朝农业制度演变的规律、经验、教训,以及改良中国农业制度的具体举措。所谓"使可耕之地无不耕,可林之地无不林,以及可鱼可牧之地无不鱼无不牧",这些都是美好的期待,如何实现这些期待才是问题的关键。所谓"尽开地利,善用天然,改良农器,增厚资本,广设学校以造农师,分派委员以启农智"等,均为泛泛之谈,作为鼓动人心的演说之词自然绰绰有余,作为严谨的学术论文则力有不逮。

王敦常博士论文《票据法理刍议》结论部分初读之下,感觉很有新意:

> 贸易何自而始乎?始于有社会。人生社会,各有所需,人求于我,我亦有求于人,天然之惯例,不可逃也。能耕者未必能织,能织者未必能耕……凡百工艺,因相为命,岂独耕织而已哉?贸易者所以通有无也,票据者所以便贸易也,故票据之作,不作于作之日,盖必有所由起;票据之行,不行于行之日,盖必有所由兆也。②

然而多读几遍,却有似曾相识之感。其实,王敦常提出的贸易、社会、需求等不过是亚当·斯密《国富论》中劳动分工理论的重述而已;他提出的"耕者""织者"之别也与司马迁《史记·货殖列传》"人各任其能,竭其力,以得所欲"的表述暗合。至于"票据之作"云云是指票据关系与票据基础关系,"票据之行"云云是指狭义票据行为与广义票据行为,这些都不是王敦常的首创,只是他以流畅的文笔描述,给人感觉耳目一新。

部分震旦大学博士论文独创性不够,引征不够规范。袁民宝在其博士论文中专门介绍了汉代三位重农人物:张堪、王丹和樊重③,但没有注明出处。实际上,张堪一段主要来自《后汉书·张堪传》,而王丹和樊重两段抄自北魏贾思勰所著《齐民要术》。袁民宝的博士论文还提到"罗马伟人格力加

---

① 袁民宝:《中国农业制度考》,第 78~79 页。
② 王敦常:《票据法理刍议》,第 86 页。
③ 袁民宝:《中国农业制度考》,第 15 页。

士"因为主张限制名田而被人打死①,这一典故理应有所注解②。

再举徐象枢博士论文《唐太宗之功绩》为例。该论文除简介及结论外,分为四章,第一章"唐室之兴",包括五节,分别是:人物、革命、阻力、炀帝之死、玄武门之变;第二章"君主",包括三节:太宗之为君、长安、侍臣;第三章"征伐",包括四节:突厥、吐谷浑、吐蕃、高丽;第四章"法制",包括四节:尚书吕刑、唐律之来源、人民及物权、家族。这四章内容很少有创新之处,基本上是在重复前人的撰述。虽然在整体上缺乏独创新,然而在字里行间,徐象枢的博士论文也有一些精辟的论述:

> 吾人读唐律而可知中国法律之特征焉。夫西洋法律,为保障人权之用,而中国法律,则为尊道德、保公安而设,非所以定人民之权利者也。故立法者,告人民应尽之义务,而不涉其应得之权利。是以中国法律,乃类集其国人之生活情形耳。故中国法律,乃历史的,而非哲学的,乏抽象的原理,常以法律与道德相混而不分。立法者,犹道德之训导师,其作用直接施之于民,使其知所应尽之义务,而忠于其君。故律有名例、职制、断狱等目,而不仅仅条列刑法而已焉。③
>
> 法律为治安而设,示人应为之义务,而有不尽此义务者,则罚之。至于家庭私人关系,则纯由风俗、习尚,与夫经书之所教而定之。④
>
> 唐律实为最要,而中国往时法制之源也。⑤

徐象枢博士论文的结论虽然薄弱,但有一定价值:

> 唐律为明清诸律之源,殊不可不一探究之。元之人主中国,欲一变成法,而未能行。明太祖兴,乃复其旧。是可知法律之不易冒然变更也。今者,刑律将成,说者谓若非依潮流渐变,而欲一旦另换新面目者,必将有扞格之势也。
>
> 法人 Garcon 谓:今各国条例多同者,则作一世界新刑律,将非不可能之事,云云。然而一国之法,当合其国情,恐正不易成耳。予望今之编查法律诸子,细察国内习俗风尚,而作良好之法律,使国家得以治

---

① 袁民宝:《中国农业制度考》,第 17 页。
② 国人较早介绍这一典故的著作是梁启超《王安石传》(写于 1908 年),袁民宝博士论文的参考文献中只是简单列举了梁启超《饮冰室》,没有直接出现《王安石传》或《王荆公》。
③ 徐象枢:《唐太宗之功绩》,第 55~56 页。
④ 同上书,第 57 页。
⑤ 同上书,第 60 页。

平也。①

这一结论提到了两个重要问题：第一，新法与旧法的关系，是彻底废除旧法还是有条件继承？第二，法的统一化与多样化的关系，是追求一部通行全球的世界法还是制定一部符合本国特色的法律？这两个问题在今天仍然具有一定的现实意义。

袁民宝《中国农业制度考》的结论虽不严谨，但论文之中也有一些闪光点。在论及秦代灭亡的原因时，袁民宝称：

> 秦始皇并吞六国，统一寰宇，用度无节，侈泰斯萌。见土地之广，谓万叶而无虞；睹天下之安，谓千年而永治。于是内修宫庙，劳民伤财；外发三十万人，北筑长城，穷侈极奢，民力耗竭。而征敛之苛，刑罚之严，又从而迫之。田租口赋，盐铁二十倍于古，税取三分之二。男子力耕，不足粮饷；女子纺绩，不足衣服。竭天下资财，以奉其政，犹不足以赡其欲。取之尽锱铢，用之如泥沙。三十余年，民穷财尽，敛手重足，无所逃死。困则思乱，此斩木揭竿之事起，而秦室遂丘墟也。②

袁民宝将杜牧《阿房宫赋》中的句子（"取之尽锱铢，用之如泥沙"）、《晋书卷三·武帝纪》中的名句（"见土地之广，谓万叶而无虞；睹天下之安，谓千年而永治"）、《汉书·食货志》中董仲舒的话（"田租口赋，盐铁之利，二十倍于古"）巧妙地镶嵌到自己的论文之中，不露痕迹，读之朗朗上口，文采斐然。不过以今天的标准，这种巧妙的镶嵌还是有剽窃的嫌疑。

王敦常的《票据法理刍议》虽然在形式上有独创性，但也有一些缺陷，后人评价："有些地方，作者为顾及理论的完整，还不免割裂习惯，使得当时通行的习惯反而变得难以理解。作者也没有能够从宏观上很好的总结票据习惯的性质和特点，为立法提出科学的让人信服的参考意见。"③

四、震旦大学法学博士论文总体评估

按照今天的标准审视，就已经获取的博士论文的内容上看，一部分震旦大学法学博士论文的质量并不高。将震旦大学法学博士论文与同时期大学

---

① 徐象枢：《唐太宗之功绩》，第74页。
② 袁民宝：《中国农业制度考》，第19页。
③ 张群、张松：《北洋时期对票据习惯的调查研究及其与立法的关系》，载《清华法学》第6辑，北京，清华大学出版社，2005年，1版1次，第209页。

的本科、硕士研究生毕业论文相比，看不到震旦大学法学博士论文的明显优势。例如，与清华大学当时的本科毕业论文相比①，震旦大学这批博士论文也没有显示出很高的"博士"水准。王祥第 1935 年清华大学历史学本科毕业论文《清代之军机大臣》以中文撰写，包含 5 章，参考文献图书 34 种，注释数量 178 个②。其结论也很规范，并非即兴发挥式的展望，而是对全文的抽象概括总结，很多方面超过了同时期震旦大学的法学博士论文。

当然这也有偶然的成分，民国时期质量低劣的毕业论文也可能很多，良莠不齐是毕业论文的通行现象，当代如此，近代也如此。

虽然震旦大学法学博士论文的总体水准尚很难达到今天的博士论文标准，但这并不能成为全盘否定震旦大学法学博士论文价值的理由。王云五曾云：

> 任何一个国家在其开始授予博士学位时，有些博士论文在今日观之固不免有可称为幼稚者，这又有什么害处呢？人既不能不经过幼稚时期而渐臻于盛壮老成，学术亦何尝不是如此呢？研究有如营养，人生之幼稚可藉营养而渐渐长成，学术之幼稚亦惟有藉研究而促其成长耳。③

震旦大学法学毕业论文本身也有一个逐步成长的过程，晚期的毕业论文质量明显优于早期的毕业论文质量。以下是震旦大学学生于 1946 年对于法学院毕业论文的评价，该评价虽然针对震旦大学本科毕业论文，但也具有一定代表性：

> 震旦当局对于论文的水准，非常严格，因为它们以为法学院毕业，虽然只考取了学士学位，论文的内容决不应当比巴黎大学考取博士学位时提出的论文来得差。如果你只摘录了几本参考书，把它们的内容合并在一起，个人并无丝毫研究心得，休想通得过，准被驳回无疑。唯其如此，每篇论文，都有若干见解独到之处。最倒霉的，要算那些权威的法学著作家，往往被同学们攻击得体无完肤，可是，同学们的立论，都

---

① 参见葛兆光编：《学术薪火——三十年代清华大学人文社会学科毕业生论文选》，长沙，湖南教育出版社，1998 年，1 版 1 次。

② 王祥第 1935 年清华大学毕业论文《清代之军机大臣》，载葛兆光编：《学术薪火——三十年代清华大学人文社会学科毕业生论文选》，第 1~66 页。

③ 王云五：《我国博士学位授予之研讨》，1957 年 4 月为新生报写，载王云五：《岫庐论学》（增订再版），台北，商务印书馆，1966 年，2 版 1 次，第 304 页。

有相当的根据,决不凭空攻击任何学者的意见……①

经过"书面审理"(审查论文的内容),和"言词审理"(公开辩论)之后,这篇论文,方才通过,内容方面,当然毫无问题。论文的题目,既然以专门问题居多,对于学术方面,自然有相当的贡献②。

本 章 小 结

震旦大学法学博士论文创造了中国法学博士教育的多个第一。中国历史上首批法律史学博士是徐象枢和沈家诒,均在 1924 年取得法学博士学位,前者的博士论文是《唐太宗之功绩》(该论文除讨论唐太宗生平之外,主要研究唐太宗时期的法律制度),后者的是《管子之政法经济学说》。中国历史上最早的宪法学博士是陈雄飞(1930),中国第一篇宪法学博士论文是其《中国宪法评论:五权制度》。中国历史上最早的刑法学博士是王品伦(1931),其博士论文《公元前 247 年以前的中国古代刑法》可以视为中国历史上最早的刑法学博士论文,也可以视为中国历史上最早的刑法史学博士论文。中国历史上最早的诉讼法学博士是许鼐(1932),其博士论文《胤礽太子案:康熙朝时期刑事诉讼的重构(1667 年)》可以视为中国历史上最早的诉讼法学博士论文,也可以视为中国历史上最早的刑事诉讼法史学博士论文。

总之,震旦大学博士论文涵盖了法政、经济学科,核心内容无不与中国问题有关,既有历史研究,也有前沿研究,既有中央层面的宪政设计,也有地方层面的制度思考,既有中国传统的婚姻、家庭问题,也有从西方引入的商标保护问题,可以用"古今中外"四字形容。从数量上看,25 篇博士论文不算多,但其历史意义要远远大于其数量意义。作为中国人在中国土地上第一次撰写的学术意义上的法学博士论文,他们填补了中国近代法学博士学位论文的空白,具有深厚的学术价值和文物价值。从来源上看,这批博士论文是中外教育交流的结晶;从归宿上看,这批博士论文分散于世界各地;从国别上说,这批博士论文属于中国学术成果。后人没有理由置之不理。

---

① 安德:《震旦法学院本届毕业同学的论文》,载《震旦法律经济杂志》1946 年第 2 卷第 8 期,第 149 页。
② 同上书,第 150 页。

第六章　中日近代博士教育比较

> 中国人为什么向日本政府请求博士学位？……为什么不可向中国学术机关或欧美各国请求，一定要向日本大学请求呢？
> ——汉俊：《中国人为什么向日本政府请求博士学位？》①

日本是中国的东邻。日本古代博士制度与中国古代博士制度一样，属于官制，事实上，日本古代博士制度起源于中国。早在唐代，中国的博士官制就已经传到日本。近代日本在明治维新以后，转而学习西方，从西方引进近代学位意义上的博士教育制度，规范、引导日本的博士教育及博士学位的授予。从时间上看，日本博士学位教育和博士学位制度早于中国，中国近代博士教育法律实际上部分模仿日本1920年以前的博士教育制度。一言以蔽之，官位意义上的博士制度，日本学习中国，而学位意义上的博士制度，中国学习日本。

第一节　日本近代博士制度沿革

近代日本的学制规定，在大学各学部修业三年以上并考试合格者可以称为学士。严格地说，近代日本的学士仅仅是一种称号，而不是学位②。近代日本的学位只有一种，即博士学位，其标准极其严格，"对于因研究而有优异卓越之学力成绩者，国家依宪法之规定，以天皇之大权，授与博士之称号与荣典。其授与之职权，大学经文部大臣之准许授与之"③。具体来说，日

---

① 《民国日报·觉悟》1921年9月30日。
② 孙百刚编著：《各国教育制度及概况》，上海，新中国建设学会出版科，1934年；上海，上海书店出版社影印，"民国丛书"第三编46，第312页。日本大正七年(1918)12月颁布的《大学令》第10条第1款规定："凡在学部修业三年以上受一定之试验合格者，得称学士。"
③ 同上书，第312～313页。

本近代的博士学位制度经过了四个发展阶段。

一、早期阶段(1872～1886)

在明治早期,有所谓大博士称号,又称大学大博士,专指大学教官的职位,其下还有中博士、少博士、大助教、中助教、少助教等职位。平田銕胤(1799～1880)担任过大博士职位①。此时的大博士,并非学位意义上的博士。

1872年,明治政府颁布《学制》,大学毕业生被授予学士称号②。1873年日本文部省《关于官级、教师等级、学位称号的修订》将学位称号分成三级:博士、学士和得业士。不久即取消第三级——得业士③。1877年(明治十年)日本建立东京大学;第二年,东京大学从日本文部省取得学士称号授予权;1879年,东京大学制定规则,对于毕业生授予学士称号④。1886年,日本明治政府颁布《帝国大学令》,改东京大学为帝国大学。在这一阶段,日本只有学士称号制度,尚未建立博士学位制度。

二、博士和大博士阶段(1887～1897)

1887年(明治二十年)5月,日本颁布第一次《学位令》,将大学学位分为二等:即博士和大博士⑤,自此,学士称号不再属于学位的一种。虽然规定了大博士学位,但日本历史上从未授予过大博士学位⑥,实际授予的只有博士学位。

日本早期的博士学位在性质上属于国家博士学位,而非大学独立授予的博士学位。这一国家博士学位制度实际上仿效了法国的学位制度⑦。博士学位分为法学、医学、工学、文学、理学5种⑧。博士学位和大博士学位均由文部大臣授予。

这一时期的博士学位又分为考试博士和推荐博士两种,前者必须通过大学院考试,后者虽不必经过大学院考试,但是其造诣必须类似或者超过那

---

① http://ja.wikipedia.org/wiki/%E5%A4%A7%E5%8D%9A%E5%A3%AB。
② 周洪宇主编:《学位与研究生教育史》,北京,高等教育出版社,2004年,1版1次,第99页。
③ 同上书,第100页。
④ [日]天野郁夫:《大学的诞生》,黄丹青、窦心浩等译,南京,南京大学出版社,2011年,1版1次,第113页;周洪宇主编:《学位与研究生教育史》,第100页。
⑤ 日本第一次《学位令》第1条。
⑥ Http://jfn.josuikai.net/josuikai/21f/59/ama/ama.htm#gakuia。
⑦ 刘献君主编:《发达国家博士生教育中的创新人才培养》,武汉,华中科技大学出版社,2010年,1版1次,第111页。
⑧ 日本第一次《学位令》第2条。

些大学院考试合格的博士,而且必须经帝国大学评议会讨论通过,之后才能交文部大臣斟酌选定①。

日本当时的《学位细则》第一条规定:"法学博士须其于法科大学所设学科经专门考究者。"《学位细则》第四条规定:"凡欲得博士学位者,许其开具履历与所著专门学科论说一篇,呈请文部大臣。"《学位细则》第六条规定:"文部大臣于其学术卓有成效者交博士会议,如许可者过三分之二,复上阁议又已论定者,然后授予大博士学位。"②

从1887年到1897年,日本共授予139人博士学位,其中推荐博士占绝大多数,高达82%,所以这10年被称为"推荐博士时期"③。139名博士中,取得法学博士者共有19名(1名论文博士、16名评议会推荐博士、2名校长推荐博士);取得医学博士学位者38名(8名论文博士、30名评议会推荐博士);取得工学博士学位者31名(全部是评议会推荐博士);取得文学博士者15名(1名论文博士、14名评议会推荐博士);取得理学博士学位者36名(4名研究生院毕业、9名论文博士、23名评议会推荐博士)④。

日本最早授予的法学博士有5位,他们是:鸠山和夫(1856～1911)、穗积陈重(1856～1926)、箕作麟祥(1846～1897)、田尻稻次郎(1850～1923)、菊池武夫(1854～1912),他们均由日本帝国大学评议会推荐,在1888年5月9日取得日本文部大臣授予的法学博士学位⑤。其中鸠山和夫还在1880年取得美国耶鲁大学民法学博士学位(D.C.L.)⑥。1888年6月7日,日本文部大臣再次授予另外5人法学博士学位:井上正一、木下广次(1851～1910)、熊野敏三、冈村辉彦、富井政章(1858～1935)⑦。

三、废除大博士阶段(1898～1919)

1898年(明治三十一年)12月,日本颁布第二次《学位令》,废除大博士,保留博士学位。除第一次《学位令》规定的5种博士外,还增加了药、农、林、

---

① [日]天野郁夫著,黄丹青、窦心浩等译:《大学的诞生》,南京,南京大学出版社,2011年,1版1次,第115页。
② 《学位细则》,载《日本东京大学规制考略》,第30～31页。
③ 周洪宇主编:《学位与研究生教育史》,第101～102页。
④ [日]天野郁夫著,黄丹青、窦心浩等译:《大学的诞生》,第116页;周洪宇主编:《学位与研究生教育史》,第102页。
⑤ 能势岩吉编集:《日本博士录》第1卷(明治二十一年～昭和三十年),教育行政研究所,昭和三十一年,1版1次,第11页;http://ja.wikipedia.org/wiki/%E5%8D%9A%E5%A3%AB_(%E6%B3%95%E5%AD%A6)。
⑥ Http://www.hatoyamakaikan.com/family/main_kazuo.html。
⑦ 能势岩吉编集:《日本博士录》第1卷(明治二十一年～昭和三十年),第11页。

兽医4种博士学位,共计9种博士学位①。第二次《学位令》第二条规定:

学位由文部大臣授予下列者:
(一)入帝国大学大学院经定规之试验者或进呈论文请求学位,经帝国大学分科大学教授会认为有与同等以上之学力者;
(二)经博士会认为有应授以学位之学力者。
帝国大学分科大学教授得依该帝国大学总长之推荐,由文部大臣授以学位。

1898年,日本颁布《博士会规则》②,将博士会分为法学博士会、医学博士会、药学博士会、工学博士会、文学博士会、理学博士会、农学博士会、林学博士会、兽医学博士会9种③,以顺应第二次《学位令》中规定的9种博士。

1899年(明治三十二年),文部省颁布《学位令细则》④,该《学位令细则》第三条规定:"进呈论文请求学位者,当将所著属于该专攻学科范围内之论文附履历书,指定应审查其论文之帝国大学分科大学教授会申请于文部大臣。"

日本第二次《学位令》不但没有限制推荐博士的数量,反而扩大了推荐博士的范围。从1898年到1920年,日本共授予1907人博士学位⑤,其中,203人获得法学博士学位。在这203名法学博士中,只有2人是通过研究生院毕业而被授予法学博士,30人是论文法学博士,110人属于评议会推荐的法学博士,61人属于校长推荐的法学博士⑥。推荐博士的数量仍然占绝大多数。

在这个时期取得法学博士学位的著名学者有户水宽人、寺尾亨、一木喜德郎等,他们均于1899年3月27日在东京帝国大学校长的推荐下获得日本文部大臣授予的法学博士学位⑦。此外,还有高桥作卫(1900年2月17日)、有贺长雄(1900年2月17日)、中村进午(1901年6月29日)、冈田朝

---

① 日本第二次《学位令》见《新译日本法规大全》(点校本)第8卷,北京,商务印书馆,2008年,1版1次,第708页。
② 1898年《博士会规则》,载《新译日本法规大全》点校本第3卷上,北京,商务印书馆,2008年,1版1次,第330~331页。
③ 1898年《博士会规则》第2条,同上注。
④ 1899年《学位令细则》见《新译日本法规大全》(点校本)第8卷,第708~709页。
⑤ 周洪宇主编:《学位与研究生教育史》,第102页。
⑥ 同上书,第103页。
⑦ 能势岩吉编集:《日本博士录》第1卷(明治二十一年~昭和三十年),第11页。

太郎(1901年6月29日)、岩谷孙藏(1901年6月29日)、织田万(1901年6月29日)、小野塚喜平次(1902年7月9日)、志田钾太郎(1903年1月26日)、美浓部达吉(1903年8月14日)、立作太郎(1905年4月10日)、牧野英一(1914年7月18日)等①。

这种推荐制博士并非学术意义的博士,也没有博士论文,可以称为具有日本特色的名誉博士。这种推荐制博士的盛行削弱了日本博士学位的学术意义和学术导向。

从数量上看,这一阶段取得医学博士学位的人数最多,有806名,占总数(1 907人)的42%②。从性质上看,这一阶段的日本博士学位仍属于国家博士学位,是国家表彰个人学力所授的荣誉,属于国家单方行政行为,不必取得本人的同意,本人亦不得拒绝博士学位的授予③。

四、大学博士阶段(1920年之后)

1920年(大正九年)7月,日本颁布第三次《学位令》,仍然规定学位只有博士一种。与前两次《学位令》不同的是,第三次《学位令》规定:经文部省批准,博士学位可以由大学授予,博士种类也可以由大学决定。这样,博士学位的授予权从文部大臣(代表国家)转移到各个大学,即从严格的国家博士制度转变为相对宽松的国家授权下的大学博士制度。

因为此前推荐制博士泛滥,日本第三次《学位令》删除了由大学总长及博士会负责的推荐制博士,只保留了两种可以授予博士学位的情况:第一,在大学各学部研究科,从事研究二年以上,提出学位论文,经学部教员会审查合格者;第二,提出论文,申请博士学位,经学部教员会认为与第一项所述有同等以上学历者。在这两种博士之中,第一种博士(即课程博士)极为罕见,第二种博士(即论文博士)则较为常见。第一个取得日本法学博士学位的中国人赵欣伯就属于论文博士,他的博士论文是《刑法过失论》④。日本第三次《学位令》还专门规定,在授予博士学位后六个月内,应将博士论文印刷发表⑤。

1927年,日本文部省进一步下放博士学位授予权,各大学具有独立的

---

① 能势岩吉编集:《日本博士录》第1卷(明治二十一年—昭和三十年),第11~14页。
② 冼利青、袁月梅:《日本医学学位的发展历史与现状分析》,载《学位与研究生教育》2007年第10期,第69页。
③ 《日本学位制度研究报告书》,中国第二历史档案馆,档号五-1429(1)。
④ 王伟:《中国近代留洋法学博士考(1905—1950)》,上海,上海人民出版社,2011年,1版1次,第347页。
⑤ 林本编著:《日本教育之理论与实际》,台湾,开明书店,1967年,1版1次,第241页。

博士学位授予权,博士论文在各大学教授会审查通过后,不必再经过文部大臣审查认可。文部省相水野称:"所谓文部大臣之审查论文,全然为一种形式,以前大学之请文部大臣认可者,固无一批驳之实例也。此认可手续,既等诸具文,故所以废止之。"①

从1921年至1937年,日本授予博士将近万人,医学博士依然人数最多②。早期日本博士名录可见昭和十二年(1937)出版的《学位大系博士氏名录》③、昭和三十一年出版的《日本博士录》④。

日本早期的"法学博士"并不专指法学专业的博士,也包括经济学、商学、政治学专业的博士。据日本学者统计,从明治二十一年(1888)到大正九年(1920),共有47位经济学、商学专业的人取得了"法学博士"学位⑤。1920年之后,日本的法学博士和经济学博士、商学博士才开始分离。这一情况与震旦大学的法学博士制度较为相似。从来源上看,日本这一法学博士、经济学博士混同制度也源自法国⑥,与震旦大学法学博士制度同根同源。

日本近代法学博士学位制度与法国近代法学博士学位制度的另外一个相似点是:一般情况下,大学本科毕业后,在研究院继续攻读两年以上并且博士论文合格者,即可取得博士学位。换言之,近代日本与法国均没有采用英美通常的硕士学位前置制度。

中国近代,无论官方或者民间对于日本的学位制度多有误解。教育部1940年8月27日颁发的《大学及独立学院教员资格审查暂行规程》规定:在国内外大学毕业得有学士学位者,可以担任助教;在国内外大学得有硕士学位或博士学位者,可以担任讲师;在国内外大学得有博士学位并有著作者,可以担任副教授。对此规定颇有怨言的陈豹隐等21人向教育部提案:请求提高"留日帝大学士"的等级,因为取得日本帝国大学学士学历的难度相当于取得英国博士学位的难度⑦。教育部最后决定:

---

① 《日本大学学位之与文部省》,载《山东教育月刊》,1927年第6卷第8～9期,1版1次,第22页。
② 周洪宇主编:《学位与研究生教育史》,第105页。
③ 《学位大系博士氏名录》,大日本博士录编辑部,东京,1937年发行。
④ 能势岩吉编集:《日本博士录》第1卷(明治二十一年～昭和三十年)。
⑤ Http://jfn.josuikai.net/josuikai/21f/59/ama/ama.htm#gakuia.
⑥ Ruth Hayhoe, *China's Universities and Western Academic Modes*, Higer Education, Vol. 18, No. 1, 1989, at 61.
⑦ 《请讨论日本帝国大学学士学历之价值案:抄陈豹隐等二十一人原呈》,中国第二历史档案馆,档号五-1429(1)。

1. 日本帝国大学学士之学历,比照英国著名各大学之荣誉学士,认为相当于规程中与硕士学位同等之学历。

2. 具有前项学历,在帝国大学大学院研究二年以上,具有与博士论文价值相等之专门著作者,认为具有相当于规程中与博士学位同等之学历。

3. 国内大学毕业后,再入日本其他大学大学院研究二年以上者,具有与硕士论文价值相等之专门著作,认为具有相当于规程中与硕士学位同等之学历。①

第二节　日本近代法学博士名录

博士在近代日本享有较高的社会地位②。1903年(明治三十六年)发生过著名的"七博士事件",东京帝国大学6位博士(户水宽人、寺尾亨、小野冢喜平次、金井延、富井政章、高桥作卫)以及学习院教授中村进午共计7位博士联名向当时日本首相桂太郎提出意见书,主张对俄国采取强硬的外交政策③。这7名博士全部是法学博士,可见法学博士在日本近代的地位与影响。不仅如此,日本近代法学博士对于中国近代法制的建设也有一定的影响。

一、日本近代留洋法学博士

日本近代涌现了一批留学西方并取得博士学位者。鸠山和夫、富井政章、梅谦次郎早在19世纪末期就从欧美获得了博士学位。日本近代留洋博士对于日本政治、经济、法律、教育等方面的贡献堪称巨大。下表6-1收录日本近代部分留洋法学博士。

---

① 《请讨论日本帝国大学学士学历之价值案:抄陈豹隐等二十一人原呈》,中国第二历史档案馆,档号五-1429(1)。
② 天野郁夫:《日本の高等教育と一橋の学問》,平成17年8月1日,http://jfn.josuikai.net/josuikai/21f/59/ama/ama.htm#gakuia。
③ 《日本外交史辞典》,日本山川出版社,1992年,1版1次,第366页。值得一提的是,中国有些学者将冈田朝太郎也作为七博士之一,这并不符合史实。见纪坡民:《〈六法全书〉历史沿革》,http://www.148cn.org/data/2006/1007/article_5354.htm;张礼恒:《从西方到东方——伍廷芳与中国近代社会的演进》,北京,商务印书馆,2002年,1版1次,第225页。此外,"七博士事件"有时候又被称为"帝大七博士事件",这也许因为七位博士中有六位是东京帝大的法学教授,但是由于中村进午并非帝大教授,所以严格地说,此七人不应被称为"帝大七博士",而应该被称为"七博士"。

表 6-1　日本近代留洋法学博士一览表

序号	人名（生卒）	博士学位/授予年代	头衔
1	鸠山和夫 はとやまかずお Hatoyama Kazuo (1856~1911)	LL. B., M. L., D. C. L.（耶鲁大学，1880年）	日本众议院议长(1896~1897)、早稻田大学校长(1890~1907)
2	富井政章 とみいまさあきら Tomii Masaaki (1858~1935)	法学博士（里昂大学，1883年）	东京帝国大学名誉教授、国会议员
3	梅谦次郎 うめけんじろう Ume Kenjirō (1860~1910)	法学博士（里昂大学）	东京帝国大学法科大学教授
4	松方幸次郎 まつかたこうじろう Matsukata Kojiro (1866~1950)	D. C. L.（耶鲁大学，1890年）	LL. B.(1888)
5	桦山资英 かばやますけひで Kabayama Sukehide (1868~1941)	D. C. L.（耶鲁大学，1893年）	日本贵族院议员 LL. B.(1891);
6	杉田金之助 Sugita Kinnosuke (1859~1933)	D. C. L.（耶鲁大学，1895年）	LL. M.（密歇根大学），D. C. L.（耶鲁大学）
7	政尾藤吉 Masao Tokichi (1871~1920)	D. C. L.（耶鲁大学，1897年）	LL. B., M. L., D. C. L. 日本驻泰国大使(1921~1922)，泰国刑法起草者

资料来源：鸠山和夫，http://ja.wikipedia.org/wiki/%E9%B3%A9%E5%B1%B1%E5%92%8C%E5%A4%AB；富井政章，http://www.law.kyushu-u.ac.jp/~shichinohe/minpo/(45)_tomii_masaaki.htm；梅谦次郎，http://www.cc.matsuyama-u.ac.jp/~tamura/umekennjirou.htm；松方幸次郎，http://ja.wikipedia.org/wiki/%E6%9D%BE%E6%96%B9%E5%B9%B8%E6%AC%A1%E9%83%8E；桦山资英，http://ja.wikipedia.org/wiki/%E6%A8%BA%E5%B1%B1%E8%B3%87%E8%8B%B1；其余，王伟：《中国近代留洋法学博士考（1905—1950）》，上海，上海人民出版社，2011年，1版1次，第41页。能势岩吉编集：《日本博士录》第1卷（明治二十一年~昭和三十年），教育行政研究所，昭和三十一年，1版1次，第11页。

近代日本不仅在政治改革上早于中国一步，在向西方求取最高层次的教育学位方面也领先于中国。从具体留学年代上看，日本近代留洋法学博士的先驱（鸠山和夫、富井政章）比中国近代最早的留洋法学博士（严锦镕、王宠惠）早二十多年。仅就 D. C. L. 学位而言，中国近代仅王宠惠一人取得耶鲁大学 D. C. L. 学位①，而日本则早在王宠惠留学耶鲁之前就已经有 5 位留学生取得 D. C. L. 学位。

二、日本近代法学博士举例

法学博士学位在日本第一次《学位令》颁布的五种博士学位中居于首位。日本近代博士的主体之一是法学博士。这也是本节专门收录日本近代法学博士的主要原因。日本近代法学博士中的著名人物可以从下表中窥见一斑。

表 6-2 日本法政大学教师中的法学博士一览表(1903)

人名	博士学位	头衔	讲座门类
富井政章 とみいまさあきら Tomii Masaaki (1858~1935)	1883 年法国里昂大学法学博士、1888 年日本帝国大学评议会推荐的法学博士	东京帝国大学名誉教授、国会议员	民法
梅谦次郎 うめけんじろう Ume Kenjirō (1860~1910)	法国里昂大学法学博士（博士论文《和解论》，De la Transaction）	东京帝国大学法科大学教授	民法
松波仁一郎 まつなみにいちろう Matsunami Ni'ichirō (1868~1945)	1901 年日本法学博士（博士论文《军舰商船冲突论》）	东京帝国大学法科大学教授	民法
富谷鉎太郎 とみたに～しょうたろう Tomitani Shotaro (1856~1936)	1899 年日本博士会推荐的法学博士	大审院法官	商法、民诉法
冈野敬次郎 おかのけいじろう Okano Keijirō (1865~1925)	1899 年日本帝国大学总长推荐的法学博士	东京帝国大学法科大学教授	商法
志田钾太郎 しだこうたろう Shida Kotaro (1868~1951)	1903 年日本博士会推荐的法学博士	东京帝国大学法科大学教授	商法

---

① 王伟：《中国近代留洋法学博士考(1905—1950)》，第 63 页。

续　表

人　名	博士学位	头　衔	讲座门类
冈田朝太郎 おかだあさたろう Okada Asataro (1868~1936)	1901年东京帝国大学总长推荐的法学博士	东京帝国大学法科大学教授	刑法
一木喜德郎 いちききとくろう (1867~1944)	1899年日本帝国大学总长推荐的法学博士	东京帝国大学法科大学教授	行政法
美浓部达吉 みのべたつきち Minobe Tatsukichi (1873~1948)	1903年日本东京帝国大学总长推荐的法学博士	东京帝国大学法科大学教授	行政法
寺尾亨 てらおとおる (1859~1925)	1899年日本帝国大学总长推荐的法学博士	东京帝国大学法科大学教授、外务省参事官	国际公法 国际私法
高桥作卫 たかはしさくえ (1867~1920)	1900年法学博士（博士论文《日清战役海上国际法事件的论断,英文》）	东京帝国大学法科大学教授	国际公法
中村进午 なかむらしんご Nakamura Shingo (1870~1939)	1901年日本博士会推荐的法学博士	学习院教授、东京高等商业学校教授	国际公法 法学通论
山田三良 やまださぶろう Yamada Saburo (1869~1965)	1902年日本东京帝国大学总长推荐的法学博士	东京帝国大学法科大学教授	国际私法
金井延 かないのぶる Kanai Noburu (1865~1933)	1891年日本帝国大学评议会推荐的法学博士	东京帝国大学法科大学教授	经济学
穗积陈重 ほづみのぶしげ Hozumi Nobushige (1856~1926)	1888年日本帝国大学评议会推荐的法学博士	东京帝国大学法科大学教授	法理学

资料来源：笔者根据《法政大学百年史》（法政大学发行,日本东京,1980年,第162~165页）、《日本博士录》第1卷（能势岩吉编集,明治二十一年~昭和三十年,第11~12页）等资料编制。

上述在日本法政大学讲授法律的法学博士大多也曾在专门为中国留学生举办的"法政速成科"中担任教职,例如梅谦次郎、志田钾太郎、冈田朝太郎、美浓部达吉、中村进午、金井延等人①。中国留日法政学生根据这些老师的讲课内容编辑了"法政萃编""法政丛编""法政讲义"等法学丛书,在中日两国同步发行,具有一定影响。

日本近代法学博士也经常到访中国,直接在中国传授法律知识,帮助中国政府修订法律。例如,冈田朝太郎、志田钾太郎等人曾经应邀参与清末法律改革,起草了《大清刑律草案》《大清商律草案》等②。"七博士"之一的寺尾亨曾经被孙中山聘请为南京临时政府的"高等法律顾问"③。岩谷孙藏曾经在北京的朝阳大学讲授商法④。日本近代法学博士对于中国法律和法学的影响十分显著。

第三节 中日近代博士教育异同比较

中国近代教育制度深受日本影响,"我于日本,古来政治之大体相同,宗教之并重儒学相同,同洲同种,往来最久,风土尤相同,故其国现行之教育与我中国之性质无歧趋,则而行之,无害而有功"⑤。"癸卯学制"就是参照当时日本学制。在近代博士教育制度方面,日本对中国的影响也显而易见。如果仅从"博士"这一称谓上看,日本培养博士的历史远远早于中国。大正十年(1921)发行的日本《法律评论创刊十周年纪念论文集》收录了13篇文章,其中12篇的作者都是法学博士⑥,足见当年日本博士之盛。当然,不容否认的是,日本当年的许多博士是"推荐博士",尤其那些被校长推荐的博士,其人数犹如雨后春笋,所以又被戏称为"竹笋博士"⑦。相比之下,日本近代课程博士和论文博士的人数较少。

---

① 《法政大学百年史》,法政大学发行,日本东京,1980年,1版1次,第172页;王健:《中国近代的法律教育》,北京,中国政法大学出版社,2001年,1版1次,第101页。
② 参见谢振民编著:《中华民国立法史》(下册),北京,中国政法大学出版社,2000年,1版1次,第802页;郑全庆:《日本四博士与清末修律》,http://m.ycreview.com/node/115。
③ Http://www.whfz.gov.cn/shownews.asp?id=31283。
④ 《教职员姓名略历》,载《朝阳学院概览》,1933年。岩谷孙藏是德国法律博士。
⑤ 夏偕复:《学校刍言》,原载于辛丑年《教育世界》,转载于《中国近代教育史资料汇编:学制演变》,上海,上海教育出版社,2007年,1版1次,第180页。
⑥ 《法律评论创刊十周年纪念论文集》,日本法律评论社,大正十年六月五日,第十卷第八号(临时增刊)。
⑦ 周洪宇主编:《学位与研究生教育史》,第103页。

一、中日近代博士教育的相似之处

（一）立法初期均采用由政府颁发博士学位的制度

早期日本博士制度采取由政府颁发博士学位的制度，规定只有文部大臣才能授予博士学位，各大学无权独立授予博士学位。中国近代博士制度采取了严格的国家博士学位制度。国民政府1935年《学位授予法》第7条规定："博士学位候选人，经博士学位评定会考试合格者，由国家授予博士学位。"相比之下，日本由文部大臣授予博士学位的规定比中国由"国家"授予博士学位的规定稍微宽松，但从性质上看，两者极为相似，只是中国当时采用更加纯粹的国家博士制度，而日本采用的是部颁博士制度。此类博士学位制度削弱了大学博士教育的自主权和积极性。

（二）博士评定会的作用

日本近代博士制度的特点之一是引入了大学评定会制度，博士候选人必须通过大学评定会的审核后才能被授予博士学位。中国近代博士制度也引入了一个类似的评定机构——博士学位评定会。博士评定会的功能是从学术上评价博士候选人的博士资格，在授予博士学位问题上具有举足轻重的地位。

（三）考试制博士与推荐制博士相结合

无论是中国近代博士制度还是日本近代博士制度，均属于考试制博士和推荐制博士相结合。考试制博士专门针对在校攻读博士学位的学生，而推荐制博士则适用于那些早已毕业、学业有成的知名专家学者，即"在学术上有特殊之著作或发明者""曾任公立或立案私立之大学或独立学院教授3年以上者"[①]。1935年《学位授予法》没有明确提及"推荐博士"一词。从字面上看，1935年《学位授予法》第5条属于考试制博士，而第6条则可以归类为推荐制博士。1935年《学位授予法》有关推荐制博士的规定在立法渊源上是受到日本近代推荐制博士的影响[②]。然而中国近代的推荐制博士与日本近代的推荐制博士有一个重要区别：中国立法规定，推荐制博士也必须提交博士论文，而日本的推荐制博士则既不必提交博士论文，也无须通过考试，属于彻底的"推荐"制。可见中国近代的推荐制博士标准要比日本的推荐制博士标准更加严格。当然，日本推荐制博士也非全部浪得虚名，至少在表面上要求推荐制博士人选的学术水平要高于考试制博士，但实际上无法做到，否则也就不会有所谓"竹笋博士"之讥。

[①] 南京国民政府1935年《学位授予法》第6条。
[②] 王云五：《为博士学位授与事与莫院长商榷书》，载王云五：《岫庐论教育》，台北，商务印书馆，1965年，1版1次，第301页。

二、中日近代博士教育的差异

(一)博士称号 VS 博士学位

日本早期博士制度并非博士学位制度,而属于博士称号制度。直到1887年以后才将"博士"一词正式引入学位制度之中;而中国近代博士制度虽然没有全面正式建立,但是至少在立法初衷上就已经将博士视为学位制度的组成部分,没有博士称号这一特殊的制度,更没有"大博士"称号。

(二)本土大学 VS 教会大学

日本近代博士主要来自公立大学和私立大学,可谓本土大学培养的博士;而中国近代博士主要来自教会大学,可谓西式大学培养的博士。这一区别的原因与教会大学在两国教育中所占的不同地位有关。近代时期,西方教会在日本设立的教会大学的数量要远远低于在中国设立的教会大学的数量。教会大学在日本近代教育中微不足道的地位与教会大学在中国近代高等教育中的重要地位有天壤之别。教会大学在中国培养了最早的学术性法学博士和经济学博士,以及职业性医学博士,引领了中国近代博士教育。

(三)文理法医多科博士 VS 单科博士

日本近代博士种类要多于中国近代博士种类。日本近代博士学位制度较中国发达,既有推荐制博士,也有考试制博士,既有名誉性博士,也有学术性博士,既有法学博士,也有文学博士、理学博士、医学博士等;而中国的多科博士种类只存在于法条之中,在博士教育实践上只授予过职业性医学博士学位、学术性法学博士学位、经济学博士学位以及名誉性博士学位。

(四)法律与实践的融合 VS 法律与实践的对立

日本近代博士制度较为成熟,各项法律制度较为完善,除东京帝国大学外,其余一些公立私立大学也可以依法授予博士学位,博士法律制度与博士教育实践两者的关系较为协调。而中国近代博士制度始终没有全面正式建立,从国家立法层面看,只有一纸空文,未能实施,仅极少数教会大学(如震旦大学)敢为天下先,率先尝试了西方模式的大学博士教育制度。从性质上看,中国近代博士法律制度与中国近代博士教育实践相互对立,水火不容。

第四节 中国近代博士教育落后于日本的原因

无论从种类上还是从数量上比较,中国近代博士要远远少于日本近代博士。中国人口的数量远超日本,中国学生的人数也远超日本,为什么中国近代博士的人数却远少于日本？为什么中国近代博士教育落后于日本？这是很值得思考的问题。

一、纸上谈兵，有法不行

民国政府曾在立法层面上尝试制定博士教育的法律法规，但最终的结果是：有大法而无小法，即有博士法律而无细则。这导致有法而不行，有规划而无实施。正因为缺少具体的实施细则，评定博士事项必备的机构始终无法建立，国家层面的博士教育最终成为空中楼阁。反之，日本近代博士教育逐渐发达的原因之一在于重视博士教育法律的实施。日本近代博士教育的规律是：先有具体详细的博士教育法律，然后再有博士教育的实践。日本以《学位令》为代表的博士教育法律为其博士教育实践创造了良好的制度性条件，反过来，日本近代博士教育实践的开展也逐步推进了其博士教育法律的变革，使其博士教育法律渐渐走向成熟，从官位博士进化到学位博士，从国家博士过渡到大学博士。日本近代博士教育领先中国的原因之一就在于：日本政府不仅为本国博士教育创造了良好的制度性条件，而且重视博士教育实践。中国近代政府则将过分重视讨论博士制度，幻想一步到位，患得患失，争论不休。空谈误国，空谈也误教育。

二、缺乏以学术为目的的高等教育

除了缺乏具体的博士教育施行细则这一形式原因之外，中国近代国立、私立大学没有培养出学术性博士的现象，还有实质性原因。从整体上说，中国近代教育的学术化不够，理论深度不足。以法学为例，梅汝璈先生在20世纪30年代发表的一篇文章中指出：

> 中国之法律教育，不甚高妙——什么"法政专门""法政传习"和"法政速成"之类早已闹得乌烟瘴气了。现在更有所谓"法律夜校""法律晚班"和"法律函授"等等新花样，似乎更令人感觉到"每况愈下"！……在中国则法律变成一种最浅薄而最无聊的货物。我们只要看看中国一般法律学校之"鬼混唐朝"的情形，便会明白为什么社会上总把法律当做一种"混饭吃"或"打把戏"的工具技能，而不把它当做一种学术或科学看待。中国法治之所以不能昌明，法律事业之所以被人蔑视，原因虽多，而法律教育之腐败，实为其中之主要者之一。①

---

① 梅汝璈：《关于英美法课程的教本与参考书之商榷——介绍几本浅近的法律参考书》，载梅小璈、范忠信选编：《梅汝璈法学文集》，"二十世纪中华法学文丛"，北京，中国政法大学出版社，2007年，1版1次，第322～323页。

杨兆龙先生和梅汝璈先生的观点一样,认为中国的法律教育,不注重学理研究①。有人的评价则针对整个教育界:"教习皆为谋生之徒,毫无学问,亦不研究学问。"②

以培养"浅薄的技能"(梅汝璈语)为目标的教育,怎么能够培养出以研究高深学术为目标的博士?

东吴大学一度希望其法学院培养类似于美国那样的法律博士(J.D.),但以失败告终:

> 东吴当局希望法学院集中力量培养法学博士,但是它遇到的是重重困难。在学院开办之初,它的要求在表面上看来与美国的许多法学院相仿,也是两年的大学加上三年的法学。可是实际教学水平却大不相同。中国学生中大多数是业余夜校学生;虽然他们每周上15课时的课,但除了听课之外就没有什么自学时间了;图书馆藏书不丰富,大部分课程使用英语教学,教师多为职业律师。这些都影响着教学质量的提高。当美国的法学院学制普遍地改为四年大学加三年法学时,东吴的法学院和美国的法学院在教学水平上就形成了更大的差距。为要达到这个水平,东吴法学院就不得不订出一个耗资较大的规划,要有专任研究生教师,要扩大图书设备,增加日间教学活动,东吴大学的支持者们虽然不满意法学院的教学水平,但对于这样的花钱事业都没有什么思想准备。而且,法学院学生多半喜欢短期课程,当法学院着手招收硕士生时,几乎没有什么人来报名。对于大多数人来说,学士学位已经能够满足他们经商或在通商口岸从事法律工作的需要。少数希望深造的人则发现国外大学的法学博士学位更值钱,所以他们情愿出国深造。③

三、缺乏适格的学者

杨兆龙在20世纪30年代也提到中国法律教育的弱点之一是"教授不好",有些教授"学识浅薄""态度因循""任课过多"④。本国法学权威的缺乏

---

① 杨兆龙:《中国法律教育之弱点及其补救之方略》,载孙晓楼:《法律教育》,"二十世纪中华法学文丛",北京,中国政法大学出版社,1997年,1版1次,第162页。
② 陈光甫:《陈光甫日记》,上海市档案馆编,上海,上海书店出版社,2002年,1版1次,第96页。
③ [美]杰西·格·卢茨:《中国教会大学史(1850—1950年)》,曾锯生译,杭州,浙江教育出版社,1987年,1版1次,第296页。
④ 杨兆龙:《中国法律教育之弱点及其补救之方略》,载孙晓楼:《法律教育》,第160～162页。

是中国近代缺少法学博士的原因之一。从中央研究院第一届院士名单中可以看出，中国近代法学家团体，相比自然科学和其他人文社会科学来说，无论在数量上还是在质量上，都明显处于劣势。

1947年10月，国民政府中央研究院评议会通过院士候选人名单，候选人共计150名，其中数理组49人，生物组46人，人文组55人。人文组中，"法律学"的候选人有6名：王宠惠、王世杰、燕树棠、郭云观、李浩培、吴经熊；"政治学"的候选人有5名：周鲠生、萧公权、钱端升、张奚若、张忠绂。

1948年3月选举出中央研究院第一届院士总共81名，其中数理组28名，生物组25名，人文组28名①。人文组中"法律学"当选的只有王宠惠和王世杰（2人均为留洋法学博士）。燕树棠、郭云观、李浩培、吴经熊落选②。"政治学"当选的有周鲠生、钱端升和萧公权（三人均为留洋法学、政治学博士）。从人员构成上看，中央研究院第一届法政类院士全部是留洋法政博士，其中，留法法学博士两位：周鲠生、王世杰；留美法学博士一位：王宠惠；留美政治学博士两位：钱端升、萧公权。

当然，中国近代缺少本土法学博士，也不能完全归咎于缺乏适格的法学家。事实上，进入20世纪以后，中国逐渐出现了一些法学权威，尤其那些学有所成的留洋法学博士，例如王宠惠、周鲠生、吴经熊、杨兆龙等人，以他们的学识、眼光和成就，完全有资格培养中国本土法学博士。近代中国缺乏本土法学博士这一现象，应该放在当时整个大的历史环境之下进行评价方不失公允。中国近代不仅没有培养出本土法学博士，也没有培养出本土文学博士、哲学博士、理学博士、工学博士等，尽管中国当时不乏文史哲、数理化等领域的权威，尽管第一届中央研究院院士中数理组、生物组的人数占据优势。所以，缺乏适格的学者（或者博士导师），尽管是中国近代博士教育落后的原因之一，但并非主要原因。

四、博士学位制度过于严格

日本早期采用部颁博士学位制度，以后逐渐放宽，改为大学博士学位制度，这可能引起博士泛滥之忧，但实际上，日本近代博士泛滥的时代并非大学博士学位制度时代，而是之前的推荐制博士时代，而推荐制博士仍然属于官方博士（由文部大臣颁发博士学位），可见政府主导的博士学位制度（无论是国家博士或者是部颁博士）并不能绝对保证博士学位的含金量，而大学主

---

① 《国立中央研究院院士录》第1辑，1948年6月编印。
② 有些传记材料记载郭云观是第一届中央研究院院士，例如建宇：《郭云观传略》，载《玉环文史资料》第2辑，1986年11月，第11～16页；郭思永：《郭云观先生年谱》，载《玉环文史资料》第2辑，第17～22页。

导的博士学位制度也不一定必然导致博士泛滥成灾。

相同的情况也发生在法国。法国早期也采用严格的国家博士学位制度,1897 年,加布里埃尔·李普曼(Gabriel Lippmann)建议法国仿效德国模式,引入大学博士学位制度。之后法国逐渐采纳了国家博士学位和大学博士学位混合的博士学位制度,其博士学位制度也经历了从严到松、从窄到宽的过程①。

遗憾的是,中国近代立法当局并未看到日本和法国博士教育的趋势,墨守成规。考试院长戴季陶坚决主张采用严格的国家博士学位制度②,表面上振振有词,是为了维护学术水准,其实并没有收到实际效果。纸上谈兵,法定标准再高,终究不如交付实践检验。从 1928 年政府开始讨论建立博士制度开始,吵吵嚷嚷未有定论,一直拖到抗日战争爆发,进而拖到抗日战争结束,白白浪费了 20 多年的光阴。在国家博士学位制度、大学博士学位制度、国家博士和大学博士混合学位制度三者中间,民国政府采用了最为严格的国家博士学位制度,结果高处不胜寒。假如中国博士教育制度从一开始就采取大学博士学位制度,无论借鉴震旦大学式的大学博士制度,还是借鉴英美模式的大学博士制度,则中国近代博士教育的成果定当蔚然可观。20 多年的大范围博士教育实践,无论成败如何,至少远胜 20 多年的纸上谈兵;即使中国博士教育制度从一开始就采用当时法国流行的国家博士学位和大学博士学位的混合博士学位制度,中国博士教育的情况也会有所改观。遗憾的是,中国近代博士教育制度选择了难度最大的单一式国家博士学位制度,这不仅给学生造成了困难,给政府当局自己也造成了极大的困难,以至于无计可施。国家博士学位制度看似美好,实则有很多问题。早期倡导国家博士学位制度的法国,后来逐渐过渡到国家博士和大学博士的混合制度,最后干脆在 1984 年废除了国家博士学位制度③。台湾地区在 1959 年修改

---

① 关于法国的博士学位制度演变,参见:Doctorat (France),http://fr.wikipedia.org/wiki/Doctorat_(France)#Modifications_post.C3.A9rieures_.C3.A0_1984。

② 陈天锡编:《迟庄回忆录》(第四、五合编),"近代中国史料丛刊续编"第三辑,沈云龙主编,台北,文海出版社,第 36～37 页。

③ 法国在 20 世纪 80 年代初期通过改革法国高等教育的《萨瓦里法》(loi Savary),取消国家博士学位,设立博士后制度。参见秦惠民主编:《学位与研究生教育大辞典》,北京,北京理工大学出版社,1994 年,1 版 1 次,第 69 页。目前法国唯一保留国家博士学位的领域是医学及公共卫生教育,有"国家医学博士学位"(Diplôme d'Etat de docteur en médecine)、"国家药学博士学位"(Diplôme d'Etat de Docteur en Pharmacie)、"国家牙科医学博士学位"(Diplôme d'Etat de docteur en Chirurgie Dentaire)、"国家兽医学博士学位"(Diplôme d'État de docteur vétérinaire)等,参见如:Code de l'éducation, Article L632-4, http://www.legifrance.gouv.fr/affichCodeArticle.do?cidTexte=LEGITEXT000006071191&idArticle=LEGIARTI000006525236&dateTexte=20130409;http://en.wikipedia.org/wiki/Medical_school_in_France。

了 1935 年《学位授予法》的"国家博士"学位制度,将其改为部颁博士学位制度,博士条件逐渐放宽,1983 年修正《学位授予法》进一步废除了部颁博士学位制度,规定各院校在博士学位考试委员考试通过并经"教育部"覆核后,可自行授予博士学位①。从日本、法国、台湾地区博士学位制度的演变可以发现,他们的共同趋势是从严到宽,从集权到分权,从国家授予到大学授予,从政府主导到大学主导,从国家博士到大学博士。

五、缺乏稳定的学术研究环境和物质保障

近代中国的大学教授,由于缺乏稳定的社会生活环境,往往迫于生计,将精力用于学术研究之外,导致学术水平没有达到应有的高度。

刘世芳在 20 世纪 30 年代称:

> 吾国则不然,学校经费枯竭,教授之俸给,仅堪一饱,陟黜又无常规……若遇国事突变,学校财源顿绝,教授当各自为谋。处此杌陧之境,欲其矢志于学,其可得乎?故我国之大学,大抵为返国留学生之逆旅,失业者之驿馆。其能循循善诱,视为终身职业者,有如凤毛麟角。究其原因,实社会情形有以致之……普通大学教授如此,法律教授岂容独异?……愿投身法律教育者,寥若晨星。②

国民政府行政院于 1943 年 5 月 12 日指示,由于抗战以来各校困难增加,博士学位授予之事,应予缓办③。然而战争因素仅仅是中国近代博士教育不发达的外因。实际上,八年抗战并没有摧毁中国高等教育。相反,"高等教育在抗战时非但维持着,而且更大大的扩张着"④。抗日战争前,全国专科以上学校 108 所,学生 4 万余人;抗日战争后,全国专科以上学校 141 所,学生 8 万余人⑤。可见,中国近代博士教育的衰落并不能简单地归因于抗日战争。

---

① 郑旦华、于超美编著:《台湾教育四十年》,长沙,湖南教育出版社,1992 年,1 版 1 次,第 165 页。
② 刘世芳:《大陆英美法律教育制度之比较及我国应定之方针》,载孙晓楼:《法律教育》,第 187 页。
③ 《请审议博士学位评定会组织法及考试细则两项修正草案》,中国第二历史档案馆,档号五-1429。
④ 《抗战十年来中国的大学教育》,原载《中华教育界》1947 年第 1 卷第 1 期,转引自"中国近代史论丛"第 2 辑第 6 册《教育》,包尊彭、李定一、吴相湘编纂,台北,正中书局,1964 年,1 版 1 次,第 31 页。
⑤ 同上。

本 章 小 结

日本从第一次大学令开始就开展了博士教育,而且历次大学令、学位令均在延续旧学制的基础上有所革新发展,博士学位制度逐步成熟,博士法律和博士实践相互促进,相得益彰。19世纪后期,日本政局相对稳定,学术名师辈出,这些都为博士教育创造了良好的条件。相反,无论在清末还是民初,中国始终缺乏有关博士教育的具体法律法规,立法层面议而不决,大学层面缺乏权威,国家层面缺乏稳定的政治经济环境,再加上日本侵华等负面因素,内忧外患,最终导致中国近代博士教育未能全面展开,仅有的博士教育试验也被迫中途夭折。

第七章　中国近代博士教育与当代博士教育的比较

> 社会主义国家的学位条例，对学位获得者应该有政治条件的规定，以鼓励他们坚持又红又专的方向。1964年稿对学位获得者的政治条件，曾规定为"爱国""愿意为社会主义服务"。这次条例草案改为"拥护中国共产党的领导、拥护社会主义制度"，以与宪法对公民的要求相一致，也与中央提出的坚持四项基本原则的精神相吻合。
>
> ——蒋南翔：《关于〈中华人民共和国学位条例（草案）〉的说明》（1980年2月7日）

第一节　中国当代博士教育法律沿革

一、1956年《学位条例草案》

中华人民共和国成立后不久即开始尝试建立学位制度。1954年3月8日，中共中央在对中国科学院党组的批示中提出建立学位制度的必要性，责成中国科学院和高等教育部提出建立学位制度的办法。1955年9月，由林枫等13人组成"关于学位、学衔、工程技术专家等级及荣誉称号等条例起草委员会"。1956年6月，该起草委员会向中央报送了起草工作报告和条例草案。1957年1月，林枫将上报的文件从中央撤回，准备修改①。由于1957年反右派运动的开展，该项工作没有继续下去②。

在学位分级上，1956年《学位条例草案》将学位分为硕士、博士二级，没

---

① 文化部教育司研究室编印：《学位问题参考资料》（内部资料），1979年12月，第19页。
② 舒光平：《我国建立大学学位制度的回顾与展望》，央广网，http://www.cnr.cn/jy/30/jiaoyu/200810/t20081021_505129266.html。

有学士学位①。之所以没有学士学位,"因为大学毕业生在毕业时已通过了国家考试,得到了国家所发给的大学毕业证书,这就是表示已达到了国家所要求的大学毕业水平,取得了'专家'的资格。所以无需再授予一级学位"②。

值得注意的是,1956 年至 1957 年间,高教部曾经试行副博士学位制度,这是学习苏联高等教育经验的一次短暂尝试。1956 年 4 月,高教部发布《关于 1956 年进行副博士学位论文答辩的暂行规定》,对已经完成了相当于副博士水平的论文进行答辩,待《学位条例》颁布后再根据条例授予相应学位,所以"副博士学位"这一名称只是暂定,并未最终确定。1956 年 7 月,高教部发布《1956 年高等学校招收副博士研究生暂行办法》,招考 4 年制副博士研究生,当年录取 490 名。然而高教部于 1957 年 3 月即通知废除副博士名称,恢复"研究生"名称。同年 5 月,高教部再次下发通知,不举行副博士论文答辩③。

高教部未满一年就废止了模仿苏联的副博士制度,这一决定与当时正在讨论的《学位条例草案》密切相关。在制定 1956 年《学位条例草案》过程中,有人主张将第二级学位采用"副博士"的称号,但是 1956 年《学位条例草案》最终舍弃"副博士"而采用"硕士"的称号,其原因在于:

> 两级不同的学位,是标志着科学工作者在学术水平上所达到的不同的高度,第二级学位对第一级学位实际上并不含有"副"或"候补"的意义,因此,把第二级学位叫做"副博士"或"候补博士"是不确切的。④

在博士学位性质上,1956 年《学位条例草案》将博士学位(以及硕士学位)定性为国家学位⑤,但是对于"荣誉博士学位"的定性则降级为大学博

---

① 1956 年《学位条例草案》第 3 条:"根据科学工作者在一定的科学部门的业务中所达到的学术水平、独立进行科学工作的能力以及所进行科学工作的意义,授予下列学位:硕士;博士。"1956 年《学位条例草案》全文见文化部教育司研究室编印:《学位问题参考资料》(内部资料),1979 年 12 月,第 30~33 页。
② 《关于学位、学衔和荣誉称号等条例(草案)起草工作的报告》,1956 年 6 月,载文化部教育司研究室编印:《学位问题参考资料》(内部资料),1979 年 12 月,第 22 页。
③ 秦惠民主编:《学位与研究生教育大辞典》,北京,北京理工大学出版社,1994 年,1 版 1 次,第 73~74 页。
④ 《关于学位、学衔和荣誉称号等条例(草案)起草工作的报告》,1956 年 6 月,载文化部教育司研究室编印:《学位问题参考资料》(内部资料),1979 年 12 月,第 22 页。
⑤ 1956 年《学位条例草案》第 5 条:硕士和博士学位由国务院学位和学术委员会授予。

学位①。

在博士学位考核形式上，1956年《学位条例草案》采纳了论文答辩制度，并特别规定："科学工作者要获得博士学位，一般必须具有硕士学位并通过博士学位的论文答辩。没有取得硕士学位的科学工作者，如果是具有教授学衔的，也可以参加博士学位的论文答辩。对于有重要的科学著作、学术成就、发现或发明的科学工作者，可以不经过学位论文答辩，即按照他的成就大小分别授予硕士或博士学位。"②特殊对象不经过考试和答辩即可授予硕士或博士学位，主要是"为了鼓励科学的发明创造，为了扶植新生力量"③。另外一个原因带有部分政治因素，是为了团结和发挥老科学家的力量：

> 我国现有的老科学家，许多人都曾经获得过外国的学位，其中有些人不仅在国内学术工作和教育工作中担任着重要职务，起着重要的作用，而且在国外学术界也享有一定声誉。我国的学位制度施行后，政府如果不考虑给这一批老科学家授予本国的学位，是不妥当的。但如果完全按学位条例草案所规定的申请、考试、论文答辩等程序来给他们解决学位授予的问题，显然也是不必要的和不妥当的。因此，我们建议在国家颁布学位条例后，应由政府从我国学术界中选择一部分在学术上最有成就和最有影响的科学家，不经过申请、考试或学位论文的答辩，即授予一批博士学位（如同去年颁布了军衔条例后，曾由国家封了一批元帅和将军一样），这样做，既可以扩大政治影响，更好地团结鼓励科学界的骨干，又可以为我国今后实行新的学位制度培养研究生的工作奠定一个基础。苏联在十月革命后，也封了几百个博士，收到了很好效果。④

在博士论文标准上，1956年《学位条例草案》规定了创新性标准。"博士学位的论文，必须是论文著作者所独立进行的科学研究的成果，论文的内容应该在本门科学上有创见，或者有科学根据地提出具有重要意义的新

---

① 1956年《学位条例草案》第13条："中国科学院和国务院所指定的大学，有权授予特别卓越的中国或外国学者以荣誉博士学位。"
② 1956年《学位条例草案》第6条。
③ 《关于学位、学衔和荣誉称号等条例（草案）起草工作的报告》，1956年6月，载文化部教育司研究室编印：《学位问题参考资料》（内部资料），1979年12月，第22页。
④ 同上书，第25~26页。

问题。"①

在博士论文答辩程序上,1956年《学位条例草案》制定的条件有:辩驳人为3人;答辩后由学术委员会(三分之二以上成员出席、出席人过半数通过)决议;报请主管部门呈国务院学位和学衔委员会授予博士学位②。

值得注意的是,在1956年6月的起草报告中出现了学位的定义:"学位,是国家为发展科学事业,鼓励科学研究工作,在科学研究工作者的学术水平达到一定高度时所授予的学术称号,例如博士、硕士等称号。"③这是以前有关学位的文件中所罕见的。

二、1963年10月《学位条例草案》

为了调动和鼓励知识分子的积极性、促进科学技术的发展、便于国际科学文化活动,1961年11月12日,聂荣臻提出《关于建立学位、学衔、工程技术称号等制度的建议》④。1962年1月,中央科学小组,国家科委党组通知中宣部、教育部、中科院、国家经委、国务院文教办、文化部着手起草工作。1962年3月,国家科委组织由周培源等11人组成的"学位、学衔和研究生条例起草小组"。1963年10月29日,经聂荣臻主持讨论定稿后,国家科委党组将《中华人民共和国学位授予条例(草案)》上报中央⑤。

1963年10月29日国家科委党组在《关于建立学位制度和教授称号制度的报告》中提到建立学位制度的其余几项原因,"促进又红又专科学干部的成长""有助于形成社会上重视科学工作者的风气""为大胆地选拔优秀青年科学工作者开辟一条重要途径"。

与1956年学位条例草案相比,1963年10月学位条例草案具有明显的政治特征。1963年10月《学位条例草案》第1条开宗明义:学位授予的对象是"爱国的、愿意为社会主义服务的具有响应学术水平的科学工作者和技术工作者"⑥。国家科委党组报告明确规定:"学位称号不能授给反党、反社

---

① 1956年《学位条例草案》第7条第2款。
② 1956年《学位条例草案》第10条、11条、12条。
③ 《关于学位、学衔和荣誉称号等条例(草案)起草工作的报告》,1956年6月,载文化部教育司研究室编印:《学位问题参考资料》(内部资料),1979年12月,第21页。
④ 《关于建立学位、学衔、工程技术称号等制度的建议》,1961年11月12日,载文化部教育司研究室编印:《学位问题参考资料》(内部资料),1979年12月,第35~38页。
⑤ 文化部教育司研究室编印:《学位问题参考资料》(内部资料),1979年12月,第19~20页。
⑥ 《中华人民共和国学位条例(草案)》,1963年10月29日,载文化部教育司研究室编印:《学位问题参考资料》(内部资料),1979年12月,第42页。

会主义的反革命分子和右派分子。"①但是对于在中国学习和工作的外国人,如申请学位,只按照学术水平授予,不作政治要求②。

在学位称号上,1963 年 10 月《学位条例草案》第 2 条将学位称号定位"博士、副博士",而不是 1956 年《学位条例草案》中规定的"硕士、博士"。很明显,1963 年 10 月《学位条例草案》在副博士学位的设置上又采纳了苏联的做法,推翻了 1956 年《学位条例草案》采取的硕士学位称号。

在博士学术标准上,1963 年 10 月《学位条例草案》规定了如下标准:

> 博士学位的水平是:在本门学科上具有较高的基础理论水平和较深的专门知识。在科学研究工作中有较重要的发现或发展,或对重大科学问题做出系统的科学总结,或在科学实验中和技术工作中有较重要的创造。③

1963 年 10 月《学位条例草案》中博士学位论文标准既有高于 1956 年《学位条例草案》之处(例如强调"较重要的发现或发展""较重要的创造",而不仅仅是"创见"),也有低于 1956 年《学位条例草案》的标准(例如"系统的科学总结"也可以达到博士学位论文的标准)。

三、1963 年 12 月《学位条例草案》

1963 年 10 月《学位条例草案》经聂荣臻主持修改,于 1963 年 12 月 27 日再次上报中央和国务院,这就是 1963 年 12 月《学位条例草案》。

在博士学术标准上,删除了 1963 年 10 月草案中"系统的科学总结"这一较低的标准,具体如下:

> 博士学位的学术水平是:在本门学科上具有坚实而渊博的基础理论知识和系统而深入的专门知识,在科学研究、科学试验中有较重要的发现或发展,或在科学技术工作中有较重要的创造。④

---

① 1963 年 10 月 29 日国家科委党组《关于建立学位制度和教授称号制度的报告》,载文化部教育司研究室编印:《学位问题参考资料》(内部资料),1979 年 12 月,第 40 页。
② 同上。
③ 1963 年 10 月《学位条例草案》第 3 条第 1 款,载文化部教育司研究室编印:《学位问题参考资料》(内部资料),1979 年 12 月,第 43 页。
④ 1963 年 12 月《学位条例草案》第 3 条,载文化部教育司研究室编印:《学位问题参考资料》(内部资料),1979 年 12 月,第 50 页。

在博士学位定性上,1963年的两份草案继续将博士学位定性为国家学位,包括博士学位在内的学位由国务院学术称号委员会/国务院学位委员会批准授予,并发给学位证书①。

四、1964年《学位授予条例草案》

1963年12月《学位条例草案》上报之后,国务院法律室提出修改意见,国家科委党组讨论形成1964年4月2日的修改稿②,这就是1964年《学位授予条例草案》。

除了法律名称上的区别,1964年《学位授予条例草案》与1963年12月的草案基本相同,学位仍然分为博士和副博士两级,学位的性质仍然定性为国家学位,由国务院学委员会决定批准授予并发给学位证书。在博士学术标准上,微调如下:

> 博士的学术水平是:在本门学科上具有坚实渊博的基础理论知识和系统深入的专门知识,在科学或技术上有较重要的发明、发现或发展。③

也就是说,1964年《学位授予条例草案》将科学、技术并在一起,用"较重要的发明、发现或发展"取代了1963年《学位条例草案》中采取的二分标准(科学上是"较重要的发现或发展"、科技上是"较重要的创造")。

由于受"左"的思想的影响,认为学位属于资产阶级法权范畴的看法占了上风,该条例草案被搁置④。

五、1966年《关于授予外国留学生学位试行办法》

1965年7月11日,国务院总理周恩来指示,对在中国毕业的外国留学生要由高教部发给证书,证明相当外国的相应学位⑤。1966年1月1日高

---

① 1963年10月《学位条例草案》第9条、1963年12月《学位条例草案》第10条。
② 文化部教育司研究室编印:《学位问题参考资料》(内部资料),1979年12月,第19~20页。
③ 1964年4月《学校授予条例草案》第3条,载文化部教育司研究室编印:《学位问题参考资料》(内部资料),1979年12月,第53页。
④ 舒光平:《我国建立大学学位制度的回顾与展望》,央广网,http://www.cnr.cn/jy/30/jiaoyu/200810/t20081021_505129266.html。
⑤ 对外文委转高教部《转达总理对中国毕业的外国留学生应给予证书的指示》,1965年7月12日,载文化部教育司研究室编印:《学位问题参考资料》(内部资料),1979年12月,第55页。

教部起草《关于授予外国留学生学位试行办法》①。

值得注意的是,1966年《关于授予外国留学生学位试行办法》第二条将学位分为学士、硕士、博士三级,这是新中国立法草案中第一次出现三级学位的表述。学位按照如下学科门类授予:哲学、经济学、法学、文学、历史学、教育学、理学、工学、农学、医学等。针对外国留学生的学位标准明显偏低:① 完成大学三年级课程或者在专修科结业的外国留学生,授予学士学位;② 本科毕业的外国留学生,授予硕士学位;③ 研究生毕业的外国留学生,授予博士学位②。而在1963年12月《学位条例草案》、1964年《学位授予条例草案》中,中外学生(学者)申请学位的学术标准是一样的③。另外一个区别涉及学位的性质。1966年《关于授予外国留学生学位试行办法》第4条规定,三级学位"由有关高等学校或科学研究所办理",学位证书封面印有"中华人民共和国高等学校"或"中国科学院"字样。既然由学校或者科学研究所颁发,而不是由国务院学位委员会颁发,则该学位已经不能定性为国家学位,而是大学学位或者研究院所学位。

1966年4月8日,高教部党委向国务院报送《关于授予外国留学生学位问题的请示》,连同1966年1月1日《关于授予外国留学生学位试行办法》一同提交上去。不久就爆发了"文化大革命",授予外国留学生学位的事项也就没有继续下去④。

六、1980年《学位条例》

由于以上几次建立学位制度的努力均告失败,在1950年至1979年间,大陆地区无论是本科生还是研究生,无论是本国学生还是外国在华留学生,他们取得的仅仅是本科毕业证书或者研究生毕业证书,没有学士学位或者硕士学位,更没有博士层面的研究生教育。"文化大革命"结束以后,大陆地区迅速恢复建立学位制度的尝试,并很快就付诸实施,这就是至今仍然适用的1980年《学位条例》。

1979年2月,胡乔木就筹建我国学位制度问题给邓小平等中央领导提交报告,邓小平提出"由方毅、乔木同志主持提出具体方案报批"。之后成立

---

① 《关于授予外国留学生学位试行办法》,1966年1月1日,载文化部教育司研究室编印:《学位问题参考资料》(内部资料),1979年12月,第58~59页。
② 1966年《关于授予外国留学生学位试行办法》第3条。
③ 参见1963年12月《学位条例草案》第14条,1964年《学位授予条例草案》第12条。
④ 文化部教育司研究室编印:《学位问题参考资料》(内部资料),1979年12月,第20页。

由蒋南翔领导的起草小组①。据参加过起草小组工作的吴本厦回忆:

起草小组成立后,我们在充分研究的基础上,于1979年9月起草了《中华人民共和国学位条例(草案)》(初稿),并召开座谈会听取意见。10月,我们又分别到上海、昆明、成都等地调查高等教育状况并召开座谈会,继续听取各界人士对学位条例草案的意见。

在外调研期间,情况出现了一点变化。当时国家科委的一位副主任写信给方毅、胡乔木同志,认为高层人才培养极为急迫,这样旷日持久的调研对我国科学发展有不利影响,建议在我国1964年制定的学位条例基础上稍作修改即可报请中央。由于当时的高层人才培养确实极为紧迫,方毅同志认为这个意见"很可考虑",据此,蒋南翔同志召回了到外地征求意见的同志,并与国家科委、中国科学院等有关单位的同志共同商讨是否在1964年起草的草案基础上进行修改。通过讨论,大家认为,时隔10多年,国际国内教育、科研情况都发生了很大变化,1964年起草的条例已不适合现在的情况。这种观点得到了上级领导的认可,最终我们决定在新起草的学位条例草案基础上征求意见,按照原轨道继续工作。今天看来,当时的这个决策保证了我国学位制度的科学性和前瞻性,否则学位条例就很难达到今天这样的良好效果。

此后,按照规定程序,学位条例草案又经过多次讨论并经国务院通过,终于在1980年2月五届全国人大常委会第十三次会议上进入了最后的审议阶段。虽然此前征求了上千位科教界人士的意见,但由于大家对学位条例的出台极为谨慎,在分组审议过程中,与会人员还是就学士学位设立问题、具有同等学力人员申请学位问题和学术造诣较高但没有在国外获得博士学位人员的学位认定问题进行了认真讨论,形成了颇具针对性和建设性的观点。

1980年2月12日,该条例草案顺利通过,由叶剑英委员长签署公布。这标志着我国从此建立起了学位制度。不久,国务院学位委员会经国务院批准成立;《中华人民共和国学位条例暂行实施办法》经国务院批准公布;国务院学位委员会又成立了由数百名专家、学者组成的国务院学位委员会学科评议组,有步骤地开展审查批准全国学位授予单

---

① 吴本厦(国务院学位委员会办公室原主任、原国家教委研究生司司长):《教育奠基中国:1980年学位条例全票通过》,原载于《中国教育报》2009年8月31日,转载于新华网,http://news.xinhuanet.com/edu/2009-09/17/content_12065768.htm。

位及其学科专业。此后,我国学位工作有序展开。①

以上是1980年《学位条例》出台的背景。下表7-1是"文化大革命"前学位条例草案与1980年《学位条例》的比较表:

表7-1 "文化大革命"前学位条例草案与1980年《学位条例》比较表

	1956年学位条例草案	1963年10月学位条例草案	1963年12月学位条例草案	1964年学位授予条例草案	1966年外国留学生学位办法草案	1980年学位条例
学位级别	二级:硕士、博士	二级:博士、副博士	二级:博士、副博士	二级:博士、副博士	三级:学、硕、博	三级:学、硕、博
学位授予单位	国务院学位和学衔委员会	国务院学术称号委员会	国务院学位委员会	国务院学位委员会	高等院校或科学院研究所	国务院授权的高等学校和科学研究机构
博士学位水平	有创见,或者有科学根据地提出具有重要意义的新问题	在科学研究中有较重要的发现或发展,或对重大科学问题做出系统的科学总结,或在科学实验和技术工作中有较重要的创造	在科学研究、科学试验中有较重要的发现或发展,或在科学技术工作中有较重要的创造	在科学或技术上有较重要的发明、发现或发展	研究生毕业	在科学或专门技术上做出创造性的成果
博士学位论文答辩委员会人数	3人	未规定	未规定	未规定	未规定	5人至7人(《学位条例暂行实施办法》第14条)

---

① 吴本厦:《教育奠基中国:1980年学位条例全票通过》,http://news.xinhuanet.com/edu/2009-09/17/content_12065768.htm。

续 表

	1956年学位条例草案	1963年10月学位条例草案	1963年12月学位条例草案	1964年学位授予条例草案	1966年外国留学生学位办法草案	1980年学位条例
荣誉（名誉）博士学位授予单位	中科院和国务院指定的大学有权授予荣誉博士学位	无直接规定，可理解为由国务院学术称号委员会授予	无直接规定，可理解为由国务院学位委员会授予	无规定，可理解为由国务院学位委员会授予	未规定	学位授予单位提名，报国务院学位委员会批准后授予
政治条件	无	爱国、愿意为社会主义服务	爱国、愿意为社会主义服务	爱国、积极为社会主义服务	无	拥护共产党的领导及社会主义制度

资料来源：有关条例及草案的规定。

七、2004年修订1980年《学位条例》

2004年8月28日第十届全国人民代表大会常务委员会第十一次会议通过《关于修改〈中华人民共和国学位条例〉的决定》。这一次修订的内容非常少，仅涉及第9条。1980年《学位条例》第9条没有强制规定学位论文答辩委员会必须有外单位专家参与，这样就可能出现全部由本校专家组成论文答辩委员会的情况。为了从制度上解决这一问题，2004年修订的《学位条例》第9条规定："学位论文答辩委员会必须有外单位的有关专家参加，其组成人员由学位授予单位遴选决定。学位评定委员会组成人员名单由学位授予单位确定，报国务院有关部门和国务院学位委员会备案。"其余条款并无变化。

八、2015年《学位证书和学位授予信息管理办法》

2015年6月26日，国务院学位委员会和教育部联合发布《学位证书和学位授予信息管理办法》。该办法第4条规定，学位证书由授予单位自主设计、印刷。尤其值得注意的是，该办法第17条规定，学位证书不得使用国徽图案。这明显反映了学位授予活动中的去国家化倾向。可以这样说，中国当代学位制度与国家学位渐行渐远，与大学学位越靠越近。

第二节　1935年《学位授予法》与1980年《学位条例》的比较

一、学位级别

两者在学位级别上均采用学士、硕士、博士三级学位制度,但是1935年《学位授予法》允许特种学科设立二级学位或者一级学位,1980年《学位条例》没有这一例外。总的来说,1935年《学位授予法》在学位级别方面影响到1980年《学位条例》,后者采取的三级学位制度的确考虑到历史因素。当时的教育部部长蒋南翔在就《学位条例(草案)》的有关问题所作的说明中指出:

> 1964年拟订学位条例时,基本上采取苏联的做法,设博士、副博士两级学位。大学本科毕业不设学位。我们考虑,根据目前情况,我国宜采用多数国家通行的做法,与高等教育不同阶段相联系,设学士、硕士、博士三级学位。即大学本科毕业可授学士,研究生第一阶段毕业可授硕士,研究生第二阶段毕业可授博士。这样做,有利于派遣留学生和进行国际学术交流。而且旧中国的学位也称学士、硕士、博士。我们的条例草案设这样的三级学位,也易于为人们理解和接受。多数同志赞成这个意见。①

二、政治条件

1935年《学位授予法》没有明文规定博士候选人的政治条件。1980年《学位条例》第2条规定:"凡是拥护中国共产党的领导、拥护社会主义制度,具有一定学术水平的公民,都可以按照本条例的规定申请相应的学位。"蒋南翔在1980年就《学位条例(草案)》有关问题所作的说明中明确指出:

> 我们认为,社会主义国家的学位条例,对学位获得者应该有政治条件的规定,以鼓励他们坚持又红又专的方向。1964年稿对学位获得者的政治条件,曾规定为"爱国"、"愿意为社会主义服务"。这次条例草案

---

① 蒋南翔:《关于〈中华人民共和国学位条例(草案)〉的说明》,1980年2月7日,在第五届人大常委会第十三次会议全体会议上的发言,载瞿葆奎主编:《中国教育改革》,教育学文集第17卷,北京,人民教育出版社,1991年,1版1次,第771～772页。

改为"拥护中国共产党的领导、拥护社会主义制度",以与宪法对公民的要求相一致,也与中央提出的坚持四项基本原则的精神相吻合。①

蒋南翔于 1981 年 7 月 26 日在国务院学委员会学科评议组第一次会议开幕式上的讲话进一步阐述了学位制度的政治条件问题:

> 我国的学位制度,应当反映社会主义的特点。要从中国的实际出发,为社会主义四化建设服务。这个目标和资本主义国家的目标根本不一样。资本主义国家的学位制度表面上没有政治条件的要求。我们明确提出要拥护党的领导,拥护社会主义制度。提出这样的政治条件是不是会削弱我国学位的科学性呢?不会,因为我们所提出的政治条件是符合科学的。科学的本质是追求真理。毛主席在《论联合政府》中曾阐明这样一个道理:真理都是符合人民利益的,真理的最高标准就是合乎广大人民群众的最大利益。现在我们建立适合社会主义建设需要的先进学位制度,促进我国又红又专的高级专门人才的成长,更好地为我国社会主义四化建设服务,为最广大人民群众的最大利益服务,也就是更有效地为真理而奋斗。②

邓力群在 1982 年国务院学位委员会学科评议组第二次会议上称:

> 够博士、硕士水平的人,要专也要红,要按照四项基本原则工作,要使自己的研究、著作和教学符合我们宪法的规定。在我们的博士、硕士中间是不是有反对人民民主专政国家、反对四项基本原则的人呢?现在还没有发现这样的人,可是随着我们工作的前进,博士、硕士越来越多,如果在这个问题上我们掌握不紧,标准没有坚持或坚持不严,那就可能出现这种情况,并且成为我们所从事的社会主义现代化建设光荣伟大事业中的污点,我们不能允许这样的事情在我们国家出现。
> 说得更透彻一点,如果我们的青年,我们下一代的科学研究工作者有意地在他的论文中间、在他的科研中间,选这样的题目,进行这样的论证:社会主义不如资本主义,人民民主专政不合中国国情,还要反

---

① 蒋南翔:《关于〈中华人民共和国学位条例(草案)〉的说明》,1980 年 2 月 7 日,在第五届人大常委会第十三次会议全体会议上的发言,载瞿葆奎主编:《中国教育改革》,教育学文集第 17 卷,第 772 页。

② 《蒋南翔同志在国务院学位委员会学科评议组第一次会议开幕式上的讲话》(1981 年 7 月 26 日),载《国务院学位委员会学科评议组第一次会议会刊》,大会秘书处编,北京,1981 年,第 12 页。

对,我想,我们的授权单位,我们的导师,既不能同意这种人的观点,也不应该支持他们进行这样的研究,更不应该推荐他们作为博士的候选名单。如果这种人经过劝告,经过批评还不肯改,非坚持不可,我说彻底一点,在中国不能也不应给这样的人授予博士、硕士学位。①

三、普通博士候选人条件

1935年《学位授予法》(第5条)规定的条件是:已经取得硕士学位,并在研究院所继续研究2年以上,考试合格。1980年《学位条例》(第5条)规定的条件包括:研究生毕业或者具有同等学力,通过硕士学位考试及硕士论文答辩,成绩合格,并具有下述学士水平,即① 在本门学科上掌握坚实宽广的基础理论和系统深入的专门知识;② 具有独立从事科学研究工作的能力;③ 在科学或专门技术上做出创造性的成果②。在这方面,1980年《学位条例》有松有紧。在入门标准上由过去的硕士学位放宽到同等学力,在实质标准上明确提出"创造性"标准。之所以增加"同等学力",蒋南翔在1980年《学位条例草案》的说明中指出:

> 大家认为,授予学位既要保证质量,又要有利于发现人才。目前,在教育、科研、文化、工业交通、农林卫生和财经政法等部门工作的人员中,有不少人通过长期的工作实践或刻苦自学钻研,在科学或专门技术上已做出优异成绩,达到了相当高的水平。为了不埋没人才,条例草案规定,具有研究生毕业同等学力的人员,可以申请硕士学位或博士学位。这就为不经过研究生阶段的学习而达到硕士或博士学术水平的人员,提供了获得学位的机会。③

四、博士学位性质

1935年《学位授予法》规定博士学位属于国家博士,即博士学位由国家授予。1980年《学位条例》(第11条)规定博士学位由"学位授予单位"授予,但是并非每一个高等学校或者科学研究机构均可以自动成为"学位授予单位",必须经

---

① 《邓力群同志在国务院学位委员会学科评议组第二次会议闭幕式上的讲话》,载《国务院学位委员会学科评议组第二次会议会刊》,大会秘书处编,北京,1983年,北京,第8页。
② 1980年《学位条例》第6条。
③ 蒋南翔:《关于〈中华人民共和国学位条例(草案)〉的说明》,1980年2月7日,在第五届人大常委会第十三次会议全体会议上的发言,载瞿葆奎主编:《中国教育改革》,教育学文集第17卷,第774页。

国务院授权①。蒋南翔在1980年《学位条例草案》的说明中涉及这个问题：

> 大家一致认为，博士学位的授予应该严格掌握，保证质量，宁缺勿滥；有些同志提出，博士学位的授予权应集中在中央。我们考虑，如果博士学位的授予权集中在中央，高等学校和科研机构仍要设立学位论文答辩委员会，组织答辩。而在中央还要设立各个学科的专门委员会来审查各单位答辩委员会报送的决议和有关材料。每年都要组织第一流的科学家集中一段时间进行学位的评定工作，工作量很大，会影响科学家在科学第一线上充分发挥作用。②

为简化审批手续，经国务院同意，从1986年开始，硕士和博士学位授予单位改为由国务院学位委员会批准公布③。但是1980年《学位条例》相关文字表述并没有做出相应的修改。在官方的意见中，博士学位仍然属于国家学位。

> 我国的学位是一种"国家学位"，国家制定统一的学位授予标准，国务院授权有关高等学校和科学研究机构行使学位授予权，因此，高等学校和科学研究机构及其学科、专业开展学位授予工作，必须首先取得国务院的授权。国务院设立学位委员会，负责领导全国学位授予工作，实行国家集中统一的评审制度，国家统一部署学位授权审核。④

上述观点是有问题的。学位授权审核权与学位本身的性质应该分开。国务院（或国务院学位委员会）的学位授权审核是在履行行政权力，审核批准之后，学位授予单位即具备学位授予权，可以以本单位的名义颁发学位。政府仅仅是资格认定，经过政府资格认定的大学有权独立授予学位。大学颁发学位并非代表政府颁发，大学也并非政府的学位授予代理人。实际上，1980年《学位条例》采用了国务院授权下的大学博士学位制度，而非国务院授权下的国家博士学位制度。既然授权大学，则等于承认大学具有颁发博士学位之权，不应再额外要求大学以国家的名义颁发博士学位，或者在大学

---

① 1980年《学位条例》第8条。
② 蒋南翔：《关于〈中华人民共和国学位条例（草案）〉的说明》，1980年2月7日，在第五届人大常委会第十三次会议全体会议上的发言，载瞿葆奎主编：《中国教育改革》，教育学文集第17卷，第774页。
③ 《学位授权审核制度》，中国学位与研究生教育信息网，http://www.cdgdc.edu.cn/xwyyjsjyxx/xwbl/xwzd/xwsqshzd/。
④ 同上。

颁发的博士学位证书上附加"国家性质"。假如所有政府授权的学位都被强行赋予"政府性质"或者"国家性质",那么美国各州授权各大学颁发的学位都将被定性为"州学士""州硕士""州博士",显然,这是滑稽可笑的。

由于中国当代的博士学位授予单位既包括大学,也包括科研机构,所以当代博士学位制度是一种以大学博士学位制度为主体、以科研机构博士学位制度为补充的学位制度。从颁发机构上看,当代博士学位已经不是国家博士学位;从称呼上看,各大学毕业的博士被称为某某大学博士,而不是中国国家博士。

《学位条例》第 8 条规定,博士学位,由国务院授权的高等学校和科学研究机构授予。《学位条例》第 10 条规定:学位授予单位的学位论文答辩委员会负责审查硕士和博士学位论文、组织答辩,就是否授予硕士学位或博士学位作出决议,该决议报学位评定委员会,学位评定委员会负责对学位论文答辩委员会报请授予硕士学位或博士学位的决议,做出是否批准的决定;决定授予硕士学位或博士学位的名单,报国务院学位委员会备案。《学位条例》第 11 条规定:学位授予单位,在学位评定委员会作出授予学位的决议后,发给学位获得者相应的学位证书。

比较 1946 年 10 月中央研究院学术评议会对博士细则的建议,可以发现,大陆地区 1980 年《学位条例》中有关博士学位授予的规定与中央研究院学术评议会的观点几乎如出一辙:

1946 年 10 月中央研究院学术评议会的建议如下:

> 博士候选人平时之研究工作及博士论文,均应由政府核准设立研究所五年以上并经特许收受博士学位候选人之大学及独立学院自行审查考试,审查考试合格者,经教部之核准,饬由该校院授予博士学位。①

1946 年中央研究院学术评议会的建议有三个要点:第一,博士培养单位必须经过政府批准("特许");第二,博士培养单位独立审查考试;第三,博士培养单位授予博士学位。这三个要点与 1980 年《学位条例》的规定基本一致。从性质上看,1946 年中央研究院学术评议会建议的博士学位属于政府核准下的大学博士学位,这一性质与 1980 年《学位条例》的规定完全相同。

五、推荐制博士的异同

1935 年《学位授予法》(第 6 条)规定的推荐制博士必须是:① 在学术

---

① 《中研院通过授给"博士"原则》,载《科学时报》1946 年第 12 卷第 12 期,第 85 页;《中央研究院评议会第二届第三次年会纪录》,中国第二历史档案馆,档号 393-1557。

上有特殊的著作或发明;或者② 曾担任教授 3 年以上。1980 年《学位条例》(第 13 条)规定的推荐制博士必须是"在科学或专门技术上有重要的著作、发明、发现或发展者,经有关专家推荐,学位授予单位同意,可以免除考试,直接参加博士学位论文答辩"。可见,1980 年《学位条例》推荐制博士的范围要比 1935 年《学位授予法》的窄,不包括那种曾经担任教授 3 年以上的情况。也就是说,即使是多年教授,如果没有重要的著作、发明、发现或者发展,也不能被推荐为博士。蒋南翔在《学位条例草案》有关问题所作的说明中也提及这个问题:

现有在职教学和科研人员中,副教授、副研究员以上人员的学术水平,习惯上认为已相当或高于博士,没有必要再给他们授予博士学位。其他人员如有申请硕士或博士学位者,可按本条例的有关规定办理。有些人可能会放松本职工作去争取获得学位,这需要加强思想教育。同时,应该采取各种有效办法,鼓励那些虽未获得学位,但在本职工作中做出成绩的同志。①

第三节 中国当代博士教育实践

一、改革开放后中国博士教育情况

1980 年《学位条例》实施以后,中国内地博士学位的授予机构从无到有,从少到多,增幅明显。先后于 1981 年、1984 年、1986 年、1990 年、1993 年、1996 年、1998 年、2000 年、2003 年和 2006 年批准了 10 批博士和硕士学位授予单位及其学科。经过这 10 批审批,共有博士学位授予单位 344 个,硕士学位授予单位 697 个,学士学位授予单位 691 个;博士学位授权一级学科点 1 378 个,博士学位授权二级学科点 1 737 个,硕士学位授权一级学科点 3 459 个,硕士学位授权二级学科点 10 006 个②。之后,国务院学位委员会又陆续审核了新的博士或者硕士学位授予单位及学科。到 2013 年,全国

---

① 蒋南翔:《关于〈中华人民共和国学位条例(草案)〉的说明》,1980 年 2 月 7 日,在第五届人大常委会第十三次会议全体会议上的发言,载瞿葆奎主编:《中国教育改革》,教育学文集第 17 卷,第 776 页。

② 《中国学位授予单位名册》(2006 年版),北京,高等教育出版社,2007 年 10 月。

共有培养研究生单位830个,其中普通高校548个,科研机构282个①。

下表7-2是中国"文化大革命"结束后首批18名博士的基本情况。

表7-2 中国内地1982年3月至1983年5月授予的18名博士一览表

人名	博士学位及专业	博士论文	学位授予机构	导师	博士日期
马中骐 (1940~) 浙江杭州	理学博士(高能物理)	SU(N)静态球对称规范场	中国科学院(数学物理学部)	胡宁	1982年3月4日
谢惠民 (1939~) 江苏常州	理学博士(运筹学与控制论)	一类半整数自由度级的非线性共振及其在电力系统中的应用	中国科学院(数学物理学部)	关肇直	1982年5月11日
白志东 (1943~) 河北乐亭	理学博士(概率统计)	随机变量的独立性及其应用	中国科学技术大学	殷涌泉 陈希孺	1982年5月25日
李尚志 (1947~) 四川内江	理学博士(基础数学)	关于若干有限单群的子群体系	中国科学技术大学	曾肯成	1982年5月25日
范洪义 (1947~) 浙江鄞县	理学博士(理论物理)	关于相干态的研究	中国科学技术大学	阮图南	1982年5月25日
赵林城 (1942~) 江苏盐城	理学博士(概率论与数理统计)	数理统计的大样本理论	中国科学技术大学	陈希孺	1982年5月25日
洪家兴 (1942~) 江苏吴县	理学博士(基础数学)	蜕型面为特征的微分子算子的边值问题	复旦大学	谷超豪	1982年6月24日
李绍宽 (1941~) 上海	理学博士(基础数学)	关于非正常算子和有关问题	复旦大学	夏道行 严绍宗	1982年6月25日
张荫南 (1942~) 江苏常州	理学博士(基础数学)	关于非局部紧群的拟不变测度理论	复旦大学	夏道行 严绍宗	1982年6月26日
童裕孙 (1943~) 浙江宁波	理学博士(基础数学)	不定度规空间上线形算子谱理论的若干结果	复旦大学	夏道行 严绍宗	1982年6月27日

---

① 《2013年全国教育事业发展统计公报》,教育部2014年7月发布,http://www.moe.edu.cn/publicfiles/business/htmlfiles/moe/moe_633/201407/171144.html。

续表

人　名	博士学位及专业	博士论文	学位授予机构	导师	博士日期
冯玉琳 (1942～) 江苏姜埝	工学博士(计算机软件)	程序逻辑和程序正确性证明	中国科学院(技术科学部)	唐稚松	1982年7月1日
黄朝商 (1939～) 江西玉山	理学博士(理论物理)	QCD和介子电磁形状因子的大动量行为	中国科学院(数学物理学部)	戴元本	1982年8月20日
王建磐 (1949～) 福建古田	理学博士(基础数学)	G/B上的层上同调与Weyl模的张量积、余诱导表示与超代数br的内射模	华东师范大学	曹锡华	1982年12月7日
徐功巧(女) (1942～) 上海	理学博士(分子生物学)	D-甘油醛-3-胪酸脱氢酶与辅酶NAD的关系——新荧光团的研究	中国科学院(生物物理所)	邹承鲁	1983年1月6日
徐文耀 (1944～) 陕西绥德	理学博士(地磁与高空物理)	高纬度区的电场和电流体系	中国科学院(地球物理所)	朱岗昆	1983年1月19日
于秀源 (1942～) 山东章丘	理学博士(基础数学)	代数函数对数的线性形式	山东大学	潘承洞	1983年5月6日
苏　淳 (1945～) 安徽歙县	理学博士(概率统计)	关于分布函数和极限理论的研究	中国科学技术大学	陈希孺	1983年5月13日
单　墫 (1943～) 江苏泰州	理学博士(基础数学)	关于素数幂和的一个问题	中国科学技术大学	王　元 曾肯成	1983年5月13日

本表由笔者根据如下资料编写:《十八博士简况表》,中国学位与研究生教育信息网——中国学位三十年,http://www.chinadegrees.cn/xwyyjsjyxx/xw30/jzssn/270922.shtml。

二、21世纪初期中国博士教育统计

进入21世纪以后,全国博士招生人数与研究生整体招生人数呈现逐渐增加的趋势。下表7-3是2000年至2014年间全国博士招生及毕业的人数一览表:

表 7-3 2000 年至 2014 年间全国博士招生及毕业的人数一览表

年份	招收研究生总人数	招收博士生人数	毕业研究生总人数	毕业博士人数
2000	12.85 万	2.51 万	5.88 万	不详
2001	16.52 万	3.21 万	6.78 万	1.29 万
2002	20.26 万	3.83 万	8.08 万	1.46 万
2003	26.89 万	4.87 万	11.11 万	1.88 万
2004	32.63 万	5.33 万	15.08 万	2.35 万
2005	36.48 万	5.48 万	18.97 万	2.77 万
2006	39.79 万	5.6 万	25.59 万	3.62 万
2007	41.86 万	5.80 万	31.18 万	4.14 万
2008	44.64 万	5.98 万	34.48 万	4.37 万
2009	51.09 万	6.19 万	37.13 万	4.87 万
2010	53.82 万	6.38 万	38.36 万	4.90 万
2011	56.02 万	6.56 万	43.00 万	5.03 万
2012	58.97 万	6.84 万	48.65 万	5.17 万
2013	61.14 万	7.05 万	51.36 万	5.31 万
2014	62.13 万	7.26 万	53.59 万	5.37 万

本表资料来源：由笔者根据历年教育部公布的全国教育事业发展统计公报所编写。历年教育事业发展统计公报详见本书参考文献中的"教育统计"部分。

从上表可以看出，从 2000 年至 2014 年间，中国内地博士生招生人数已经从当初的一年 2.51 万上升至一年 7.26 万。四个栏目中，没有任何一种数据在这 15 年中曾经下降过，可谓只升不降。

第四节 1935 年《学位授予法》在台湾的发展演变

一、1954 年《学位授予法》——延续"国家博士"

1954 年 6 月 4 日，台湾当局颁布修正后的《学位授予法》，仅将 1935 年《学位授予法》第 3 条修改如下：

> 凡曾在公立或立案私立之大学或独立学院修业期满,考试合格,并经教育部复核无异者,由大学或独立学院授予学士学位。
>
> 军事院校合于教育部规定之大学或独立学院标准,其学生修业期满,考试合格,并经教育部复核无异者,亦得由各该院校授予学士学位。

原1935年《学位授予法》有关博士学位性质的第7条没有任何变化,即仍然规定"由国家授予博士学位"。

二、1959年《学位授予法》——从"国家博士"到"部颁博士"

1956年6月,台湾"行政院"会同"考试院"公布《博士学位评定会组织规程》及《博士学位考试细则》,规定博士学位属于"国家"的学位。然而,"立法院"不同意由"国家"直接授予博士学位,于是主动修订《学位授予法》第7条,将博士学位由"国家"授予改为由"教育部"授予。1959年《学位授予法》第7条全文如下:

> 博士学位候选人,经博士学位评定会考试合格者,由教育部授予博士学位。
>
> 博士学位评定会之组织,另以法律定之。

"立法院"同时认为,博士授予属于教育系统,不应由"考试院"兼理,于是决议取消"考试院"参与博士授予活动①。修订后的《学位授予法》于1959年4月1日公布。

1935年《学位授予法》与1959年修订后的《学位授予法》相比,有很大的区别。最重大的区别在于后者删除了"国家"授予博士学位的规定,取而代之以"教育部"授予博士学位。博士学位的性质已经从严格的"国家博士学位"变为"教育部博士学位"。虽然两者都属于官方学位,而非大学学位,但"国家"毕竟不能等同于"教育部","国家"颁发的学位在位阶上明显高于"教育部"颁发的学位。

三、1960年《博士学位评定会组织条例》

1959年《学位授予法》修订之后,"行政院"和"考试院"随即废除1956

---

① 王云五:《商务印书馆与教育年谱》(下册),南昌,江西教育出版社,2008年,1版1次,第960页。

年颁布的《博士学位评定会组织规程》及《博士学位考试细则》①。

1960年4月14日,台湾当局以"总统令"形式颁布《博士学位评定会组织条例》,规定了博士学位评定会的组织条件、程序和标准②。

博士学位评定会组织条例

本条例依学位授予法第七条之规定制定之。

博士学位评定会应视每一博士学位候选人所研究之学科及所提研究论文题目,依本条例分别组成之。

博士学位评定会置委员七人至九人,由"教育部"部长聘任,并指定委员一人任主席。

博士学位评定会委员应具左列资格之一:一、曾任大学教授五年以上,并系担任与博士学位候选人所提研究论文有关学科者;二、中央研究院院士,对博士学位候选人所提研究论文学科有专门研究者;三、在学术上有卓越之成就,并对博士学位候选人所提研究论文学科有专门研究者。

博士学位评定会办事人员,由"教育部"就现有人员中指派兼任之。

本条例自公布日施行。

四、1960年《名誉博士学位授予条例》

台湾地区于1960年4月29日公布《名誉博士学位授予条例》,规定名誉博士学位分文学、法学、理学博士三种,由"教育部"指定历史悠久、成绩优异并设有研究院所的大学授予。国内外人士在学术上有特殊著作或发明,或者对人类幸福、世界和平有特殊贡献者,可以成为名誉博士候选人。之后不久,台湾又颁布《名誉博士学位授予条例施行细则》③。

五、1960年《博士学位考试审查及评定细则》

1960年9月5日,台湾当局"教育部"颁布《博士学位考试审查及评定细

---

① 孙邦正编著:《六十年来的中国教育》台湾,"国立"编译馆出版,正中书局印行,1971年,1版1次;1974年,2版1次,第443页。
② 文化部教育司研究室编印:《学位问题参考资料》(内部资料),1979年12月,第65~66页。
③ 《台湾省通志》(卷五教育志)第二册,台湾省文献委员会出版,1970年6月30日,第151~153页。有学者称,抗战胜利后,国民政府颁布了《名誉博士学位授予条例》和《名誉博士学位授予条例实施细则》(见骆四铭著:《中国学位制度:问题与对策》,武汉,华中科技大学出版社,2007年,1版1次,第4页),这一认识不符合历史事实。国民政府在当时并未颁布有关名誉博士的条例及细则。

则》,具体规定如下:

博士候选人经所在院校考试及格后,由院校呈请"教育部"审查核定。

博士候选人必须提交论文,论文要有创造性,凡引证他人著作时,必须注明出处。

论文审查标准包括:确有心得或贡献、充分参考已经发表的有关重要著作及研究报告、了解研究该科学术必需的外国文字。

已经取得硕士学位,在研究院所连续研究两年以上,修满学分,第二外国语考试及格,论文已经导师签证完成,之后可以向所在院校申请参加博士候选人考试。

博士候选人考试分为学科考试和论文考试;学科考试以笔试进行,不少于3门;学科考试全部及格者(如不及格可申请重考一次)可以参加论文考试;论文考试采用口试方式,只有一次机会,不及格者不得申请重考。

学科考试由所在院校组织学科考试委员会(5人)进行。

论文考试由所在院校组织论文考试委员会(校外委员人数不少于2人)进行。

学科考试及格后,博士候选人将论文等呈请院校分送论文考试委员会审阅。

论文考试结果以无记名投票进行表决,得到全体论文考试委员三分之二以上同意票者为及格。

论文考试及格后,院校呈请"教育部"审定为博士学位候选人。

博士候选人需要提供给"教育部"审查的文件包括:论文及提要各10份、学历证件、著作或发明目录等、相片、审查费。

"教育部"收到上述文件后,提请学术审议委员会常务委员会审查合格后,"教育部"核定申请人为博士学位候选人。

学术审议委员会常务会议审查通过的同时,组织由7~9名相关学者组成的博士学位评定会。

博士学位评定会对博士候选人再次举行两种考试:学科考试和论文考试;学科考试以笔试进行,包括外文和专业科目两种,不及格者不得参加论文考试;论文考试以口试进行。博士学位评定会的学科考试和论文考试均以一次为限,不及格者不得申请重考。

论文口试结果以无记名投票的方法表决,凡得到全体委员三分之二以上同意票者,由"教育部"授予博士学位。

1968年6月25日,"教育部"修订了上述《博士学位考试审查及评定细则》,将论文口试不及格不得重考的规定修改为:论文口试不及格者,非逾一年不得申请重考,重考以一次为限。

1960年《博士学位评定会组织条例》和《博士学位考试审查及评定细则》制定了详细的博士考试规则,采取了较为严格的双重审查制度(大学审查+教育部审查)及双重考试制度(学科考试+论文考试),不仅繁琐,而且困难重重。

六、1977年《学位授予法》——继续"部颁博士"

1977年修正的《学位授予法》第5条延续了1959年《学位授予法》第7条"部颁博士"的规定,将文字稍作调整如下:

> 依本法受有硕士学位,曾在公立或已立案之私立大学或独立学院研究所博士班继续研究二年以上,完成博士学位应修之课程及论文,经各该大学或独立学院考核成绩及格,并提出于教育部审查核可者后,得为博士学位候选人。博士学位候选人,经博士学位评定会考试及格者,由教育部授予博士学位。
>
> 博士学位评定会之组织,另以法律定之。

七、1983年《学位授予法》——从"部颁博士"到大学博士

20世纪80年代初期,台湾地区进一步改革了博士学位制度,将"部颁博士"学位改为由大学颁发博士学位。根据台湾地区1983年4月26日修正的《学位授予法》及1983年9月修正的《学位授予法施行细则》,经"教育部"复核后,由各校授予博士学位。至此,台湾地区的"部颁博士"学位制度被宽松的大学博士学位制度所取代。

1983年《学位授予法》第5条全文如下:

> 凡在公立或已立案之私立大学或独立学院研究所博士班修业二年以上,并完成博士学位应修课程及论文,经考核成绩及格者,得由该所提出为博士学位候选人。
>
> 博士学位候选人经该校(院)博士学位考试委员会考试通过,经教

育部复核无异者,由各该大学或独立学院授予博士学位。

前项博士学位考试委员会置委员五人至九人,由校(院)长遴选具有左列资格之一者,报准教育部后聘任之,并指定委员一人为召集人;但指导教授不得担任召集人:

一、曾任教授五年以上,担任与博士学位候选人所提研究论文之有关学科教学者。

二、中央研究院院士或曾任中央研究院研究所研究员五年以上,对博士学位候选人所提研究论文学科有专门研究者。

三、在学术上有卓越成就,并对博士学位候选人所提研究论文学科有专门研究者。

八、1994年《学位授予法》——大学博士的进一步扩张

1994年4月27日,台湾当局再次修正《学位授予法》,第2条规定:"大学所授予之各级、各类学位名称,由各校定之,报教育部核备后实施。"也就是说,各大学有权自行决定授予学位的名称,只需将学位名称报"教育部"核备即可,改变了1983年《学位授予法》采用的"教育部"复核下的大学学位制度。这意味着,个人博士学位无须"教育部"单独复核,"教育部"只核备大学的学位名称,不再参与个人的学位授予或者核定工作。1994年《学位授予法》进一步下放了大学的学位授予权,使得博士学位成为名副其实的大学博士学位。

九、2004年《学位授予法》——从学位核备到学位备查

2004年6月,台湾当局修订《学位授予法》,将学位从原来的三级改为四级,增加"副学士"学位,并将过去由"教育部"核备各大学学位改为"备查",进一步放松对于大学学位授予制度的监管。2004年《学位授予法》第2条全文如下:

学位分副学士、学士、硕士、博士四级。副学士学位由专科学校授予,并得由大学授予;学士、硕士、博士学位由大学授予。

前项各级、各类学位名称,由各校定之,报教育部备查。

第五节 台湾博士教育实践

1949年以后,台湾地区博士教育实践随着《学位授予法》的修订而逐步实施。从博士教育实践层面看,台湾光复之后,最早开展博士教育的学校是政治大学和台湾师范大学。政治大学的政治研究所和台湾师范大学的国文研究所培养了台湾地区最早一批"国家博士"。台湾大学的博士班要晚于这两所大学。

一、1949年以后第一位博士——周道济

1959年8月1日,政治大学举行第一次博士学位论文考试,周道济是唯一参加这次博士学位论文考试的人,其博士论文为《汉唐宰相制度》。1960年12月3日,博士学位评定会对周道济进行口试,周道济顺利通过口试,获得法学博士学位,周道济也成为台湾地区第一位由政府授予的博士,当时的口试委员包括田炯、李宗侗、劳干、左潞生、蓝文徵、严耕望、萨孟武①。

二、第一位文学博士——罗锦堂

1961年,紧随周道济之后,罗锦堂也获得博士学位。与周道济获得的法学博士学位不同,罗锦堂获得的是文学博士学位。

下面载录台湾地区第一位文学博士罗锦堂博士论文答辩情况:

> 端坐在单人课桌后面,面对高悬的"博士学位论文考试试场"横幅,七双温和且具挑战性的慧眸,近距离地朝罗锦堂齐齐射来。"教育部"对首次博士论文口试极为重视,特请胡适挂帅,邀梁实秋、郑骞、台静农、戴君仁、李辰冬和苏学林,共七位文学知识渊博的著名学者,组成实力雄厚的考试委员会,以七对一轮番提问的阵式,就罗锦堂的《现存元人杂剧本事考》博士论文的范围、研究方法、引证资料及结论等,向罗锦堂抛出一连串尖锐的问题。
>
> 口试时间为两小时。当时罗锦堂深知,今天能坐在这里参加博士论文口试,机会来之不易。当初"教育部长"张其昀大力提倡设立博士学位时,在台湾大学遇到了一些阻力。经辗转后得到台师大校长刘真和文学

---

① 《数位典藏与数位学习联合目录》,http://catalog.digitalarchives.tw/item/00/31/9b/b3.html(2015/06/08浏览)。

院院长梁实秋的支持,方使成立博士学位这一设想在台师大得以实现。1957年,首届博士学位招收时,报名参加考试的文人志士中不乏教授之辈。待过五关斩六将之后,进入博士候选人资格的唯罗锦堂一人。

攻读博士学位时,除了选科外,还要圈点十三经,外加《文心雕龙》和《昭明文选》。不过,"三年中,花费我最多时间的是研读二十四史、大部头小说和名家笔记。研究古典文学最重要的工作是考证。尤其是具有故事横贯其间的元曲。考证其本事的工作就更重要。研究二十四史及名人笔记,目的就在弄清楚每一部杂剧的来龙去脉。"三年研究的结果,罗氏将现存元人杂剧归纳为八大类。"这分类也就是我博士论文的结论",他说。

在博士论文口试前,有人曾预言,罗锦堂这次考试必输无疑,因为他的论文是用文言文写的,而主考官胡适极力提倡白话文,这不是跟胡适唱对台戏? 何况,胡适那时并不主张在台湾设博士学位,他认为台湾的程度还不够。热心的人建议罗锦堂考前先去拜访一下胡适,礼节上疏通疏通,被罗锦堂一口回绝:"我做了一辈子硬汉子,不能因考试而做了软骨头。坚决不去,考不取也不去!"

没等主考官发问,梁实秋先将敏感的问题抛出:"胡适提倡白话文,你怎么用文言文写?"罗锦堂镇定地回答:我也喜欢白话文,只是字数太多。这篇论文已有四十多万字,如用白话文写,恐怕要一百多万字。胡适居然没反对。两小时紧张的考试时间已过,正想松口气,岂料胡适举手:我以主考官的名义要求考试延长一小时。高等教育司司长罗云平见状,连忙给罗锦堂倒了一杯汽水,说:"你这才是真正的考试啊!"

口试整整进行了三个小时,之后罗锦堂退出,由全体委员秘密投票,结果通过了授予罗锦堂文学博士学位。出大学至博士十年寒窗,罗氏终成正果。事后,胡适坦诚地对罗锦堂说:"昨天我是不是给你太多麻烦? 你的论文题目实在太大了,尤其是元人杂剧的分类那一章,无论是谁也分不好! 为了主持你的口试,我临时抱佛脚,在中研院的图书馆借来一大堆书,每晚准备到深夜三点……"说完,胡适拿出事先准备请越南共和国第一任总统吴廷琰签名的纪念册,请罗锦堂在上面签名留念,并赠送自己的一张照片和为主考罗氏而准备的一本笔记(此笔记,后来罗氏又转赠给"胡适纪念馆")给罗锦堂。①

---

① 《首位文学博士罗锦堂》,http://www.gs.xinhuanet.com/dfpd/2010-08/14/content_20621926.htm(2010年8月14日发布)。

另一篇文章这样记载罗锦堂的博士论文答辩经历：

> 考试那天，罗锦堂诚惶诚恐，他的博士论文做的题目是《现存元人杂剧本事考》，这可是费了他好几年功夫。要知道，现存世上的元代杂剧就有162部，每一部都得弄清故事来源，你又不知道主考官会问到哪一部。再加上是第一位文学博士，每个考官都拿出最高的水准，他侥幸一一过关。坐在主考官席位的胡适表情严肃。两个小时答辩完毕，罗锦堂正要松一口气，突然胡适举手要求延长考试。几十年后，已成为学术权威的罗锦堂，现在还记得当年胡适的表情是那样坚毅而神圣。
>
> 第二天，他来不及与胡适相约，就匆匆忙忙跑到南港中央研究院，去向胡先生辞行。胡适一听门房通报，忙从书房走出来。他满面笑容，毫不隐讳地说："昨天我是不是给你太多麻烦？你的论文题目实在太大了，尤其是元人杂剧的分类那一章，无论是谁也分不好！博士论文题目不宜太大，应'小题大做'。为了主持你的答辩，我临时抱佛脚，还特别从中研院的图书馆借来了这么一大堆书，每天晚上要准备到深夜三点钟才能休息。"①

三、台湾地区早期博士一览

从1960年至1969年，台湾地区培养了18名博士，下表7-4是他们的有关情况一览表。

表7-4 台湾地区1960年至1969年培养的18名博士一览表

人　名	博士学位	机　构	博士论文	导师	年份
周道济(1927～1994) 安徽当涂	法学博士	"国立"政治大学（政治研究所）	汉唐宰相制度	王云五 浦薛凤 萨孟武	1960
罗锦堂(1929～) 甘肃陇西	文学博士	台湾师范大学（教育研究所）	现存元人杂剧本事考	郑骞	1961
赖炎元(1911～) 福建永定	文学博士	台湾师范大学（国文研究所）	韩诗外传考征	高明 林尹 程发轫	1962

---

① 小叶秀子：《走进美国华裔名人的家》(18)，http://www.ycwb.com/gb/content/2004-06/29/content_715508.htm(金羊网2004年6月29日发布)。

续　表

人　　名	博士学位	机　构	博士论文	导师	年份
王忠林(1918～) 吉林怀德	文学博士	台湾师范大学 (国文研究所)	中国文学之声律研究	高　明 林　尹 程发轫	1962
雷飞龙(1923～) 江西进贤	法学博士	"国立"政治大学 (政治研究所)	汉唐宋明朋党的形成因素	浦薛凤 邹文海	1963
陈水逢(1933～) 台湾嘉义	法学博士	"国立"政治大学 (政治研究所)	中国文化之东渐与唐代政教对日本王朝时代的影响	王云五 陈固亭 余又荪	1964
李云光(1915～) 河南唐河	文学博士	台湾师范大学 (国文研究所)	三礼郑氏学发凡	高　明 林　尹 孔德成	1964
傅宗懋(1927～) 北京	法学博士	"国立"政治大学 (政治研究所)	清代军机处组织及职掌之研究	王云五	1965
胡自逢(1911～) 四川仪陇	文学博士	台湾师范大学 (教育研究所)	周易郑氏学	高　明 林　尹 程发轫	1966
周何(1912～) 江苏镇江	文学博士	台湾师范大学 (国文研究所)	春秋古礼考辨	高　明 林　尹 程发轫	1967
缪全吉 浙江	法学博士	"国立"政治大学 (政治研究所)	明代胥吏	王云五 夏德仪	1967
曹伯一(1926～2006) 浙江定海	法学博士	"国立"政治大学 (政治研究所)	江西苏维埃之建立及其"溃败"(1931至1934)	王云五 朱建民	1968
王寿南(1935～) 福建	法学博士	"国立"政治大学 (政治研究所)	唐代藩镇对中央态度之研究	王云五 严耕望	1968
孙广德(1929～) 山东莱阳	法学博士	"国立"政治大学 (政治研究所)	先秦两汉阴阳五行说的政治思想	邹文海	1968
毛汉光(1937～) 浙江江山	法学博士	"国立"政治大学 (政治研究所)	唐代统治阶级社会变动	邹文海 许倬云	1969
谢延庚 江苏	法学博士	"国立"政治大学 (政治研究所)	李鸿章与甲午战前的兵工业建设	邹文海	1969
陈新雄(1924～) 江西赣县	文学博士	台湾师范大学 (国文研究所)	古音学发微	林　尹 高　明 许世瑛	1969

续 表

人　名	博士学位	机　构	博士论文	导　师	年份
成元庆(1922~) 韩国京畿道	文学博士	台湾师范大学 (国文研究所)	十五世纪韩国之字音与中国声韵之研究	林　尹 高　明	1969

资料来源：本书作者根据下述文献编制："国立中央"图书馆主编：《"中华民国"博士硕士论文目录》，中华丛书编审委员会印行，1970年，第1~2页(该书将"赖炎元"记载为"赖炎光")；"教育部"教育年鉴编纂委员会编纂：《第四次"中华民国"教育年鉴》，台北，正中书局，1974年，1版1次，第746~747页；《"国立"台湾师范大学国文研究所历年博士论文一览表》，http://wenku.baidu.com/view/322cf81cfc4ffe473368ab4f.html。

比较表7-4(台湾地区1960年至1969年培养的18名博士一览表)和表7-2(大陆1982年3月至1983年5月授予的18名博士一览表)，可以发现台湾地区和大陆的早期博士有明显差异性。台湾早期博士是法学博士(10名)和文学博士(8名)，理工博士数量为零，可谓重文法而轻理工；而大陆早期博士是理学博士(17名)和工学博士(1名)，文法博士数量为零，可谓重理工而轻文法。更大的区别在于数量上：采用国家博士学位制度的台湾地区在1960年至1969年这10年左右的期间内总共培养出18名博士，而采用大学博士学位制度的大陆地区在1982年3月至1983年5月这1年左右的时间内就授予18人博士学位。仅从博士数量上分析，大陆地区以1年之力居然取得了台湾地区10年之功，可谓后来居上。

四、台湾地区的博士过剩现象

值得注意的是，台湾地区采用大学博士制度之后，博士人数持续上升，以至于出现博士过剩和"流浪博士"的现象[1]。据2015年1月新闻，为了应对博士过剩现象，台湾大专院校大幅缩减博士招生数量，从每年核定招收约7 000人的名额减少为约4 000人，减幅高达40%[2]。

本 章 小 结

中国大陆现在适用的《学位条例》与1935年《学位授予法》相比有很大

---

[1] 《台湾硕博士人数将破百万，失业率升破3.5%》，2012年7月30日中国台湾网新闻，http://www.taiwan.cn/xwzx/bwkx/201207/t20120730_2864306.htm；《台湾博士过剩，引发就业前景隐忧》，2014年12月1日中国新闻网新闻，http://www.chinanews.com/tw/2014/12-01/6831023.shtml。

[2] 《少子化冲击，台湾学硕博士生十年减招13万人》，2015年1月16日中国台湾网新闻，http://culture.taiwan.cn/twwhdt/201501/t20150116_8717918.htm。

区别,在性质上将博士学位定性为国家授权下的大学博士学位(包括科研院所博士学位),同时将博士考试权完全下放给国家授权的大学或者科研院所。虽然如此,不能认为1980年《学位条例》采用了纯粹的大学博士学位制度。在1980年《学位条例》之下,各大学(以及科研院所)并不当然具备博士学位授予权,必须经过国家授权。可以说,大陆现行的博士学位制度是一种介于严格的国家博士学位制度与宽松的大学博士学位制度之间的博士学位制度,是一种带有国家因素的大学博士学位制度,既不同于民国时期的博士教育法律,也不同于民国时期的博士教育实践。

纵观台湾地区的博士学位制度,从延续1935年《学位授予法》规定的"国家博士"下降为"教育部博士",进一步下降为经"教育部"复核的"大学博士",继而变为"教育部"仅仅"核备",最后变为"备查",看上去博士的地位不断在"降低",实际上是在回归博士学位的真面目,是在逐步理顺博士教育行政与博士教育培养的关系。中国大陆和台湾从20世纪50年代至今的博士教育制度变迁史证明,1946年中央研究院学术评议会有关大学博士的建议是正确的,虽然当时未获当局赞同,但最终取得了成功。无论在大陆还是在台湾,目前博士教育制度的核心均与1946年中央研究院学术评议会的建议相通,尽管双方都没有意识到他们在博士立法上具有共同的渊源,但殊途同归,都不约而同走向政府授权下的大学博士学位制度。

结 论

> 与其年縻千万元的巨资，以为少数人博取博士、硕士的空衔，何如自己国内，创设比较高深的学术机关，或授以相当学位，于名于实，都比较有益处呢？
> ——艾毓英：《对学位授予法之意见》[1]

中国近代博士制度并非空中楼阁，中国近代高等教育曾经培养出一批博士，并且留下了一批博士论文。由于种种原因，这批中国最早的博士及其博士论文已经被后人所遗忘，以至于中国内地教育史学界几乎公认：中国的博士教育始于20世纪80年代初期、中国最早的博士毕业于1982年[2]。

从时间先后顺序上看，中国近代首先出现的博士是职业性医学博士，然后是名誉博士，最后是学术性法学博士。在法学博士中，首先出现的是政治、经济方面的"法学博士"，然后是纯粹法律意义上的法学博士，最后才出现单独的经济学博士。

从地域上看，上海是中国近代开展博士教育及博士授予活动极为活跃的地区。中国近代学术性法学博士授予机构（震旦大学）位于上海。

从学位层次上看，中国近代高等教育的主流在深度和层次始终在本科阶段和硕士研究生阶段徘徊，严格意义上的博士教育可谓凤毛麟角。从历史上看，规模不大的中国近代博士教育并非毫无意义，亦非可有可无。通过中国近代博士教育的历史演变轨迹，可以总结中国近代博士教育的经验和教训，这既可以提升对于中国教育史的全面认识，也可以为当代中国高等教育改革提供重要的历史参照。

---

[1] 载《每周评论》1935年第156期，第5~6页。
[2] 秦惠民主编：《学位与研究生教育大辞典》，北京，北京理工大学出版社，1994年，1版1次，第562页（记载"中国授予的第一个博士"是1982年3月4日中国科学院高能物理研究所研究生马中骐）；张举玺：《中俄教育管理体制比较》，开封，河南大学出版社，2007年，1版1次，第170页。

一、中国近代博士教育的历史演变轨迹

中国近代博士教育的历史演变轨迹呈现了从无到有、进而由盛转衰的现象。20世纪以前,中国虽有高等教育,但无纯粹学术意义上的博士教育;进入20世纪以后,博士教育逐渐在中国萌芽发展,其演变形态可以分为国家立法层面和学校实践层面。如果采用二分法,则中国近代博士教育史可以大致分为中国近代博士教育法律制度与中国近代博士教育实践两个方面。中国近代是否建立了博士教育法律制度?中国近代是否开展了博士教育实践?这两个问题犹如一个硬币的正反两面,共同构成了中国近代博士教育史的核心内容。

(一)国家有博士法律而无博士实践

在国家立法层面,国家空有博士教育的法律而无博士教育的实践,有博士教育的框架而无博士教育的细则,有博士教育的准备而无博士教育的试点,可谓功亏一篑。中国近代博士教育法律的天然缺陷是没有建立在教育实践的基础之上,没有吸取已有的博士教育经验,最后成为无本之木。考察中国近代博士教育立法的背景,可以发现,立法者根本没有考虑到当时的教会大学已经从事了一定的博士教育实践,忽略了一些大学已经开展了二三十年的职业性医学博士及学术性法学博士教育的事实,自然也就无法从中吸取现成的博士教育实践经验。其实,民国政府收回教育自主权的运动早在博士立法之前就已经基本结束,既然已经将教会大学视为中国大学的组成部分,既然已经开始管理教会大学,为何在教育立法的过程中不主动吸取教会大学的实践经验和教训?事实证明,一项高等教育立法,如果仅仅考虑国立大学、省立大学、本土私立大学,而忽视了中国土地上的教会大学,其后果往往是两败俱伤。

(二)学校有博士而无合法博士

在学校实践层面,国立大学、本土私立大学谨小慎微,有心有力而无胆,教会大学较为大胆和自由。教会大学在清末几乎完全游离于中国教育行政管理之外,享有高度的自治权。进入民国以后,教会大学也保持了一定的独立性,在20世纪20年代后期和30年代初期才逐渐受到中国教育行政管理的制约。这一教育领域的治外法权带给了教会大学难得的发展机遇。从清末到民初,教会大学充分利用自身的涉外背景,"合法"规避中国教育行政管理部门的条条框框,在一定程度上突破了中国近代教育行政法规的制约。可以这样说,虽然中国近代博士教育制度没有正式建立起来,但一些教会大学却率先授予了博士学位,开展了官方体制之外的博士教育实践,在中外之

间左右逢源,有些授予了职业性博士学位、名誉性博士学位,有些甚至授予了学术性博士学位。

在治外法权大行其道之时,教会大学既然不受中国国内法的束缚,自然可以"私设"博士学位;在民国政府收回教育主权后,教会大学的博士教育急剧萎缩,加上抗战爆发,雪上加霜,原有的博士教育难以为继,可谓昙花一现。

可以这样描述中国近代高等教育学位制度的法律与实践:

在法律上,采纳了英美的三级学位制度,但是在博士学位层面却并未采纳英美的博士学位制度,而采纳了一种法国式博士学位制度——国家博士学位制度,不过这一法律制度未能付诸实施。在实践上,个别高校采纳了法国新模式——大学博士学位制度,但这一实践却不符合民国政府颁布的法律。

民国政府的博士法律制度极为严格,好高骛远,以至于无法顺利实施;震旦大学的博士教育实践采用了较为便利的程序,但始终没有被政府所承认。中国近代不乏博士教育法,但缺乏博士教育细则;中国近代并非没有博士教育实践,但未获博士教育法的肯定;中国近代不乏学术性博士,但始终未获国家和社会的普遍承认;中国近代也不乏学术性博士论文,但始终未能进入主流学术的视野。

民间自发的博士教育,没有上升为博士法律制度,自下未能行上;官方设计的博士法律制度,未能落实到博士教育实践,自上未能达下;教会大学引入的博士教育,没有被中国本土大学普遍接受,由外未能及里。在上者牢牢控制博士授予权,欲以国家的名义统领博士教育;在下者绞尽脑汁、苦心经营,欲以大学的名义颁发博士学位进而保留一定程度的教育自主权。其结果是,上下不能一致,官民不能一心,中外不能结合。博士教育法律与实践的相互背离,最终导致中国近代博士教育的夭折。

(三)从治外法权下的扩张到收回教育权后的萎缩

从表面上看,中国近代博士教育的夭折是政府的博士法与大学的法博士之间相互冲突的结果。在这一冲突中,政府的博士法最终占据了上风。从实质上看,中国近代博士教育不发达是中国本土大学教育与教会大学教育互不相容的结果,是中国在争取教育主权时对于教育治外法权过度排斥的结果。在这一冲突中,中国本土大学教育的循规蹈矩战胜了教会大学的学位创新。震旦大学的法学博士教育成为这场冲突的牺牲品。

毫无疑问,西方列强在中国取得的治外法权损害了中国的主权。西方的教会团体在中国设立的教会大学长期受到治外法权的保护,也必然损害中国的教育主权。"教育为一国培养人才之命脉,但亦可为侵略他国之凶狠武器。"①长期以来,中国近代教育史学有一种观点认为,帝国主义在中国创办教会大学的目的"不是为了传授'西方科学知识',而是另有企图",是"通过大学来实施奴化教育,以培养他们统治中国的代理人",教会大学是"帝国主义对中国进行文化侵略的前沿阵地"②,"他们妄图在传授西方科学知识的过程中,用宗教来麻醉中国人民的精神,造就服从于他们的人才"③。

1925年《第十届全国教育会联合会议决案》第7条"取缔外人在国内办理教育事业案"列举了外人在华办理教育的4项弊端,这在当时很具有代表性:

> 外人在我国办理教育事业,流弊甚多,隐患甚多,综其著者,约有四端:教育为一国最要之内政,外人自由设学,既不陈报我国政府注册,复不受我国政府之考核,此侵犯我国教育主权者其一;各国教育,各有其应具之本义,外人之民族性质及国家情势,与我国不同,办理我国教育,自必扞格难合,此违反我国教育本义者其二;况外人之在我国办理教育事业,情同市惠,迹近殖民,潜移默化,将至受甲国之教育者爱甲,受乙国之教育者爱乙,于丙于丁等亦然,独立精神,全被澌灭,此危害我国学生之国家思想者其三;试更就外人在国内所设教育事业之内容考究之,主办人员,非多为宗教之宣传,即系有意于政治上之侵略,教育事业,其附属品耳。即如学校编制,大抵任意配置,学科课程,未能切符我国应具之标准,此忽视我国学生应有之学科者其四。④

正如有些学者所指出的那样,由于国家主义教育思潮的影响和帝国主义侵略的刺激,民国政府教育行政当局十分关注收回教育主权⑤。然而过犹不及,以收回教育主权的名义而全面限制教会大学的教育自主权,则可能一并消灭教会大学某些具有积极意义的特色;将教会大学的学位制度全部收编,则可能扼杀教会大学在学位制度方面原有的创新试点。徐宗泽在

---

① 《东北研究会》,原载《南开大学响导》1930年5月,转载于《南开大学校史资料选 1919—1949》,天津,南开大学出版社,1989年,1版1次,第356页。
② 曲士培:《中国大学教育发展史》,北京,北京大学出版社,2006年,1版1次,第233页。
③ 同上书,第234页。
④ 《第十届全国教育会联合会议决案》(1925年),载《历届教育会议决案汇编》(二),"民国史料丛刊"1042,郑州,大象出版社,2009年,1版1次。
⑤ 陈能治:《战前十年中国的大学教育(1927—1937)》,台北,商务印书馆,1990年,1版1次,第137页。

1930年曾提出一种观点："故学校无论国立私立,立案不立案,若办理有方,见重于社会者,国家当奖励之,扶助之,俾人才辈出,为国家用。"①遗憾的是,在实际做法上,民国政府只关心立案与否,不关心立案之后可能给教会大学原有教育制度带来的影响,更没有采取任何措施去消除立案带来的消极影响。

通过研究震旦大学等教会大学在中国培养的博士可以发现,至少在博士教育层面,教会大学培养的博士并没有成为西方列强的奴隶或者代言人,中国近代博士教育并不是西方列强对中国进行文化侵略、文化殖民的工具。事实证明,长期游离于中国教育法之外的教会大学本身并非西方列强侵略中国的文化工具,教会大学开展博士教育的新举措也并非故意挑战中国教育法的权威。天主教会和基督教会在华设立的教会大学,从设立、发展到结束均不构成外国侵略中国的武器。

以震旦大学的博士教育为例,由于震旦大学在中国政府正式立案前没有受到中国教育法的严格约束,相比中国各国立大学、私立大学,反而拥有更大的教育自主权,不仅可以授予学术性的法学博士学位,还可以授予学术性经济学博士学位。正是这一相对自由的教育自主权,使得震旦大学能够在博士教育上取得突破,为中国培养了第一批学术性博士。南京国民政府对教会大学的立案活动,固然有益于中国教育主权的回收,但在客观上也带来了一些弊端。在立案后,教会大学在中国化的同时也付出了代价。因为受制于中国当时保守的学位制度,震旦大学不得不停止授予法学博士学位,震旦大学的博士教育从此走向下坡路,中国近代学术性博士教育的试点就此终结,作为中国近代学术重要组成部分的博士论文也不复为继。后人在评价教会大学立案的影响时,往往只注重立案的主权化、中国化、世俗化等积极意义②,而忽略了立案带来的消极影响。

在面临中国政府收回教育权的时刻,身为天主教徒的徐宗泽呼吁:

> 吾天主教人固常尊重国家统治权,而惟命是从;惟当有之名分,当有之主权,亦不能抛弃。即论教育,吾圣教会学校绝对不能放弃者:一、教授之自由,二、行政之自由,三、信仰之自由。教授要自由,故课本之选择,课程之编制,不能任人干涉,任人牵制。盖私人天赋之教育

---

① 徐宗泽:《关于教育权》,载《圣教杂志》1930年第19卷第4期等,转引自李楚材编著:《帝国主义侵华教育史料——教会教育》,北京,教育科学出版社,1987年,1版1次,第594页。

② 这方面的著作参见杨思信、郭淑兰:《教育与国权——1920年代中国收回教育权运动研究》,北京,光明日报出版社,2010年,1版1次。

权,非国家所能攫取。①

本书作者认为,应该从整体上肯定教会大学立案的必要性、合理性、合法性,但是同时也要客观公正地分析立案带来的消极影响。在教育制度破旧立新的过程中,不仅要"破旧",更要"立新"。收回教育权运动无可厚非,但收回教育权不是为了消灭教会大学②;要求教会大学立案本身也无可厚非,但立案并非从根本上推翻教会大学,或者彻底否定教会大学已有的教育制度或者学位制度。南京国民政府完成了立案任务,但是却未能及时完成"立新"任务,不仅使中国本土的国立大学、私立大学继续无法开展博士教育,反而一拖再拖,累及到已经开展博士教育的教会大学——震旦大学,不仅使得震旦大学原有的博士教育无法继续进行,而且影响到震旦大学已经取得博士学位的毕业生,他们手中的博士学位原来是值得他们骄傲的荣誉,现在则变成非法的证书。收回教育主权不仅没有鼓励博士教育,反而在客观上阻碍了中国近代博士教育的发展。

总之,收回教育主权乃大势所趋,其合理性、合法性不容置疑,但收回教育主权并非一收了之,如何协调教会大学教育制度与中国高等教育制度也不容回避。遗憾的是,当时的国民政府只注重尽快收回教育主权,而忽视了如何合理行使教育主权,只注重尽快将教会大学中国化、本土化,而忽视了尊重和保护教会大学既有的特色。收回教育主权不等于消灭教会大学,中国化、本土化也不等于彻底消除教会大学的办学特色。以震旦大学为例,其法学博士教育固然有些缺陷,但毕竟代表了近代法学教育的一支,虽然大胆,却非妄为,虽然西化,却并非不能融入中国。立案之后,教育主权收归中国政府,教育行政主管当局不分青红皂白,将一些已有的博士学位打入冷宫,将原本无法可依的博士学位变为非法的学位,将正处于上升期的法学博士教育突然冻结,而国民政府自己设计的博士制度又迟迟不予出台,好不容易出台之后又迟迟不予实施。收回教育主权,从长远看维护了中国的权益,然而由于缺乏容纳教会大学特色教育制度的空间,国民政府一刀切的简单处理方法,事实上打压了教会大学既有的办学特色和办学成果,从而也在整

---

① 徐宗泽:《关于教育权》,载《圣教杂志》1930 年第 19 卷第 4 期等,转引自李楚材编著:《帝国主义侵华教育史料——教会教育》,第 595 页。
② 在收回教育权运动的顶峰时期,有些人喊出了"非中华国民不得于中华民国国土内创立学校、管理学校"的口号(见华东师范大学教育系编:《中国现代教育文选》,北京,人民教育出版社,1989 年,1 版 1 次,第 557 页),还有人公开宣称"要封闭一切教会学校,要驱逐一切教会教育家"(见华东师范大学教育系编:《中国现代教育文选》,北京,人民教育出版社,1989 年,1 版 1 次,第 449 页)。

体上打压了中国的高等教育,损害了中国的高等教育,将有志攻读博士学位的中国学生挤出了国门,让外国高校成了唯一的受益人,如果单从效果上评价,这一做法可谓损己利人。

考察中国近代博士教育,可以发现教育主权的回收与博士教育的兴衰正好成反方向变化。教育主权回收之前,博士教育虽然算不上蓬勃发展,但至少在向上发展;教育主权回收之后,博士教育则掉头向下,逐渐萎缩。这一方向变化并不能得出教育主权不应该回收的结论。至少从主观上看,中国政府收回教育主权的目的之一并非为了遏制或者消灭教会大学的博士教育,然而从客观上看,教育主权回收的后果之一是教会大学博士教育的迅速衰落。从积极角度研究,教育主权回收本身合情、合理、合法,是教会大学中国化和本土化的必经之路,也是中国教育走向独立自主的标志,这值得肯定。但问题是:教育主权回收之后,下一步怎么办?

教会大学的管理权收归中国政府之后,中国政府能否提供给教会大学一个更为宽松自由的学术教育环境?能否使教会大学在新的治内法权之下继续其过去已经打下基础的教育模式?能否以收回教育主权为契机带动中国本土大学改革旧制、倡导新制?能否将原有的研究生教育升格到博士阶段?能否将过去"非法"的博士教育逐步合法化、正规化?能否将过去单打独斗式的博士教育逐步推广为一体化、系统化的博士教育?能否将过去局限于法学、经济学的博士教育普及到文史哲、数理化?

显然,仅仅收回教会大学的行政管理权并不是最终目标,最终目标是建立一个独立自主健康发展的中国教育制度。收回教育主权不是要把教会大学的教育质量、教育层次、教育体制完全等同于私立大学。民国政府在收回教育主权的同时,没有做好相应的容纳措施,没有解决好教会大学教育与中国传统的国立、私立大学教育相互融合促进的问题,限制有余而鼓励不足,守旧有余而开拓不够,不仅没有促进教会大学博士教育向国立、私立大学扩展,反而使教会大学原有的博士教育萎缩、退化直至销声匿迹,使教会大学丧失了原有的教育特色,扼杀了尚处于发展阶段的中国近代博士教育。历史一再证明,这种盲目排外的短视行为有损于中国的高等教育。

(四)从非国民待遇到国民待遇

事实上,以震旦大学为代表的教会大学博士教育从治外法权到教育自主权的演变过程还可以描述为从非国民待遇到国民待遇的演变过程。教会大学在中国政府收回教育权之前,享受很高程度的治外法权,这一治外法权现象由两方面因素造成。一方面是一些教会大学纷纷在外国注册,与外国教育制度具有天然的联系;另一方面,中国近代政府曾经长期放弃对境内教会大学的管理权。例如,晚清政府主动将教会大学排除出中国大学的范围,教会大学"无庸立案",教会大学的学生也"概不给予奖励"。在很长一段时间内,中国境内的教会大学无法在中国取得合法地位,既不能享受到中国本土大学的种种便利,自然也谈不上受到中国教育行政当局的种种管制。这种超越于中国本土大学之外的"待遇",可以称为非国民待遇。之所以不将这种待遇称为"超国民待遇",是因为"超国民待遇"往往是指东道国政府赋予外国人比本国人更优惠的待遇,而教会大学在立案之前并不受中国政府的管辖,处于中国法律之外的真空状态,可谓"逍遥法外"。立案之后,教会大学被"绳之以法",与中国本土大学受到同等待遇,这种同等待遇可以称为国民待遇。然而国民待遇在强调公平的同时,却隐含着一个潜在的问题:假如中国教育立法尚未开展博士教育,则同等处于中国教育法律框架之下的中国本土大学和教会大学都将无法开展博士教育,而那些已经开展博士教育的教会大学将因为"国民待遇"而不得不停止其既有的博士教育,从而达到和中国本土大学相同的状态。这种表面上的平等带来了实质上的不平等。显然,要求教会大学立案的中国教育主管当局既没有预见到教会大学在立案后可能面临实质上不平等的后果,也没有在事后设计出解决这一问题的对策。在从中国法律之外到中国法律之内的转变过程中,在从非国民待遇到国民待遇的转变过程中,教会大学既有的教育制度和教育特色受到了冲击和削弱。更严重的是,这一结果是不可抗拒的、不可避免的,从历史事实上看,也是不可挽回的。

(五)偶然性与必然性的结合

单从培养博士的角度看,近代中国各国立大学、私立大学是不幸的,而震旦大学是幸运的,这一幸运不仅相对中国各国立大学、私立大学,即使在众多教会大学之中,也唯独震旦大学开展了纯学术性博士教育。震旦大学博士教育上的一枝独秀现象并非刻意为之,而是事出偶然。

近代中国的教会大学,绝大多数是与美国有密切关系的基督教教会大学,其学制多模仿美国高等教育学制,但只取法了美国高等教育学制中的学士和硕士学位制度,没有任何一所基督教教会大学开展过学术性博士教育活动。就法学教育而言,在中国近代十多所基督教教会大学中,只有东吴大学法学院正式全面开展法学教育,其他基督教教会大学并无模仿美国法学学位制度的需要,然而即使是东吴大学,其在学位制度上也没有引入美国当时已经出现的职业性"法律博士"(J.D.),而采用了传统的法学士和法学硕士学位制度。东吴法学院这一选择既与中国多数法学院校的做法一致,同时也与美国当时主流法学院(例如哈佛、耶鲁、哥伦比亚大学法学院)的做法基本相似,在 20 世纪上半叶,只有少部分美国法学院采用了职业性的"法律博士"学位制度,东吴大学法学院模仿美国传统的法学学位制度也是可以理解的。

中国近代天主教教会大学只有零星几所(震旦大学、辅仁大学、天津工商学院等),其中唯独震旦大学开设了法学院,更为巧合的是,由于法国耶稣会士的关系,震旦大学的法学教育采用了法国的二级学位模式,即学士、博士二级学位模式,取得法学士学位的毕业生,可以直接攻读法学博士学位,这一跳过硕士阶段直读博士学位的制度并非震旦大学独创,而是效仿法国当时的做法。在 20 世纪上半叶,法国的法学博士学位制度已经相对成熟稳定,震旦大学法学院模仿法国模式中的大学博士学位制度也是理所当然。

当其他教会大学仍然在硕士阶段探索研究生教育的时候,当有些国立、私立大学翘首以盼博士学位法律法规颁布实施的时候,无意之中,震旦大学造就了中国历史上最早一批学术性博士,产生了中国历史上最早一批博士论文,这既是震旦之幸,也是中国近代高等教育之幸。从深层次原因分析,不是震旦大学主动开创了中国近代博士教育,而是震旦大学所效仿的法式高等教育模式催生了中国近代博士教育,偶然之中有必然;中国最早的学术性博士并没有从大众所熟悉并重视的文史哲、数理化等领域中诞生,而是来自法学、经济学专业,这不能不视为中国法学、经济学之幸,可谓必然之中有偶然。

二、中国近代博士教育的经验和教训

(一)学术的生命力与教育的本土化

教会大学在中国近代教育中做出了不可磨灭的贡献,但是由于缺乏经验,总的来说,教会大学的本土化做得并不成功,没有达到更高的程度。就震旦大学而言,其学术性博士教育制度在中国教育史中具有独一无二的地位,但是在中国学术史中,震旦大学的博士论文却没有达到理想的高度,这恐怕与震旦大学设立博士教育制度的初衷有所差距。

这一现象与震旦大学博士教育实践未获中国教育法的认可有关。自从震旦大学在教育部正式立案之后,震旦大学再未大张旗鼓地宣传其过去已经取得部分成绩的博士教育,再未资助出版那些尚未正式出版的博士论文。很显然,立案之后,震旦大学对于其在中国首创的学术性博士教育的态度也由积极转变为消极,这一消极态度也直接限制了那些已经出版及未能出版的博士论文的传播和影响。

以教会大学为代表的西化教育与以国立大学为代表的本土化教育是中

国近代高等教育潮流的两个分支,西化教育和本土化教育能否取得成功的关键不在于能否保持各自的独立性,而在于能否互相融合。震旦大学博士教育未能取得辉煌成绩的原因与其博士论文的学术水准有关,但从根源上看,与震旦大学的博士教育未能顺利融入中国近代本土教育有关。震旦大学的档案史料显示,震旦大学管理当局从不拒绝中国教育行政主管当局的管理,甚至有主动迎合中国教育行政主管当局的倾向,然而由于后者缺乏博士教育的具体措施和科学规划,缺乏包容性和灵活性,震旦大学的一厢情愿并未换来其博士教育的振兴,反而导致其博士教育的夭折,显然,博士学术的生命力与博士教育的本土化并非总是正相关,在特殊情况下,也会呈现反方向的变化。

(二)学术传承与学术语言的关系

中国近代博士教育发展的道路显示了一个教训:中国人在中国撰写的博士论文的影响力与语言形式有密切的关系,与出版地点也有直接的关联。以外语形式表达的近代博士论文,在中国的接受程度要远远低于以中文形式表达的同类论著;在外国出版发行的博士论文,在中国的流传程度远远低于在中国本土出版发行的同类论著。相反,中国近代博士论文在西方的流传却因为以外语为载体而有所加强。

的确,中国近代博士论文未能发挥应有作用的原因与这批博士论文的文字习惯和传播途径有关。纵观中国近代学者的学术著作,可以发现,外语是一把双刃剑,但凡以外语形式表达的研究成果,虽然可能在国外受到欢迎,但几乎必然在国内受到冷落。中国近代学术的规律之一是,能够在中国广为流传的往往是中文作品。无论是胡适的英文博士论文,还是王宠惠的英文博士论文,从诞生到现在,在国内的影响力都极为有限,要远远低于他们本人撰写的中文论著。曲高和寡、曲异和寡的现象在中外学术界均屡屡发生,国人接受和理解外文学术著作的能力,阻碍了这些著作在中国的流传,降低了这些著作在中国的影响。

中国近代博士论文在内容上并没有崇洋媚外,主要以中国问题为研究对象,即中国近代博士论文在内容上具有中国化的特点。然而,这一内容上的中国化却没有达到应有的效果,未能被中国学术界广为接受和肯定。中国近代博士论文在中国近代学术中没有起到应有的影响,没有获得应得的地位,没有得到应有的重视,这一后果并不能全部归咎于近代中国的内乱以及外敌入侵。内忧外患终归属于学术之外的因素,我们不能忽视学术本身的内因。

我认为,中国近代博士论文没有发挥其应有作用的内因在于四个方面:

第一,中国近代博士论文缺乏近代学术的批判精神,重阐释,重考释,而轻创造,轻批评,未能完全融入中国近代学术及中国近代法律的实践。

第二,中国近代博士论文在形式上采用了外文表达方式,逐渐舍弃了中文表达方式,很难为当时的中国学术界所普遍接受。站在国内学术界的角度看,中国近代博士论文弃中文用洋文的行为,可谓舍本而逐末;然而站在以外语为教学语言的教会大学角度看,要求毕业生采用外文撰写毕业论文,可谓顺理成章。在探讨中国近代博士论文选择外文表达形式的功过是非时必须注意这一选择的客观背景。

第三,对于那些已经公开出版的中国近代博士论文(主要指13篇震旦大学法学博士论文),由于其主要采用法语的表达形式,限制了其流传范围。震旦大学法学博士论文采用的外文表达方式是法语,而非英语。"二战"后,法语在学术界的地位日益衰落,而英语在学术界的地位日益提高。英语几乎成为学术界的世界语言。以法语为表达方式的法学博士论文固然可以受到法国学术界的理解和青睐,但是却未必能够受到更广泛的英美等国学术界的首肯。外文语种的选择导致中国近代博士论文在流传上也有一定的局限性。

第四,中国近代博士教育缺乏一定的标准,培养的博士及其撰写的博士论文良莠不齐。中国早期博士教育实践并未形成统一的博士论文形式标准和质量标准,无论是震旦大学的法学博士论文还是经济学博士论文,都各自为政,篇幅长短不一,写作格式各异。不但国家层面没有博士教育的实施细则,在那些事实上开展了博士教育的学校也没有制定学术性博士教育的统一标准。

总而言之,中国学术在从封闭走向开放、从中国走向世界的同时,不能走入另外一个极端。以震旦大学法学博士论文为例,这批中国近代博士论文在从法汉双语形式走入全盘法语化之后,不仅没有大大地改善其在西方学术界的地位,反而使其与中国学术界彻底断裂,以至于几乎湮没无闻。

学术内容固然重要,形式也不容忽视。作为中国近代学术成果之一的近代博士论文,不能脱离中国的学术土壤和学术环境,撒在异国他乡的中国学术种子,很难生根发芽。事实上,这一批以外文撰写的中国近代博士论文从未得到海外中国学的关注。这也使得中国最早一批博士论文在海外的影响受到限制,尽管这批博士论文采用了外文表达形式,尽管部分博士论文甚至在海外出版。

(三)博士教育与博士论文出版的关系

是否建立博士论文的强制出版制度,涉及出版标准、出版经费等诸多因素,各国各校态度不一。例如,近代法国的博士教育普遍要求博士生在一定阶段必须公开出版其博士论文,否则无法取得博士学位;近代美国博士教育则由各校自主决定是否规定出版博士论文,并不做强制性统一要求。哈佛大学没有此项要求,而哥伦比亚大学则有此项要求,这也是为什么我们至今仍然可以不时看到中国早期留学哥伦比亚大学并取得博士学位者的博士论文,而很少能够看到哈佛大学中国留学生的博士论文。毫无疑问,博士论文的出版与否肯定会关系到博士论文对于后世的影响程度。

博士教育不仅仅是课堂教育,博士学位授予也不意味着博士教育的终结。完整的博士教育应该延伸到博士毕业之后。震旦大学对于学生的培养和关怀不仅限于博士教育本身,还延伸到博士教育之后,包括博士论文的出版。在20年左右的博士教育历史中,震旦大学资助出版了13篇较为优秀的博士论文,显示了该校对于博士论文的重视,这也是震旦大学13篇博士论文能够劫后余生的重要原因。毫无疑问,博士论文如果能够出版,可以扩大其流传和影响范围,这是中国近代博士教育史留下的经验之一;震旦大学另外12篇未能出版的博士论文现在已经无法找到,更谈不上任何影响。博士论文如果不能出版,历经劫难而幸存的机会大大降低,这是中国近代博士教育史留下的教训之一。

现在的高校科研机构对于博士论文的印制数量往往有所要求(十几本不等),但是没有强制公开出版的要求。有些单位有专门资助优秀博士论文出版的基金,有些单位则只重视博士培养,不重视博士论文的出版。当然,如果单纯从保存文献的角度看,由于数字化的发展,当代博士论文可以通过电子版得以长期保存,这就降低了公开发行纸质版的必要性,也能节约成本,减轻学生、培养单位的负担。尽管如此,电子版并不能完全替代纸质版。从积极推广学术成果的角度看,公开出版(包括公开出版纸质图书和电子图书)要远远优于不公开出版。择优出版博士论文如果能够成为博士教育制度的一个组成部分,则既可以扩大博士教育在社会上的影响,有利于传承学术,也可以促使学生精心撰写高质量的博士论文,最终起到鼓励学术的作用。

(四)学术规范与学术质量的关系

中国近代博士论文的一个普遍现象是,缺乏深入批判的学术文章,解释有余而创新不足。法条解释性、阐释性的内容多于深度研究的内容;内容创新度不够。这导致在博士论文结构上,提纲挈领的结论部分的分量明显不足,这是解释性论文的通病。在观点创新上,有些博士论文以法为师,不敢越雷池一步,受法人的影响很重。例如胡文柄博士论文《内国公债》中提出的一个核心观点就是在中国建立证券交易所,以利于中国政府发行各类公债。然而这一核心观点却非胡文柄所独创,而是来自胡文柄在震旦大学的老师——法国人巴和(巴和曾经上书袁世凯,建议中国设立证券交易所)。

震旦大学博士论文轻创新的现象不仅与当时的教育质量本身有关,与学术规范也有很大关系,可以说,学术规范的宽严程度严重影响教育质量的高低。震旦大学博士论文虽号称博士论文,其最大的问题是缺乏独创性。通过研究震旦大学的博士教育史料,可以发现震旦大学博士教育中的一个明显缺陷:震旦大学在博士规章制度上,仅仅有程序性规定,而缺少实质性标准,过分强调外在形式标准(即语言标准),而忽视了内涵标准。震旦大学博士教育没有以学术独创性为生命,这是一个足以致命的疏忽。震旦大学博士教育之所以长期以来默默无闻,为后人所忽视,不仅有历史原因,也有自身的主观因素,即没有建立一套严谨科学的学术规范和质量标准,徒具法国近代博士教育的形式,而忽视了法国近代博士教育的实质性要求。

在一定程度上,缺乏学术规范导致的问题可以通过加强导师制度进行弥补。如果论文导师在学生写作过程中坚持独创性标准,则可以促使学生提高论文质量。遗憾的是,震旦大学博士教育不仅缺乏学术规范,而且缺乏完善的导师制度,导师的作用主要体现在开题阶段,开题之后,听任学生自由发挥。这样宽松的导师制一方面给予学生较大程度的自由,另一方面却无法在具体细节和全局上指引学生。

正如本书第二章所指出,中国对于博士论文的"创新性"标准始见于1912年《教育部拟议学校系统草案》第二稿,续见于1929年《学位授予法草案》,但是并没有出现在1935年正式颁布的《学位授予法》之中。从立法上看,在整个20世纪上半叶,均没有具有法律约束力的博士论文标准。震旦大学博士论文重解释、轻创新的问题,与当时中国缺少具有法律约束力的博士论文标准也有一定关系。

博士论文的创新性标准无论在当时还是在现在、未来,均是必要的。中国近代博士教育法律制度的核心问题不是制定的博士论文质量标准太高,也不是学术规范高不可攀,而是博士授予制度太严,政府教育主管当局对于博士培养机构缺乏信任,越俎代庖,不是下放博士授予权,而且紧抓不放。这些都属于博士教育制度问题,但正是这些制度障碍,恰恰成为阻碍中国近代博士教育发展的真正原因。制度的影响要远远超过标准的影响,标准所带来的问题是优劣问题,而制度所带来的问题则是有无问题。这是我们在评价中国近代博士教育制度时应该高度注意的。

（五）中央教育集权与大学教育自主权的关系

中国近代高等教育在博士层面有两个截然相反的倾向：一为中央的集权倾向；二为大学的分权倾向。

20世纪30年代中期《学位授予法》颁布实施以前，由于中央立法的缺失，中国的博士教育及博士学位制度处于极不统一、极不稳定、极不规范的状态，中外博士学位交相混杂，名义上有法学博士、经济学博士、医学博士以及五花八门的名誉博士。实际上这些博士学位的内涵与要求各不相同，甚至国别属性也各不相同。在中国土地上颁发的博士学位证书，有美国地方政府授权的，有加拿大政府授权的，也有大学自行授予的。这种博士教育上的乱象自然有其缺陷，在一定程度上有损博士学位的尊严，但从另外一个角度看，聊胜于无，与其坐等博士教育立法，不如首先探索博士教育实践，在实践中发现问题，总结经验，进而推出合理合情的博士立法。中央博士立法的真空时期，恰恰是各大学博士教育自主权最为泛滥的时期，对这一时期博士教育实践的成果，不能一概否定。

20世纪30年代中期以后，民国教育实行较为严格的中央集权制，在学位制度方面，尤其谨慎，学士学位和硕士学位虽然由大学授予，但必须经过中央教育主管机关的审查，即"验印"手续，而博士学位制度更为严格，直接由中央政府主导控制。无论公立大学还是私立大学，无论中国本土大学还是教会大学，都无权独立授予学术性博士学位。这种一刀切的极端做法是否合适？博士教育的高度集权，使得各个大学彻底失去博士教育自主权，在博士教育方面，完全仰仗中央政府的鼻息。假如中央政府能够迅速建立一套切实可行的博士教育制度，则各大学尚有开展博士教育的依据；假如中央政府因为种种原因不能迅速建立一套可行的博士教育制度，则各大学的博士教育只能坐以待毙。中国近代博士授予权问题长期悬而不议、议而不决、决而不断，给中国近代博士教育带来了难以挽回的负面影响。

中国近代博士教育制度之所以模仿了法国早期的国家博士学位制度而没有模仿德国的大学博士学位制度，其深层次原因就在于法国教育强调中央集权，与中国近代政府所追求的目标完全相同，而德国教育强调大学自主权，这正是中央集权所忌讳的。集权制政府往往紧握学位授予权不放，对己自信而对人怀疑，不信任大学的自治能力，不敢放手让大学自由成长——自由培养学生、独立授予学位。从整体上看，博士教育的发展史就是一个从中央集权到大学自主权的发展过程，是一个自上而下、从官方到民间、从紧到松的发展过程。然而在这一过程中，因为特定的历史条件，也有特例发生。震旦大学曾一度游离于官方学位制度之外，培养了二十几位法国模式的法学博士与经济学博士,这一时期也是震旦大学教育自主权最强的时期。

(六)教育制度完善与否与博士教育兴衰的关系

1. 限制创新与鼓励创新

中国近代博士教育制度的缺陷直接影响到中国博士教育的孕育和发展,而法律作为教育制度中极其重要的一环,其欠缺程度对教育发展可以造成巨大的负面影响,这不能不引以为戒。教育领域应该百花齐放,单一政府主控型的教育制度只能限制学校的主动性和积极性,而不能鼓励学校进行学制创新。以震旦大学为例,震旦大学的博士教育制度虽非震旦大学独创,但是震旦大学将这种源自法国的博士教育制度引入中国博士教育实践之中,可谓中国大学中第一个吃螃蟹者,其实际结果如何?震旦大学 20 年左右的博士教育虽然短暂,但是也培养了二十多名学术性博士人才,其中亦有蜚声法律界、外交界、教育界的佼佼者,至少从客观效果上判断,震旦大学的博士教育并没有给中国近代教育制度带来任何负面影响,也没有造成博士泛滥、滥竽充数的不良后果。假如震旦大学能够在 1935 年之后继续其博士教育,可以预见,其必然能够培养更多的学术性博士,必然能够为中国留下更多的博士论文。从这一批在法式博士教育制度下培养的人才来看,他们为中国近代司法、立法、外交、教育等作出了积极的贡献,他们以自身的成就证明了震旦大学博士教育的突破和试验基本上是成功的,或者说,并没有失败。

2. 压抑效果和放大效果

中国近代博士教育史的教训之一是:在博士教育尚处于萌芽阶段,博士立法不宜过严,过严的立法不利于鼓励本国高等教育和学术研究。由于中国近代博士教育立法过严,以至于中国近代博士群体数量稀少,开展博士教育的学校寥寥无几。

苛刻的博士教育立法同时产生了内外两个效果,即对内的压抑效果和对外的放大效果。对内的压抑效果是指苛刻的博士教育立法压抑了中国本土博士教育的开展,而对外的放大效果是指苛刻的博士教育放大了留洋博士的作用。由于近代中国几乎没有本土博士,所以近代中国极其重视留洋博士,留洋博士几乎占据中国近代各个学科的制高点,中国近代学术实际上由留洋博士所主导。近代中国本土大学毕业生(包括本土研究生)在与留洋博士竞争时,明显处于劣势,这一劣势的原因主要不是来自两者学术水平的高低,也不完全来自崇洋媚外的心理,还来自两者学位头衔的高低。中国近代博士教育处于低端化的初级阶段,尚未构成一个成熟的博士教育制度。在这一极不成熟的体制下培养出来的中国近代博士,当他们与西方相对成熟的博士制度下培养出来的留洋博士相比时，处于明显的弱势。社会公众往往以留洋博士为正宗，以中国本土博士为旁门左道。中国近代大批留洋博士事实上减弱了中国近代本土博士的分量，甚至彻底掩盖了中国近代本土博士的光芒。中国近代留洋博士未能与中国近代本土博士融为一个博士群体，未能互相促进。在有些人眼中，中国近代本土博士不过是普通本科学士或者比本科稍高一点的研究生而已。中国近代博士群体被留洋博士群体所稀释、淡化、矮化、边缘化、非博士化。

中国近代苛刻的博士教育立法影响到中国本土学生的职业竞争力。孙中山先生的教育思想是，"教养有道则无枉生之才，鼓励以方则无抑郁之士，任使得法则无倖进之徒"①。民国政府采取的国家博士制度极为苛刻，再加上缺乏必要的细则而无法实施，不但起不到鼓励学术的作用，反而抑制了广大学子更高的学位追求，与中山先生的教育愿望背道而驰。

3. 挤出效果

过严的博士立法还有另外一个特殊的效果，即挤出效果。过严的博士立法一方面压抑了本国博士的发展，使那些希望在家门口取得博士学位的人几乎陷于绝望，另一方面则变相"鼓励了"本国学术精英出国深造求取最高学位。出国深造本来无可厚非，但如果因为苛刻的博士法律制度导致在国内无博士学位可取而最终不得不出国求取洋博士学位，则实际上起到了将本国人才推出国门的效果。当然，一部分留学生出国深造并不为了求取博士学位，有些人只要取得学士学位、硕士学位既可，然而不容否认的是，相当一部分留学生的最终目的是为了得到博士学位②。通常，出国深造的最高阶段就是博士研究阶段。由于中国当时几乎无法提供以博士为学业的深造机会，希望戴上博士帽的莘莘学子只有出国攻读博士这一条路，至于这些留洋学生得到博士学位之后是否回国，则变数很大。中国近代留学生取得博士学位后留在国外者，不乏其人。这既是中国近代教育的损失，也是中国近代学术的损失。在中国无法提供博士学位的同时，中国的东邻日本却在考虑如何用博士头衔吸引中国学者，以至于有一些敏感和激进的中国人开始质问："中国人为什么向日本政府请求博士学位？""为什么不可向中国学术机关或欧美各国请求，一定要向日本大学请求呢？"③

这一挤出效果不仅限于那些在中国国内无法取得博士学位的学子，也

---

① 《总理遗训》，载《江苏省政府公报》1927年第24期，第3页。
② 冯友兰：《三松堂自序》，南京，江苏文艺出版社，2011年，1版1次，第55页。
③ 汉俊：《中国人为什么向日本政府请求博士学位？》，载《民国日报·觉悟》1921年9月30日。

适用在那些已经在中国国内取得了博士学位的学子,例如,曾经在震旦大学取得法学博士学位的胡文柄、沈福顺、王自新、沈曾诒、陈雄飞,后来又留学法国取得法国的博士学位。假如他们在中国取得的博士学位能够得到中国政府和社会的广泛承认,又有什么必要再出洋攻读相同的博士学位?此外,宋国枢、徐砥平、沈达明等人曾经进入震旦大学的法学博士班,但未及毕业即赴法留学,转而攻读法国的法学博士学位。假如震旦大学的法学博士学位能够得到中国政府和社会的广泛承认,即使他们更愿意留洋学习,为什么不在完成中国的博士学业之后再行出国?凡此种种怪象,无不与中国近代博士教育制度有关。

这一挤出效果不仅限于中国学生,也影响到一些在中国学习的外国留学生。有些外国在华留学生,原有在中国继续深造的打算,但由于中国当时的众多高校无法开展博士教育而不得不离开中国,转而回到他们的母国求取博士学位。近代留学中国的外国学生不乏其人,他们留学的学校包括中国的国立大学、教会大学等,但他们仅仅取得学士之类较为低级的学位,而没有机会取得学术性博士这类最高级学位。这显然压抑了中国教育和学术的国际影响力。

这一现象在近代时期就已经引起有识之士的忧虑:

> 我们回想在过去三十多年以来,因为没有学位授予法的缘故,所以尽管是中国设有公私的专科学校、独立学院,以及完全之大学,但是中国教育的系统,并不能说是完成,许多有志深造,或者是徒慕虚荣的人,都须远涉重洋,最低限度,也得东渡扶桑,弄一个博士或硕士的学位,以为升官发财、安身立命的根基。当留学风气最盛行的时候,仅仅日本一国,年达万人以上,知识阶级的留学热,总可算达极点了。我们间常对于这种留学事件加以清算,觉得好处虽然很多,如专门人材之养成,现代学术之介绍,这都是显见的例证,但是坏的地方,也不能免,最显著的……过去的许多留学生,无论是公家派遣,或者是自筹经费,大都是大学刚毕业的学生,对于社会,并没有深切的经验过,因之,某种学问,为中国所固有,用不着再去研讨,他们不加考虑;某种学问,为中国所需要,应该是竭力介绍,他们也不曾打算,只是把留学国的文化,生吞活剥的搬到本国来,炫耀宣扬,所以这几十年以来,留学之成绩,不是留欧美者亲欧美,就是留日本者亲日本,留学海外的学生愈多,即菲薄中国固有文化的人愈众,使整个的文化领域中间,已经没有了中国,这是过去留学制度所制出来的结果。记得有一位外国学者去访问日本当局,问

日本有什么样的文化？他的答复,大意是说：在维新以前,日本主要是模仿中国文化；到维新以后,几乎又完全模仿模仿西洋文化,但是不管中国文化或西洋文化,一到日本,就变成日本文化,这就是日本的长处,而这种长处之所以获得,是因为日本当派遣留学生的时候,对于彼派的人,必须在国内学术界里头,已有相当的地位,对于社会已有相当的经验,换言之,就是对于文化的辨别能力、抉择能力,已经充分的养成,所以一旦出国以后,能将外国的长处,带回本国,且从而发扬光大之。同时,对于本国的长处,又不是无条件的唾弃。因此,才构成现代化的日本……

我们知道留学生中,固有不少好学深思、奋发有为之士,但是徒盗虚声、猎取新式功名者,亦所在多是。与其年糜千万元的巨资,以为少数人博取博士、硕士的空衔,何如自己国内,创设比较高深的学术机关,或授以相当学位,于名于实,都比较有益处呢？并听说某国有几个大学,对于中国学生,实属特别优待,只要按其汇寄学费,如到了相当年限,尽管足迹未出国门,而学位一样可以到手,且不仅某一国是如此,其他国家,往往以国际友谊关系,对于中国学生,特别放纵,所以年来归国的学生,虽多于过江之鲫,而在文化上面,并无若干贡献,其原因就是在此……①

在中国近代教育史上,"博士"几乎是留洋学生专享的头衔,以至于时人评价："甚矣！士之不可不博,而学之不可不留。"②近代留洋博士之泛滥与本土博士之匮乏形成了鲜明的对照。

在中国近代采用苛刻的国家博士教育制度的时候,西方各国（包括东方的日本）博士立法的主流却是较为宽松的大学博士教育制度,一严一松,一排斥一鼓励,中国学子弃华趋洋的倾向岂非是制度所致？从效果上看,苛刻的、不健全的博士学位法律制度产生了排斥人才的后果,至少没有起到通过授予博士学位而奖励人才的作用。的确,追求学问与追求学位是两回事,也有只求学问、不求学位者,但倘如在追求高深学问的同时也能取得高等学位,则何乐而不为？追求荣誉本来就是人之常情,博士学位既能彰显一定的学术水平,也能给学子带来一定的荣誉。学术研究本就辛苦,尤其需要精神上的鼓励,而博士学位则是鼓励学术的绝佳之道。博士制度不仅要尽早建

---

① 艾毓英：《对学位授予法之意见》,载《每周评论》1935年第156期,第5~6页。本书作者调整了原文中的个别标点并改正了个别明显的误字。

② 《琐屑录》,载《光华期刊》1928年第3期,第19页。

立,而且要宽严相济。博士入学的大门可以略微宽敞,博士论文的标准则应当适度从严。在严进严出、宽进宽出、严进宽出、宽进严出四种模式中,笔者倾向于最后一种。尤其在博士教育的早期阶段,入门标准太高使人望而生畏,高处不胜寒,起不到鼓励学术的效果。中国近代博士教育的衰落虽然有诸多因素造成,但苛刻的、不健全的博士教育法律制度要承担很大一部分责任。

另外一个值得注意的问题是,推出效果使得中国高校在与外国高校进行教育竞争中处于制度上的劣势。中国高校培养的学生,为了追求最高学位,被迫负笈海外,既增加了学生及其家庭的经济负担,也间接帮助了外国高校招揽到大批优秀的中国学生,壮大了外国高校的力量,削减了中国高校自身的优质生源。这种被逼式的非正常留学,长此以往,将有损于中国高等教育的声誉和质量。

事实上,《学位授予法》严重束缚了中国本土大学的博士教育,对于部分教会大学的"违法"行为并未制止。这既有损于法律本身的尊严,也降低了中国本土大学的教育竞争力。《学位授予法》非但没有达到平衡教会大学与中国大学的效果,反而在某种程度上加剧了两者之间的差距,进一步恶化了中国本土大学的生存环境。对于一部本身存在严重问题的法律("恶法"),越是守法则越是吃亏。近代时期,以北京大学为代表的中国本土大学,在博士教育上几乎毫无建树,不能不归责于这部事实上起到阻却博士教育作用的"恶法"。

(七)博士学位模式与博士教育兴衰的关系

事实证明,苛刻的国家博士制正是宽松的大学博士制的天敌。在漫长的立法过程中,中国近代博士学位的模式经历了从大学博士学位模式(1919年《教育调查会第一次会议报告》)到部颁博士学位模式(1928年全国教育会议《请大学院订定大学毕业考试及学位授予条例案》),从部颁博士学位模式到国家博士学位模式(1935年《学位授予法》)。最终的法律采用了最为苛刻的国家博士学位模式。近代中国官方设计的国家博士制来源于日本和法国,然而食古不化,没有看到近代日本和法国博士教育的发展方向是从严格的国家博士制转向宽松的大学博士制,而自始至终采用大学博士制的美国和英国,则并未引发博士泛滥成灾的现象。中国从20世纪80年代至今所采用的博士学位模式实际上就的是民国时期最早提议的大学博士学位模式,也就是说,中国当代博士学位模式摒弃了民国时期严格的国家博士学位模式,而采用了政府授权下由大学自行颁发的大学博士学位模式。政府授权下的大学博士学位模式并非当代独创的新制度,实际上是近代多数教会大学在早期采取的学位制度，只不过当时授权的政府不是中国政府而是外国政府（主要是美国各州政府），被授权的大学不是中国本土大学而是教会大学。

纵观中国近代博士教育的全过程，可以发现一个奇特的现象，即中国近代博士学位模式涵盖了法国、美国等不同的博士学位模式。采用法国式国家博士学位模式的是中国政府，采用法国式大学博士学位模式的是震旦大学，采用美国授权式大学博士学位模式的主要是教会大学。法国、美国等不同的博士学位模式在中国近代并没有融合，而是同时并存，各自为政。这种几乎不可能出现的现象在中国近代却真实地发生了，在某种程度上，这一现象几乎是独一无二的，是中国近代中西教育交流的产物，是中国政府博士教育监管处于真空或者准真空状态时的畸形产物。不仅当代人无法理解，时人也是如坠云雾。

从学位层级上看，中国近代大学学位法律制度表面上采取了英美的三级学位模式，实际上在博士教育学位法律制度上采取了比同时期法国、日本更为严格的模式，即采取了法国和日本早期曾经采用过的国家博士学位模式。从三级学位制度上，中国近代选择了美国模式，将博士学业的年限拉得很长，但在博士学位标准上，却没有采用美国的大学博士学位模式，而采用了法国和日本早期的博士学位模式，将博士学位的授予权死死抓在政府手中。这一时间上的延长和标准上的严格，使得中国近代博士教育模式既不同于美国模式，也不同于法国模式，亦不是介于美国、法国之间的中庸模式，而是超越于美国、法国模式的新模式，集合了几种模式的最高标准，可谓难上加难。

中国近代博士教育的不发达，归根结底还是因为中国近代政府选择了一种极为苛刻的国家博士学位制度，好高骛远，眼高手低，因循守旧，作茧自缚。表面上是为了尊崇学术，实际上没有起到表彰学术、鼓励学术的目的，反而遏制了已有的零星博士教育实践。中国近代教育包括了乡村教育、家庭教育、社会教育，包括了幼儿教育、小学教育、中学教育、大学本科教育、大学硕士教育，而唯独缺少合法正规的博士教育，这一缺陷，中国近代政府（主要是南京国民政府）难辞其咎，以戴季陶为首的考试院更应承担直接责任。不重视博士教育固然有害于博士教育，这可以从1949年到"文化大革命"期间中国教育史中得到证明，然而过分重视博士头衔同样可能毁掉博士教育，1949年以前的中国近代博士教育史就是明证。从思想起源上看，由政府严密控制的博士教育其实是中国古代官师一体、政（治）教（育）不分的现代反映。即使对于公立大学，政府也不应该直接参与其具体的教育事务，无论是学士学位、硕士学位,还是博士学位,均可以由各大学按照学术标准独立评判,自主授予。那种由国家直接控制和授予的博士学位看似神圣,实际上是越俎代庖,一方面削弱了大学的教育权,另一方面也增加了政府的负担,损人而不利己。南京国民政府在学士学位制度、硕士学位制度上采用了大学学位制度,即由大学授予学士学位和硕士学位,但是在博士学位制度上却采取了国家学位制度,人为地割裂了学士、硕士学位制度与博士学位制度,使得三级学位制度内部无法协调,学士、硕士、博士制度无法形成一个和谐统一、环环相扣的有机体。中国近代高等教育既要引入英美的三级学位制度,又要将学士、硕士学位与博士学位人为地割裂为大学和国家两个层次,在理论上漏洞百出,在实践上捉襟见肘。

(八) 科举与博士

任继愈先生在2007年建议仿效过去的科举制度,建立"国家博士"选拔制度。他的具体建议是:

> 国家博士由国家主席主考,初试统考文史哲政法等社会人文基础学科,复试按专业分科,面试再以各学科尖端前沿为内容,层层淘汰,严格筛选,最终过关者获"国家博士"资格,但只给荣誉,不授实职,获衔者仍须自谋出路,自寻职业。更重要的一点是,报考国家博士不设任何门槛,初中、高中、大学、硕士、博士等均可报考。①

从性质上看,任继愈先生的这一"国家博士"建议,并非1935年《学位授予法》中国家博士学位制度的复兴,而是中国封建科举制度的"复兴",这种所谓的"国家博士",不需要一定时间的高等教育,不需要导师,也不需要博士论文,类似于封建社会一考定终身的"殿试"。虽然任继愈先生的出发点是为了繁荣人文社会科学,吸收科举制度的优点,但这已经超出高等教育的范畴,与现代学位制度中的"博士"风马牛不相及。目前采用"国家博士"的国家极为罕见,据新闻报道,朝鲜在2013年2月6日(金正日诞辰)②、2013年4月3日(金日成诞辰)③、2013年8月8日④、2014年8月13日⑤,向知识分子授予包括博士学位在内的国家学位学衔。2003年,朝鲜国家学位学

---

① http://news.163.com/07/0603/03/3G1J4PTJ000120GU.html(2007年6月3日新闻)。
② http://www.chinanews.com/gj/2013/02-07/4555337.shtml。
③ http://www.chinanews.com/gj/2013/04-03/4703115.shtml。
④ http://news.163.com/13/0808/09/95OBS3SN00014JB6.html(2013年8月8日发布)。
⑤ http://news.sina.com.cn/w/2014-08-13/220330680299.shtml。

衔委员会破格授予中国北京大学外国语学院韩振乾教授"语言学博士学位",据称,韩振乾教授没有在朝鲜攻读过博士学位课程,也没有撰写博士论文,"由国家根据其研究成果直接授予博士学位,在朝鲜历史上还是首次"①。

中国自古官学不分,学而优则仕,很多人读书的最终目的不为学术,而为升官发财。科举取士一千三百多年,深深影响国人读书求学的潜在动机。读书如果不能取得功名,则百无一用;学位如果不能带来官位,则一钱不值。民间如此,官方过之而无不及。读书功利主义并非古代科举制度的独有现象,一直延续到近现代,即使戊戌变法的成果之一京师大学堂也未能逃脱读书功利主义的窠臼:

> 前者所设各学堂,所以不能成就人才之故,虽由功课未能如法,教习未能得人,亦由国家科第仕进不出此途,学成而无所用,故高才之人不肯就学。今既创此盛举,必宜力矫前弊。古者贡举皆出于学校,西人亦然。我中国因学校之制未成,故科举之法亦敝。现京师大学堂既立,各省亦当继设,即宜变通科举,使出此途,以励人才而开风气。②

由此可见,即使在较为开明的改革派眼中,大学教育也只不过是"变通科举"的一种手段,更何况保守派了。

在科举制度刚刚结束不久的民国,普通民众和政府官员尚没有普遍建立学术独立、学术至上的观念,学术往往被强加上某种国家性,博士学位很容易被国家化。实际上,所谓博士学位的国家化就是博士学位的官位化。中国近代政府官员从日本、法国道听途说的国家博士概念正好填补了科举制度被废除之后的空白,让那些主张以学取士的人(如戴传贤)找到了借口。他们打着学术乃天下之公器的旗号,以博士为名企图建立起新的科举制度。在新旧交替之际,习惯于旧日科举一途、醉心于旧式功名之路的读书人终于有了新的追求,将旧日科举的幻想寄托于新式教育之上,将举人、进士、翰林之梦寄托于学士、硕士、博士的头衔之中。于是我们可以看到从20世纪30年代到21世纪初,从民国到共和国,不断有人主张所谓"国家博士",不断有人将学位与旧式科举功名相挂钩。1956年,在起草学位条例的过程中,"很

---

① http://sfl.pku.edu.cn/olc/show.php?id=22。
② 《京师大学堂章程》第四章(学成出身例)第一节,见《军机大臣、总理衙门:遵筹开办京师大学堂折(附京师大学堂章程清单)》,载陈学恂主编:《中国近代教育史教学参考资料》(上册),北京,人民教育出版社,1986年,1版1次,第441页。

多民主人士"建议将硕士学位改名为"进士"①。1981 年王力在国务院学位委员会学科评议组第一次会议上称:

> 我们在汉代有所谓五经博士,这就是我们的学位。汉代的"秀才"实际上也是一种博士。汉代还有一种"文学"也是一种博士。看起来,我国的学位制度比欧洲早一千多年。唐以后科举也是学位。曾有人说,古代的翰林就等于博士,进士就等于硕士,举人就等于学士。唐代到宋末有所谓"博学弘辞",清代改称"博学鸿词"。这是比博士更高的学位。②

说到底,这些主张都是古代科举制度的遗风。科举从制度上已经消灭,但以读书博取功名的科举思想并没有死亡,它仍然根深蒂固地存在于很多人的心中,一旦找到合适的机会,它就会沉渣泛起。中国近代的国家博士学位不过是借博士之名还科举制度之魂。

中国博士教育发展的历史显示,对于博士教育的两个极端态度均有害于博士教育,中国博士教育的健康发展之路,不能剑走偏锋,博士教育既不能弱化,也不能神化,相应地,博士头衔既不能像商店里出售的帽子那样唾手可得,也不能像天上的星星那样高不可攀。学术性博士学位,其唯一的意义就是学术,其唯一的标准也在于学术。学术之外的一切奢望、幻想、地位与官位,均属博士身外之物,将这些身外之物全部压在博士帽上,其后果可想而知。将"举世共尊之名位"和"选举任官之功能"同时强加在博士学位之上,将学术性考试赋予公务员考试的功能,将博士考试视为古代科举中的进士考试③,将名誉博士的授予视为古代皇帝钦赐进士身份,凡此种种,使得博士学位成为集名位、官位、地位为一体的庞然大物,博士遂成为功名利禄的代名词。翻看中国近代博士制度史,所谓的国家博士,名为重学术,实为重功名。国家博士这项负担,最终成为中国近代博士教育不可承受之重。

---

① 《关于学位、学衔和荣誉称号等条例(草案)起草工作的报告》,1956 年 6 月,载文化部教育司研究室编印:《学位问题参考资料》(内部资料),1979 年 12 月,第 22 页。
② 《王力同志发言》,载《国务院学位委员会学科评议组第一次会议会刊》,大会秘书处编,北京,1981 年,1 版 1 次,第 28 页。
③ 《整顿教育与考试制度》(1933 年,作者署名"鸣岐")一文公开宣称一切学位均应由国家考试并授予,而非由学校,并自称"我对于科举的考试是不反对的,只反对以前的科目,全属文学辞章之类"。该文原载于《独立评论》第 67 号,转引自刘昕主编:《中国考试史文献集成》第 7 卷(民国),北京,高等教育出版社,2003 年,1 版 1 次,第 318~319 页。

三、中国近代博士教育的历史地位和历史意义

如前所述,中国近代博士教育法律与博士教育实践完全脱节。中国近代博士教育法律仅仅是一纸空文,尚未正式实施即半途而废。从整体上看,中国近代博士制度并未真正建立和实施。但幸运的是,虽然没有一个统一完整的中国近代博士教育制度,却有博士教育的零星实践。中国近代博士教育的实践主要体现在以高等学术研究为目的的法学博士教育和经济学博士教育。

(一)教会大学在中国近代博士教育史的地位

中国近代之所以出现博士教育法律与博士教育实践相脱节的情况,是因为教会大学这一长期游离于中国教育法律调整范围之外的特殊教育机构的存在。震旦大学(法学院)成为中国近代唯一一家培养出法学博士和经济学博士的机构,并诞生了中国历史上最早的学术性博士论文。因为治外法权的存在,教会大学可以在一定程度上突破中国近代教育行政管理制度的桎梏。在众多国立大学、私立大学日思夜想试图建立中国本土博士制度的时候,在教育管理部门绞尽脑汁起草博士学位实施细则的时候,个别教会大学就已经独辟蹊径,先行一步,以西方国家的博士教育为模式,设立了中国土地上最早的博士教育课程,培养了中国历史上第一批学术意义上的博士。震旦大学这一"无法无天"的大胆举动,在很多反帝反殖民主义人士的眼光中,似乎是对中国教育主权的无视和侵犯,但事实上,以当时的环境看,震旦大学这一做法无可厚非,符合当时尚未完全废除的治外法权制度;从现在的眼光看,震旦大学的这一做法也在客观上给中国教育史留下了一笔独特的财富。如今,虽然震旦大学培养的 25 名博士都已经离开人间,但那批散存于世界各个角落的中国近代博士论文,则将延续那段历史,而其本身也成为那段历史的证明。

在评价教会大学在近代中国的历史地位和作用时,尤其不应该忘记震旦大学首创的学术性博士教育,这一特殊的博士教育在中国教会大学史中占据特殊的地位,是教会大学在中国散播教育种子的最高阶段。虽然这一近代博士教育制度仅仅存在 20 年左右,其象征意义不可磨灭。

(二)中国近代博士教育的贡献及其局限

中国近代博士教育不仅培养了 25 名法学、经济学博士,也留下了较为可观的博士论文。震旦大学 25 名法学、经济学博士撰写的 25 篇博士论文是中国历史上最早的一批博士论文,也是中国历史上最早的一批法学、经济学博士论文,既可视为中国本土博士论文(获得者全部是中国学生,完成地

点也都在中国),也可视为中西教育的结晶(这些博士论文用西文撰写或者中外双语,博士答辩也采用西方模式),其本身就具有很高的历史文献价值,对于探索中国近代法学教育制度的演变,探索中国近代高等教育的发展历程和人才培养模式,探索中西学术交流的方式和途径等,均具有深远的意义。总之,这个长期以来没有受到中外教育学界、史学界、法学界、经济学界关注的课题,很值得深入研究。

虽然中国近代博士教育局限在个别大学,但是他们培养的博士却走向了全国,走向了世界,部分博士论文也随着出版业的发达而走向了全国和世界。在法律界中,中国近代法学博士并非一无所成。在震旦大学培养的25名法学博士中,既有成为大学教授者,也有专门从事司法职业的法官、检察官、律师,还有一些人成为外交官,为中国的教育、司法和外交作出了一定的贡献。有些近代法学博士的思想,即使在今天也有一定的参考价值。例如,早在1924年,王敦常就详细论述了人治与法治的辩证关系:"盖得人也,法斯得其用,不得其人也,徒资奸猾者流弊舞文弄法之便耳。""人治与法治须相辅而行斯得民治之真效耳。"①

除了这25名博士学位获得者之外,其他经历过震旦大学博士教育(但未获博士学位)的学生也取得了一定的成就,例如为中国当代国际商法教育事业做出巨大贡献的沈达明先生等。事实证明,震旦大学为代表的中国近代博士教育,并没有沦为培养洋奴的专场,更没有成为培养卖国贼的渊薮。

当然,我们不能过高评价中国近代博士教育。如果仅仅以目前发现13篇法学博士论文来评价中国近代博士教育的成果,则严格地说,中国近代博士教育的水准并不高超,部分博士论文的学术水平较低,即使与同时期其他学校的硕士论文来比较,也没有明显的优势。这一现象与中国近代大学的博士教育制度设计不无关系。震旦大学的法学博士教育虽然可以归类为学术性博士教育,但是实际学习期限较短,不容易打下扎实的学术功底。震旦大学规定其博士研究期限最低为两年,实际上,研究25名震旦大学法学博士的学习期限可以发现,他们全部在2年左右取得了博士学位,没有任何一位花费了3年或者更长的时间取得博士学位。在如此短暂的时期内进行博士研究并同时用法汉双语撰写出高质量的博士论文,这是很难完成的任务。

在评价中国近代博士教育时,也不能走到另外一个极端。民国时期有一种仇视博士的观点:

---

① 王敦常:《读法律周刊徐谦先生论法治与人治》,载《法律周刊》1924年第37期,第9页。

可怜一个四万万人口偌大的国家,充满了气焰不可一世之党徒博士,竟寻不出几个专家出来……中国人才破产之现象,殆已昭然若揭,博士学士虽多,实与国家社会无益。①

评价中国近代博士教育的功过是非,仅仅听信当时某些人的过激言论恐怕有失偏颇,较为公正客观的是在几十年上百年以后回头去看:却顾往来径,苍苍横翠微。事实证明,中国近代博士教育并非一无是处,相反,对中国现当代产生了深远的影响。

毋庸讳言,中国近代博士教育和博士群体缺乏系统性影响力,这有多方面的原因。

第一,中国近代授予的博士学位通常具有民间性、非官方性,未能获得中国政府的普遍认可,从而影响到中国近代博士学位的公信力和权威性。中国近代博士学位授予机构在授予博士学位时缺乏中国官方许可的法律依据,理不直气不壮,名不正言不顺,这种博士头衔很难被中国社会所普遍认同。

第二,中国近代授予博士学位的主体机构是教会大学,教会大学的博士学位授予权多数来自外国政府机构的特许,这种博士学位从形式上属于外国授权的博士学位,而非中国授权的博士学位。因此,披着洋服的教会大学,即使可以授予博士学位,其博士学位也不受重视。

第三,中国近代所授博士学位的种类较为单一,缺乏学科多样性,仅对医学、法学、经济学产生了一些影响,未对文史哲、数理化产生丝毫影响,这大大限制并降低了中国近代博士教育的广度和深度。

第四,中国近代博士教育培养的主要目标并非学术化的最高端人才,而是职业化人才。从职业走向分析,多数医学博士成为医生,多数法学博士成为律师,只有极少数从事纯粹的学术研究。在一个以培养医生、律师为己任的博士教育环境下,注定了其培养的博士走上职业化道路,远离高端化、学术化的博士教育,最终很难符合社会心理对博士的预期。

第五,中国博士教育实践缺乏连续性和继承性,曾经授予过博士学位的教会大学在1952年之后被迫关闭,新成立的大学完全没有博士学位授予权,等到20世纪80年代建立官方博士学位制度,中国的博士教育实践已经断档三十多年。实际上,从1935年《学位授予法》将博士学位授予权统一集中到国家手中之后,中国的博士教育实践就已经几乎名存实亡,到了新中国

---

① 王光祈:《留学与博士》,载《生活》1931年第6卷第17期,第350页。

成立,过去的博士教育实践彻底消失。20世纪80年代讨论建立中国博士教育制度时,仅仅参考了民国时期的《学位授予法》,根本没有考虑到(也没有人注意到)中国近代博士教育实践。

客观地说,以震旦大学为代表的中国近代博士教育并没有推动或者影响中国近代博士学位制度的正式建立。无论是北京的北洋政府还是南京的国民政府,均没有从中国近代博士教育实践中吸取经验和教训。实际上,南京国民政府1935年颁布的《学位授予法》中规定的国家博士学位制度与中国近代博士教育实践所采纳的大学博士学位制度是根本矛盾的,这也是一些大学从20世纪30年代中期就基本中止其博士学位授予行为的主要原因。震旦大学点燃的博士教育星星之火,未能燎原,这不能不说是中国近代教育史上的一大遗憾。

(三)中国近代博士教育史的当代意义

虽然如此,在中国教育史中,近代博士及其博士论文将永留一席之地。因为他们的存在,中国博士教育史的起点被提前六七十年,也就是说,中国博士教育史,至今已愈百年。中国有句俗话,十年树木,百年树人,中国博士教育从诞生到现在的百年间,历经坎坷,从最初寥寥无几,到现在每年毕业数万名博士;从最初的两三门学科(医学、法学、经济学)到现在几乎所有学科;从最初的几所学校到现在的上百所机构;从最初的教会大学到现在的国立大学;从最初的上海到现在的全国各地,可谓无所不至,遍地开花。从表面上,中国博士教育似乎渐入佳境,中国当代博士教育的发展可谓高速运行,然而表面上繁花似锦,实际上问题不断,甚至危机四伏。研究中国近代博士教育史,当然具有理论上的意义,但不可否认的是,如果能够从近代博士教育史中吸取经验和教训,能够将近代博士教育的优点加以整理继承、发扬光大,能够将近代博士教育中的缺点予以清醒的认识,从而避免重走弯路,那岂不更有意义?

中国当代博士教育采用的一种介于国家博士与大学博士之间的博士教育制度,既与民国政府《学位授予法》规定的国家博士不同,也与震旦大学等纯粹的大学博士不同。国家博士由国家授予,条件苛刻,失之过严,大学博士由大学授予,容易导致博士文凭的泛滥,又失之过宽。《中华人民共和国学位条例》(1980年全国人大常委会通过,2004年修订)第8条规定:"硕士学位、博士学位,由国务院授权的高等院校和科学研究机构授予。"可见中国当代博士学位制度采用的是一种中庸性质的国家授权制,由国家在评估某大学某专业的教育水平之后,决定是否赋予该大学该专业博士授予权,所谓"博士点"一词即由此而来。这一国家授权制本身无可厚非,但该制度却未能有效阻挡博士教育质量下滑、博士学位泛滥的趋势。对照近代震旦大学宽松的大学博士制度,可以发现,震旦大学在将近 20 年期间的博士教育实践,并未出现博士学位泛滥的情况,相反,震旦大学培养出来的 25 名中国历史上最早的学术性法学博士,对中国近代司法实践、法律教育、政府外交、中西文化交流等均作出了一定程度的贡献。由此可见,国家博士学位制度也并非万灵药,不能够百分之百地保证一国一校的博士教育质量;而大学博士学位制度也并非致命毒药,也可以培养出具有真才实学的优秀人才。无论是国家博士制度还是大学博士制度,关键问题在于博士教育机构本身制定的博士培养标准及其博士教育的质量。国家博士制度如果不能被博士教育机构所贯彻落实,则无论其严格程度如何,终究不能阻止博士质量下滑、博士学位泛滥的趋势。大学博士制度如果能加强自律自爱,珍惜声誉,爱惜羽毛,则大学博士制度未必就会输于国家博士制度。今天已经有人开始呼吁改国家学位为大学学位,以丛林法则而优胜劣汰①。这种纯粹放任自流式的大学学位是否走向另一极端,是否矫枉过正,尚有待进一步讨论和检验,但中国近代博士教育的历史已经证明:苛刻的国家博士学位之路并不是一条繁荣中国博士教育的捷径。中国近代官方博士教育采取了国家博士制度,立法者在主观上并没有阻碍博士教育的目的,然而在客观上由于过度审慎及其他因素,没能尽快建立具体实施细则,使得国家博士制度无法实施,因此也无法比较国家博士制度与大学博士制度在培养人才的水平、博士论文的质量等方面的优劣。实践是检验真理的标准,而中国近代博士教育实践主要来自教会大学的非正统途径,这也是我们今天评价中国近代博士教育的实践基础。

(四)中国近代博士教育西洋化与中国化的矛盾统一性

中国近代博士并非洋人学校培养出来的洋奴,中国近代博士论文也并非叛离祖国文化的异类,而是与中国问题、中国利益休戚相关的学术作品。中国近代博士论文不仅是学术的载体,也是中国近代博士思想的反映。中国近代博士论文本身也可以成为评价中国近代博士的最为客观真实的依据。研究中国近代博士论文,可以看到一个明显的主线,即中国近代博士的爱国思想和独立自主的意识。胡文柄在《内国公债》中以英法等国通过购买埃及公债而逐步控制埃及财政、工业、铁路、电信、税务、法院的历史为鉴,期望中国国民"猛省",其爱国之心跃然纸上。胡文柄虽然出身具有法国背景

---

① 参见陈平原:《中国博士是否值得信赖——革新博士教育六建议》,载《南方周末》2013 年 2 月 21 日 F28。

的教会大学,但其学术思想是独立的。

中国近代博士论文与中国近代诸多学术论著一样,浸透了反抗西方列强侵略、废除西方在华治外法权、追求中国独立自主富强的精神。这一精神若出现于"五四"运动的发源地——北京大学,则无人会感到奇怪,但是这一精神却始终如一地贯穿在一所教会大学的最高学术论文之中,则不能不让人感慨教会大学的学术宽容度。震旦大学不仅不禁止这样抨击西方某些做法的博士论文,反而主动资助出版这类博士论文,可见震旦大学管理当局对于学术观点是开放和宽容的。学术独立,思想自由,政罗教网无羁绊,海纳百川,兼容并蓄,这些为我们耳熟能详的中国本土大学所宣扬的精神,恰恰在一所教会大学中发扬光大,这让我们不得不认真思考中国近代教会大学的功过是非。关于教会教育与爱国主义的关系,从1925年《中华基督教教育界宣言》可以看出端倪:"基督教精神实表现于开明的爱国举动,故与爱国主义并无冲突。基督教学校素以发展学生的爱国心为目的。"[1]博尔敦《中国基督教教育的宗旨》(1926)一文称:"怎样竭尽全力以增进中国人民的幸福,才是我们的目标。"[2]当然,宣言、宗旨是一回事,具体实践是另一回事,但至少在教育政策层面,教会教育并不否定爱国主义,即使在实践层面也没有见到教会大学宣扬仇恨中国的思想。

从表面上看,中国近代博士论文属于西化的论文,主要外语表达形式,然而从内容上看,中国近代博士论文基本上属于中国化论文,无论是法学博士论文还是经济学博士论文,均围绕中国的法律、经济及有关的现实和历史问题,可谓披上洋装的中国学术。中国近代博士论文其实只是借助了外语的表达形式,在实质上却是地地道道的中国研究。

中国近代博士教育是中西教育交流的产物。这一交流是双向的,既有西学东渐,也有东学西渐。中国近代法学博士教育在形式上采用了西方(法国)法学博士教育的方式,在内容上却是以中国法律为主体,中国近代法学博士教育所反映的中国法律和中国法律思想,随着中国近代博士论文的印刷出版而传播到世界各地,成为东学西渐的例证。

(五)中国近代博士教育法律与实践的冲突性

如果总结中国近代博士教育史最大的特点,或许可以这么说:中国近代博士教育史是法律与实践相背离的一段历史,是国家博士与大学博士相

---

[1] 《中华基督教教育界宣言》,载《教育季刊》1925年第1卷第2期,转引自李楚材编著:《帝国主义侵华教育史料——教会教育》,北京,教育科学出版社,1987年,1版1次,第602~603页。

[2] [美]博尔敦:《中国基督教教育的宗旨》,载《教育季刊》1926年第2卷第1期,转引自李楚材编著:《帝国主义侵华教育史料——教会教育》,第53页。

冲突的历史，是三级学位制度与二级学位制度相冲突的历史，是墨守成规与制度创新相冲突的历史，是中国教育主权与教会大学教育自主权相冲突的历史。中国近代博士教育史所反映的矛盾是落后的博士法律制度与超前的博士教育实践之间的矛盾，是保守的国家博士学位制度与开放的大学博士学位制度之间的矛盾，是谨慎的政府机构与大胆的教会学校之间的矛盾。每一种冲突和矛盾的结果均是前者获胜而后者失败。然而前者虽胜犹败，后者虽败犹荣。获胜者并没有建立博士教育的功业，而失败者却留下了中国近代最早也是唯一一批法学博士，留下了中国近代最早也是唯一一批法学博士论文，留下了中国近代博士教育实践的宝贵经验和深刻教训。

中国近代博士教育实践全部始发于1935年《学位授予法》颁布之前，而在1935年《学位授予法》颁布之后，没有任何一所公私立大学开展新的博士教育实践。非但如此，其原有的博士教育活动（尤其是学术性博士教育实践）逐渐萎缩。从实际效果上看，1935年《学位授予法》不仅没有促进中国近代博士教育，反而抑制了中国近代博士教育。

中国近代不是没有博士教育，而是没有合法的博士教育；中国近代不是没有博士论文，而是没有合法的博士论文。中国近代博士教育的正统嫡系最终未能开花结果，而中国近代博士教育的"私生子""外来户"最终却能花落枝头子满枝，这一现象印证了古人所谓"有心栽花花不成，无心插柳柳成荫"的名句，这也是中国近代博士教育史留给后人极深的印象。

从历史渊源上追溯，中国的博士制度经历了如下两个根本性转变：一是从官位博士向学位博士的转变；二是从国家博士向大学博士的转变。中国近代博士教育制度则是整个中国博士教育制度演变过程中的关键环节，承上启下。上承古代官学合一的官博士制度，下启现代独尊学术的私博士制度。这个中间环节，恰恰是中国历史、传统、文化在西方博士制度传入中国之后在教育层面上的集中反映。官方的犹豫不决与民间的积极进取代表了中国近代教育发展进程中保守派与改革派之间截然不同的高等教育观。中国本土大学在博士教育上的循规蹈矩与教会大学在博士教育上的特立独行证明了教育法律与实践上的二律背反：严格守法者虽博得守法之名却受到保守法律之累，而锐意创新者虽然名义上违法却能够走出自己的一条道路。在严格遵守教育法制与改革创新教育制度之间如何寻找到平衡，则是后世教育主管部门与教育机构共同面对的挑战。

如果将中国近代博士比喻为花朵，则是养在深闺人未识，长期以来，默默无闻。中国近代博士作为一个群体也已经不复存在，但是他们留下的博士论文作为中国近代教育的文化遗产和学术遗产而永存，他们所参与的中国最早的学术性和职业性博士教育实践将在中国教育史中永远占有一席之地。事实证明，中国近代博士教育史并非一片空白，亦非纸上谈兵，无论在博士法律制度的构建上还是在博士教育的实践上，均取得了一定的成就，并留给中国教育一份厚重的遗产。

中国近代博士教育年表

1861年,太平天国颁布洪仁玕拟定的《钦定士阶条例》,将举人改为博士,"谓其博雅淹通也"。

1876年,容闳被耶鲁大学授予名誉法学博士学位(LL. D.),时译"德大阿佛罗"。

1877年,驻英公使郭嵩焘将英国大学中的"博秩洛尔"(Bachelor)、"玛斯达"(Master)、"多可多尔"(Doctor)分别视为科举考试中的"秀才""举人""翰林"。

1898年,《湘报》第121号载姚锡光《东瀛学校举概》一文,提到日本的博士文凭。

1901年7月22日,《申报》消息,提到日文部省考取法学博士16人,医学博士9人,工学博士4人,文学博士1人,理学博士2人。

1902年,罗振玉发表《学制私议》一文,建议模仿外国授予博士学位。

1903年,张之洞《奏请约束鼓励出洋游学办法章程折》所附《鼓励毕业生章程》提出:"在日本国家大学五年毕业,得有博士文凭者(在学前后通计十六年),附给以翰林出身外,并予以翰林升阶。"

1905年,清《学部议博士学士名目》称,中学毕业为秀才,各省大学堂毕业为举人,京城大学堂毕业为进士,博士相当于庶吉士。

1906年,清学部宣布,对于外国人在内地开办的学校无庸立案,所有学生,概不给予奖励。

1907年,上海圣约翰大学在美国纽约注册,取得学位授予权。

1908年,上海圣约翰大学授予刁信德、俞庆恩等医学博士学位(M. D.)。

7月,东吴大学在美国田纳西州变更注册名称,将1901年6月注册的"在华之中央大学"改名为"东吴大学"。按照注册文件,东吴大学享有学位授予权。

1909年,康有为提出茂士、博士等建议。

1911年3月,学部奏恳恩赏给总医官伍连德医科进士学位折,出现学士、硕士、博士三级学位的提法;

金陵大学在美国纽约州立案,由该州授予学位。

1912年,《教育杂志》刊登《教育部拟议学校系统草案》,提及博士学位及其标准。

10月24日,北洋政府教育部公布《大学令》;

北洋政府教育部对震旦大学暂予立案。

1914年7月,北洋政府以总统令的形式规定教育部官制,其中专门教育司的职务之一是"授予学位事项"和"博士会"事项;

法制局拟议学校考试奖励法,学士有专门著述并经大学院评认者,给予"博士"名衔。

1915年1月,北洋政府颁布《特定教育纲要》,规定博士会作为审授博士学位的机关;

北洋大学请求由该校颁发硕士、博士学位;

圣约翰大学授予周诒春名誉文学博士学位。

1916年,《震旦大学院规程》正式提及震旦大学的博士学位制度。

1917年6月,震旦大学第一次授予法学士学位。

1918年9月,胡文柄、宋国枢、顾守熙进入震旦大学"法政博学科"攻读法学博士学位。

10月,在全国专门以上学校校长会议上,北京大学提交《高等学会及博士学位案》,大会审查报告建议由教育总长授予博士学位。

1919年4月,全国教育调查会第一次会议,教育部交议在北京大学提案基础上制作的《高等学会及博士学位案》,大会审查报告建议由大学授予博士学位,"足以维持学术独立之精神"。

1920年6月29日,震旦大学法学博士科举行第一届毕业考试,考试委员是江苏教育厅官员朱鹤皋、法国驻上海领事馆官员都三、震旦大学教授巴和及瓜拉克;考生是胡文柄(博士论文《内国公债》)和顾守熙(博士论文《中国房税考》)。

7月1日,胡文柄、顾守熙取得震旦大学法学博士学位,成为中国第一批法学博士。

8月28日,北京大学授予法国人班乐卫名誉理学博士学位,授予儒班名誉文学博士学位。

10月17日,北京大学授予杜威名誉哲学博士学位,授予芮恩施名誉法学博士学位。

1922年，交通大学(上海)提出"颁给硕士、博士学位案"。

6月，震旦大学举行第二届法学博士毕业考试，中国政府代表是朱鹤皋、魏瀚，法国政府代表是"法公廨会审官柏理复君"。王敦常、陈锡谭、袁民宝三人取得法学博士学位。

1923年，东吴大学授予美国法官(东吴法科兼职教授)罗炳吉名誉法学博士学位。

6月30日，沈福顺、李沂、萧桐取得震旦大学法学博士学位。

1924年6月，姚肇弟、徐象枢、沈家诒取得震旦大学法学博士学位。

8月，孙中山以陆海军大元帅的名义公布《大学条例》(第8条规定"大学得授各级学位")；

东吴大学授予王宠惠和董康名誉法学博士学位。

1926年6月26日，顾继荣取得震旦大学法学博士学位。

1927年1月1日，东吴大学授予马寅初名誉法学博士学位，授予张元济、赵紫宸名誉文学博士学位。

1928年5月，全国教育会议"高等教育组"《请大学院订定大学毕业考试及学位授予条例案》；

震旦大学将"法政博学科"改为"博士科"。

1929年6月王自新取得震旦大学法学博士学位；

《学位授予法草案》(第一次草案)出台。

1930年6月30日沈曾诒、陈雄飞取得震旦大学法学博士学位。

7月，《学位授予法草案》(第二次草案)及《学位授予法施行草案》出台。

10月9日，国立中央大学授予比利时人樊迪文、美国人林百克名誉博士学位。

12月，《博士学位授予法草案》出台；

私立复旦大学授予于右任、邵力子、钱新之名誉法学博士学位；

教育部呈送行政院文件，规定各校不得擅自授予名誉博士学位。

1931年3月26日，清华大学召开第11次评议会，请求教育部准许清华给予"学校硕士、学校博士学位授予权"。

6月，王品伦取得震旦大学法学博士学位；

震旦大学将博士科分为法学博士(Doct. Jur.)和经济学博士(Doct. Econ.)两种。

1932年6月，朱域、曾培启、许霜取得震旦大学法学博士学位。

12月，教育部批准震旦大学立案。

1933年6月,教育部公布《学校毕业证书规程》;

6月,高念祖、顾明祖取得震旦大学法学博士学位;郭传曾取得震旦大学经济学博士学位,博士论文《长江流域农业经济概述》。

8月,《独立评论》发表胡先骕《论博士考试》一文,批评政府在学位制度上的保守态度;

9月,司法部批准震旦大学法学院立案。

1934年1月4日,教育部指令震旦大学毕业生曾培启、朱域、王品伦三人的法学博士资格,"应候学位法公布后,再行呈候核办"。

6月,吴桂馨取得震旦大学法学博士学位。

12月,河南省政府在全国考铨会议上提出《考试学位明定用途以确立考铨制度案》,建议"学士硕士得任荐任职,博士得任简任职"。

1935年4月22日,《学位授予法》颁布(规定了学士、硕士、博士三级学位制度)。

5月23日,《学位分级细则》颁布(规定文、理、法、教、农、工、医7大类可授予博士学位)。

6月,北京大学颁布《国立北京大学研究院暂行规程》(修订),第19章第3款规定:"博士学位候选人之学位考试,依《博士学位考试细则》(尚未颁布),由国家举行之。其博士学位候选人在研究院之成绩考查方法,由本院另定之。"

1939年7月,教育部公布《大学研究院硕士学位证书式样》。

1940年5月11日至13日,教育部学术审议委员会在重庆召开第一届第一次会议,讨论《请政府实施博士学位授予案》,决议"交常务委员会与考试院洽商办理"。

10月12日,教育部学术审议委员会第一届第二次会议讨论通过《博士学位评定会组织法草案》和《博士学位考试细则草案》,交行政院审核。

1941年11月27日,考试院临时法规整理委员会第三次会议,考试院院长戴季陶对于博士学位的授予问题态度保守。

12月,考试院秘书长陈大齐提交《有关博士学位考试呈件》。

1942年5月,教育部将博士学位考试细则修正草案等呈送行政院转商考试院。

1943年5月12日,行政院决定对于博士学位的授予应予缓办。

1946年2月6日,考试院召集中央研究院及教育部再次审查两份博士学位草案。

8月6日,行政院决定将博士细则草案送中央研究院学术评议会进行研究。

10月24日,中央研究院评议会第二届第三次年会审查博士学位考试规则及授予问题,改国家博士为大学博士。

11月,中央研究院学术评议会发给行政院公函,告知评议会关于博士学位问题的决议。

1947年4月11日上午,国防最高委员会第227次常务会议对1940年秋博士组织法草案及博士学位考试细则草案决议保留。

9月28日,胡适在《中央日报》呼吁修订《学位授予法》中阻碍博士教育的条款,"让国内有资格的大学自己担负授予博士学位的责任"。

1948年1月9日,南京政府第19次国务会议通过政治审查委员会关于博士立法原则之争的意见。

参考文献

一、档案文献及史料汇编

《教育部学术审议委员会工作概况》,1942年3月编印,中国第二历史档案馆,档号五-1347。

《教育部学术审议各项油印资料》,中国第二历史档案馆,档号五-1429(1)。

《教育部学术审议各项油印资料》,中国第二历史档案馆,档号五-1429(2)。

《教育部博士学位评定会组织法及博士学位考试规则、著作发明及美术奖励等项规则草案》,中国第二历史档案馆,档号393-1546。

《中央研究院评议会第二届第三次年会记录》,中国第二历史档案馆,档号393-1557。

《日本学位制度研究报告书》,中国第二历史档案馆,档号五-1429(1)。

《请讨论日本帝国大学学士学历之价值案:抄陈豹隐等二十一人原呈》,中国第二历史档案馆,档号五-1429(1)。

《震旦大学院同学录》,1917年9月~1918年1月,上海市档案馆档案编号Q244-1-969。

《震旦大学院同学录》,1918年3月~9月,上海市档案馆档案编号Q244-1-969。

《震旦大学院同学录》,1918年9月~1919年1月,上海市档案馆档案编号Q244-1-969。

《震旦大学院同学录》,No. 4,1919年2月~9月,上海市档案馆档案编号Q244-1-969。

《震旦大学院同学录》,No. 5,1919年9月~1920年1月,上海市档案馆档案编号Q244-1-969。

《震旦大学院同学录》,No. 6,1920年3月~6月,上海市档案馆档案编号Q244-1-969。

《震旦大学院同学录》,No. 7,1920 年 9 月~1921 年 1 月,上海市档案馆档案编号 Q244-1-969。

《震旦大学院同学录》,No. 8,1921 年 3 月~6 月,上海市档案馆档案编号 Q244-1-969。

《震旦大学院同学录》,No. 9,1921 年 9 月~1922 年 1 月,上海市档案馆档案编号 Q244-1-969。

《上海震旦大学院同学录》,No. 10,1922 年 2 月~6 月,上海市档案馆档案编号 Q244-1-969。

《上海震旦大学院同学录》,No. 11,1922 年 9 月~1923 年 1 月,上海市档案馆档案编号 Q244-1-969。

《上海震旦大学院同学录》,No. 12,1923~1924,上海市档案馆档案编号 Q244-1-969。

《上海震旦大学院同学录》,No. 13,1924~1925,上海市档案馆档案编号 Q244-1-969。

《上海震旦大学院同学录》(第 13 册增补),1925 年 2 月~6 月,上海市档案馆档案编号 Q244-1-969。

《上海震旦大学院同学录》,No. 14,1925~1926,上海市档案馆档案编号 Q244-1-969。

《上海震旦大学院同学录》,No. 15,1926~1927,上海市档案馆档案编号 Q244-1-969。

《上海震旦大学院同学录》,No. 16,1927~1928,上海市档案馆档案编号 Q244-1-969。

《上海震旦大学院同学录》,No. 17,1928~1929,上海市档案馆档案编号 Q244-1-969。

《上海震旦大学院同学录》(第 17 册增补),1929 年 3 月~6 月,上海市档案馆档案编号 Q244-1-969。

《上海震旦大学院同学录》,No. 18,1929~1930,上海市档案馆档案编号 Q244-1-969。

《上海震旦大学院同学录》(第 18 册增补),1930 年 2 月~6 月,上海市档案馆档案编号 Q244-1-969。

《上海震旦大学院同学录》,No. 19,1930~1931,上海市档案馆档案编号 Q244-1-969。

《上海震旦大学院同学录》(第 19 册增补),1931 年 2 月~6 月,上海市档案馆档案编号 Q244-1-969。

《上海震旦大学院同学录》,No. 20,1931～1932,上海市档案馆档案编号 Q244-1-969。

《上海震旦大学院同学录》(第 20 册增补),1932 年 2 月～6 月,上海市档案馆档案编号 Q244-1-969。

《上海震旦大学院同学录》,No. 21,1932～1933,民国二十一年秋季,上海市档案馆档案编号 Q244-1-969。

《上海震旦大学院同学录》(第 21 册增补),1933 年 2 月～6 月,民国二十二年春季,上海市档案馆档案编号 Q244-1-969。

《上海震旦大学院同学录》,No. 22,1933～1934,民国二十二年秋季,上海市档案馆档案编号 Q244-1-969。

《上海震旦大学院同学录》(第 22 册增补),1934 年 2 月～6 月,民国二十三年春季,上海市档案馆档案编号 Q244-1-969。

《上海震旦大学院同学录》,No. 23,1934～1935,民国二十三年秋季,上海市档案馆档案编号 Q244-1-969。

《上海震旦大学院同学录》(第 23 册增补),1935 年 2 月～6 月,民国二十四年春季,上海市档案馆档案编号 Q244-1-969。

《上海震旦大学暨附属中学同学录》,No. 24,1935～1936,民国二十四年秋季,上海市档案馆档案编号 Q244-1-969。

《上海震旦大学暨附属中学同学录》(第 24 册增补),1936 年 2 月～6 月,民国二十五年春季,上海市档案馆档案编号 Q244-1-969。

《上海震旦大学院同学录》,No. 25,1936～1937,民国二十五年秋季,上海市档案馆档案编号 Q244-1-969。

《上海震旦大学院同学录》,No. 26,1937～1938,民国二十六年秋季,上海市档案馆档案编号 Q244-1-969。

《上海震旦大学院同学录》,No. 27,1938～1939,民国二十七年秋季,上海市档案馆档案编号 Q244-1-969。

《上海震旦大学院同学录补录》,1939 年 2 月～6 月,民国二十八年春季,上海市档案馆档案编号 Q244-1-970。

《上海震旦大学院同学录》,No. 28,1939～1940,民国二十八年秋季,上海市档案馆档案编号 Q244-1-970。

《上海震旦大学院同学录》,No. 29,1940～1941,民国二十九年秋季,上海市档案馆档案编号 Q244-1-970。

《上海震旦大学院同学录》,No. 30,1941～1942,民国三十年秋季,上海市档案馆档案编号 Q244-1-970。

《上海震旦大学院同学录》,No. 31,1942~1943,民国三十一年秋季,上海市档案馆档案编号 Q244-1-970。

《上海震旦大学院同学录》,No. 32,1943~1944,民国三十二年秋季,上海市档案馆档案编号 Q244-1-971。

《上海震旦大学院同学录》,No. 33,1944~1945,民国三十三年秋季,上海市档案馆档案编号 Q244-1-971。

《上海震旦大学院同学录》,No. 34,1945~1946,民国三十四年秋季,上海市档案馆档案编号 Q244-1-971。

《上海震旦大学附中同学录补遗》,1946年2月~6月,民国三十五年春季,上海市档案馆档案编号 Q244-1-971。

《上海震旦大学院同学录》,No. 35,1946~1947,民国三十五年秋季,上海市档案馆档案编号 Q244-1-971。

《上海震旦大学院同学录》,No. 36,1947~1948,民国三十六年秋季,上海市档案馆档案编号 Q244-1-972。

《上海震旦大学院同学录》,No. 37,1948~1949,民国三十七年秋季,上海市档案馆档案编号 Q244-1-972。

《震旦大学员生名册》,No. 38,1949年度,1949~1950,上海市档案馆档案编号 Q244-1-972。

《震旦大学员生名册》,No. 39,1950年度,1950~1951,上海市档案馆档案编号 Q244-1-972。

《震旦大学法学院毕业生名册》,上海市档案馆档案编号 Q244-055-866。

《震旦大学1912至1928年历届毕业生名册》,上海市档案馆档案编号 Q244-055-863。

《震旦大学法学院历届毕业同学录》,载《震旦大学法学院第卅一届毕业纪念刊》,1949年。

《震旦大学法学院校友》,载《关于历届毕业学生调查表及校友调查表》(1937~1949),上海市档案馆档案编号 Q233-005-121。

《私立震旦大学历届毕业生一览表》,上海市档案馆档案编号 Q244-055-857。

《私立震旦大学三十四年度第二学期应届毕业学生名册》,上海市档案馆档案编号 Q244-1-653。

《私立震旦大学三十五学年度第二学期毕业学生名册》,上海市档案馆档案编号 Q244-1-653。

《私立震旦大学三十六年度法律学系教员名册》,上海市档案馆档案编号 Q244-006-146。

《私立震旦大学三十六学年度教员名册》,上海市档案馆档案编号 Q244-006-147。

《私立震旦大学法学院教员履历表》,上海市档案馆档案编号 Q244-1-306-10。

《私立震旦大学一览》,1935 年,上海市档案馆档案编号 Q244-1-18。

《私立震旦大学概况》,上海市档案馆档案编号 Q244-001-17。

《私立震旦大学法学院法科研究所章程》,载《震旦杂志》1936 年第 33 期,第 66~68 页。

《法学院历届毕业生调查表》,上海市档案馆档案编号 Q244-005-121。

《震旦大学院规程》,1916 年,上海市档案馆档案编号 Q244-005-95。

《震旦大学章程》,1931 年,上海市档案馆档案编号 Q244-005-108。

《震旦大学法学院一览》,1939 年,上海市档案馆档案编号 Q244-1-17-24。

才尔孟:《抗战期间之震旦——对后方同学之简略报告》,上海市档案馆档案编号 Q244-001-16。

《震旦大学院杂志》(*Bulletin de L'Universite L'Aurore*)1929 年第 17 期,上海市档案馆档案编号 Q244-005-103。

Aurora University, *General Information*(《关于震旦大学一览》),英文,上海市档案馆档案编号 Q244-1-650。

《震旦大学二十五年小史》,载宗有恒、夏林根编:《马相伯与复旦大学》,太原,山西教育出版社,1996 年,1 版 1 次,第 242~246 页。

顾守熙 1949 年底自填《上海市高等教育及学术研究工作者登记表》,上海市档案馆档案编号 Q244-006-145。

王自新 1949 年 10 月 25 日自填《上海市高等教育及学术研究工作者登记表》,上海市档案馆档案编号 Q244-006-145。

汪景侃 1949 年 10 月 26 日自填《上海市高等教育及学术研究工作者登记表》,上海市档案馆档案编号 Q244-006-145。

沈达明 1949 年 12 月 1 日自填《上海市高等教育及学术研究工作者登记表》,上海市档案馆档案编号 Q244-006-145。

《关于抗战胜利后教育部有关毕业生、学生学籍的审核,教师审核等文件》,上海市档案馆档案编号 Q244-006-140。

上海市档案馆馆档案编号 Q244-005-116。

《上海律师公会会员录》,1941年10月31日编印,上海市档案馆档案编号Y4-1-330。

《教职员姓名略历》,载《朝阳学院概览》,1933年。

《上海地区执行律务之校友》,载《震旦法律经济杂志》1949年第5卷第3期,第35页。

《安徽省二十年份国外留学省费生及奖学金生一览表》,载《安徽省教育行政周刊》第5卷第7期,第13页。

《中国留法比瑞同学会同学录》,1943年,新蜀报第二印刷厂代印。

《厦门大学一览》,1931年。

《上海法科大学戊辰年刊》,1928年。

《上海法学院一览》,1933年12月。

《复旦大学同学录》,民国十九年秋季。

《北京中法大学居里陆谟克学院要览》,民国十七~十八年度。

《北平中法大学服尔德学院要览》,1930年。

《国立中央大学一览》第十一种"教职员录",1931年。

《私立燕京大学一览》,1936年。

《金陵大学史料集》,南京,南京大学出版社,1989年,1版1次。

《国立西南联合大学史料(三)》(教学、科研卷),昆明,云南教育出版社,1998年,1版1次。

《交通大学校史资料选编(第一卷)1896~1927》,西安,西安交通大学出版社,1986年,1版1次。

《南开大学校史资料选(1919~1949)》,天津,南开大学出版社,1989年,1版1次。

《明德百献:香港大学档案文物》,香港,香港大学,2013年。

《清华大学档案精品集》,北京,清华大学出版社,2011年,1版1次。

《考试学位明定用途以确立考铨制度案》(河南省政府提议),全国考铨会议提案,1934年1月,载刘昕主编:《中国考试史文献集成》第7卷(民国),北京,高等教育出版社,2003年,1版1次,第444页。

《考试院临时法规整理委员会第三次会议记录》(节录),1941年11月27日,中国第二历史档案馆藏,戴季陶专档,全宗号3020,案卷号1,转引自载刘昕主编:《中国考试史文献集成》第7卷(民国),北京,高等教育出版社,2003年,1版1次,第435~436页。

《陈大齐有关博士学位考试呈件》,1941年12月,中国第二历史档案馆藏:戴季陶专档,全宗号3020,案卷号21,转引自刘昕主编:《中国考试史文献集成》第 7 卷(民国),北京,高等教育出版社,2003 年,1 版 1 次,第 453~454 页。

《中华民国史档案资料汇编》第五辑第一编"教育",南京,江苏古籍出版社,1994 年,1 版 1 次。

《国民政府立法院会议录》(四),中国第二历史档案馆编,桂林,广西师范大学出版社,2004 年,1 版 1 次。

《国民政府立法院第 4 届第 12 次会议议事录》,载中国第二历史档案馆编:《国民政府立法院会议录》(九),桂林,广西师范大学出版社,2004 年,1 版 1 次,第 454~456 页。

中国国民党中央委员会党史委员会影印:《国防最高委员会常务会议记录》第九册,台北,近代中国出版社,1996 年,影印初版。

《国立中央研究院院士录》第 1 辑,1948 年 6 月编印。

《中国外交机构历任首长衔名年表》,台北,商务印书馆,1988 年,增订版,1 版 1 次。

《国务院学位委员会学科评议组第一次会议会刊》,大会秘书处编,北京,1981 年。

《国务院学位委员会学科评议组第二次会议会刊》,大会秘书处编,北京,1983 年。

吴梓明、梁元生主编:《中国教会大学文献目录》第二辑,中国第二历史档案馆馆藏资料(郑玉明编),香港,香港中文大学崇基学院,"崇基学院宗教研究丛书",1996 年,1 版 1 次。

吴梓明、梁元生主编:《中国教会大学文献目录》第三辑,华中师范大学档案馆馆藏资料(马敏、方燕编),香港,香港中文大学崇基学院,"崇基学院宗教研究丛书",1997 年,1 版 1 次。

吴梓明、梁元生主编:《中国教会大学文献目录》第四辑,华西医科大学档案馆馆藏资料(张丽萍编),香港,香港中文大学崇基学院,"崇基学院宗教研究丛书",1997 年,1 版 1 次。

吴梓明、梁元生主编:《中国教会大学文献目录》第五辑,上海市档案馆馆藏资料(马长林编),香港,香港中文大学崇基学院,"崇基学院宗教研究丛书",1998 年,1 版 1 次。

孟宪承、陈学询、张瑞璠、周子英编:《中国古代教育史资料》,北京,人民教育出版社,1961 年,1 版 1 次;1985 年 3 月第 5 次印刷。

舒新城编:《中国近代教育史资料》(上中下册),北京,人民教育出版社,1961 年,1 版 1 次;1979 年第 6 次印刷。

陈学恂主编：《中国近代教育史教学参考资料》（上册），北京，人民教育出版社，1986年，1版1次。

文化部教育司研究部编：《学位问题参考资料》（内部资料），1979年12月。

李楚材编著：《帝国主义侵华教育史料——教会教育》，北京，教育科学出版社，1987年，1版1次。

李鸿儒主编：《江苏旅台、外人士史料汇编》，"江苏文献丛书"之五，台北，复兴书局，1985年，1版1次。

朱有瓛主编：《中国近代学制史料》第三辑上册，上海，华东师范大学出版社，1990年，1版1次。

璩鑫圭、唐良炎编：《中国近代教育史资料汇编：学制演进》，上海，上海教育文献出版社，1991年，1版1次。

璩鑫圭、唐良炎编：《中国近代教育史资料汇编：学制演变》，上海，上海教育出版社，2007年，1版1次。

潘懋元、刘海峰编：《中国近代教育史资料汇编：高等教育》，上海，上海教育出版社，1993年，1版1次。

汪知亭：《台湾教育史料新编》，台北，商务印书馆，1978年，1版1次。

《中国近代教育史料汇编：洋务运动时期教育》，上海，上海教育出版社，1992年，1版1次。

朱有瓛、戚明琇、钱曼倩、霍益萍编：《中国近代教育史资料汇编：教育行政机构及教育团体》，上海，上海教育出版社，1993年，1版1次。

王学珍、张万仓编：《北京高等教育文献资料选编：1861～1948》，北京，首都师范大学出版社，2004年，1版1次。

郑登云等编：《中国现代教育文选》，北京，人民教育出版社，1989年，1版1次。

二、法律法规

《钦定士阶条例》，太平天国1861年颁布，载杨家骆主编：《太平天国文献汇编》（第一册），台北，鼎文书局，1973年，1版1次，第545～562页。

《大学令》，1912年10月24日教育部公布，载《中华民国教育法规选编》（修订版），南京，江苏教育出版社，2005年，2版1次，第384～385页。

《大学法》，1948年1月12日国民政府公布，载《中华民国教育法规选编》（修订版），南京，江苏教育出版社，2005年，2版1次，第417～419页。

《学位授予法》，1935年7月1日施行，载《中华民国教育法规选编》（修订版),南京,江苏教育出版社,2005 年,2 版 1 次,第 401~402 页。

《学位分级细则》,1935 年 5 月 23 日施行,载《中华民国教育法规选编》(修订版),南京,江苏教育出版社,2005 年,2 版 1 次,第 400~401 页。

《硕士学位考试细则》(1935 年 6 月 12 日),载《中华民国史档案资料汇编》第五辑第一编,教育(二),中国第二历史档案馆编,南京,江苏古籍出版社,1994 年,1 版 1 次,第 1409~1410 页。

《博士学位考试细则》(1935 年草案),中国第二历史档案馆藏:国民政府教育部档案全宗号五(2),案卷号 75,转引自刘昕主编:《中国考试史文献集成》第 7 卷(民国),北京,高等教育出版社,2003 年,1 版 1 次,第 183~184 页。

《大学研究院暂行组织规程》,1934 年 5 月 19 日教育部公布,载《中华民国教育法规选编》(修订本),南京,江苏教育出版社,2005 年,2 版 1 次,第 399~400 页。

《大学研究所暂行组织规程》,教育部第 41315 号部令公布,1946 年 12 月 31 日,载教育部参事室编:《教育法令》,1947 年 5 月发行,1947 年 7 月再版,第 181 页。

1933 年 6 月教育部公布学校毕业证书规程(自公布之日施行),载中国第二历史档案馆编:《中华民国史档案资料汇编》第五辑第一编"教育(一)",南京,江苏古籍出版社,1994 年,1 版 1 次,第 78~79 页。

《专科以上学校毕业证书验印时期及发给临时毕业证明书办法》,教育部第 8374 号训令,1933 年 8 月 8 日,载教育部高等教育司编:《高等教育法令汇编》,1942 年 1 月,第 278 页。

教育部致中央大学训令(1935 年 5 月 28 日,教育部训令,廿四年发高总壹 14 第 6806 号),载中国第二历史档案馆编:《中华民国档案资料汇编》第五辑第一编"教育(二)",南京,江苏古籍出版社,1994 年,1 版 1 次,第 1411 页。

《学校毕业证书发给办法》,教育部第 6730 号部令修正,1947 年 2 月 12 日,载教育部参事室编:《教育法令》,1947 年 5 月印行,1947 年 7 月再版,第 85~88 页。

《第二次中国教育年鉴》(四)第六辑"学术文化",第五章第二目"审议实施博士学位草案","近代中国史料丛刊"三编第 11 辑,台北,文海出版社,影印。

《第二次中国教育年鉴》(四)第六辑"学术文化",第五章第四目"审查硕士学位候选人论文","近代中国史料丛刊"三编第 11 辑,台北,文海出版社,影印。

台湾地区1960年《博士学位评定会组织条例》、《博士学位考试审查及评定细则》，1962年《名誉博士学位授予条例》、《名誉博士学位授予条例施行细则》，见《台湾省通志(卷五教育志)(第二册)》，台湾，台湾省文献委员会，1970年6月30日，第151~153页。

教育部参事室编：《教育法令》，上海，中华书局，1947年5月印行。

教育部高等教育司编：《高等教育法令汇编》，1942年1月印行。

《中华人民共和国学位条例(草案)》，1956年6月，载文化部教育司研究室编印：《学位问题参考资料》(内部资料)，1979年12月，第30~33页。

《中华人民共和国学位条例(草案)》，1963年10月29日，载文化部教育司研究室编印：《学位问题参考资料》(内部资料)，1979年12月，第42~44页。

《中华人民共和国学位条例(草案)》，1963年12月，载文化部教育司研究室编印：《学位问题参考资料》(内部资料)，1979年12月，第50~52页。

《中华人民共和国学位授予条例(草案)》，1964年4月，载文化部教育司研究室编印：《学位问题参考资料》(内部资料)，1979年12月，第53~55页。

《中华人民共和国高等教育部关于授予外国留学生学位试行办法》，1966年1月，载文化部教育司研究室编印：《学位问题参考资料》(内部资料)，1979年12月，第58~59页。

《中华人民共和国学位条例》，第五届全国人民代表大会常务委员会第13次会议于1980年2月12日通过，1981年1月1日起施行；第十届全国人民代表大会常务委员会第11次会议于2004年8月28日修订，同日公布施行，http://www.moe.edu.cn/publicfiles/business/htmlfiles/moe/moe_619/200407/1315.html。

《中华人民共和国学位条例暂行实施办法》，1981年5月20日国务院批准实施，http://www.moe.edu.cn/publicfiles/business/htmlfiles/moe/moe_620/200409/3133.html。

《学位证书和学位授予信息管理办法》，国务院学位委员会、教育部2015年6月26日联合发布，2016年1月1日起施行，http://www.moe.edu.cn/srcsite/A22/moe_818/moe_819/201507/t20150713_193671.html。

蒋南翔：《关于〈中华人民共和国学位条例(草案)〉的说明》，1980年2月7日，在第五届人大常委会第十三次会议全体会议上的发言，载瞿葆奎主编：《中国教育改革》，教育学文集第17卷，北京，人民教育出版社，1991年，

1版1次,第770~777页。

台湾1954年修正的《学位授予法》,维基文库。

台湾1959年修正的《学位授予法》,维基文库。

台湾1960年《博士学位评定会组织条例》,维基文库。

台湾1960年《名誉博士学位授予条例》,维基文库。

台湾1960年《博士学位考试审查及评定细则》,维基文库。

台湾1972年修正的《学位授予法》,维基文库。

台湾1977年修正的《学位授予法》,维基文库。

台湾1983年修正的《学位授予法》,维基文库。

台湾1994年修正的《学位授予法》,维基文库。

台湾2002年修正的《学位授予法》,维基文库。

台湾2004年修正的《学位授予法》,维基文库。

台湾2013年修正的《学位授予法》,维基文库。

三、教育统计

《2000年全国教育事业发展统计公报》,教育部2001年6月1日发布,http://www.moe.edu.cn/publicfiles/business/htmlfiles/moe/moe_372/200407/843.html。

《2001年全国教育事业发展统计公报》,教育部2002年6月13日发布,http://www.eol.cn/article/20060106/3169430.shtml。

《2002年全国教育事业发展统计公报》,教育部2003年5月13日发布,http://www.moe.gov.cn/publicfiles/business/htmlfiles/moe/moe_413/200408/1553.html。

《2003年全国教育事业发展统计公报》,http://www.edu.cn/jiao_yu_fa_zhan_498/20060323/t20060323_95235.shtml。

《2004年全国教育事业发展统计公报》,http://www.fmprc.gov.cn/ce/cejp/chn/jbwzlm/lxsjl/fzgk/t257512.htm。

《2005年全国教育事业发展统计公报》,http://info.edu.hc360.com/2006/07/06085294769.shtml。

《2006年全国教育事业发展统计公报》,http://www.edu.cn/jiao_yu_fa_zhan_498/20070608/t20070608_236759.shtml。

《2007年全国教育事业发展统计公报》,教育部2008年4月发布,http://www.edu.cn/xin_wen_dong_tai_890/20080505/t20080505_294800.shtml。

《2008年全国教育事业发展统计公报》，教育部2009年发布，http://www. edu. cn/news_127/20090718/t20090718_391986. shtml。

《2009年全国教育事业发展统计公报》，教育部2010年发布，http://www. moe. edu. cn/publicfiles/business/htmlfiles/moe/moe_1485/201008/xxgk_93763. html。

《2010年全国教育事业发展统计公报》，教育部2012年3月发布，http://www. moe. edu. cn/publicfiles/business/htmlfiles/moe/moe_633/201203/xxgk_132634. html。

《2011年全国教育事业发展统计公报》，教育部2012年8月发布，http://www. moe. gov. cn/publicfiles/business/htmlfiles/moe/moe_633/201208/141305. html。

《2012年全国教育事业发展统计公报》，教育部2013年8月发布，http://www. moe. gov. cn/publicfiles/business/htmlfiles/moe/moe_633/201308/155798. html。

《2013年全国教育事业发展统计公报》，教育部2014年7月发布，http://www. moe. gov. cn/publicfiles/business/htmlfiles/moe/moe_633/201407/171144. html。

《2014年全国教育事业发展统计公报》，教育部2015年7月发布，http://cul. chinanews. com/gn/2015/07 - 30/7437057. shtml。

四、学位论文及目录

安德：《震旦法学院本届毕业同学的论文》，载《震旦法律经济杂志》1946年第2卷第8期，第149～153页。

安德：《震旦法学院本届毕业同学的论文》，载《震旦法律经济杂志》1947年第3卷第7期，第94～95页。

陈锡潭（Tch'en Si-tan）：《中国嗣续法论》（*L'Adoption en droit chinois*），Thèse pour le doctorat en droit, Université l'Aurore, publiée dans le bulletin de littérature et de droit, Imprimerie De l'Orphelinat de T'ou-sè-wè, Zi-Ka-Wei, Chang-Hai, 1924。

陈雄飞：《中国宪法评论：五权制度》（*Essai de droit constitutionnel chinois; Les cinq pouvoirs*），Théses de l'Université l'Aurore, Shanghai, Paris, Recueil Sirey, 1933。

Fan Yung Ke, *AEschylu' Agamemnon*, Theses, Catholic University, Spring, 1935;

顾继荣(Kou Ki-yong;Ku Chi-yung):《中国的县市:其当代行政的起源、组织与服务》(La Sous-Préfecture chinoise, Etude de son administration actuelle, origine-organisation-services), Thèse pour le doctorat en droit - 1926, Imprimerie de l'Orphelinat de T'ou-sè-wè, Zi-ka-wei, Chang-hai, 1930。

顾维钧(Vi Kyuin Wellington Koo):《外人在华之地位》(The Status of Aliens in China), 哥伦比亚大学 1912 年博士论文, Columbia University, 1912。中文译本由吉林出版集团有限责任公司于 2010 年 8 月出版。

胡文柄:《内国公债》,上海,土山湾工艺局印行,1920 年。

Hsuan T'ai Heng, The Two Great Poets of The T'ang Dynasty, Theses, Catholic University, 1935.

刘集林:《近代留美生与西方人文科学的东渐(1847~1949)》,南开大学硕士学位论文,1997 年 5 月。

刘倩:《中国博士生培养制度研究——基于理性选择的制度主义框架》,华中科技大学硕士学位论文,2009 年 5 月。

刘晓泉:《北洋政府内国公债发行研究》,湖南师范大学博士学位论文,2008 年 4 月。

潘山:《中国博士学位授予制度的历史考察》,云南大学硕士学位论文,2013 年 5 月。

沈家诒(Chen Kia-i):《管子之政法经济学说》(Les doctrines juridique et économique de Koan-tse), Thèse pour le doctorat en droit, Université l'Aurore, Imprimerie de l'orphelinat de T'ou-sè-wè, Zi-Ka-Wei, Chang-hai, 1928。

王宠惠:《住所:一个比较法的研究》,耶鲁大学民法学博士论文,1905 年,载张仁善编:《王宠惠法学文集》,北京,法律出版社,2008 年,1 版 1 次。

王敦常:《票据法理刍议》(Etude juridique sur les Effets de commerce chinois),上海震旦大学法学博士学位论文,113+119 页,1922 年。

王茉莉、林玉泉主编:《全国博硕士论文分类目录》,"国立"政治大学社会科学资料中心编,台北,天一出版社,1977 年 7 月。

王祥第:《清代之军机大臣》,清华大学本科学位论文,1935 年,载葛兆光编:《学术薪火——三十年代清华大学人文社会学科毕业生论文选》,长沙,湖南教育出版社,1998 年,1 版 1 次,第 1~66 页。

王薇佳:《独辟蹊径:一所与众不同的大学——上海震旦大学研究

(1903～1952)》,华中师范大学博士学位论文,2003年。

吴芬:《中国早期研究生教育研究(1902～1949)》,华南师范大学硕士学位论文,2002年6月。

吴桂馨:《唐律之后的刑罚:中国古代刑法研究》(*La peine d'après le code des T'ang: étude de droit pénal chinois ancien*),Shanghai, Université l'Aurore, Tientsin, Hautes Etudes / Paris, Recueil Sirey, 1935。

吴静:《民国时期学位制度探析》,浙江大学硕士学位论文,2001年12月。

萧桐(Siao T'ong):《中国法律中的继承与收养》(*De la succession et de l'adoption en droit chinois*),Thèse pour le doctorat en droit, Université l'Aurore, Imprimerie De l'Orphelinat de T'ou-sè-wè(土山湾工艺局), Zi-Ka-Wei, Chang-Hai, 1927。

徐象枢(Siu Siang-tch'ou):《唐太宗之功绩》(*L'œuvre de T'ang T'ai-Tsong*),Thèse pour le doctorat en droit, Université l'Aurore, Chang-hai, Imprimerie de l'Orphelinat de T'ou-sè-wè, Zi-Ka-Wei près Chang-hai, 1924。

杨德骅:《保甲制度》,清华大学本科学位论文,1937年,载葛兆光编:《学术薪火——三十年代清华大学人文社会学科毕业生论文选》,长沙,湖南教育出版社,1998年,1版1次,第283～316页。

杨兆龙:《中国司法制度之现状及问题研究——与外国主要国家相关制度之比较》,哈佛大学法学博士学位论文,1935年;卢勤忠译,施觉怀审校,载《杨兆龙法学文集》,"东吴法学先贤文丛",北京,法律出版社,2005年,1版1次,第3～105页。

余伟良:《二十世纪的中国学位制度研究》,湖南师范大学博士学位论文,2008年5月。

袁民宝(Yuen Ming Pao):《中国农业制度考》(*Systèmes agraires en Chine*),上海震旦大学院(Universiteé de Changhai L'Aurore), Thèse pour le doctorat en droit, 1922。

袁同礼:《中国留欧大陆各国博士论文目录》(*A Guide to Doctoral Dissertations by Chinese Students in Continental Europe, 1907～1962*)。

袁同礼:《中国留美同学博士论文目录》(*A Guide to Doctoral Dissertations by Chinese Students in America 1905～1960*), published under the Auspices of the Sino-American Cultural Society, Inc., Washington D. C., 1961。

Yuan Tongli, China in Western Literature: a continuation of Cordier's Biblitheca Sinica, New Haven, Far Eastern Publications, Yale University, 1958.

张登棣(Tchang Teng-ti):《上海租界的永久租赁契》(Les Titres de location perpétuelle sur les concessions de Shanghai), Hautes études, Université l'Aurore, Sirey, 1940。

赵国斌:《中国近现代法学教育盛衰论》,黑龙江大学硕士学位论文,2007年。

郑浩:《我国研究生教育的发展历史研究(1902~1998)》,湖南师范大学硕士学位论文,2005年4月。

朱高融(Tchou Kao-yong):《中国法与外国法中有关共有的两种主要形式的比较研究》(De l'indivision sous ses deux principales formes en droit chinois comparé avec le droit étranger), Shanghai, Université l'Aurore; Paris, Librairie du Recueil Sirey, 1934。

北京图书馆学为论文收藏中心编:《1981~1990中国博士学位论文提要》(社会科学部分),北京,书目文献出版社,1992年,1版1次。

"国立中央"图书馆主编:《"中华民国"博士硕士论文目录》,中华丛书编审委员会印行,1970年。

《"国立"台湾大学政治学系历届博硕士论文一览》,http://www.doc88.com/p-6890221089.html。

《"国立"台湾师范大学国文研究所历年博士论文一览表》,http://wenku.baidu.com/view/322cf81cfc4ffe473368ab4f.html。

"教育部学术审议委员会"汇编:《四十九年至六十七年博士论文提要》,台北,商务印书馆,1980年,1版1次。

《中国博士学位论文提要:1981~1990》(自然科学部分,理学分册),沈阳,辽宁大学出版社,1995年,1版1次。

五、中文图书

蔡元培著,高平叔编:《蔡元培全集》第7卷,北京,中华书局,1989年,1版1次。

蔡仲德:《冯友兰先生年谱初编》,郑州,河南人民出版社,1994年,1版1次。

陈东原:《中国教育史》,上海,商务印书馆,1936年,1版1次。

陈光甫:《陈光甫日记》,上海市档案馆编,上海,上海书店出版社,2002

年,1 版 1 次。

陈景磐编:《中国近代教育史》,北京,人民教育出版社,1979 年,1 版 1 次。

陈科美主编,金林祥副主编:《上海近代教育史(1843~1949)》,上海,上海教育出版社,2003 年,1 版 1 次。

陈能治:《战前十年中国的大学教育(1927~1937)》,台北,商务印书馆,1990 年,1 版 1 次。

陈启天:《近代中国教育史》,台北,中华书局,1969 年,1 版 1 次。

陈天锡编:《迟庄回忆录》(第四、五合编),"近代中国史料丛刊续编"第三辑,沈云龙主编,台北,文海出版社。

陈天锡:《戴季陶(传贤)先生编年传记》,"近代中国史料丛刊续编"四十三辑,台北,文海出版社。

陈学飞等:《西方怎样培养博士——法、英、德、美的模式与经验》,北京,教育科学出版社,2002 年,1 版 1 次。

陈学恂主编,田正平分卷主编:《中国教育史研究·近代分卷》,上海,华东师范大学出版社,2009 年,1 版 1 次。

陈玉堂编著:《中国近现代人物名号大辞典》(全编增订本),杭州,浙江古籍出版社,2005 年,1 版 1 次。

程道德主编:《近代中国高等院校修业证书图鉴》(上下册),北京,国家图书馆出版社,2010 年,1 版 1 次。

成有信编:《比较教育教程》,北京,北京师范大学出版社,1987 年,1 版 1 次。

崔之清主编:《当代台湾人物辞典》,郑州,河南人民出版社,1994 年,1 版 1 次。

董宝良主编:《中国近现代高等教育史》,武汉,华中科技大学出版社,2007 年,1 版 1 次。

杜元载主编,中国国民党中央委员会党史委员会编辑:《抗战时期之高等教育》,革命文献第 60 辑,台北,1972 年 9 月。

冯友兰:《三松堂全集》第 14 卷,郑州,河南人民出版社,2001 年,2 版 1 次。

高时良:《中国教育史论丛》,福州,福建教育出版社,2009 年,1 版 1 次。

葛夫平:《中法教育合作事业研究(1912~1949)》,上海,上海书店出版社,2011 年,1 版 1 次。

顾明远总主编：《中国教育大系(修订版)·历代教育制度考(二)》，武汉，湖北教育出版社，2004年，1版1次。

顾维钧：《顾维钧回忆录》第一分册，北京，中华书局，1983年，1版1次。

关勋强、李瑞兴、刘运成主编：《医学研究生教育评价研究与实践》，北京，军事医学科学出版社，2000年，1版1次。

广少奎：《重振与衰变：南京国民政府教育部研究》，济南，山东教育出版社，2008年，1版1次。

郭嵩焘：《郭嵩焘日记》第三卷，长沙，湖南人民出版社，1982年，1版1次。

郭玉贵：《美国和苏联学位制度比较研究——兼论中国学位制度》，上海，复旦大学出版社，1991年，1版1次。

何东昌主编：《当代中国教育》(上)，北京，当代中国出版社，1996年，1版1次。

贺家宝：《北大红楼忆旧》，北京，大众文艺出版社，2007年，1版1次。

侯强：《中国近代法律教育转型与社会变迁研究》，北京，中国社会科学出版社，2008年，1版1次。

黄福涛主编：《外国高等教育史》，上海，上海教育出版社，2008年，2版1次。

黄启兵：《中国高校设置变迁的制度分析》，"中国近现代高等教育研究丛书"，福州，福建教育出版社，2007年，1版1次。

黄新宪：《台湾教育：从日据到光复》，上海，上海人民出版社，2012年，1版1次。

黄宇智主编：《当代中国高等教育论要》，汕头，汕头大学出版社，1994年，1版1次。

贾馥茗总编纂，"国立编译馆"主编：《教育大辞书》(六)，台北，文景书局，2000年，1版1次。

蒋晓伟：《上海法学教育史研究》，北京，法律出版社，2008年，1版1次。

康翠萍：《学位论》，"高等教育研究丛书"，北京，人民教育出版社，2005年，1版1次。

康有为：《康有为牛津剑桥大学游记手稿》，程道德点校，北京，北京图书馆出版社，2004年，1版1次。

黎庶昌：《西洋杂志》，喻岳衡、朱心远校点，长沙，湖南人民出版社，

1981年,1版1次。

李贵连等编:《百年法学:北京大学法学院院史》(1904~2004),北京,北京大学出版社,2004年,1版1次。

李华兴主编:《民国教育史》,上海,上海教育出版社,1997年,1版1次。

李均:《中国高等教育研究史》,广州,广东高等教育出版社,2005年,1版1次。

李露:《中国近代教育立法研究》,桂林,广西师范大学出版社,2001年,1版1次。

李占编撰:《儒林杂记》,香港,震旦出版社,1978年,1版1次。

李忠:《中国教育史研究问题的反思与应对》,济南,山东教育出版社,2008年,1版1次。

梁桂芝等主编:《中国博士人名辞典》,南昌,江西高校出版社,1992年,1版1次。

林本编著:《日本教育之理论与实际》,台北,开明书店,1967年,1版1次。

刘国铭主编:《中国国民党百年人物全书》,北京,团结出版社,2005年,1版1次。

刘少雪:《中国大学教育史》,太原,山西教育出版社,2007年,1版1次。

刘献君主编:《发达国家博士生教育中的创新人才培养》,武汉,华中科技大学出版社,2010年,1版1次。

刘仲华主编:《北京教育史》,"北京专史集成",北京,人民出版社,2008年,1版1次。

马建忠:《马建忠集》,王梦珂点校,北京,中华书局,2013年,1版1次。

马宗荣:《最近中国教育行政四讲》,长沙,商务印书馆,1938年,1版1次。

毛礼锐、沈灌群主编:《中国教育通史》(1~6卷),济南,山东教育出版社,1985~1989年。

孟雪梅:《近代中国教会大学图书馆研究》,北京,国家图书馆出版社,2009年,1版1次。

秦惠民主编:《学位与研究生教育大辞典》,北京,北京理工大学出版社,1994年,1版1次。

钱曼倩、金林祥主编:《中国近代学制比较研究》,广州,广东教育出版社,1996年,1版1次。

曲士培:《中国大学教育发展史》,北京,北京大学出版社,2006年,1版1次。

邵延淼主编:《辛亥以来人物年里录》,南京,江苏教育出版社,1994年,1版1次。

沈家本:《中国历代刑法考》,邓经元、骈宇骞点校,北京,中华书局,1985年,1版1次。

孙百刚编:《各国教育制度及概况》,上海,新中国建设学会出版科,1934年;上海,上海书店出版社影印,"民国丛书"第三编46。

孙邦华:《西学东渐与中国近代教育变迁》,北京,中国社会科学出版社,2012年,1版1次。

孙邦正编著:《六十年来的中国教育》,台北,"国立"编译馆,1971年,1版1次;1974年,2版1次。

汤能松等:《探索的轨迹——中国法律教育发展史略》,北京,法律出版社,1995年,1版1次。

田正平、高丽浩主编:《中国高等教育百年史论:制度变迁、财政运作与教师流动》,北京,人民教育出版社,2006年,1版1次。

王凤喈:《中国教育史大纲》,上海,商务印书馆,1928年,1版1次;1930年,2版1次。

王健:《中国近代的法律教育》,北京,中国政法大学出版社,2001年,1版1次。

王伟:《中国近代留洋法学博士考(1905～1950)》,上海,上海人民出版社,2011年,1版1次。

王秀卿主编:《研究生教育概论》,北京,北京理工大学出版社,2001年,1版1次。

王玉明主编:《中国法学家辞典》,北京,中国劳动出版社,1991年,1版1次。

王云五:《王云五文集·5:商务印书馆与新教育年谱》,南昌,江西教育出版社,2008年,1版1次。

王战军编著:《学位与研究生教育评估技术与实践》,北京,高等教育出版社,2000年,1版1次。

王忠烈主编:《台湾、香港、澳门学位制度与研究生教育研究》,北京,中国人民大学出版社,1997年,1版1次。

王忠烈主编,潘懋元等副主编:《学位与研究生教育比较研究》,北京,中国人民大学出版社,1999年,1版1次。

卫道治主编:《中外教育交流史》,长沙,湖南教育出版社,1998年,1版1次。

文乃史著,王国平、杨木武译:《东吴大学》,珠海,珠海出版社,1999年,1版1次。

吴晓红:《晚清学部研究》,广州,广东教育出版社,2000年,1版1次。

吴本厦:《中国学位与研究生教育的创立及实践》,北京,高等教育出版社,2009年,1版1次。

吴俊升等:《"中华民国"教育志》(一)(二),台北,中华文化出版社事业委员会出版发行,1955年,1版1次。

吴式颖主编:《外国现代教育史》,北京,人民教育出版社,1997年,1版1次。

吴镇柔、陆叔云等:《中华人民共和国研究生教育和学位制度史》,北京,北京理工大学出版社,2001年,1版1次。

项建英:《近代中国大学教育学科研究》,上海,华东师范大学出版社,2012年,1版1次。

谢桂华主编:《20世纪的中国高等教育:学位制度与研究生教育卷》,北京,高等教育出版社,2003年,1版1次。

谢振民编著:《中华民国立法史》(下册),北京,中国政法大学出版社,2000年,1版1次。

熊明安主编:《中华民国教育史》,重庆,重庆出版社,1990年,1版1次。

熊映平等编著:《教育中国》,长沙,湖南人民出版社,2003年,1版1次。

熊月之、周武主编:《圣约翰大学史》,上海,上海人民出版社,2007年,1版1次。

徐希元:《当代中国博士生教育研究》,北京,知识产权出版社,2006年,1版1次。

徐以骅、韩信昌:《海上梵王渡——圣约翰大学》,石家庄,河北教育出版社,2003年,1版1次。

薛天祥主编:《研究生教育学》,桂林,广西师范大学出版社,2001年,1版1次。

颜惠庆:《颜惠庆自传——一位民国元老的历史记忆》,吴建雍、李宝臣、叶凤美译,北京,商务印书馆,2003年,1版1次。

杨思信、郭淑兰：《教育与国权——1920年代中国收回教育权运动研究》，北京，光明日报出版社，2010年，1版1次。

杨宪东主编：《徐州五中志》，徐州，中国矿业大学出版社，2005年，1版1次。

杨晓：《中日近代教育关系史》，北京，人民教育出版社，2004年，1版1次。

易汉文主编：《中山大学编年史（1924～2004）》，广州，中山大学出版社，2005年，1版1次。

张奠宙：《数学教育经纬（张奠宙自选集）》，南京，江苏教育出版社，2003年，1版1次。

张举玺：《中俄教育管理体制比较》，郑州，河南大学出版社，2007年，1版1次。

张英丽：《学术职业与博士生教育》，武汉，华中科技大学出版社，2009年，1版1次。

甄志亚主编：《中国医学史》，北京，人民卫生出版社，1991年，1版1次。

郑旦华、于超美编著：《台湾教育四十年》，长沙，湖南教育出版社，1992年，1版1次。

郑观应：《郑观应集》（下册），夏东元编，上海，上海人民出版社，1988年，1版1次。

钟鲁齐：《比较教育》，上海，商务印书馆，1935年，1版1次；上海，上海书店影印，"民国丛书"第三编46。

周光礼、莫甲凤、刘倩、王彩红：《中国博士质量调查——基于U/H大学的案例分析》，北京，社会科学文献出版社，2010年，1版1次。

周洪宇主编：《学位与研究生教育史》，北京，高等教育出版社2004年，1版1次。

周绪红主编：《湖南大学研究生教育发展史》（1943～1999），长沙，湖南大学出版社，1999年，1版1次。

朱立恒：《法治进程中的高等法学教育改革》，北京，法律出版社，2009年，1版1次。

朱自清：《经典常谈》，北京，生活·读书·新知三联书店，1980年，1版1次。

竺可桢：《竺可桢全集》第9卷，上海，上海科技教育出版社，2006年，1版1次。

庄文亚编辑：《全国文化机关一览》，上海，世界书局，1934年，1版1次。

左惟、袁久红、刘庆楚编：《大学之道——东南大学的一个世纪》，南京，东南大学出版社，2002年，1版1次。

《陈水逢先生纪念集》，"中华民国"日本研究学会，台北，1997年。

《辞海》（教育、心理分册），上海，上海辞书出版社，1980年，1版1次。

《第四次"中华民国"教育年鉴》，"教育部"教育年鉴编纂委员会编纂，台北，正中书局，1974年，1版1次。

《东莞市志》，广州，广东人民出版社，1995年，1版1次。

《共和国教育50年（1949～1999）》，中华人民共和国教育部编，北京，北京师范大学出版社，1999年，1版1次。

《复旦大学志》（第一卷1905～1949），上海，复旦大学出版社，1985年，1版1次。

《"国立"台湾大学校史稿（1928～2004）》，台北，"国立"台湾大学出版社，2005年，1版1次。

《湖南资料手册》（1949～1989），北京，中国文史出版社，1990年，1版1次。

北京大学研究生院编：《继往开来：北京大学研究生教育90年》，北京，北京大学出版社，2008年，1版1次。

《简明不列颠百科全书》（第15版），第8卷，北京，中国大百科全书出版社，1986年，15版1次。

《简明科学家辞典》，上海，上海辞书出版社，1996年，1版1次。

《近代来华外国人名辞典》，北京，中国社会科学出版社，1981年，1版1次。

中国科学院院士工作局编：《科学的道路》，上海，上海教育出版社，2005年，1版1次。

《泉州市志》第五册，北京，中国社会科学出版社，2000年，1版1次。

《上海妇女志》，上海，上海社会科学院出版社，2000年，1版1次。

上海圣约翰大学校史委员会组编：《上海圣约翰大学（1879～1952）》，上海，上海人民出版社，2009年，1版1次。

《新编读报手册》，杭州，浙江教育出版社，1986年，1版1次。

震旦大学校友会编：《震旦大学建校百年纪念》，2002年9月。

《中国大学校长名典》（第一卷），北京，中国人事出版社，1995年，1版1次。

《中国教育年鉴》(1949~1981),北京,中国大百科全书出版社,1984年,1版1次。

《中国学位与研究生教育信息分析报告》,北京,中国人民大学出版社,2009年,1版1次。

《中国学位授予单位名册》(2006年版),北京,高等教育出版社,2007年10月。

[比]希尔德·德·里德-西蒙斯主编:《欧洲大学史》第一卷(中世纪大学),张贤斌等译,保定,河北大学出版社,2008年,1版1次。

[法]戴仁编:《法国中国学的历史与现状》,耿昇译,上海,上海辞书出版社,2010年,1版1次。

[法]雅克·韦尔热:《中世纪大学》,王晓辉译,上海,上海人民出版社,2007年,1版1次。

[美]杰西·格·卢茨:《中国教会大学史(1850~1950年)》,曾锯生译,杭州,浙江教育出版社,1987年,1版1次。

[美]德克·布迪、克拉伦斯·莫里斯:《中华帝国的法律》,朱勇译,南京,江苏人民出版社,2008年,1版1次。

[美]L.T.李:《领事法和领事实践》,傅铸译,北京,商务印书馆,1975年,1版1次。

[美]欧文·白璧德:《文学与美国的大学》,张沛、张源译,北京,北京大学出版社,2004年,1版1次。

[日]天野郁夫:《大学的诞生》,黄丹青、窦心浩等译,南京,南京大学出版社,2011年,1版1次。

[意]利玛窦、[比]金尼阁:《利玛窦中国札记》,何高济等译,桂林,广西师范大学出版社,2001年,1版1次。

[英]费唐:《费唐法官研究上海公共租界情形报告书》,"稀见上海史志资料丛书"8,上海,上海书店出版社,2012年,1版1次。

六、中文文章

艾毓英:《对学位授予法之意见》,载《每周评论》1935年第156期,第5~6页。

蔡晋:《国民党统治时期的上海司法界》,载《上海文史资料存稿汇编》(社会法制),上海,上海古籍出版社,2001年,1版1次,第1~9页。

曹伯一,http://www.ndcnc.gov.cn/datalib/2003/Character/DL/DL-20031209095157/。

陈伯敏:《中央大学研究院的建立及其发展》,载《中央大学北京校友会南京大学北京校友会会刊》总第15期,2002年5月。

陈挥、陈杰:《科学与真理的阶梯——震旦大学医学院》,载《上海交通大学学报》(医学版)2010年第7期,第740~742页。

陈平原:《中国博士是否值得信赖——革新博士教育六建议》,载《南方周末》2013年2月21日F28。

陈水逢,http://www.ndcnc.gov.cn/datalib/2003/Character/DL/DL-20031226102942/。

陈震:《法德两国的学位考试与学位》,载《安徽教育》1932年第3卷第2期,第1~16页。

陈之彬:《缅怀父亲陈厚儒》,2005年4月2日墨尔本,http://www.aucca.com/mianhuai1.htm。

程维钧:《怀想与热爱——忆祖父程步高先生》,载《嘉兴日报》2011年1月24日第C7版;http://phxx.ph2009.com/?action-viewnews-itemid-400(2011年1月24日平湖网发布)。

程悦云:《学位制度的由来及发展》,载《辽宁大学学报》(哲学社会科学版)1994年第1期,第67~68页。

杜敦科:《南京国民政府时期基督教大学立案探析》,载《历史教学》2011年第16期,第30~34页。

段慧灵:《齐鲁大学医学院的片断回忆》,载《文史资料存稿选编》第24卷"教育",北京,中国文史出版社,2002年,1版1次,第320~326页。

傅宗懋,http://www.ndcnc.gov.cn/datalib/2004/Character/DL/DL-20040106092319/。

顾方济:《顾方济自传》,http://www.shwsg.net/article.php?newsid=64。

顾方济口述,曹名才整理:《与韩国抗日志士的珍贵友情》,载《世纪》2006年第1期,第39~41页。

郭思永:《郭云观先生年谱》,载《玉环文史资料》第2辑,1986年11月,第17~22页。

韩闻痌:《官费留学应加以统制》,载《时代公论》1934年第29期。

何勤华:《中国近代法律教育与中国近代法学》,载《法学》2003年第12期,第3~14页。

侯利标编写:《私立时期厦门大学法学教师传略(二)》,http://www.fatianxia.com/blog_list.asp?id=34257。

胡先骕：《论博士考试》，载《独立评论》1933年8月20日第64号，第14～16页。

胡适：《争取学术独立的十年计划》，原载于《中央日报》1947年9月28日，转载于杨开忠主编：《向上的精神——北京大学规划文选（1914～2013）》，北京，北京大学出版社，2014年，1版1次，第472页。

汉俊：《中国人为什么向日本政府请求博士学位?》，载《民国日报·觉悟》1921年9月30日。

黄建中：《十年来的中国高等教育》，载中国文化建设协会编集：《抗战前十年之中国》，上海，中国文化建设协会，1937年；台北，龙门书局影印，1965年，第503～529页。

纪坡民：《〈六法全书〉历史沿革》，http://www.148cn.org/data/2006/1007/article_5354.htm。

建宇：《郭云观传略》，载《玉环文史资料》第2辑，1986年11月，第11～16页。

江峨英：《我所知道的关于收回震旦大学教育主权的过程》，载《上海文史资料存稿汇编》（科教文卫），上海，上海古籍出版社，2001年，1版1次，第73～82页。

雷飞龙，http://www.jmlib.com:8088/datalib/2003/Character/DL/DL-20031226214601/。

李响：《张筑生：北大第一位博士》，载北京大学研究生院编：《江山代有才人出——北京大学研究生教育90年》，北京，北京大学出版社，2008年，1版1次，第155～159页。

刘麦生：《回忆震旦大学》，载《解放前上海的学校》（上海文史资料选辑第五十九辑），上海，上海人民出版社，1988年，1版1次，第77～87页。

刘世芳：《大陆英美法律教育制度之比较及我国应定之方针》，载孙晓楼《法律教育》，北京，中国政法大学出版社，1997年，1版1次，第184～188页。

刘贤：《两所大学与两个时代——天主教震旦大学与辅仁大学比较（1903～1937）》，载《世界宗教研究》2009年第4期，第22～31页。

卢建平：《法国法学教育二题》，载《法学家茶座》2009年第3期，总第27辑，第13～25页。

罗敏：《孙国玺先生事略》，载《安庆文史资料》第25辑，1994年8月，第302～304页。

罗缉熙，http://matthew.hitechemall.com/sums56/ani/leung2.htm。

马骥雄：《略论学位制》，载瞿葆奎主编，黄荣昌等选编：《教育制度》，教育学文集第 14 卷，北京，人民教育出版社，1990 年，1 版 1 次，第 393～410 页。

马君武：《罗伯儿传》，载《大中华杂志》第 2 卷第 7 期。

毛汉光，http://www.ndcnc.gov.cn/datalib/2003/Character/DL/DL-20031213125353/。

毛汉光教授访谈回忆录，http://depthis.ccu.edu.tw/doc/publication/ccuhis10_01.pdf。

梅汝璈：《关于英美法课程的教本与参考书之商榷——介绍几本浅近的法律参考书》，载梅小璈、范忠信选编：《梅汝璈法学文集》，北京，中国政法大学出版社，2007 年，1 版 1 次，第 322～323 页。

民标：《研究比较法学的实益》，载《震旦法律经济杂志》1947 年第 3 卷第 5～6 期。

明耀五：《谈大学学位》，载《现代学生》1930 年第 1 卷第 3 期，第 1～11 页。

彭海、查克彦、江家齐：《私立扬州震旦中学史事追述》，载中国人民政治协商会议江苏省扬州市委员会文史资料委员会编：《扬州文史资料》第 10 辑，1991 年 1 月，第 155～162 页。

钱成：《复旦何时开始授予荣誉学衔？》，http://edu.sina.com.cn/y/news/2005-09-20/204944276.html（2005 年 9 月 20 日）。

秦希廉：《忆母校燕京大学》，百岁翁秦希廉教授的博客，http://blog.sina.com.cn/s/blog_5e20b0210100bliy.html。

《十八博士今何在？》，中国学位与研究生教育信息网"中国学位三十年"专栏，http://www.cdgdc.edu.cn/xwyyjsjyxx/xw30/jzssn/sbbsjhz/。

《十八博士简况表》，中国学位与研究生教育信息网"中国学位三十年"专栏，http://www.cdgdc.edu.cn/xwyyjsjyxx/xw30/jzssn/270922.shtm。

舒光平：《我国建立大学学位制度的回顾与展望》，央广网，http://edu.cnr.cn/30/jiaoyu/200810/t20081021_505129266.html（2008 年 10 月 21 日）。

宋连斌：《春蚕不应老，昼夜常怀丝——李谋盛先生的学术人生》，http://www.acriticism.com/article.asp?Newsid=8196（2006 年 8 月 29 日）。

涂上飚：《论民国时期武汉大学研究生教育的特点》，载《武汉大学学报》（哲学社会科学版）2008 年第 61 卷第 4 期，第 597～601 页。

王炳照:《五十年来的中国近代史研究(教育史)》,http://www.pep.com.cn/xgjy/jyyj/fzxk/zgjys/201101/t20110110_1013924.htm。

王敦常:《读法律周刊徐谦先生论法治与人治》,载《法律周刊》1924年第37期,第8~9页。

王敦常:《外国财产继承法述略》,载《中华法学杂志》1931年第3期,第17~32页。

王光祈:《留学与博士》,载《生活》1931年第6卷第17期,第348~350页。

王国平:《中国最早的研究生教育》,载《江海学刊》2007年第1期,第171~177页。

王寿南,http://www.fjsen.com/o/2011-10/15/content_6383950.htm。

王薇佳:《震旦大学性质辨析》,载《基督宗教研究》第7辑,北京,宗教文化出版社,2004年,1版1次,第388~416页。

王学、喻本伐:《利玛窦眼中的中国科举功名与西方学位》,载《教学研究与实验》2005年第4期,第42~46页。

王云五:《我国博士学位授予之研讨》,1957年4月为《新生报》写,载王云五:《岫庐论学》(增订再版),台北,商务印书馆,1966年,2版1次,第301~307页。

王云五:《博士考》,1957年8月为《中国学术史论集》作,载王云五:《岫庐论学》(增订再版),台北,商务印书馆,1966年,2版1次,第309~318页。

王云五:《为博士学位授予事与莫院长商榷书》(1957年3月作),载王云五:《岫庐论教育》,台北,商务印书馆,1965年,1版1次,第301~303页。

魏寿崑:《谈德国之大学教育》,载《北洋理工季刊》1936年第4卷第3期,第20~25页。

吴本厦:《[教育奠基中国]1980年:学位条例草案全票通过》,中国教育新闻网,中国教育报记者俞水整理,http://www.jyb.cn/high/gdjyxw/200908/t20090830_306271.html(2009年8月30日)。

吴文星:《京都帝大教职员参与临时台湾旧习惯调查会概况表》,见《京都帝国大学与台湾旧习惯调查》,http://ir.lib.ntnu.edu.tw/retrieve/18511/ntnulib_ja_B0701_0001_029.pdf。

吴智军:《浅议我国学位制度的引入与流变》,载《贵州师范学院学报》(哲学社会科学版)2009年第4期,第143~146页。

冼利青、袁月梅:《日本医学学位的发展历史与现状分析》,载《学位与研究生教育》2007 年第 10 期，第 69～71 页。

谢颂三：《回忆东吴法学院》，载上海市政协文史资料委员会编：《上海文史资料存稿汇编》（科教文卫），上海，上海古籍出版社，2001 年，1 版 1 次，第 55～72 页。

徐象枢：《法国之法律教育》，载孙晓楼：《法律教育》，北京，中国政法大学出版社，1997 年，1 版 1 次，第 223～235 页。

徐象枢：《从政杂记》，原载于台湾《中外杂志》1984 年 36 卷第 5 期第 96～99 页，转载于《历史研究》第 6 辑"台湾及海外中文报刊资料专辑"（内部发行），北京，书目文献出版社，1987 年，1 版 1 次，第 49～52 页。

许周鹤、张梦白：《最早开设的教会大学——东吴大学》，载《民国春秋》1996 年第 5 期，第 9～12 页。

杨大春：《西学东渐与上海近代法律教育——以东吴法学院为中心》，载《上海政法学院学报》2006 年第 6 期，第 112～119 页。

杨兆龙：《中国法律教育之弱点及其补救之方略》，载孙晓楼：《法律教育》，北京，中国政法大学出版社，1997 年，1 版 1 次，第 160～162 页。

杨振山：《中国法学教育沿革之研究》，载《政法论坛》2000 年第 4 期，第 136～148 页。

姚星叔：《博士考》，载《新医药刊》1933 年第 74 期。

应方淦：《清末教会大学学位制度述评》，载《高等教育研究》2001 年第 22 卷第 3 期，第 94～96 页。

游玉华：《近代我国研究生教育的发展轨迹》，载《大学教育科学》2005 年第 2 期，第 75～78 页。

曾培启：《妾在现行法令上之地位》，载《震旦大学院杂志》1930 年第 20 期，第 5～11 页。

张超伦：《我是怎样在华西协合大学医科毕业的》，载《贵州少数民族文史资料专辑》，北京，中国文史出版社，1991 年，1 版 1 次，第 176～177 页。

张群、张松：《北洋时期对票据习惯的调查研究及其与立法的关系》，载《清华法学》第 6 辑，北京，清华大学出版社，2005 年，1 版 1 次，第 205～212 页。

张少利：《北洋政府时期学位制度述评》，载《中国高教研究》2007 年第 2 期，第 22～25 页。

郑朝强：《我所知道的上海圣约翰大学》，载《文史资料选辑》第 91 辑，天津，文史资料出版社，1983 年，1 版 1 次，第 80～105 页。

郑全庆：《日本四博士与清末修律》，http://m.ycreview.com/

node/115。

郑永泰:《中国法学著作的公式化》,载《震旦法律经济杂志》1945年第1期,第55~56页。

周鲠生:《上海租界的性质及组织》,载《现代评论》1925年第2卷第27期,第4~7页。

周诒春:《周校长对於第五次高等科毕业生训辞》,载《清华周刊》1917年第3期,第12~13页。

朱怡声:《朱怡声回忆录》(1960年夏写于巴西圣保罗),http://blog.sina.com.cn/s/blog_66837ea90100vqjg.html(2011年11月9日新郎博客转载)。

朱仲华、陈于德:《复旦校长李登辉事迹述要》,载中国人民政治协商会议全国委员会文史资料研究委员会编:《文史资料选辑》第97辑,天津,文史资料出版社,1985年,1版1次,第108~125页。

[法]戴密薇:《法国汉学研究史概述》,载阎纯德主编:《汉学研究》第1集,北京,中国和平出版社,1996年,1版1次,第15~54页。

[法]Robert Redslob:《普鲁士新宪法述评》,王敦常译,载《欧洲新宪法述评》,"东方文库"第17种,上海,商务印书馆,1924年,1版1次,第55~74页。

[美]包文:《金陵大学之情况》,原载于《教育季刊》1925年第1卷第4期,转载于李楚材辑:《帝国主义侵华教育史料——教会教育》,北京,教育科学出版社,1987年,1版1次,第167~170页。

[美]贝德士辑:《中国基督徒名录》,载章开沅主编:《社会转型与教会大学》,武汉,湖北教育出版社,1998年,1版1次,第369~486页。

[美]博尔敦:《中国基督教教育的宗旨》,原载于《教育季刊》1926年第2卷第1期,转载于李楚材辑:《帝国主义侵华教育史料——教会教育》,北京,教育科学出版社,1987年,1版1次,第52~53页。

[美]狄考文:《如何使教育工作最有效地在中国推进基督教事业》,载顾明远总主编:《中国教育大系(修订版)·历代教育制度考(二)》,武汉,湖北教育出版社,2004年,1版1次,第2080~2083页。

[美]康雅信:《培养中国的近代法律家:东吴大学法学院》,王健译,载贺卫方编:《中国法律教育之路》,北京,中国政法大学出版社,1997年,1版1次,第248~297页。

[美]乔恩·W·亨勒尼:《上海震旦大学(1903~1952)》,郭太风译,载《上海修志向导》1994年第5期,第33~37页。

七、外文资料

Allemes, Frederick, The System of Legal Education in France (1929), *The Journal of the Society of Public Teachers of Law* 36 – 39.

Borthwick, Sally, *Education and Social Change in China, The Beginnings of the Modern Era*, Hoover Institution Press, Stanford University, Stanford, California, 1983.

Chen, Theodore Hsi-en, *Chinese Education Since 1949, Academic and Revolutionary Models*, Pergamon Press, New York, 1981.

Hayhoe, Ruth, *Towards the Forging of A Chinese University Ethos: Zhendan and Fudan, 1903 – 1919*, The China Quarterly, No. 94 (Jun., 1983).

Hayhoe, Ruth, *China's Universities and Western Academic Modes*, Higer Education, Vol. 18, No. 1, 1989, pp. 49 – 85.

Kou, Cheou-hi, De l'apprentissage en Chine (Essai d'enquete),载《震旦大学院杂志》1918 年第 15 期,第 23~27 页。

Lamberton, Mary, *St. John's University*, United Board for Christian Colleges in China, New York, 1955.

Serviére, Joseph, *Une Université Française en Chine*, Relations de Chine, 1918~1919, pp. 69 – 83.

Song, Kouo-tch'ou, Essai de Constitution en Chine depuis 1911,载《震旦大学院杂志》1918 年第 16 期,第 48~52 页。

Tunc, Andre, New Developments in Legal Education in France, *The American Journal of Comparative Law*, Vol. 4, No. 3 (Summer, 1955), pp 419 – 425.

Who is Who in China(《中国名人录》)(英文版),1936 年,5 版 1 次。

Wooton, Edwin, *A Guide to Degrees in Arts, Science, Literature, Law, Music and Divinity, in* the United Kingdom and Colonies, the Continent and the United States, L. Upcott Gill, London, 1883.

Yau, S. Seto, The Problem of Missinary Education in China, Historical and Critical, Ph. D. dissertation, School of Education of New York University, 1927.

《户水宽人博士(1861~1935)著作目录》(新订、初稿),http://home.hiroshima-u.ac.jp/tatyoshi/tomizu001.pdf。

能势岩吉编集:《日本博士录》第1卷(明治二十一年～昭和三十年),教育行政研究所,昭和三十一年发行。

《法律评论创刊十周年纪念论文集》,日本法律评论社,大正十年六月五日,第十卷第八号(临时增刊)。

《法政大学百年史》,东京,法政大学,1980年。

《日本外交史辞典》,日本山川出版社,1992年5月。

《社会政策学会第一回大会记事》,1907年12月22～24日,http://wwwsoc.nii.ac.jp/sssp/1taikaikiji.html。

天野郁夫:《日本の高等教育と一橋の学問》,平成十七年八月一日,http://jfn.josuikai.net/josuikai/21f/59/ama/ama.htm#gakuia。

大日本博士录编辑部:《学位大系博士氏名录》,东京,1937年。

索 引

A

埃及 163～165,256
艾斯加拉 160,174
艾振麟 121

B

巴和 66,72,84,241,261
巴黎大学 51,67,72,73,83,94,97,99,101,102,108,113,118,129,139,140,169,174,178
巴赞 66
柏文蔚 24
包文 82
北京大学 22,24,32,33,51,59～61,63,66,72,96,144,145,154,247,250,257,261,263
北京协和医学院 18,19
北洋大学 31,32,261
北洋政府 10,22,29～33,58,60,78,172,255,261
比较法 97,136,142,158,163～167,170
秉志 50,51
波伦亚大学 1
博士会 30～33,36～38,41,44,182～184,188,189,261
博士论文 2～11,36,38,41,43,49,50,52,58,67,68,72,74～76,83,93～106,108,111,113,118,120,121,125,132,133,135～179,184,185,188,191,201,202,213,215,216,223～227,229,231,233,237～241,243,247,252,253,255～258,261,263
博士学位评定会 39,42～46,48,49,50,54～58,191,197,218～221,223,263
《博士学位授予法草案》 37,38,40,262
部颁博士 191,195,197,218,221,247

C

蔡元培 22,29,35,63
曹伯一 226
曹贻孙 119
朝鲜 249,250
朝阳大学(朝阳学院) 113,190
陈豹隐 185
陈大齐 42,44,46,263
陈大正 67,115

陈海森　114
陈厚儒　85,123
陈水逢　226
陈天锡　44,52,196
陈锡潭　71,95,96,107,126～128,136,143,144,147,148,150,158,160,161,170,174
陈新雄　226
陈雄飞　102,106,107,112,126～129,138,140,142,145～148,150,151,157,158,162,170,174,179,245,262
陈垣　50,51
程步高　111
程天放　23,42
程志道　110
成元庆　227
褚民谊　84

D

达士　27
大博士　142,181,182,192,240
大学博士　2,5,7～10,31～33,35～37,41,42,47,49～51,53,57,60,61,63,68,69,76,81～84,86,88～90,92,93,101～106,112,121,123～125,128,130,133,134,141～143,145,152,157,160～162,165～167,169,172,174,175,179,184,191～193,195～197,200,212,213,221,222,227,228,231,235,237,238,241～243,246～248,253,255～258,264

大学院　16,17,30,31,33,35,36,61
《大学令》　30,180,261
大正　180,184,185,190
戴季陶（戴传贤）　43,44,46,51,52,56,196,248,250,263
戴贻祖　95,108
刀克特尔　15,18
德大阿佛罗　19,260
德国　23,24,80,133,145,146,190,196,242
得业士　181
邓力群　210
邓小平　205
狄考文　93,162
刁信德　18,260
董康　23,73,262
东京帝国大学　183,186～189,192
东南大学　23,60,61
东吴大学　7,23,73,77,79,82,130,169,194,236,237,260,262
独立学院　39,43,48,52,53,70,89,131,132,185,191,213,218,221,222,245
杜圣　75
杜威　22,261
端方　77
铎德　15,18
多克多尔　15,18
铎克瑞　15,18

F

法国　8,15,22,29,41,42,52,64,66～69,72～76,79～84,89～92,

94,96,97,99,108,111,113,120,
129,130,132~135,139~145,
152,157,159,162,164,167,169,
174,181,185,188,189,196,197,
231,237,239~243,245,247,
248,250,256,261,262
法国国家图书馆 146
法学博士 2~11,13,16,17,19~
24,37,40,47,51,55,65~73,75,
76,84~86,88~90,92~109,
111~133,135,136,139,140,
142~146,151~153,156~172,
174,177~179,182~190,192,
194,195,223,225~227,229~
231,233,234,237,239,242,245,
252~254,256,257,260~263
法学硕士 66,67,68,94
法学士 17,20,40,66,67,70,71,
73,85,90,95,96,100,106,108,
112~120,124,125,236,237,261
法政博学科（法政博士科） 66,67,
93~100,108~111,121,122,
261,262
方毅 205,206
副博士 200,203,204,207,209
复旦大学 23,24,78,85,91,99,
144,145,215,262
福建协和大学 82,87
富谷鉎太郎 188
富井政章 182,186~188
辅仁大学 131,153,237

G

冈田朝太郎 183,184,186,189,
190
冈野敬次郎 188
高念祖 85,104,107,126,128,
139,158,167,170,263
高桥作卫 183,186,189
公立大学 24,59,88,192,242,248
工学博士 16,37,40,47,55,182,
183,216,227,260
共产党 199,209,210
顾继荣 69,71,100,107,111,
126~128,137,142,144,146~
150,158,160,162,174,262
顾鸣歧 67,116
顾明祖 85,105,107,126~128,
139,158,170,263
顾守熙 67,73,84,94,95,106,
108,125~128,136,144,151,
152,158,161,170,261
顾维钧 20,156
管子 99,106,137,144~151,
158~160,168,170,179
光绪 15~17,19,29,94
癸卯学制 27,190
郭传曾 106,107,126~128,139,
158,170,263
郭任远 23,42
郭嵩焘 15,18,260
郭云观 23,195
国家博士 10,36,38,42,43,47,
50~53,57,58,60,62,64,68,89,
102,108,113,134,141,181,191,
193,195~197,211~213,217,
218,223,227,228,231,242,244,
246~251,255~258,264

国立大学 31,33,43,47,48,54,
　59,61,63,66,90,91,153～155,
　169,230,233,234,236,237,
　245,252
国士 14,27,28,31
国务院 4,200～208,210～214,
　251,255
国子监 12,14,28
国防最高委员会 53,99,264

H

韩闻痌 171
韩振乾 250
汉学 8
翰林 14～18,25,27,28,62,64,
　250,251,260
何廉 50,51
洪兰友 121,122
洪仁玕 27,260
洪勋 15
胡乔木 205,206
胡适 27,49～51,223～225,238,
　264
胡文柄 66,67,84,93,94,106,
　108,125～129,136,139,140,
　144,145,147,156,158,159,
　163～167,170,172,240,241,
　245,256,261
胡文耀 78
胡先骕 50,51,59,62,63
胡永生 67,115
胡自逢 226
沪江大学 24,82,91
户水宽人 16,183,186

华西协合大学 18,19

J

基督教 93,144,162,233,236,257
箕作麟祥 182
加拿大 19,242
江锡麐 112
江一平 23
江苏省 126,133
蒋介石 56
蒋南翔 199,206,209～212,214
交通大学 61,91
教会大学 6～8,10,18,24,25,61,
　62,65,76～78,81～83,87～89,
　91,92,130～132,143,144,152,
　153,155,169,192,194,230～
　237,239,242,245,247,248,252,
　254～258
教授会 3,23,30,33,70,183,185
教育部 2,5,24,25,29～33,35,
　36,38～50,52,54～56,58～60,
　66,78～80,83～90,118,128,
　129,131,141,155,157,161,169,
　185,197,199,202,208,215,
　217～223,227,228,237,241,
　261～263
教育学博士 37,40,47
京师大学堂 16,250
金井延 186,189,190
金陵大学 82,261
金陵女子大学 82
金问泗 23
进士 14～18,25,28,29,64,250,
　251,260,261

经济学博士　3,4,51,65,67,69,
　　75,92,93,106,116,117,124,
　　135,167,185,192
鸠山和夫　182,186,187
菊池武夫　182
举人　12,14～18,25,27～29,174,
　　250,251,260
俊士　27,31

K

康有为　15,18,260
考试制博士　36～39,42,191,192
考试院　24,37,38,41～47,49,51,
　　53,54,56～58,62,196,218,
　　248,263
科举　12,15～17,27,28,31,37,
　　59,62,249,250,251,260,261
孔明道　65

L

赖炎元　225,227
雷飞龙　226
黎庶昌　15,18
理学博士　3,16,20～22,24,47,
　　51,55,60,182,183,192,195,
　　215,216,219,227,260,261
李浩培　195
李经宇　117
李念兹　114
李书华　50,51
李文显　112
李沂　71,97,126～128,136,170,
　　262
立案　19,36,37,39,43,48,61,
　　69～71,76～79,81～89,92,128,
　　131,154,164,168,191,218,221,
　　233,234,236,237,260～263
立法院　24,25,36～38,41,45,56,
　　96,99,110,111,128
立作太郎　184
利玛窦　14,15
梁伯鸿　114
梁启超　17,159,176
梁实秋　223,224
林枫　199
林巧稚　19
凌鸿勋　50,51
刘麦生　98,119
刘世芳　197
律博士　13,51,105,171,190,194,
　　236
律师　18,66,68,72,73,84,94,96,
　　98,100,101,103,104,109,111,
　　114～118,121,128,129,131,
　　167,194,252,254
陆景龙　117
罗炳吉　23,262
罗锦堂　7,223～225
罗振玉　17,18,260
罗宗洛　50,51

M

马建忠　15,123
马平墡　114
马寅初　23,262
马中骐　215
马相伯　78,85,91
梅谦次郎　186～188,190

梅汝璈 65,193,194
梅理霭 80,81
美国国会图书馆 146,147,151
美浓部达吉 184,189,190
蒙圣球 108,125
民法 65,68,74,94,99,103,125,
　138,140,158,164,168,170,182,
　188
名誉博士 3,4,19~26,33,36,39,
　41,47,54,57,58,88,184,219,
　229,242,251,262
名誉法学博士 19~24,260,262
名誉理学博士 20~22,24,261
名誉神道学博士 21,22,24
名誉神学博士 20,21,24
名誉文学博士 20,21,23,24
名誉哲学博士 22,261
明治 146,151,180~187,189
茅以升 50,51
牧野英一 184

N

南京政府 33,56,78,264
南开大学 155,232
《内国公债》 93,94,136,139,144,
　145,147,156,158~161,163~
　167,170,172,240,256,261
聂荣臻 202,203
纽约州大学 19,82
农学博士 3,37,40,47,51,55,183

P

潘瑞祥 119
《票据法理刍议》 95,96,136,144,
　145,148,151,158,161,164,170,
　172,175,177
评议会 23,30,49~52,54,60,61,
　182,183,188,195,213,228,262,
　264
浦薛凤 7,225,226

Q

七博士事件 186
齐鲁大学 18,19,91
钱昌谋 120
钱端升 195
钱新之 23
清华大学 60,61,91,155,172,
　177,178,262

R

任继愈 249
壬寅学制 27
日本 3,11,16,17,20,25,28,31,
　34,35,42,44,52,68,73,146,
　150,151,180~193,195~198,
　226,244~248,250,260
容闳 19,20,260
柔克义 77
芮恩施 22,261

S

萨本栋 50,51
萨孟武 7,223,225
山田三良 189
上海图书馆 144,145
商学博士 37,40,185
少博士 181

邵规祖　118,130
邵力子　23,262
沈达明　112,113,130,245,253
沈福顺　96,97,107,108,126～
　　129,136,140,158,170,245,262
沈家诒　13,99,100,106,107,
　　126～128,137,144～151,158,
　　168,170,179,262
沈曾诒　101,107,112,126～129,
　　137,140,158,170,245,262
圣约翰大学　7,18～21,24,25,35,
　　82,83,260,261
史记　12,175
硕士论文　7,8,154,155,186,211,
　　227,253
硕士学位　2,6,7,9,14,15,20,29,
　　30,36,39～43,45,46,48,56,60,
　　62,68,70,72,83,84,87～89,94,
　　154,155,185,186,201,203,205,
　　211,213,214,220,221,236,242,
　　244,249,251,263
司法院　78,122,128,129,169
私立大学　23～25,36,37,48,61,
　　70,82,84,88,89,91,92,128,
　　131,132,153,155,192,193,221,
　　230,233～237,242,252,258
寺尾亨　183,186,189
松波仁一郎　188
松芳幸次郎　187
宋国枢　67,108,120,130,245,261
宋家怀　124,125
苏联　1,2,200,201,203,209
诉讼法　68,101,168,179
穗积陈重　182,189

孙科　23,56
孙立时　118
孙中山　33,190,262
孙钟尧　109

T

台北帝国大学　3
台湾　2,3,7,38,57,122,123,145,
　　161,196,197,217～228
台湾师范大学　223,225～227
太平天国　27,28,260
唐律疏议　168
《唐太宗之功绩》　99,137,144,
　　147～150,158,160,161,163,
　　168,170,176,177,179
唐钺　50,51
太学博士　13,14
特许　19,50,52,128,129,213,254
天津工商学院　143,145
天主教　95,125,131,144,153,
　　169,233,237
田尻稻次郎　16,182
田纳西州　82,260
同济大学　23,24
土山湾工艺局　94,136,137,142,
　　164
推荐制博士　36,38,39,42,184,
　　191,192,195,213,214

W

汪济　120
汪精卫　79
汪景侃　109
汪敬熙　50,51

汪企张　34,35
王宠惠　21,23,56,187,188,195,
　　238,262
王敦常　71,95,96,106,108,126～
　　128,136,144,145,148,151,156,
　　158,161,164,170,172,175,177,
　　253,262
王力　251
王家楫　50,51
王品伦　85,102,103,107,126～
　　128,138,158,160,168,170,179,
　　262,263
王钦甫　117
王世杰　37,42,56,195
王云五　7,14,16,38,39,53,58,
　　59,135,178,191,218,225,226
王振湘　111,112
王正廷　21
王自新　71,100,101,107,126～
　　129,137,140,158,170,174,
　　245,262
文部大臣　180～185,191,195
文部省　16,17,181,183～185,260
文学博士　7,16,20～24,37,40,
　　55,182,183,192,195,223～227,
　　260～262
翁文灏　50,51
吴定良　50,51
吴经熊　195
吴桂馨　8,85,86,105,107,126～
　　128,139,142,143,145～148,
　　150,158,160,168,170,174,263
吴学周　50,51
吴玉麟　113

吴有训　50,51
武汉大学　155,157
五经博士　14,28,251
伍连德　21,29,261

X

奚德轩　67,115
西勒书局　142,143
香港　2,3,66,80,123
萧桐　97,108,126～128,137,143,
　　144,146～149,160,170,174,262
小野冢喜平次　184,186
谢寿昌(冠生)　98
刑法　8,65,74,101,102,105,111,
　　138,139,145～148,150,158,
　　160,164,168,170,176,179,184,
　　187,189
行政院　24,25,42～47,49,51～
　　54,56～58,99,197,218,
　　262～264
修业士　36,40
秀才　12,14,15,17,18,25,27～
　　29,59,251,260
秀士　27,31,37,40
萧公权　195
徐砥平　111,120,130,245
徐祥芳　120
徐子良　110
许鼐　103,126～128,138,168,
　　170,179,262
许武芳　113
徐象枢　98,107,126～128,137,
　　144,147～150,158,160,161,
　　163,168～170,174,176,177,

179,262

学士学位 7,14,19,20,29,35,36,
    40,42,45,46,59,62,66,71,85,
    87,90,178,185,194,200,205,
    214,218,222,242,244,249

《学位分级细则》 40,41,263

《学位令》 20,181～184,188,193,
    198

《学位授予法》 5,25,27,34～45,
    47,51～55,57,59,71,87,88,92,
    132,161,191,197,209,211,213,
    214,217～219,221～223,227,
    228,229,241,242,245～247,
    254,255,258,262,263,264

《学位条例》 5,9,24,199,200,
    201,205,207～209,211～214,
    227,228,255

学衔 23,199～202,207,249,251

Y

岩谷孙藏 184,190
颜惠庆 20
燕京大学 131,145,153,154
燕树棠 195
研究生院 30,60,182
研究院 30,36,37,39,40,43～45,
    48,50,52,55,60,61,63,67,68,
    70,71,87,89,106,112～118,
    124,131,153～155,169,185,
    205,219,220,263
验印 62,86,87,242
杨凤翔 119
杨洪奎 67,116
杨兆龙 169,194,195

姚锡光 16,18,260
姚肇弟 98,107,126～128,137,
    158,170,262
耶鲁大学 19,20,51,146,148,
    182,187,188,260
耶稣会 14,81,83,92,126,130,
    143
叶剑英 206
一木喜德郎 183,189
医学博士 2～4,12,16,18,19,25,
    35,37,40,55,182,184,185,192,
    196,229,230,242,254,260
尹凤藻 110
英国 3,15,19,80,102,133,140,
    185,186,247,260
有贺长雄 183
俞庆恩 18,260
于右任 23,53,56
袁民宝 71,95,96,107,126～128,
    136,144,145,147～152,158～
    161,163,165,167,168,170,
    172～177,262
约士 27

Z

张春明 95,108
张德彝 15,18
张其昀 223
张寿椿 117
张元济 23,262
张夷风 110
张之洞 17,18,28,260
赵欣伯 184
赵紫宸 23,262

哲学博士　33,51,195
浙江省　133
曾鲁　109
曾培启　85,103,104,107,126~128,138,158,170,262
震旦杂志　8,69,70,72,75,88,132
郑观应　16,18
郑毓秀　133
织田万
执照
志田钾太郎　184,188,190
治外法权　10,90,230,231,235,252,257
中博士　181
中村进午　183,186,189,190
中国国家图书馆　4,144,152
中国科学技术大学　215,216
中国科学院　199,201,206,215,216,229
《中国农业制度考》　96,136,144,145,147,149~152,158,159,161,163,165,167,168,170,172~177
中央大学　23,39,58,61,94,108,262

中央研究院　36,39,43,47,49~52,54,56,57,144,145,195,213,222,225,228,263,264
周昌枢　118
周道济　7,223,225
周恩来　204
周馥　77
周鲠生　50,51,195
周良甫　67,116
周诒春　20,171,261
朱高融　104,107,126~128,138,144,146~148,150,158,162,164,170,174
朱鹤皋　84,88,261
朱家骅　42,50
朱诵先　85,123,124
朱怡声　122,123
朱域　85,103,126~128,138,168,170,262
竹笋博士　190,191
总领事　75,80,81,83,110,112,123
租界　79,81,90,94,98,100,106,132,139,143,145~150,158,162,170

后　　记

　　本书是第一部全面论述中国近代博士教育史的著作，但我深知，选题的独特性并不能保证作品的质量。由于种种原因，我没能搜集到那些未曾正式出版的震旦大学博士论文，无法对那部分博士论文做出评价，这可能会影响到我对中国近代博士教育整体上的判断和评价。在史料的取舍上，我舍弃了部分档案中提及的几位震旦"法学博士"，根据其他档案文献，我将那几位"法学博士"放入存疑之列。我这一建立在部分档案之上的推理是否正确？我的"疑似从无"的观点是否公正？在各种自相矛盾的档案文献之间，我厚此薄彼的做法是否合理？这些恐怕都要留待时间的检验。我希望后世治教育史者，能找到更有力的证据，或者验证我的谨慎，或者推翻我的多疑，或者支持我的判断。我自己也将继续考证，今后如有新发现、新见解，自当修订。

　　近代以来，人们对于博士学位的意义争议不断。欧文·白璧德（Irving Babbitt）强烈反对那些对博士学位顶礼膜拜的人，他甚至对博士教育本身抱有深深的怀疑态度："我们为获得博士学位、成为专家而付出的那些努力会不断地诱使我们牺牲自己作为一个人的成长与发展。在我们成为一个昆虫学学者之前，我们必须先学会做人。对任何一种学科过于熟悉，都可能会导致人类心智的失衡。"[①]不仅如此，白璧德也讥讽那种单纯的文献考究："一个人从发霉的档案中挖掘出一篇未经发表的文献，那么他的地位就会高于有能力明智处置出版文献的人。如果他能以新发现的文献为由写一本书或试图进行翻案，那他就更加光荣了。"[②]在写完本书之后，我重读白璧德的上述文字，依然可以感受到白璧德对于"博士""档案""未经发表的文献"本身价值的强烈质疑。不管白璧德的观点是否成立，他的担忧不无道理。中国近代博士群体是被自然淘汰还是被人为疏忽？中国近代博士论文是被历史

---

　　① ［美］欧文·白璧德：《文学与美国的大学》，张沛、张源译，北京，北京大学出版社，2004年，1版1次，第69页。
　　② 同上书，第143页。

埋葬还是被历史遗漏？这两个问题直接关系到本研究的意义和价值。发掘"未经发表的文献"固然是件好事，但它仅仅是学术研究的基础，而吸收、消化这些文献，并从中提炼精华，这才是学术研究的更高目标。我在写作过程中，始终笼罩在白璧德的质疑之下，在书稿完成的今天，我最想知道的答案是：假如白璧德仍然在世，假如白璧德懂得中文，他会如何看待这本书？是文献的积累还是在积累之上的升华？是单纯的"翻案"还是对于旧案的反思？是"卢梭主义者"的原创还是"培根主义者"的标新立异？严格地说，本书采用的震旦大学法学博士论文均属于已经公开出版的博士论文，散见于中外各地的图书馆，并非白璧德所称的"未经发表的文献"，而应归类于"未经使用和研究的文献"。我也并非第一个阅读中国近代博士论文的人，我只是第一个将中国近代博士论文融为一体并置于中国近代博士教育制度框架之下进行研究的人。这项研究肯定有各式各样的缺陷，不见得比白璧德赞赏的那种思想性研究高明，但在方法论上，我并不认为发掘未经前人使用和研究的文献本身有何错误。

　　在书稿完成之际，我要深深感谢国家社科基金后期资助项目的评审专家。对我这个在教育学领域毫无建树的门外汉，专家们没有以貌取人，没有门户之见。从评审专家意见书的字里行间，我可以感受到前辈学者对我这个莽撞的外行者的宽容和期许，我希望现在的最终成果能够不负他们所望。

　　感谢我的同事王志强教授的大力支持。2012年年底，他出面邀请北京大学的李启成、华中科技大学的俞江、清华大学的陈新宇、中国社会科学院的孙家红四位专家到复旦大学参加《中国近代博士教育史》（征求意见稿）研讨会，几位深谙法学教育史的专家专程来沪，为完善这部书稿提供了大量的宝贵意见。借此机会，我对上述专家及韩涛老师、黄海如律师表示衷心的感谢。复旦大学法学院专门为此次研讨会提供了部分资助，在此表示敬意。同时，感谢复旦大学出版社陈军责编的辛勤付出和鼓励。

　　《中国近代博士教育史》于2012年夏立项，虽然是后期资助项目，但我不敢匆忙结项，越写到后面胆子越小，当年踌躇满志，如今忐忑不安。现在距离立项已经过去三年，在这期间，我去了一些地方调查取证，收集到一些新史料，发现了一些新问题，根据国家社科基金后期资助项目评审专家的意见，做了多方面的修订。然而我深知，尽管我主观上努力了，但距离理想的状态仍然有一段距离。2014年年初，一个偶然的机会，我在美国新奥尔良杜兰大学法律图书馆翻阅到一本旧版法文书，作者是张登棨，封面上赫然记载张登棨的头衔是震旦法学博士（Doctorat en Droit, Aurora），这一发现让我大吃一惊。我研究震旦大学法学博士多年，数次查阅上海市档案馆所藏震旦大学档案，自以为已经将震旦大学法学博士一网打尽，没有想到在异国他乡的一家图书馆里突然冒出来一个"新"的法学博士，这一发现既让我兴奋，又让我忧虑，显然，上海市档案馆所藏震旦大学档案并不完整，今后会不会在另外一个意想不到的地方发现类似"新"的博士？

面对错综复杂的中国近代博士教育，我只能说，不能轻易得出一个绝对的结论，不能轻易排除某种看似不存在的可能。然而无论如何，丑媳妇终究要见公婆，今天《中国近代博士教育史》这本书终于问世，希望各位学界同仁和广大读者对书中的任何问题提出批评意见，我的电子邮箱是 wangwei99@fudan.edu.cn，欢迎来信赐教。

感谢我的朋友陈立先生，很多疑问都是在同他的邮件往来中找到答案或线索，他对中国早期留学生和近代教育史研究用功很深，资料收集极为丰富，学术思想独特鲜明，才华横溢，期待他尽早完成学业，实现学术梦想。

感谢我的同事李世刚副教授，他在法国取得博士学位，法文功底深厚，他专门为我校阅了书稿中的法文翻译，并提出了重要的修改意见。感谢复旦法学院的年轻教师班天可博士（日本北海道大学法学博士），他利用寒假期间到日本访问的机会，特意到图书馆帮我复制了《学位大系博士氏名录》及《日本博士录》，这两份资料大大提高了本书第六章的准确性与可信度。在书稿即将杀青之际，复旦大学法学院郭建教授在百忙之中提出几项中肯的修改意见，让我耳目一新。旁观者清，当局者迷。书稿写到最后，我已经深陷其中不能自拔，只见树木，不见森林，郭老师在最后时刻的提醒让我超越了细节，再一次俯瞰中国近代博士教育的全景，再一次提炼和升华。

我年幼的女儿尚读不懂这本书，但她始终相信爸爸的写作很有意思，她渴望这本书能够尽早出版的心情甚至比我还要强烈。今天，我将这本书献给她，希望她长大成人之后能够读懂这本她在幼年时期就充满期待的书，我也期待她 10 年、20 年之后的评价。

王　伟

2015 年 6 月 18 日完稿于南息斋

图书在版编目(CIP)数据

中国近代博士教育史——以震旦大学法学博士教育为中心/王伟著.—上海：
复旦大学出版社,2015.12
ISBN 978-7-309-11701-1

Ⅰ.中… Ⅱ.王… Ⅲ.博士-研究生教育-教育史-研究-中国-近代 Ⅳ.G643.7

中国版本图书馆 CIP 数据核字(2015)第 190869 号

中国近代博士教育史——以震旦大学法学博士教育为中心
王 伟 著
责任编辑/陈 军

复旦大学出版社有限公司出版发行
上海市国权路 579 号 邮编：200433
网址：fupnet@fudanpress.com http://www.fudanpress.com
门市零售：86-21-65642857 团体订购：86-21-65118853
外埠邮购：86-21-65109143
常熟市华顺印刷有限公司

开本 787×1092 1/16 印张 20.75 字数 361 千
2015 年 12 月第 1 版第 1 次印刷

ISBN 978-7-309-11701-1/G·1501
定价：58.00 元

如有印装质量问题,请向复旦大学出版社有限公司发行部调换。
版权所有　侵权必究